문장 분석

문장 분석

발행일 1판 1쇄 2023년 2월 20일
        1판 2쇄 2024년 3월 20일

지은이 김의수

펴낸이 박영호
기획팀 송인성, 김선명, 김선호
편집팀 박우진, 김영주, 김정아, 최미라, 전혜련, 박미나
관리팀 임선희, 정철호, 김성언, 권주련
펴낸곳 (주)도서출판 하우
주소 서울시 중랑구 망우로68길 48
전화 (02)922-7090
팩스 (02)922-7092
홈페이지 http://www.hawoo.co.kr
e-mail hawoo@hawoo.co.kr
등록번호 제2016-000017호

값 23,000원
ISBN 979-11-6748-087-3 93700

J A B C D E

T S H M N P

Q X - < > ( )

0 1 2 3 4 5 6 7 8 9

문장 분석

김의수 지음

도서
출판

이 책은 한국어 문장을 분석할 수 있게 해 주는 책입니다. 그것도 될수록 간결하고 효과적으로 말이죠. 그리고 이 책은 가능한 한 다양한 연령층에서 볼 수 있도록 하였습니다. 학교문법을 지금 배우고 있거나 예전에 배웠던 사람이라면 누구나 이 책을 읽기 시작하여 궁극에는 한국어 문장을 쉽고 즐겁고 체계적으로 분석할 수 있을 것입니다.

이 책은 문장 분석에 그치지 않습니다. 문장을 분석하고 난 뒤 그러한 문장들로 이루어진 글의 특징을 관찰하고 파악하는 데에도 관심을 가집니다. 우리가 글을 쓰며 무의식적으로 만들어 내는 텍스트의 조직적 특성을 문장 분석을 통해 밝혀 보는 일 역시 매우 재밌습니다.

저도 어렸을 적부터 문장 분석에 관심이 많았습니다. 중학교 시절, 학교문법이 그저 신기하게만 보여 국어 책에 나오는 온갖 문장들을 죄다 분석해 보며 막히는 것이 있을 때마다 국어 선생님께 쪼르르 달려가 질문하던 기억이 납니다. 고등학교 때 알게 된 최현배 선생님의 『우리말본』에 필적하는 문법책을 나름대로 써 보고 싶은 소망으로 대학의 국어국문학과에 진학했고 거기서 촘스키의 생성문법을 만나 석사와 박사까지 밟게 되었습니다. 그러나 학교문법은 소박한 수준이었고 생성문법은 너무 거창하여 둘 다 한국어 문장을 간결하면서도 충실하게 분석하는 데는 그리 적합하지 않다는 생각이 들었습니다. 그러다 교수가 되던 해 겨울, 저는 한국어 문장 분석 이론을 스스로 만들었고 그것을 해석문법이라 이름 붙였습니다.

해석문법에 관한 그간의 연구 성과들을 모아 지난 2017년에 『해석문법의 이론과 실제』(한국문화사)라는 책을 내었습니다. 이론이 발전해 가는 과정과 이론을 적용해 얻은 결과물들을 수록하다 보니, 정작 문장 분석 자체에 대해서는 이야기를 자세히 풀어 놓을 수가 없었습니다. 그래서 새롭게 이 책을 기획하게 되었지요. 해석문법은 다양한 차원에서 문장을 분석해 냅니다. 이 책에서는 일단 문장에 대한 통사 분석을 다루고자 합니다. 이 외에도 음운 차원, 어휘 차원, 화용 차원 등에서의 분석이 가능한데, 그것은 나중에 다른 책에서 소개할 예정입니다. 지금 살펴보고자 하는 통사 차원의 문장 분석만으로도 정말 많은 연구를 해 낼 수 있답니다. 이 책을 읽는 여러분들과 그러한 문장 분석의 즐거움을 함께 나누고 싶습니다.

이 책은 저의 일곱 번째 책입니다. 매번 책을 낼 때마다 늘 처음 내는 것 같은 설렘을 느낍니다. 어느 책보다도 애정이 가는 이 책의 출간을 선뜻 맡아 주신 도서출판 하우의 박민우 사장님과 실무 차원에서 노고를 아끼지 않으신 박우진 편집주간님께 감사의 말씀을 드립니다. 이 책의 내용을 꼼꼼히 검토해 준 정은주, 이나래 선생에게도 고마운 마음을 전합니다.

원래 이 책은 오 년 전쯤에 나올 예정이었습니다. 그러나 계획은 연기될 수밖에 없었죠. 아이가 태어났기 때문입니다. 이제 만 다섯 살이 되어 말도 행동도 또렷하게 하는 이삭, 아들을 건강하게 낳아 정성으로 기르는 소영, 이 두 사람과 출간의 기쁨을 함께 나누고 싶습니다. 늘 나와 함께 하시며 인도해 주시는 사랑과 은혜와 긍휼의 하나님께 깊이 감사드립니다.

2023년 1월

저자 씀

목차

세부 목차

1

문장 분석 개관

1장
문장 분석 개관

이제 첫발을 떼어야 하는 순간입니다. 그러기 위해 간단한 문장 하나를 분석해 보려고 해요. 이러한 과정에서 문장 분석이 무엇인지를 피부로 느끼게 될 것입니다. 그럼, 시작해 볼까요?

1.1 문장 하나 분석해 보기

한국어 문장 분석을 위해 기본적으로 참고할 수 있는 것은 한국어 학교문법입니다. 학교문법은 고등학교에 이르는 국어 교육에서 기본 바탕이 됩니다. 이 글의 독자들도 기본적으로 학교문법을 접했고 그에 비교적 친숙할 것입니다. 따라서 학교문법은 한국어 문장 분석의 시작 단계에서 좋은 안내자 역할을 해 줄 수 있습니다.

(1) 영수야, 너의 누나가 아까부터 너를 찾았다

어떤 예문을 가지고 문장 분석을 시작해 볼까 적지 않게 고민했습니다. 어렵지 않으면서도 가급적 다채로운 문장성분들을 지닌 것이 좋겠다는 생각에서 위와 같은 문장 하나를 택해 보았습니다. 그럼, 문장 내부를 하나하나 뜯어볼까요?

위 문장 전체는 몇 개의 덩어리로 이루어져 있을까요? 물론, 문장 자체가 하나의 큰 덩어리라고 할 수 있습니다. 그렇다면, 문장이라는 큰 덩어리를 구성하는 작은 덩어리들은 무엇일까요? 당장 해 볼 수 있는 방법은 띄어쓰기가 되어 있는 대로 작은 덩어리들을 나누어 보는 것입니다. 그렇게 하면 다음과 같아지겠네요.

(2) 영수야, / 너의 / 누나가 / 아까부터 / 너를 / 찾았다

학교문법에 따라 위 덩어리들 각각에 이름을 붙일 수 있습니다. 먼저 '영수야'는 독립어, '너의'는 관형어, '누나가'는 주어, '아까부터'는 부사어, '너를'은 목적어, '찾았다'는 서술어라는 이름을 갖습니다. 이때 독립어로부터 서술어에 이르는 것들을 '문장성분'이라고 합니다. 그러니까 문장 (1)은, (2)와 같이 분석할 경우, 모두 6개의 문장성분들을 지닌다고 할 수 있습니다. 순서대로 배열해 보면 다음과 같습니다.

(3) 독립어 / 관형어 / 주어 / 부사어 / 목적어 / 서술어

이렇게 표시할 수도 있고, (2)와 (3)을 한데 뭉쳐 다음과 같이 나타낼 수도

있겠습니다.

(4) 영수야독립어 / 너의관형어 / 누나가주어 / 아까부터부사어 / 너를목적어 / 찾았다서술어

그런데 주의할 것이 하나 있습니다. (4)와 같은 분석에 일부 문제가 있기 때문입니다. 그 문제란 무엇일까요?

일반적으로 문장은 주어와 서술어의 결합이라고 합니다. 그러니까 주어와 서술어의 관계, 줄여서 주술관계가 문장에서 근간이 되는 것입니다. 문장 분석 (4)에서 주어는 '누나가'이고 서술어는 '찾았다'로 되어 있어 주술관계 는 '누나가 - 찾았다'로 정리됩니다. 그런데 여기서 의문이 생깁니다. 정말 로 서술어 '찾았다'의 주어가 '누나가'일까요? 혹시 '너의 누나가'는 아닐까 요? 주의 깊게 살펴보면, 서술어 '찾았다'의 주어는 '너의 누나가'라고 해야 한다는 것을 알 수 있습니다. 이때 '너의'는 '누나'를 수식합니다. 그러니까 '찾았다'라는 행동을 한 사람은 그냥 막연한 '누나'가 아닌 '너의 누나'인 셈 입니다. 그리고 이를 반영하여 (4)를 고쳐 보면 다음과 같습니다.

(5) 영수야독립어 / [너의관형어 누나가]주어 / 아까부터부사어 / 너를목적어 / 찾았다서술어

문장 분석 (4)와 (5)가 다른 점은, 관형어 '너의'의 처리에 있습니다. (4)에서 는 관형어 '너의'가 주어 '누나가'와 대등한 관계에 놓여 있지만, (5)에서는 관형어 '너의'가 주어 안으로 들어가 그 일부가 되어 있습니다. 주어는, 관 형어 '너의'를 포함한 '너의 누나가' 전체입니다. 이러한 분석이 타당한 첫 번째 이유는, '너의'가 '누나'를 수식한다는 점입니다. 그리고 두 번째 이유 는 '너의'가 서술어 '찾았다'와 직접 관계를 맺지 못한다는 점입니다. 관형

어 '너의'와 달리, 부사어 '아까부터'나 목적어 '너를'은 서술어와 직접 연결될 수 있습니다. 즉, '아까부터 찾았다'나 '너를 찾았다'는 되지만, '너의 찾았다'는 안 된다는 말입니다. 이렇듯 관형어는 명사를 수식하므로 주어 내부의 요소가 되어 서술어와는 직접적인 관계에 놓이지 못하게 되는 것이죠. 문장 분석 (5)는 이러한 점을 잘 드러내 줍니다. 그런데 (5)에서 '[ ]'와 '/'이 혼용되고 있어 보기가 좋지 않네요. 하나로 통일하면 더 간결하고 명확해집니다. 다음과 같이 말이죠.

(6) [영수야]독립어 [[너의]관형어 누나가]]주어 [아까부터]부사어 [너를]목적어 [찾았다]서술어

앞서 (5)에서 주어 구분을 위해 '[ ]'이 따로 필요했지만, 그것을 모든 문장성분 구분 표시로 확대한 결과 (6)과 같이 되었습니다.

그렇다면 이제 예문 (1)에 대한 문장 분석은 다 끝난 것일까요? 아닙니다. 아직 더 남아 있습니다. 문장 (1)에 대한 분석 (6)은, 한 문장 내부의 문장성분들을 각각 구분하여 표시해 준 것에 불과합니다. 이제 문장성분 각각의 안으로 들어가 그것을 구성하고 있는 재료들을 살펴볼 차례입니다.

먼저 독립어 '영수야'부터 따져 보겠습니다. '영수야'는 '영수 + 야'로 볼 수 있는데, 이때 '영수'는 '명사'이고 '야'는 '조사'입니다. 좀 더 구체적으로 말하면, '영수'는 명사 중에서도 '고유명사'이고, '야'는 조사 중에서도 '호격조사'입니다. 이를 표시하면 다음과 같습니다.

(7) [[영수]명사(고유명사) [야]조사(호격조사)]독립어

그 다음으로 주어 '너의 누나가'를 분석해 보면, 이것은 앞서 분석한 독립어와 비교해 볼 때 뭔가 좀 더 복잡하다는 것을 알 수 있습니다. 주어 '너의 누나가'에서 '누나가'는 독립어 '영수야'에서처럼 '명사 + 조사' 구성인데, 주어 '너의 누나가'에서는 명사 '누나' 앞에 '너의'라는 관형어가 놓여 있어 독립어 '영수야'와 다릅니다. 이를 나타내면 다음과 같습니다.

(8) [[너의]관형어 [누나]명사(보통명사) [가]조사(주격조사)]주어

독립어 분석 (7)에 맞추어 주어 분석 내용을 표시해 보면, '누나'는 명사 중에서도 '보통명사'이고 '가'는 조사 중에서도 '주격조사'입니다. 이 두 가지 요소 앞에 '너의'라는 관형어가 왔다는 점에서 주어와 독립어의 내적 구성에 차이가 나는 것이라고 방금 앞에서 설명했습니다.

그런데 이렇게만 정리하고 넘어간다면 아직 '주어'에 대해 모두 분석한 것이라고 할 수 없습니다. (8)에서 '너의' 역시 비슷한 방식으로 더 분석해 줄 수 있기 때문입니다. 즉, 관형어 '너의'는 '너 + 의'로서, 이때 '너'는 대명사이고 그 중에서도 '인칭대명사'이며 '의'는 조사 중에서도 '관형격조사'입니다. 이러한 분석 정보까지 (8)에 더하면 주어 분석 내용은 다음과 같습니다.

(9) [[[너]대명사(인칭대명사) [의]조사(관형격조사)]관형어 [누나]명사(보통명사) [가]조사(주격조사)]주어

이제까지 독립어와 주어, 그리고 그 안의 관형어를 분석해 보았는데, 잠시 이 세 가지 문장성분들의 내부 구성을 비교해 보기로 합니다.

(10) 독립어, 주어, 관형어의 내부 구성 비교 (1)

가. 독립어 :   명사 + 조사

나. 주 어 : 관형어 + 명사 + 조사

다. 관형어 :   대명사 + 조사

위에 보이는 것처럼, 독립어와 관형어에 비해 주어는 좀 더 복잡한 내부 구조를 가집니다. 세 가지 모두 '(대)명사 + 조사' 구성이긴 하지만, 주어에서는 '명사' 앞에 수식어인 '관형어'가 더 옵니다. (대)명사는 자신의 앞에는 관형어를, 뒤에는 조사를 취할 수 있는데, (10)에서는 주어에서만 이러한 두 가지 특징이 모두 나타나 있고, 독립어와 관형어에서는 오로지 조사만 뒤에 실현되어 있습니다. 이러한 차이점을 좀 더 명확히 드러내기 위해 (10)을 보강하면 다음과 같이 됩니다.

(11) 독립어, 주어, 관형어의 내부 구성 비교 (2)

가. 독립어 :   Ø   명사 + 조사

나. 주 어 : 관형어 + 명사 + 조사

다. 관형어 :   Ø   대명사 + 조사

이때 'Ø'은 '아무것도 없음' 혹은 '비어 있음'을 뜻합니다. 즉, 원칙적으로는 관형어가 출현할 수 있는데 지금은 나타나지 않았다는 것을 표시한 것이죠. 그리고 이러한 점을 (7)과 (9)에 반영하면 다음과 같습니다.

(12) 독립어 분석 표시 수정

[[ ]관형어(없음) [영수]명사(고유명사) [야]조사(호격조사)]독립어

(13) 주어 내부의 관형어 분석 표시 수정

[[[ ]관형어(없음) [너]대명사(인칭대명사) [의]조사(관형격조사)]관형어 [누나]명사(보통명사) [가]조사(주격조사)]주어

주어 안에 관형어가 나타날 수 있듯이 관형어 안에 다시 관형어가 나타날 수 있는 것입니다. 좀 복잡하게 되었지요? 하지만 사실을 사실대로 정확히 표시해 주는 게 좋습니다. 물론, 그 덕분에 (13)처럼 꽤 복잡해졌지만 말입니다. 이 대목에서 독립어 분석 표시 (12)나 주어 분석 표시 (13)을 더 간결하게 나타낼 방법을 궁리해 보고 싶어지게 됩니다. 저 역시 그랬습니다. 그래서 새로운 표시 방식을 제안하게 된 것이죠. 이제 제 심정을 좀 이해할 수 있게 되었나요? 계속해서 살펴보도록 하겠습니다.

지금까지 독립어와 주어, 관형어의 내부를 분석해 보았는데, 뒤이어 나오는 부사어 '아까부터'와 목적어 '너를'도 같은 방식으로 분석이 가능합니다.

(14) 부사어 분석

[[ ]관형어(없음) [아까]명사(보통명사) [부터]조사(보조사)]부사어

(15) 목적어 분석

[[ ]관형어(없음) [너]대명사(인칭대명사) [를]조사(목적격조사)]목적어

독립어나 주어, 관형어, 부사어나 목적어 모두 그 내부에 명사나 대명사와 같은 명사류(다른 말로 '체언')가 나오니, 명사 앞에 관형어, 명사 뒤에 조사 정보 표시가 필수적임을 알게 됩니다. 명사를 포함한 문장성분 표시를 간결하게 하려면 이와 같은 점을 잘 포착해 주어야 할 것입니다.

이제 마지막으로 남은 문장성분은 서술어 '찾았다'입니다. '찾았다'는 달랑 세 글자로 되어 있지만, 그 안에 숨어 있는 정보는 매우 많습니다. 우선 '찾-'에 들어 있는 정보부터 살펴보겠습니다. '찾-'은 동사 중에서도 타동사에 해당합니다. 주어 말고도 목적어를 더 요구하기 때문이죠. 주어와 목적어라는 두 가지 문장성분을 필수적으로 요구하므로, 타동사 '찾-'을 '2자리 서술어'라고 부릅니다. 한편, '찾-' 다음에 오는 '-았-'은 선어말어미로서 과거시제를 나타냅니다. 그 다음에 오는 '-다'는 어말어미로서 문장의 맨 끝에 놓여 두 가지 기능을 합니다. 첫째, 그것은 문장의 종류를 나타내며 이를 '문장종결법'이라고 합니다. 둘째, 그것은 청자에 대한 화자의 높임을 나타내며 이를 '청자높임법'이라고 합니다. '-다'는 문장종결법 중에서 '평서법'을 표시하며, 청자높임법 중에서 '아주낮춤'을 표시합니다. 이제껏 살펴본 것을 정리하여 나타내면 다음과 같습니다.

(16) 서술어 분석

[[찾-]동사(타동사, 2자리) [-았-]선어말어미(과거시제) [-다]종결어미(평서법, 아주낮춤)]서술어

이제 문장 (1)에 대한 문장성분 모두를 분석하였습니다. 그 분석 정보를 모두 모아 나타내면 다음과 같습니다.

(17) 문장 (1)의 분석

가. 분석 대상: 영수야, 너의 누나가 아까부터 너를 찾았다

나. 분석 결과:

[[ ]관형어(없음) [영수]명사(고유명사) [야]조사(호격조사)]독립어 [[[ ]관형어(없음) [너]대명사(인칭대명사) [의]조사(관형격조사)]관형어 [누나]명사(보통명사) [가]조사(주격조사)]주어 [[ ]관형어(없음) [아까]명사(보통명사) [부터]조사(보조사)]부사어 [[ ]관형어(없음) [너]대명사(인칭대명

사) [름]조사(목적격조사)]목적어 [[찾-]동사(타동사, 2자리) [-았-]선어말어미(과거시제) [-다]종결어미(평서법, 아주낮춤)]서술어

분석된 문장성분 정보들을 한데 모아 보니 감당하기 힘들 정도로 복잡해졌습니다. 이 정도 문장은 사실 그리 복잡한 문장이라 할 수도 없는데 말이죠. 무엇인가의 분석에서 대상에 대한 명확한 정보 제시도 중요하지만 정보 제시 자체의 간결함도 무척 중요하구나 하고 깨닫게 되는 순간입니다. 그럼, 어떻게 하면 이렇듯 어지럽고 복잡하게만 보이는 문장 분석 결과를 간결하고 명확하게 나타낼 수 있을까요? 여기서 잠깐 해석문법의 표시 방식을 맛보기로 보여 드릴까 합니다.

(18) 해석문법에 따른 문장 (1)의 분석 표시

가. 분석 대상: 영수야, 너의 누나가 아까부터 너를 찾았다

나. 분석 결과: J0-2-3A4-1-1D0-1-8B0-4-2E22-1T1H6N1

마치 마술처럼 정말 간단하게 정리가 되었습니다. 어떻게 (17나)와 같은 복잡한 정보들의 나열이 (18나)처럼 간결하게 정리될 수가 있을까요? 2장에서부터 자세히 살펴보겠지만, 우선 당장의 궁금증을 해소하기 위해 그 원리를 여기서 잠깐 설명해 보도록 하겠습니다. 그러기 위해 해당 정보들끼리 나란히 제시해 봅니다.

(19) 문장 분석 결과를 간결하게 표시하기

가. 독립어

　a. [[ ]관형어(없음) [영수]명사(고유명사) [야]조사(호격조사)]독립어

　b. J0-2-3

나. 주어

  a. [[[ ]관형어(없음) [너]대명사(인칭대명사) [의]조사(관형격조사)]관형어 [누나]명사(보통명사) [가]조사(주격조사)]주어

  b. A4-1-1

다. 부사어

  a. [[ ]관형어(없음) [아까]명사(보통명사) [부터]조사(보조사)]부사어

  b. D0-1-8

라. 목적어

  a. [[ ]관형어(없음) [너]대명사(인칭대명사) [를]조사(목적격조사)]목적어

  b. B0-4-2

마. 서술어

  a. [[찾-]동사(타동사, 2자리) [-았-]선어말어미(과거시제) [-다]종결어미(평서법, 아주낮춤)]서술어

  b. $E_{22}-1T_1H_6N_1$

간결함의 비결은 어디에 있을까요? 해석문법의 문장성분 표시들을 보면, 영문자와 숫자 외에는 별다른 기호가 없습니다. 문장성분들은 영어 알파벳 대문자로, 그 세부 정보는 숫자로 표시됩니다. 즉, 독립어는 J, 주어는 A, 부사어는 D, 목적어는 B, 서술어는 E 등으로 표시됩니다. 그렇다면, 숫자 정보는 어떠한 원리로 표시되고 있을까요? 가령, 독립어를 보면, 그것은 '영수야'로서 고유명사('영수')를 중심으로 왼쪽에 관형어가 없고 오른쪽에는 호격조사('야')가 있는데, 이를 'J_{0-2-3}'으로 나타내고 있습니다. 앞서 말한 대로 'J'는 독립어를 표시합니다. 그 뒤의 숫자 배열 '0-2-3'에서 '0'은 관형어 정보로서 '관형어 없음'을 뜻합니다. 두 번째의 숫자 '2'는 독립어 성분의 중심이 되는 '영수'의 '고유명사' 정보를 의미합니다. 세 번째의 숫자 '3'은 명사 뒤에 오는 조사 '야'의 '호격조사' 정보를 표시합니다. 앞서 말한

대로, 명사가 문장성분으로 쓰일 때는 명사 앞의 관형어 정보, 명사 정보, 명사 뒤의 조사 정보를 차례로 간결하게 나타내 주면 됩니다. 3가지 정보를 뜻하는 숫자들 사이에는 구분을 위해 하이픈(-)을 넣어 줍니다. 이러한 방식으로 주어와 부사어, 목적어도 간결하게 표시할 수 있습니다.

해석문법에서 서술어 '찾았다'의 문법 정보를 표시하는 데에 무려 네 가지의 영문자(E, T, H, N)가 쓰이고 있다는 점을 눈여겨보았으면 합니다. 해석문법에서 E는 서술어이며 T는 시제, H는 높임, N은 종결을 각각 가리킵니다. 학교문법은 '찾았다'를 하나의 문장성분으로 취급하지만, 해석문법은 그것을 4개의 문장성분으로 나누어 봅니다. 다시 말해, 학교문법은 '찾았다' 전체를 서술어로 보지만, 해석문법은 그 중에서 '찾-'만 서술어로 보는 것입니다. 이럴 수밖에 없는 이유나 사정에 대해서는 2장에서 자세히 다루게 될 것입니다.

앞서 (19)에서 학교문법 차원의 문장 분석과 해석문법 차원의 문장 분석을 대비해 보았지만 사실상 그러한 대비는 정확한 것은 아니라고 할 수 있습니다. 왜냐하면, 학교문법과 해석문법의 문장성분 체계가 근본적으로 다르기 때문이죠.

(20) 해석문법의 문장성분 유형
가. 독립성분: J(영수야)
나. 명제성분: A(너의 누나가), D(아까부터), B(너를), E(찾-)
다. 양태성분: T(-았-), H(-다), N(-다)

문장 (1) '영수야, 너의 누나가 아까부터 너를 찾았다'라는 문장은 해석문법 차원에서는 크게 독립성분과 명제성분, 양태성분의 세 가지로 이루어져 있으며, 세부적으로는 독립성분의 독립어, 명제성분의 주어와 부사어, 목적어, 서술어, 양태성분의 시제와 높임, 종결로 구성되어 있습니다. 학교문법에서 문장성분을 주성분(주어, 목적어, 보어, 서술어)과 부속성분(관형어, 부사어), 독립성분(독립어)으로 나누는 것과는 꽤 다릅니다. 그것은 근본적으로 학교문법이 문장을 주어와 서술어의 결합이라고 보는 반면, 해석문법은 문장을 명제와 양태의 결합이라고 보는 차이와 연관이 됩니다. 학교문법에서 말하는 주술관계는 해석문법에서 말하는 명제 안으로 쏙 들어갑니다. 그런데 문장은 명제 말고도 양태라는 또 다른 부분을 가집니다. 이것이 중요한 대목입니다. 해석문법의 양태는, 학교문법에서 전통적으로 문장성분과 구별하여 설정해 온 문법요소를 문장성분의 하나로 자리매김한 것입니다. 양태성분도 명제성분 못지않게 중요한 문장 구성 성분인 것입니다. 학교문법에서 어정쩡하게 설정해 온, 문장성분과 문법요소 간의 관계가 해석문법에서는 명확히 정리됩니다. 해석문법은 학교문법이 가진 장점을 수용하고 단점을 보완하여 학문문법의 수준에서 한국어 문장 분석을 정교하고 치밀하게 수행합니다. 물론, 그 표시의 간결함 역시 해석문법의 큰 매력이라 할 수 있겠죠.

1.2 문장 하나 더 분석해 보기

여세를 몰아서 문장을 하나 더 분석해 볼까요? 이번엔 좀 더 어려운 문장을 골라 보았습니다. 그렇다고 너무 걱정하지는 마세요. 여러분이 평소에 즐겨 쓰는 문장들에 비해서는 소박한 수준의 예이니까요.

(21) 예쁜 아이가 즐겁게 웃고 있었다

이 문장은 앞의 문장 (1) '영수야, 너의 누나가 아까부터 너를 찾았다'보다 음절 수는 적습니다. 즉, (1)이 17개 음절이라면 (21)은 13개 음절입니다. 그런데 실제로는 (1)보다 (21)이 훨씬 복잡한 문장입니다. 왜냐하면 (1)은 하나의 절로 된 문장이지만 (21)은 3개의 절로 이루어진 문장이기 때문입니다. 이때 '절'은 주술관계를 기준으로 하여 판단하는데요, 주술관계가 1번 나타나면 단문, 두 번 이상 나타나면 복문이라고 합니다. 이런 기준에서 (1)은 단문이고 (21)은 복문인 것입니다. 그럼, 구체적으로 어떻게 그런지 함께 따져 볼까요?

우선 (21)을 문장성분들로 나누어 보겠습니다.

(22) [예쁜 아이가]주어 [즐겁게]부사어 [웃고 있었다]서술어

앞의 문장 (1)이 '독립어, 주어, 부사어, 목적어, 서술어'로 구성되어 있던 데 비해, 문장 (21)은 '주어, 부사어, 서술어'로 비교적 단출해 보입니다. 그러나 문장성분들 내부로 들어가면 (1)에서 볼 수 없었던 복잡함이 드러납니다.

(23) 문장 (21)의 주어 분석

가. [예쁜 아이가]주어

나. [[[ ]주어(생략됨) [[예쁘-]형용사(1자리) [-ㄴ]어말어미(관형사형어미)]서술어]관형어 [아이]명사(보통명사) [가]조사(주격조사)]주어

문장 (1)의 주어는 '너의 누나가'였고 그것은 '관형어, 명사, 조사'로 구성되어 있으며 이때 관형어는 '너의'로서 '대명사, 조사'로 분석됩니다. 그런데 문장 (21)에서는 주어가 '관형어, 명사, 조사' 구성이기는 한데 그 관형어가 '예쁜'이라는 '절'로 되어 있습니다. '예쁜'은 형용사 '예쁘다'의 활용형이며 '관형사형 전성어미'(줄여서 관형사형어미) '-ㄴ'을 가져 '예쁜' 전체가 관형어로 쓰이게 만들어 줍니다. 이때 주의할 것은 비록 '예쁜'이 '예쁘다'라는 형용사 1개로 이루어져 있지만 그것은 생략된 주어를 가진 엄연한 하나의 절이라고 보아야 한다는 점입니다. 이것을 (23나)가 잘 표시해 주고 있습니다. 그러니까 '예쁜 아이가 즐겁게 웃고 있었다'라는 문장은, '아이가 즐겁게 웃고 있었다'에 '아이가 예쁘다'라는 절을 더해 만든 복문인 것입니다. 두 문장에서 '아이가'가 겹치는데 '아이가 예쁘다'에서 '아이가'를 생략하고 '예쁘다'에서 '-다' 대신 '-ㄴ'을 넣어 '예쁜'으로 만든 다음, 앞의 문장 '아이가 즐겁게 웃고 있었다'의 '아이' 앞에 '예쁜'을 넣은 것입니다. 정리하면, '예쁜 아이가 즐겁게 웃고 있었다'에서 밑줄 친 '예쁜'은 하나의 절이라는 것입니다. 관형어로 쓰이니 그 이름을 '관형사절', 줄여서 '관형절'이라고 부릅니다. 어떤 절이 관형사절이 될 때 관형사절 내부의 말과 관형사절의 수식을 받는 말이 겹치면 관형사절 내부의 겹치는 말을 생략하는 경향이 있습니다. 한국어에서만 그런 것은 아니고 언어 보편적으로 나타나는 현상입니다.

다음으로 (21)의 부사어를 살펴보겠습니다.

(24) 문장 (21)의 부사어 분석

가. [즐겁게]부사어

나. [[ ]주어(생략됨) [[즐겁-]형용사(2자리) [-게]어말어미(부사형어미)]서술어]부사어

앞서 주어를 분석하는 가운데 그 내부의 관형어가 절이라는 점을 들추어 내었습니다. 그런데 문장 (21)의 부사어 역시 하나의 절이라는 것을 알게 됩니다. 여기서도 서술어는 있는데 주어가 생략되어 있네요. 그것은 '아이' 일 것입니다. 그러니까 문장 (21)은 '예쁜 아이가 웃고 있었다'에 '아이가 즐겁다'가 결합하여 '예쁜 아이가 <u>즐겁게</u> 웃고 있었다'로 된 것이라 할 수 있습니다. 여기서도 결합하는 두 절에서 겹치는 말이 있는데 부사절에 있는 것이 생략되는군요. 그리고 '즐겁다'에서 '-다' 대신 '부사형 전성어미'(줄여서 부사형어미) '-게'를 넣어 내포문의 기능을 명시하고 있습니다. 앞서 관형사절에서도 그랬듯 말입니다. 이렇게 관형사절이나 부사절처럼 어떤 문장 안으로 들어가는 절을 '내포문' 혹은 '안긴문장'이라고 합니다. 반대로, 내포문을 꺼안는 문장은 '모문' 또는 '안은문장'이라고 부릅니다. 문장 (21)을 이러한 관점에서 뜯어보면 다음과 같습니다.

(25) 문장 (21)의 절 분석 내역

가. 모문: '아이가 웃고 있었다'

나. 내포문1: '예쁜' → 관형사절

다. 내포문2: '즐겁게' → 부사절

이제 남은 것은 문장 (21)의 서술어입니다. 모문의 서술어라고 부를 수 있겠죠. 그것을 분석하면 다음과 같습니다.

(26) 문장 (21)의 서술어 분석

가. [웃고 있었다]_{서술어}

나. [[웃-]_{동사(자동사, 1자리)} [-고]_{어미(보조적 연결어미)} [있-]_{동사(보조동사, 진행상)} [-었-]_{선어말어미(과거시제)} [-다]_{종결어미(평서법, 아주낮춤)}]_{서술어}

문장 (1)과 문장 (21)이 보이는 또 다른 차이점은 서술어의 복잡성에 있습니다. 문장 (1)의 서술어 '찾았다'는 하나의 동사로 되어 있지만, 문장 (21)의 서술어 '웃고 있었다'는 '웃-'이라는 동사와 '있-'이라는 보조동사의 결합으로 되어 있습니다. 학교문법에서는 이때 '웃-'을 본용언, '있-'을 보조용언이라 구별합니다. 본용언과 보조용언은 '-고'라는 보조적 연결어미로 이어져 있네요. 본용언 '웃-'이 자동사로서 서술어의 자릿수를 담당한다면, 보조용언 '있-'은 보조동사로서 진행이라는 동작상을 드러냅니다. 문장 (1)처럼 하나의 본용언으로만 구성된 서술어를 '단일서술어'라고 하고, 문장 (21)처럼 본용언과 보조용언으로 구성된 서술어를 '복합서술어'라고 구별하여 부를 수 있습니다. 문장 (1)과 문장 (21)은 서술어의 복잡성에서도 차이를 보이는 것입니다.

이제까지 두 번째 예시 문장인 (21)을 첫 번째 예시 문장인 (1)과 대비해 가며 분석해 보았습니다. 그럼, 그 분석 결과를 정리해 볼까요?

(27) 문장 (21)의 분석

가. 분석 대상: 예쁜 아이가 즐겁게 웃고 있었다

나. 분석 결과:

[[[ ]주어(생략됨) [[예쁘-]형용사(1자리) [-ㄴ]어말어미(관형사형어미)]서술어]관형어 [아이]명사(보통명사) [가]조사(주격조사)]주어 [[ ]주어(생략됨) [[즐겁-]형용사(2자리) [-게]어말어미(부사형어미)]서술어]부사어 [[웃-]동사(자동사, 1자리) [-고]어미(보조적 연결어미) [있-]동사(보조동사, 진행상) [-었-]선어말어미(과거시제) [-다]종결어미(평서법, 아주낮춤)]서술어

이것을 해석문법으로 표시하면 다음과 같습니다.

(28) 해석문법에 따른 문장 (21)의 분석 표시

가. 분석 대상: 예쁜 아이가 즐겁게 웃고 있었다

나. 분석 결과: $A_{6-1-1}(E_{31-2}T_5)D(E_{32-3})E_{11-5}E_{6-1}T_1S_2H_6N_1$

동일한 문장 (21)에 대한 분석 결과 표시에서 (27나)보다 (28나)가 매우 간명하다는 것이 정말 인상적입니다. 여러분도 이 책을 다 읽고 나면 이렇게 문장을 분석하여 표시할 수 있습니다! 앞의 문장 (1)에 대한 분석 (18나)와 문장 (2)의 분석 (28나)를 잠시 비교해 보겠습니다.

(29) 문장 (1)과 문장 (21)의 해석문법 표시 대조

가. 문장 (1)

    a. 영수야, 너의 누나가 아까부터 너를 찾았다

    b. $J_{0-2-3}A_{4-1-1}D_{0-1-8}B_{0-4-2}E_{22-1}T_1H_6N_1$

나. 문장 (21)

    a. 예쁜 아이가 즐겁게 웃고 있었다

    b. $A_{6-1-1}(E_{31-2}T_5)D(E_{32-3})E_{11-5}E_{6-1}T_1S_2H_6N_1$

문장 (1)의 분석에서는 없었던 것이 문장 (21)의 분석에서는 나타났죠? 그것은 두 개의 괄호입니다. (29나b)에서 주어 A와 부사어 D 뒤에 각각 한 개씩의 괄호가 뒤따르는데 이러한 괄호들은 내포절의 정보를 담기 위한 것입니다. 주어 A는 그것의 관형어가 절이고 부사어 D는 그 자체가 절입니다. 따라서 주어 A 뒤에 오는 괄호는 주어의 관형사절 정보를, 부사어 D 바로 뒤에 오는 것은 부사어의 부사절 정보를 나타냅니다. 아울러, (29나b)에는 서술어 E가 두 번 출현하는 것을 볼 수 있습니다. 앞서 말한 대로 문장 (21)은 두 개의 용언으로 구성된 복합서술어이기 때문에 그렇습니다.

해석문법 분석은 이렇게 두 문장의 차이와 특징을 직관적으로 보여 줄 수 있습니다.

1.3 이 책의 구성

이상으로 문장 분석이 무엇인지, 문장 분석은 어떻게 이루어지는 것인지를 두 개의 문장을 실제로 분석해 보면서 살펴보았습니다. 다음 장으로 넘어가기 전에, 앞으로 우리가 걸어갈 길을 간단하게나마 미리 짚어보는 시간을 가질까 합니다.

이 책은 모두 5장으로 구성되어 있습니다. 방금까지 살펴본 1장은 문장 분석을 개관하는 곳이죠. 2장은 문장 분석을 위해 필요한 기본 틀 4가지를 설명합니다. 3장은 문장 분석의 현장에서 마주치게 되는 구체적인 문제들을 풀어나갈 해법을 알려줍니다. 이렇게 마련된 문장 분석 기법을, 현실의 텍스트를 구성하는 실제 문장에 적용하는 것이 4장입니다. 여기서는 문장을 분석할 뿐만 아니라, 그 결과를 활용하여 텍스트의 조직적 특성을 탐구합니다. 5장에서는 본문의 내용을 보충하고 해석문법을 소개하며 책을 마무리합니다.

문장 분석 이야기가 본격적으로 펼쳐지는 곳은 2장입니다. 우선 2.1절에서는 문장을 분석하기 위해 필요한 기본적인 틀을 둘러봅니다. 그러한 문장 분석 틀은 4개의 표로 간단히 정리되죠. 그렇게 익힌 문장 분석 틀을 가지고 어떻게 문장을 분석하는지는 2.2절에서 다룹니다.

2.1절에서 소개할 해석문법의 문장 분석 틀 4가지는, (1) 문장성분 유형 분석 틀, (2) 체언 성분 분석 틀, (3) 서술어 분석 틀, (4) 양태성분 분석 틀입니다. 흥미롭게도 이 4가지 표만으로 문장 분석이 모두 가능합니다. 해석문법은 이론의 최소화와 분석의 최대화를 꾀합니다.

2.2절에서는 4개의 분석 틀을 각각 어떻게 사용하는지, 그리고 이들을 조합하여 문장의 분석을 어떻게 완성하는지 설명합니다. 먼저 체언 성분의 핵과 그 앞뒤의 관형어, 조사 정보를 표시하는 방법을 단계적으로 제시합니다. 서술어에 대해서는, 문장의 명제 구성을 책임지는 서술어의 유형과 자릿수 정보를 사전에서 찾아 표시하는 방법을 제시합니다. 명제성분과 결합하여 문장을 완성하는 양태성분의 유형을 그 표지에 따라 표시하는 방법과, 부호 등의 기타 사항을 표시하는 방안도 아울러 제시합니다. 단문을 위해서 기본적으로 요구되는 이러한 표시들에 더하여, 내포문의 표시 방법도 제공하여 복문까지도 간명하게 나타낼 수 있게 합니다.

문장 분석의 현장을 더욱 가깝게 느낄 수 있는 곳이 3장입니다. 먼저 3.1절에서는 문장 분석의 기본 원칙을 확인합니다. 3.2절에서는 문장 분석의 열쇠인 서술어에 대해, 3.3절에서는 그 밖의 문장성분들에 관해 다양한 국면에서 발생하는 까다로운 문제들과 그 해법에 대해 알아봅니다. 3.4절에서는 이 밖에도 요긴하게 참고할 만한 사항들을 짚어 줍니다.

3.1절에서 소개할 문장 분석의 기본 원칙에는 『표준국어대사전』의 준용(準用), 상위절 성분의 우선 확보, 이중 주어나 이중 목적어 불인정이 있습니다. 서술어 분석에 관해 3.2절이 다룰 내용에는 본용언과 보조용언의 연결, 형식서술어에 의한 자릿수 변동, '이-' 구문, '하-' 구문, '되-' 구문, '시

키-' 구문, 어근 분리 등이 있습니다. 3.3절에서는 주어와 목적어, 보어, 부사어에 대해 꼭 알아야 할 사항들을 깊이 있게 다룹니다. 3.4절에서는 조사와 어미, 체언 상당 성분과 명칭의 문제 등을 살펴봅니다.

4장에서는 문장을 분석하고 그 결과를 응용하여 텍스트를 분석하는 데까지 나아갑니다. 4.1절에서는 실제 텍스트를 구성하는 문장들을 분석하여 문장 분석 말뭉치를 만듭니다. 4.2절에서는 그러한 말뭉치로부터 문장의 다양성과 복잡성을 추출합니다. 4.3절에서는 그렇게 얻어진 문장의 다양성과 복잡성을 통해 텍스트를 조직하는 문장의 연결을 탐구합니다.

4.1절에서는 수필 텍스트 하나를 선정하여 우선 원시말뭉치로 만들고, 원시말뭉치에 들어 있는 문장들을 분석하여 문장 분석 말뭉치를 구축합니다. 4.2절에서는 문장의 복잡성과 다양성을 측정하는 기제를 소개하고 그것에 입각하여, 4.1절에서 만들어 놓은 문장 분석 말뭉치로부터 문장마다의 복잡성과 다양성을 추출합니다.

4.3절에서는 텍스트를 구성하는 문장들의 복잡성과 다양성을 활용하여, 텍스트를 구성하는 문장의 다양성 분포, 텍스트를 구성하는 문장의 복잡성 흐름, 텍스트 안에서의 모문의 횡적인 전개 양상, 복문 안에서의 내포문의 종적인 전개 양상을 관찰함으로써, 문장 연결의 관점에서 본 텍스트의 조직적 성격을 파악해 봅니다.

5장에서는 본문에 대해 보충하고 해석문법을 소개하며 이야기를 마무리합니다. 5.1절에서는 1장부터 4장에 이르는 내용에 대해 보충하거나, 이 책에서 다루는 내용 가운데 종전의 해석문법과 달라진 부분 등을 짚어 줍니다. 해석문법을 소개하는 5.2절에서는 해석문법의 과거와 현재, 그리고 미래에 대해 살펴봅니다. 5.3절은 이 책을 기획하고 집필하면서 가졌던 생각을 이야기하며 끝을 맺습니다.

이 책을 통해 여러분은 문장을 분석하고 이를 바탕으로 텍스트의 특성을 파악하는 방법을 배우게 될 것입니다. 이렇게 배운 내용은, 문장 분석 자체를 목적으로 하거나 문장 분석을 통해 다른 무언가를 더 추구하려는 경우 모두에서 유익하게 활용될 수 있을 것입니다.

2

문장 분석의 기본

2장
문장 분석의 기본

—

—

이제 본격적으로 해석문법의 문장 분석에 대한 설명을 시작합니다. 먼저 문장 분석의 틀을 알아본 다음, 그 틀이 어떻게 작동하는가를 구체적인 예를 통해 살펴보도록 하겠습니다.

2.1 문장 분석 틀

2.1.1 문장성분 유형 분석 틀

문장을 분석하기 위해서는 문장을 구성하는 성분, 즉 문장성분과 그 세부 정보가 무엇인지를 파악해야 합니다. 아울러, 그것을 알기 쉽게 표시하는 방안도 고려해야 합니다. 이 두 가지를 얼마나 간결하고 명료하게 처리하느냐가 문장 분석 틀에서 매우 중요합니다. 해석문법은 한국어 문장의 통사 정보를 4개의 틀에 담습니다. 먼저 첫 번째 표를 소개합니다.

(1) 문장성분과 그 표지

	기호	성분 명칭	약자 출처
독립성분	J	독립어	interJection
명제성분	A	주어	subject
	B	목적어	oBject
	C	보어	Complement
	D	부사어	aDverb
	E	서술어	prEdicate
양태성분	T	시제	Tense
	S	상	aSpect
	H	높임	Honorific
	M	태도	Manner
	N	종결	eNding
기타	P	부호	Punctuation
	Q	인용	Quotation
	X	단독	eXtra
계	4유형, 14개		

앞서 1장에서 문장 분석의 맛보기를 하며 문장성분들에 대해 관찰했었습니다. 그 과정에서 독립어나 주어, 목적어, 서술어, 부사어 등을 만나게 되었죠. 뿐만 아니라, 학교문법에서 문법요소로 다루어지던 시제나 높임, 문장 종결 등도 사실상 문장성분의 일원이라고 하였습니다. 해석문법은 이러한 문장성분들을 크게는 4가지 유형으로, 작게는 14가지 유형으로 나누어 파악합니다.

문장성분을 크게는 4가지 유형으로 나눈다고 하였는데, 그렇다면 거기에는 무엇이 있을까요? 위의 (1)에서 직접 찾아보세요. 어떤 것들이 있죠? 그렇습니다. 거기에는 '독립성분'과 '명제성분', '양태성분', 그리고 '기타'가 있습니다. 문장은 이렇게 크게 4가지 유형의 통사 정보로 이루어집니다. 이러한 4가지를 다시 14가지로 세분화할 수 있습니다. 차례로 살펴보면, 먼저 '독립성분'에는 '독립어'(J)가 있습니다. 그리고 '명제성분'에는 '주어'(A), '목적어'(B), '보어'(C), '부사어'(D), '서술어'(E), 이렇게 5가지가 있습니다. 어, 관형어가 안 보이네요? (1)이 잘못된 것인가요? 아닙니다. 앞서 1장에서 살펴본 것처럼, 관형어는 다른 명제성분들과는 달리 서술어와 직접적인 관계를 맺을 수 없습니다. 그것이 주어나 목적어 등 체언으로 구성된 명제성분의 내부에 등장하기 때문입니다. 따라서 관형어는 주어나 목적어, 보어, 부사어, 서술어와 대등하게 취급될 수는 없고, 체언으로 된 문장성분의 내부 정보 표시로 등장합니다. 이러한 표시에 대한 설명은 조금 있다가 나올 (2)에서 자세히 다루게 됩니다. 명제성분 가운데 가장 중요하다고 할 수 있는 서술어 정보 표시에 관해서는 (3)에서 다룹니다.

지금까지 독립성분과 명제성분의 하위 유형들을 확인해 보았습니다. 이제 '양태성분'을 살펴볼 차례인데, 여기에는 '시제'(T), '상'(S), '높임'(H), '태도'(M), '종결'(N)이라는 5개 하위 유형이 있습니다. 이들에 대한 자세한 설명은 네 번째 표인 (4)에서 다룹니다. 마지막으로 '기타'에는 '부호'(P)와 '인용'(Q), '단독'(X)이 있습니다. P는 문장 부호를 표시하고, Q는 직접 인용된 문장을 표시하며, X는 통사 차원에서의 기능 즉, 문법기능을 가진다고 보기 힘든 것을 표시합니다. 이 셋에 대한 자세한 설명은 2.1.5절에서 이루어집니다.

이상으로 문장성분을 유형별로 살펴보았습니다. 사실, 이런 정보만 가지고도 문장 분석을 해 낼 수 있습니다. 가령, 앞의 1장에서 살펴본 문장 '영수야, 너의 누나가 아까부터 너를 찾았다'를 'JADBETHN'으로 표시하는 것이 바로 그것입니다. 이러한 수준의 문장 분석을 '얕은 문장 분석'(shallow parsing)이라고 합니다. 실제로 저도 이러한 분석을 통해 몇몇 연구들을 성공적으로 수행한 적이 있습니다. 그러나 한 문장에 대한 온전한 분석을 위해서는 문장성분이 가진 세부 정보에 대한 파악과 표시가 필요하겠죠. 이제 이어질 (2)와 (3)과 (4)는 문장에 대한 이러한 '깊은 문장 분석'(deep parsing)을 위한 것입니다. '영수야, 너의 누나가 아까부터 너를 찾았다'라는 문장의 깊은 분석은 '$J_{0\text{-}2\text{-}3}A_{4\text{-}1\text{-}1}D_{0\text{-}1\text{-}8}B_{0\text{-}4\text{-}2}E_{22\text{-}1}T_{1}H_{6}N_{1}$'입니다.

2.1.2 체언 성분 분석 틀

(2) 체언 성분의 정보 표시

관형어 정보 (좌측 확장 정보)		핵 정보		조사 정보 (우측 확장 정보)	
0	관형어 없음			0	조사 없음
1	관형사	1	보통명사	1	가/께서/에서/서
2	부사	2	고유명사	2	를
3	체언	3	의존명사	3	호격조사
4	체언+[조사 단독]	4	인칭대명사	4	부사격조사/접속조사
5	체언+[조사 여럿]	5	비인칭대명사	5	는
6	절	6	수사	6	도
7	기타	7	절	7	만/뿐
		8	기타	8	기타 보조사
				9X	예외적인 조사 첨가

앞서 살펴본 (1)이 문장성분의 전체 유형에 관한 것이라면, 이제부터 살펴

볼 (2)~(4)는 문장성분의 세부 정보에 관한 것입니다. (2)는 체언이 문장성분으로 쓰였을 때 가지게 되는 세부 정보이고, 뒤에 나올 (3)은 서술어의 세부 정보, (4)는 양태성분의 세부 정보입니다.

'체언'이란, 명사와 대명사, 수사를 한꺼번에 일컫는 말입니다. 체언 대신 '명사류'라는 용어를 쓸 수도 있고, 그냥 '명사'라고 할 수도 있습니다. 대명사는 '명사를 대신하는 명사'이고 수사는 '수량이나 순서를 나타내는 명사'이기 때문이죠. 넓은 뜻을 가진 명사와 좁은 뜻으로 쓰이는 명사는 문맥을 통해 구별할 수 있으나, 우리나라에서는 대체로 체언이라는 별도의 용어를 써 구별하는 게 일반적입니다.

체언이 문장 안에서 쓰이는 모습을 보면 그것이 자신의 앞뒤에 무엇인가를 달고 나오는 경우를 자주 보게 됩니다. 체언의 앞에는 관형어가, 체언의 뒤에는 조사가 옵니다. 예컨대, '그 아이가'에서 '그'는 관형어, '아이'는 체언(그 중에서도 명사), '가'는 조사입니다. 체언으로 된 문장성분은 이렇게 3가지의 하위 정보 즉, '관형어 정보'와 '체언 자체의 정보', 그리고 '조사 정보'를 지닙니다. 여기서 중심은 '체언 자체의 정보'이므로 이를 '핵 정보'라고 부를 수 있습니다. 관형어나 조사는 각각 체언의 앞과 뒤에 붙어 체언의 몸집을 불려 줍니다. 이런 의미에서 관형어는 체언의 왼쪽에 오므로 좌측 확장, 조사는 체언의 오른쪽에 오므로 우측 확장이라 부른다면, 체언성분의 정보는 '좌측 확장 정보 + 핵 정보 + 우측 확장 정보'로 표시할 수 있습니다. 그리고 이것을 체계화한 것이 바로 표 (2)입니다.

체언 성분의 관형어 정보

표 (2)를 왼쪽부터 살펴보면 다음과 같습니다. '관형어 정보'는 그것이 나타날 때와 나타나지 않을 때로 크게 구별해 볼 수 있어요. 우선 관형어가 나타나지 않은 경우를 맨 처음에 두고 그것을 '0'이라는 숫자로 표시합니다. 그 다음 숫자부터는 관형어의 여러 유형들을 나타냅니다. 관형어 하면 먼저 떠오르는 것은 아무래도 '관형사'일 것입니다. 관형사는 관형어로 쓰이기 위해 태어난 단어니까요. 그것을 '1'로 표시합니다. 그 다음에 오는 것은 '부사'입니다. 여기서 좀 놀라는 분들이 계실 것 같습니다. 부사는 동사나 형용사와 같은 용언을 수식하는 것 아니냐 하시면서요. 맞습니다. 원래는 그렇죠. 그런데 경우에 따라서는 체언을 수식하는 부사들도 있습니다. 가령, '바로 눈앞에 있는 것도 못 찾았다'와 같은 문장에서 부사 '바로'는 명사 '눈앞'을 수식해 줍니다. 이런 경우도 빠짐없이 잘 분석해 주어야겠죠. 관형사가 1번, 부사가 2번, 그 다음 3번은 '체언'입니다. 체언도 체언을 꾸밀 수 있어요. 예컨대, '아기 곰이 내게로 다가왔다'에서 명사 '아기'는 명사 '곰'을 수식합니다.

체언에 조사가 결합하여 다른 체언을 꾸며주는 것도 가능합니다. 가령, '나는 아기의 손을 잡았다'에서 '아기의'는 '아기명사+의조사'로 되어 있는 관형어로서 명사 '손'을 꾸며 줍니다. 경우에 따라 조사가 둘 이상 연이어 나타날 때도 있습니다. '그것은 식물만의 특징은 아니다'에서 관형어 '식물만의'는 '식물명사+만조사+의조사'로 이루어져 있습니다. '동생에게만의 비밀은 아니었다'와 같은 예에서는 3개의 조사(에게, 만, 의)가 연이어 체언 '동생' 다음에 등장하는 것을 볼 수 있습니다. 체언에 결합하는 조사가 하나일 경우를 4번으로, 둘 이상일 경우를 5번으로 구별하여 표시합니다. 관형사나 부사, 체언 단독, 체언과 조사의 결합형 외에도 '절'이 관형어로 등장하기도 합니다. '여기는 내가 태어난 곳에서 가깝다'나 '밖에 비가 오기 때문에 야외 활동이 어려웠다'에서 밑줄 친 부분은 모두 관형어 노릇을 하는 절들인데 앞의 것은 관형사절, 뒤의 것은 명사절입니다. 절로 된 관형어는 6번으로 표시합니다. 마지막으로 7번 '기타'가 있는데, 여기에는 '1~6'에 해당하지 않는 모든 것이 속합니다. 가령, '@ 앞에 # 표시를 해야 한다'라는 문장에서 '@'나 '#'은 한국어가 아닙니다. 그러나 그 둘은 한국어 문장에 등장하여 '앞'이나 '표시'와 같은 명사를 수식하고 있습니다. 비록 특이하지만 이러한 관형어 정보 역시 빠뜨려서는 안 되겠죠.

체언 성분의 핵 정보

이제 표 (2)의 중간에 있는 '핵 정보'로 넘어가겠습니다. 여기에는 관형어의 수식을 받는 체언 정보가 들어 있습니다. 관형어 표시와 다른 점은, 핵 정보에는 숫자 '0'이 없다는 것입니다. 아라비아 숫자 '0'은 사실 '없다'는 뜻이죠. 그래서 관형어가 없을 때 '0'이라 표시하는 것입니다. 그러나 핵 정보가 '0'일 수는 없습니다. 등장하지도 않은 명사를 관형어가 수식할 수는 없을 테니까요. 그래서 핵 정보는 1번으로부터 시작합니다. 앞서 말한 것처럼, 체언에는 명사와 대명사, 수사가 있습니다. 그대로 1번, 2번, 3번을 줄 수도 있겠지만, 명사와 대명사는 더 세분하여 표시하는 게 좀 더 유용할 듯합니다. 명사는 보통명사와 고유명사, 의존명사로 구분할 수 있으니 순서대로 1번, 2번, 3번이 됩니다. 대명사는 인칭대명사와 비인칭대명사로 나누고 각각 4번과 5번을 줍니다. 여기서 비인칭대명사는 사물지시대명사와 장소지시대명사를 통칭합니다. 그 다음 6번은 수사이며, 여기에는 '하나', '둘' 같은 양수사와 '첫째', '둘째' 같은 서수사가 포함됩니다.

절 역시 체언 성분의 핵이 될 수 있습니다. 예를 들어, '동생의 나 따라 하기는 그때부터 시작되었다'라는 문장에서 밑줄 친 명사절 '나 따라 하기'는 핵으로서 그 앞의 관형어 '동생의'의 수식을 받고 있습니다. 물론 그 뒤에 조사 '는'이 붙어 있다는 점도 중요하죠. 영락없는 체언의 모습입니다. 그래서 표 (2)의 핵 정보에 '절'도 7번을 부여받습니다. 마지막으로 8번 '기타'가 있는데 사정은 관형어의 경우와 같습니다. 즉, 한국어가 아니면서도 한국어 문장에서 체언 성분의 핵 노릇을 할 수 있는 기호들이 있습니다. '@를 #으로 고쳐라'와 같은 문장에서 '@'는 주어의 핵이고 '#'은 보어의 핵입니다. 또한 '1에 2를 더해라'와 같은 문장에서 아라비아 숫자 '1'과 '2'는 숫자이지 한국어가 아니므로 역시 8번에 해당하는 핵 정보입니다.

체언 성분의 조사 정보

마지막으로 표 (2)의 오른쪽에 있는 '조사 정보'를 살펴보겠습니다. 조사 정보 역시 숫자 '0'으로 시작합니다. 관형어처럼 조사 역시 나타나지 않을 수 있기 때문이죠. 가령, '나 밥 먹어'라는 문장에서 주어 '나'의 앞과 뒤에는 관형어나 조사가 없습니다. 목적어 '밥'도 마찬가지입니다. 체언 성분은 좌측 확장과 우측 확장이 가능하지만 그 두 가지 없이도 핵만으로 실현될 수 있는 것이죠.

조사 하면 우선 떠오르는 것은 주격조사일 것 같습니다. 그런데 표 (2)에서는 주격조사라는 말 대신 '가/께서/에서/서'라는 조사 형태가 제시되어 있습니다. 왜 이렇게 해 놓았을까요? 그것은 논란을 최소화하고 효율을 최대화하기 위해서랍니다! 무엇에 대한 논란이고 무엇에 대한 효율일까요? 주격조사에 대한 논란이고 조사 표시에 대한 효율입니다. 사실, 주격조사의 대표 형태라 할 수 있는 '가'만 해도 늘 그 정체가 분명하기만 한 것은 아닙니다. 가령, '영수<u>가</u> 학생이다'와 같은 문장에서는 분명히 '영수가'의 '가'는 주격조사임에 틀림없는 것 같습니다. 그러나 '영수가 의사<u>가</u> 되었다'에서 '의사가'의 '가'는 학교문법에서 '보격조사'로 불립니다. 더 나아가 '가'는 '차가 움직이지<u>가</u> 않는다'의 밑줄 친 부분에서 어미 '-지' 뒤에 오기도 합니다. 이를 두고 국립국어원의 『표준국어대사전』에서는 보조사 '가'라고 합니다. 하나의 형태 '가'를 두고 격조사 안에서도 주격조사나 보격조사로 갈리기도 하고 경우에 따라서는 격조사가 아닌 보조사로 취급되기까지 합니다. 생성문법이라는 학문문법을 연구하는 학자들에 따라서는 이들 세 가지 모습의 '가'를 모두 하나의 주격조사로 간주하기도 합니다. 이렇듯 학자마다, 이론마다 조사 '가'라는 형태를 두고 이견이 분분합니다. 이런 때 가장 필요하고 중요한 것은, '가'라는 형태가 쓰이는 모든 모습을 종합적으로 검토해 보는 것입니다. 해석문법은 판단을 최소화하고 우선 형태들이 보이는 모습을 관찰하여 표시하는 데 관심이 있습니다. 그래서 해석문법은 자신의 성격을 '더 나은 문법의 발견을 위한 도구로서의 최소한의 문법'이라고 표명합니다. 이런 취지에서 조사 '가'를 1번으로 표시하는 것입니다. 견해에 따라서는 주격조사, 보격조사, 보조사 등으로 불리기도 하는 모든 '가'가 1번이 됩니다.

1번에는 이 밖에도 그동안 주격조사라 취급되어 왔던 조사들이 들어 있습니다. 존칭 주격이라 불리는 '께서', 단체 주어를 표시한다고 여겨지는 '에서', 그리고 사람의 수를 나타낼 때 쓰이는 '서'가 거기에 속합니다. '정부<u>에서</u> 새로운 시책을 발표하였다'의 '에서'는 단체가 주어일 때 나타나는 주격조사이지만, '나는 집<u>에서</u> 쉬었다'의 '에서'는 장소 뒤의 부사격조사이므로 잘 구별해 주어야 합니다. '아이 혼자<u>서</u> 집을 지키고 있다'나 '우리 둘이<u>서</u>

그 일을 끝냈다'의 '서'가 인원수를 나타내는 말 뒤의 주격조사라면, '이것은 시장서 샀다'나 '서울서 편지가 왔다'의 '서'는 부사격조사 '에서'의 준말이므로 이 역시 헷갈리지 말아야 합니다. 같은 형태라도 다른 조사로 쓰이는 이들은 일종의 동음이의어라 할 수 있습니다.

한편, 2번으로 표시되는 것은 흔히 목적격조사로 불리는 '를'입니다. 이것도 '가' 못지않게 논란의 여지가 많은 조사입니다. '나는 고기를 먹었다'와 같은 전형적인 경우뿐만 아니라 '차가 움직이지를 않는다'에 나타난 '를' 모두를 2번으로 표시합니다. 이 밖에 3번은 호격조사이고, 4번에는 앞서 잠깐 등장하기도 했던 부사격조사, 그리고 접속조사가 속합니다. 5번부터 8번까지는 보조사에 대한 것인데, 그 중에서도 많이 쓰여 그 용법이 궁금한 것들에 번호를 주었습니다. '는'은 5번, '도'는 6번, '만/뿐'은 7번이고 기타 보조사는 모두 8번으로 나타냅니다.

마지막으로 '9X'라고 해 놓은 것은 예외적인 조사 첨가를 위한 것으로 여기서 'X'는 빈칸을 뜻하며 표 (1)의 'X'와는 아무 상관이 없습니다. 예외적인 조사 첨가란, 조사가 명사와 같은 체언 뒤가 아니라 부사나 어미와 같은 말 뒤에 올 경우를 뜻합니다. 조사가 이렇게 특이한 모습을 보일 때, 조사 정보 앞에 '9'를 붙여 그 특이성을 드러내자는 것입니다. 예를 들면, '밥을 참 많이도 먹었다'라는 문장의 '많이도'는 부사 '많이'에 보조사 '도'가 결합한 특이한 경우로서 이때 조사 정보는 그냥 '6'이 아닌 '96'이 됩니다. '영수도 같이 갔다'에서처럼 명사 뒤에 나타난 일반적인 '도'는 단순히 '6'으로 표시합니다.

이상으로 표 (2)에 대해 모두 살펴보았습니다. 이제 여러분은 '영수야, 너의 누나가 아까부터 너를 찾았다'의 분석 'J0-2-3A4-1-1D0-1-8B0-4-2E22-1T1H6N1'에서 체언 성분 표시를 왜 그렇게 하였나를 이해할 수 있습니다. 먼저 독립어 '영수야'를 분석한 'J0-2-3'에서 숫자 '0'은 관형어 없음을 나타내고 '2'는 핵이 고유명사라는 사실을, '3'은 조사가 호격조사라는 점을 드러냅니다. 어렵지 않죠? 다음으로 주어 '너의 누나가'는 'A4-1-1'로 분석되는데, 여기서 '4'는 체언에 조사 하나가 결합한 관형어(너+의)가 쓰였다는 점을, 중간의 '1'은 핵이 보통명사임을, 오른쪽의 '1'은 '가'와 같은 주격조사 부류가 쓰였음을 나타냅니다. 부사어 '아까부터'의 분석 'D0-1-8'은, 관형어가 없으며(0) 핵은 보통명사(1)이고 '는, 도, 만/뿐' 이외의 보조사(8)가 쓰였음을 알려줍니다. 마지막으로, 목적어 '너를'의 표시 'B0-4-2'에서, 관형어가 없고(0) 인칭대명사(4)가 쓰였으며 목적격조사로 불리는 '를'(2)이 왔음을 읽어 낼 수 있습니다. 이제 여러분은 한국어 문장의 체언 성분 정보를 체계적으로 읽고 적을 수 있게 된 것입니다.

2.1.3 서술어 분석 틀

한국어 문장 분석에 필요한 4개의 표 가운데 세 번째 것을 살펴볼 차례입니다. 표 (3)은 한국어 문장의 '서술어 정보'를 정리한 것입니다.

(3) 서술어의 정보 표시 내용

	서술어의 종류			서술어의 자릿수		어말어미의 종류	
1	자동사		1	1자리 술어	1	종결어미
			2	2자리 술어		
			n	n자리 술어		
2	타동사		2	2자리 술어	2	관형사형어미
			3	3자리 술어		
			n	n자리 술어		
3	형용사		1	1자리 술어	3	부사형어미
			2	2자리 술어		
			n	n자리 술어		
4	비용언: 체언	1	자동사성	실질서술어 (n자리 술어)		4	명사형어미
		2	타동사성				
		3	형용사성				
5	비용언: 기타	1	자동사성			5	보조적 연결어미
		2	타동사성				
		3	형용사성				
6	보조용언			형식서술어			
7	'이-', '-답-'						
8	경동사 '하-', '되-'						
9	경동사 '되-', 보조용언 '지-', '싶-'						

본격적인 이야기에 앞서 먼저 짚고 넘어가야 하는 것이 하나 있습니다. 그것은 문장에서 서술어가 정확히 무엇이냐 하는 것입니다. 우리가 처음 분석해 본 문장 '영수야, 너의 누나가 아까부터 너를 찾았다'에서 학교문법은 '찾았다'가 서술어라고 보았습니다. 그러나 이 책의 분석 틀인 해석문법에서는 '찾았다' 중에서 오직 '찾-'만이 서술어라고 봅니다. 학교문법에서는 동사 어간이라 불리는 '찾-'이 해석문법에서는 그 자체로 서술어로 취급되는 것이죠. 이런 차이는 왜 발생하였고, 해석문법의 입장이 더 타당하다고 보아야 할 이유는 어디에 있을까요?

문장성분의 바탕은 단어이고, 단어는 '자립성을 가진 최소의 언어단위'입니다. 학교문법은 이때의 '자립성'을 '대화 상황에서 홀로 쓰일 수 있는 성질'로 정의합니다. 그리고 이러한 정의에 의해 '찾았다' 전체가 단어가 되고 서술어 자격을 얻습니다. 그러나 학교문법의 이러한 입장에는 큰 문제가 있습니다. 학교문법의 자립성은 대화 상황을 전제로 하므로 화용론의 성격을 띱니다. 그러나 문장 분석은 통사론이 하는 일입니다. 통사론의 일에 화용론의 기준을 적용하는 것은, 공식적인 회의에서 사적인 얘기를 하는 것만큼이나 격에 맞지 않습니다. '단어에서 문장까지'를 다루는 통사론에, '발화에서 담화까지'를 다루는 화용론이 발을 들여 놓는 것은 옳지 않습니다. 통사론의 일에는 통사론의 기준이 필요한 것이죠.

문장 분석에 필요한 단어의 자립성에 대한 통사론의 기준은 '문장 안에서 독립적인 기능을 수행할 수 있는 성질'입니다. 이에 따라 단어에 대한 통사론의 정의는 '문장 안에서 독립적인 기능을 가지는 최소의 언어단위'가 됩니다. 그리고 이러한 기준에 의하면 '찾았다' 전체가 아닌 '찾-'만이 문장의 서술어가 됩니다. 왜냐하면 '찾-'은 문장 내의 논항 개수와 그 성격을 결정하기 때문입니다. 이때 논항(argument)이란, 문장의 주성분에서 서술어를 제외한 나머지 즉, 주어와 목적어, 보어를 가리킵니다. 서술어가 취하는 논항의 개수를 서술어의 '자릿수'라고 부릅니다. '영수야, 너의 누나가 아까부터 너를 찾았다'라는 문장에서 논항은 주어 '너의 누나가'와 목적어 '너를'이며, 이 두 가지 논항을 필수적으로 요구하는 것은 서술어 '찾-'입니다. 따라서 '찾-'은 '타동사, 2자리' 서술어라 할 수 있습니다. '찾-' 뒤의 '-았-'과 '-다'는 이러한 논항 결정에는 관여하지 않고 다른 기능을 수행합니다. '-았-'은 시제를, '-다'는 높임과 종결을 드러내는 것이죠. 따라서 '찾았다'는 하나의 단어가 아니라 세 개의 단어들로 해체되어야 합니다. 이것이 해석문법이 취하는 입장입니다. 학교문법에서 동사 어간이나 형용사 어간으로 불리는 것들 자체가 해석문법에서는 동사이고 형용사인 것입니다.

서술어의 종류

이제 준비 운동은 끝냈으니 본격적으로 표 (3)을 살펴볼까요? 서술어에 관한 정보는 3가지입니다. '서술어의 종류', '서술어의 자릿수', 서술어 뒤에 오는 '어말어미 종류'. 먼저 '서술어의 종류'부터 이야기하죠. 한국어 문장의 서술어로는 무엇보다도 동사와 형용사를 들 수 있겠습니다. 동사는 다시 자동사와 타동사로 나뉘므로 결국 자동사와 타동사, 형용사가 서술어의 주축이 되겠네요. 이들을 순서대로 1번, 2번, 3번으로 매겨 구별합니다. 그런데 표 (3)의 왼쪽 줄을 보면, 이들 세 가지 외에도 무려 여섯 가지 종류의 서술어가 더 있습니다. 이들은 한마디로 좀 특이한 서술어들입니다. 특이한 만큼 한국어 문장을 더욱 다채롭게 만들어 준다고 할 수 있겠습니다. 그럼, 4번부터 9번까지 요령 있게 살펴볼까요?

먼저 4번은 서술어로 쓰이는 체언을 가리킵니다. 가령, '영희가 미인이다'라는 문장에서 주어 '영희가'에 대한 서술어는 '미인이-'입니다. 그런데 '미인이-'라는 서술어는 단순하지 않습니다. '미인'과 '이-'로 분석되기 때문입니다. '영희가 미인이다'에 대응되는 '영희가 아름답다'라는 문장에서 형용사 '아름답-'이 혼자서 해 내는 일을 '미인이-'에서는 '미인'과 '이-'가 협동하여 행합니다. '미인'은 실질적인 뜻을 담당하고 '이-'는 어미 활용이라는 형식적인 기능을 맡습니다. 그래서 '미인'을 '실질서술어', '이-'를 '형식서술어'라 부르고, 그 둘로 이루어진 '미인이-' 전체를 '복합서술어'라 부릅니다. 이와 달리, '아름답-'은 실질서술어로만 되어 있는 '단일서술어'입니다. 체언으로서 서술어 노릇을 하는 '미인'을 표시해 주는 것이 4번이고, '미인' 다음에 오는 '이-'를 표시하는 것이 7번입니다.

체언이 서술어 노릇을 할 수 있게 만들어 주는 '이-' 앞에 체언 말고 다른 품사가 올 수도 있습니다. 가령, '그때 내 입에서 나온 말은 아이고였다'와 같은 문장에서 주어 '그때 내 입에서 나온 말은'에 대한 서술어는 '아이고 이-'인데, 이때 형식서술어 '이-' 앞에 감탄사 '아이고'가 놓여 있습니다. 이렇게 용언도 아니고 체언도 아니면서 실질서술어 노릇을 하는 것을 5번으로 표시해 줍니다.

한편, 7번에는 '이-' 말고도 '-답-'이 있습니다. 예를 들어, '영수는 대학교 학생답다'와 같은 문장에서 주어 '영수는'에 대한 서술어는 '대학교 학생 답-'이며, 여기에서 실질서술어는 '대학교 학생'이고 형식서술어는 '-답-'입니다. '이-'와 '-답-'은 의미 차이가 있기는 하지만 둘 다 체언과 같은 말이 서술어로 쓰일 수 있도록 도와주는 형식서술어라는 점에서 공히 7번에 속합니다.

체언이 서술어가 될 때 짝이 되는 형식서술어에는 7번 말고도 8번이 있습니다. 가령, '기차는 3시에 도착이다'도 가능하지만, '기차는 3시에 도착한다'도 가능합니다. 두 문장에서 서술어는 각각 '도착이-'와 '도착하-'이며, 이때 '이-'에 대응하는 것이 '하-'입니다. 형식서술어 '하-'는 '이-'와 마찬가지로 체언 뒤에 와서 어미 활용을 맡습니다. 이와 같은 역할을 하는 것에는 '되-'도 있습니다. '조국이 발전하였다'나 '조국이 발전되었다'에서 실질서술어는 '발전'이고 형식서술어는 각각 '하-'와 '되-'입니다. 이들은 경동사(light verb)라는 이름으로 따로 불리어 취급되기도 하므로 7번의 '이-,

-답-'과는 구별해서 8번으로 표시해 줍니다.

'고고학자가 유물을 발견하였다'와 '고고학자에 의해 유물이 발견되었다'에서 실질서술어는 '발견'이고 형식서술어는 각각 '하-'와 '되-'인데 여기서 '되-'는 8번이 아니라 9번으로 표시합니다. 서술어의 자릿수에 변화를 주었기 때문이죠. 조금 뒤에 살펴보겠는데, 9번에는 경동사 '되-' 말고도 보조용언 '지-'와 '싶-'이 더 있습니다. '되-'는 자릿수 변동 유무에 따라 8번이 되기도 하고 9번이 되기도 한다는 점에 유의해야 합니다.

형식서술어인 7번 및 8번의 앞에 놓이는 실질서술어 4번 및 5번에 대해 추가적으로 결정해 주어야 할 정보가 하나 더 있습니다. 비록 동사나 형용사는 아니지만 4번과 5번의 실질서술어도 '자동사성, 타동사성, 형용사성'을 띠기 때문입니다. 예를 들면, 앞서 살펴본 문장들에 등장한 '미인'과 '도착', '발견'은 체언으로서 4번에 해당하는데 '미인'은 형용사성, '도착'은 자동사성, '발견'은 타동사성을 띱니다. '아이고'는 감탄사로서 5번에 속하며 형용사성으로 분류될 수 있겠죠.

한편, 형식서술어는 체언 등이 실질서술어로 쓰일 때만 등장하는 것은 아닙니다. 일반적인 자동사나 타동사, 형용사와 같은 전형적인 용언 뒤에도 나올 수 있는데 그것을 학교문법에서는 보조용언이라 부르죠. 이것은 표 (3)에서 6번에 해당합니다. '비가 오고 있다'에서 '오-'는 실질서술어이고 '있-'은 형식서술어입니다. 학교문법에서는 각각 본용언, 보조용언이 됩니다. 보조용언 가운데 특이한 것들이 있는데 그것들은 9번에 넣습니다. 9번에는 이미 언급했던 경동사 '되-' 외에 보조용언 '지-'와 '싶-'이 있는데 이들의 공통점은 앞에 오는 실질서술어의 자릿수를 하나 줄인다는 것입니다.

서술어의 자릿수란, 앞서 언급하였듯이, 서술어가 취하는 논항의 개수를 뜻합니다. 9번에 속하는 '되-'와 '지-', '싶-'은 실질서술어의 자릿수에서 한 자리를 뺍니다. '싶-'은 좀 더 복잡한 양상을 띠는데 이는 3.2.2절에서 자세히 다룹니다.

'지-'를 가지고 설명해 보죠. 가령, '영수가 천장의 구멍을 막았다'를 피동문으로 바꾸면 '천장의 구멍이 막아졌다'와 같이 되는데 이때 '막아졌다'는 '막아 + 지었다'로서, 비록 맞춤법에 따라 붙여 썼지만, 본용언 '막-'에 보조용언 '지-'가 결합한 것입니다. 본래 '막-'은 '타동사, 2자리' 서술어로서 주어와 목적어를 취합니다. 그러나 '막-'에 피동의 보조용언 '지-'를 결합하면 원래의 주어('영수가')는 사라지고 목적어였던 것('천장의 구멍을')이 주어('천장의 구멍이')가 됩니다. 이렇게 논항 2개가 논항 1개로 줄어든 것은 보조용언 '지-' 때문입니다. 보조용언을 6번으로 표시하되, '지-'와 같이 자릿수를 하나 줄이는 보조용언은 따로 9번으로 표시하는 것이죠. 보조용언 '싶-'이나 경동사 '되-'도 사정은 이와 비슷합니다.

서술어의 자릿수

서술어의 정보 가운데 두 번째 것은 '서술어의 자릿수'인데 방금 서술어의 종류 중 9번을 설명하면서 그 핵심 내용을 다 말해 버리게 되었습니다. 그래서 한 가지만 덧붙이고자 하는데요, 그것은 서술어의 자릿수를 따지는 것이 그리 쉽지 않으니 반드시 국립국어원의 『표준국어대사전』을 참고하여 처리하라는 것입니다. 하나 예를 들어볼까요? 여러분은 '사-'가 몇 자리 타동사라고 생각하십니까? 아마도 '나는 구두를 샀다'처럼 주어('나는')와 목적어('구두를')를 취하는 2자리 타동사라고 생각하지는 않으십니까? 틀렸습니다! 사실은 저도 처음에는 그렇게 생각했는데 『표준국어대사전』을 찾아보니 3자리 타동사로 되어 있었습니다. '나는 백화점에서 구두를 샀다'처럼 '①누가 ②어디에서/누구에게서 ③무엇을 사다'로 이해해야 한다는 것이죠. 즉, '사-'의 뜻은 "값을 치르고 어떤 물건이나 권리를 자기 것으로 만들다."이며, 이러한 뜻이 실현되려면 '①사는 사람'과 '②파는 장소나 사람', 그리고 '③사는 물건'이 모두 명시되어야 한다는 것입니다.

깊이 고민하고 사색하다 보면 이러한 결론에 이를 수도 있겠지만, 실제 문장 분석을 하다가 이렇게 매번 깊은 고민에 빠질 수도 없고 그렇게 고민에 빠진다고 해서 항상 옳은 답에 이르리라는 보장도 없습니다. 그러나 다행히도 우리에게는 국가 차원에서 편찬한 국립국어원의 『표준국어대사전』이 있습니다. 이 사전은 말 그대로 표준이 되는 사전으로서 국가 차원의 공식적인 시험들은 모두 이 사전에 기댑니다. 사실, 서술어의 자릿수에 대해서는 학자들마다 이견이 분분할 정도로 다양한 판단이 가능합니다. 그러나 문장의 실제 분석에서는 어떻게든 한 가지로 통일해서 그때그때 분석해 주어야 합니다. 이때 매우 요긴하게 참고할 수 있는 것이 바로 『표준국어대사전』입니다. 국립국어원 홈페이지에서 온라인으로 검색할 수 있어 매우 편리합니다.

물론, 이런 사전이 있다고 해서 모든 문제가 해결되는 것은 아닙니다. 우선, 사전을 찾는 것 자체도 그리 쉽지 않은 일임을 여러분은 곧 깨닫게 될 것입니다. 예를 들어 '가-'만 해도 뜻이 34개입니다. 뜻에 따라 서술어의 자릿수도 달라지죠. 그러니 정신 바짝 차리고 여기 이 문장에 쓰인 서술어 '가-'가 무슨 뜻인지를 정확히 읽어 내야 합니다. 뿐만 아니라, 『표준국어대사전』도 사람이 만든 것이라서 문제나 한계가 있습니다. 이 사전이 미처 포착하지 못하거나 잘못 알려주는 경우, 우리가 스스로 문제를 해결해야 합니다. 그 과정을 그저 고통으로만 생각하지 말고 즐거움으로 생각할 수 있어야겠죠. 이 책을 읽는 분들은 그런 분들일 거라 생각합니다. 이에 관해서는 3.1절에서 다시 이야기하도록 하겠습니다.

서술어의 주변: 어말어미의 종류

서술어의 정보 가운데 마지막 것은, 서술어의 뒤에 오는 '어말어미의 종류'입니다. 엄밀히 말해 이것은 서술어 자체의 정보는 아닙니다. 그러나 그것은 서술어가 어디에 놓여 있는가를 알려 주는 중요한 주변 정보임에는 틀림없습니다. 즉, 서술어 뒤에 오는 어말어미가 종결어미라면 그 서술어는 모문의 서술어이고, 관형사형어미라면 관형사절이라는 내포문의 서술어라 할 수 있는 거죠. 종결어미가 1번, 관형사형어미가 2번, 부사형어미가 3번, 명사형어미가 4번, 마지막으로 보조적 연결어미가 5번입니다. 평서형이든 의문형이든 명령형이든 그것이 종결어미이기만 하면 1번으로 표시합니다. 2번부터 4번까지는 서술어가 처한 내포절의 종류에 따른 것이죠. 5번은 해당 서술어가 본용언이며 그 뒤에 다른 보조용언이 오게 되리라는 것을 알려줍니다.

여기서 주의할 것이 하나 있습니다. 어말어미라고 하면 종결어미와 비종결어미로 구분되고, 비종결어미는 다시 전성어미와 연결어미로 세분되며, 연결어미는 대등적 연결어미와 종속적 연결어미, 보조적 연결어미로 나뉠 수 있는데, 표 (3)의 어말어미 종류에는 대등적 연결어미와 종속적 연결어미가 빠져 있는 것입니다. 실수로 그렇게 된 것일까요? 그렇지 않습니다. 해석문법이 대등적 연결어미와 종속적 연결어미를 모두 부사형어미로 처리하기 때문에 그렇게 된 것입니다. 달리 말하면, 해석문법에서는 대등접속과 종속접속으로 대표되는 접속절을 인정하지 않고 그것을 모두 내포절, 그 중에서도 부사절로 보는 것입니다. 이것은 학교문법보다 더 급진적인 입장입니다.

학교문법은 접속 중에서 대등접속과 종속접속을 모두 인정할 경우 내포에서 부사절은 없는 것으로 보거나, 부사절을 인정할 경우 오로지 대등접속만 존재하는 것으로 봅니다. 그러나 해석문법은 대등접속과 종속접속 자체를 인정하지 않고 그렇게 생긴 것들 모두를 내포의 부사절로 취급합니다. 해석문법의 이러한 입장은 해석문법만의 독특한 입장은 아니고 학문문법의 적지 않은 학자들이 취하는 견해이기도 합니다. 실제로 연구해 보면, 종속접속절과 부사절을 구별하기가 쉽지 않을 뿐만 아니라 종속접속절과 대등접속절 또한 구별하기 어려운 경우가 적지 않습니다. 사실상 구별이 어렵다면 굳이 구별하지 않는 게 더 합리적일 수 있습니다. 이러한 선택으로 인해 해석문법의 어말어미 종류 분석이 더 간편해진 것은 덤이라 할 수 있고요.

서술어 정보의 표시

이제까지 서술어의 정보 세 가지를 살펴보았습니다. 끝으로 이러한 정보를 통해 서술어의 특성을 어떻게 간명하게 나타낼 수 있는지 예를 통해 설명해 보겠습니다. 먼저 이 책에서 맨 처음 분석했던 문장 '영수야, 너의 누나가 아까부터 너를 찾았다'의 서술어 '찾-'의 정보는 '타동사, 2자리'이며 그 뒤에 '종결어미'가 있습니다. 이러한 정보들을 한데 모아 'E22-1'로 표시할 수 있습니다. 정말 간결하죠?

'영희가 아름답다'라는 문장의 서술어는 '아름답-'이고 그 정보는 '형용사, 1
자리'이며, 뒤에 종결어미 '-다'까지 참고하면 'E31-1'이 됩니다. 그렇다면 '영
희가 미인이다'의 서술어는 어떻게 될까요? 이 경우 서술어는 '미인이-'이
며 이는 '미인 + 이-'로서 '미인'이 실질서술어, '이-'가 형식서술어입니다. 실
질서술어 '미인'은 '체언으로서 형용사성이고 1자리'입니다. 따라서 이를 일
단 'E431'로 표시할 수 있습니다. 그런데 여기서 아직까지 설명하지 않은 중
요한 부분이 추가되어야 합니다. 그것은 실질서술어 '미인'이 비록 서술어
일지라도 여전히 체언이므로 체언 고유의 정보 즉, '관형어 정보, 체언 자체
의 정보, 조사 정보'를 가지므로 이것까지 더해서 표시해 주어야 한다는 점
입니다. '미인'의 경우 구체적으로 '관형어 없음, 보통명사, 조사 없음'이라는
정보를 지닙니다. 그것을 숫자로 표시하면 '0-1-0'입니다. 이제 이 정보를 앞
서 도출해 낸 서술어 정보 'E431'과 결합시키면 'E431⟨0-1-0⟩'이 됩니다. 방금
살펴본 체언 정보 '0-1-0'을 서술어 정보 'E431'의 뒤에 곧장 붙이되 두 가지
정보 유형을 구분하기 위해 체언 정보 좌우에 괄호 '⟨, ⟩'를 넣었습니다.

여기서 의문을 가지실 분들도 계실 것 같습니다. 도대체 '영희가 미인이다'
와 같은 문장에서 '미인'이 어떻게 관형어나 조사를 가질 수 있느냐고요.
그러나 실제로 가능합니다. '믿을 수 있는 사람은 내 친구뿐이다'와 같은
문장에서 서술어는 '내 친구뿐이-'이며 실질서술어는 '내 친구뿐'입니다. 이
것의 체언 정보를 분석하면 '관형어 정보('내'('나+의'): 체언+[조사 단독] →
4번), 체언 자체의 정보('친구': 보통명사 → 1번), 조사 정보('뿐': 보조사 →
7번)'입니다. 이러한 체언 정보를 가진 실질서술어 '내 친구뿐'의 통사 정보
는 'E431⟨4-1-7⟩'입니다. 어떻습니까? 명사는 비록 그것이 서술어로 쓰이더라
도 체언 고유의 특성을 여전히 가지고 있는 것입니다. 이렇게 해서 우리는
체언 서술어의 정보를 빠짐없이 나타낼 수 있게 되었습니다.

아직 '영희가 미인이다'의 서술어 '미인이-'의 정보를 모두 다 표시하지는 못했습니다. 형식서술어 '이-'의 정보 표시 문제가 남아 있죠. 이것은 'E7-1'입니다. '이-'가 7번이고 그 뒤에 '-다' 정보가 1번이기 때문입니다. 이때 어말어미 정보가 형식서술어 '이-'에서 나타나 있다는 점에 주목해 주세요. 어미 실현을 위해 등장하는 것이 형식서술어 '이-'이니 당연히 그렇게 표시해 주는 게 옳습니다. 이제 실질서술어와 형식서술어의 정보를 한데 모으면 'E431⟨0-1-0⟩E7-1'이 됩니다. 이것이 문장 '영희가 미인이다'의 서술어 '미인이-'의 온전한 정보입니다.

'그때 내 입에서 나온 말은 아이고였다'의 서술어 정보는 어떻게 될까요? 그것은 'E531E7-1'입니다. 감탄사 '아이고'는 '형용사성이고 1자리' 서술어라 할 수 있어 'E531'이 되는 것입니다. 여기서는 '미인'에 등장한 '⟨0-1-0⟩'과 같은 체언 정보가 들어갈 필요가 없습니다. 감탄사는 체언이 아니기 때문입니다. '영수는 대학교 학생답다'라는 문장의 서술어 '대학교 학생답-'의 표시도 'E431⟨3-1-0⟩E7-1'으로 표시할 수 있습니다. '미인이-'와 다른 것은 '대학교 학생답-'에서 체언 실질서술어가 '대학교 학생'이어서 관형어 정보가 3번(체언)으로 되어 있다는 점뿐입니다.

'기차는 3시에 도착이다'의 서술어 '도착이-'의 정보는 'E412⟨0-1-0⟩E7-1'입니다. 여기서 '도착'은 '체언, 자동사성, 2자리' 서술어이므로 '412'이고 관형어와 조사를 취하지 않은 보통명사이므로 '⟨0-1-0⟩'입니다. '기차는 3시에 도착한다'의 서술어 '도착하-'의 정보는 'E412⟨0-1-0⟩E8-1'입니다. 형식서술어 '이-'가 '하-'로 바뀐 것밖에는 차이가 없습니다.

'고고학자가 유물을 발견하였다'의 서술어 '발견하-'의 정보는 'E422⟨0-1-

⓪E8-1'입니다. 여기서 눈여겨볼 것은 '발견'이 '타동사성을 지닌 2자리 체언 서술어'라는 점입니다. 그러한 실질서술어 정보는 '고고학자에 의해 유물 이 발견되었다'의 서술어 '발견되-'의 정보 'E422⟨0-1-0⟩E9-1'에서도 동일합니다. 다만, '발견되-'에서는 형식서술어가 실질서술어의 사닛수를 깎아 먹는 '되-'이므로 'E9-1'로 표시되어야 합니다. 그래야 '발견되-' 전체가 주어만을 논항으로 요구하는 자동사처럼 쓰이고 있음을 제대로 표시할 수 있죠.

2.1.4 양태성분 분석 틀

이제 한국어 문장 분석에 필요한 4개의 표 가운데 마지막 것을 살펴볼 차 례입니다. 표 (4)는 한국어 문장의 양태성분 정보를 모은 것입니다. 그 아 래에 일부 양태성분들의 문법 형식들을 한정된 목록으로 제시했습니다.

(4) 양태성분의 정보 표시 내용

	시제(T)		상(S)*	높임(H)**	태도(M)***	종결(N)	
1	-었-		완료	주체	당위	평서	1
2	-더-		진행	객체	추측	의문	2
3	-ㄴ-/-는-		예정	청자-합쇼	소망	명령	3
4	-겠-, -리-		반복	청자-하오	시도	청유	4
5	관형사형 어미	-ㄴ/-은	기동	청자-하게	봉사	감탄	5
6		-는		청자-해라	시인		6
7		-ㄹ/-을		청자-하라	부정		7
8				청자-해요	사동		8
9				청자-해	피동		9

*상(S)의 형식
  1. 완료: -어 {내-, 놓-, 두-, 버리-, 있-, 치우-}, -고 말-, -고서(-고 나서), -어 가지고
  2. 진행: -고 {있-, 계시-}, -어 {가-, 오-, 나가-}, -면서(-며)
  3. 예정: -게 되-, -려고, -러, -고자

4. 반복: -어 {대-, 쌓-}, -곤(-고는) 하-
5. 기동: -기 시작하-

**높임(H)의 형식
 1. 주체: -시-, 존칭 용언(계시-, 들-, …), 존칭 조사(께서)
 2. 객체: 존칭 용언(모시-, 드리-, …), 존칭 조사(께)

***태도(M)의 형식
 1. 당위: -어야 {하-/되-}
 2. 추측: {-나/-는가/-ㄴ가} 보-, {-ㄹ까/-ㄴ가} 싶-
 3. 소망: -고 싶-
 4. 시도: -어 보-
 5. 봉사: -어 {주-/드리-}
 6. 시인: -기는 하-
 7. 부정: -지 {않-, 못하-, 말-}, 어휘(안, 못; 아니-, 없-, 모르-)
 8. 사동: -게 하-, 사동 접사, 시키-
 9. 피동: -어지-, 피동 접사, 되-

앞서 이야기한 대로, 문장의 핵심 구성은 '명제 + 양태'입니다. 사람이 몸에 옷을 걸쳐 입는 것처럼, 문장도 몸이 있고 거기에 걸쳐 입는 옷이 있지요. 문장의 몸에 해당하는 것을 명제라고 하고, 문장의 옷에 해당하는 것을 양태라 부릅니다. 문장의 기능은 일(event)을 서술하는 것인데요, 일의 서술에는 서술하는 내용과 서술하는 태도가 있게 마련입니다. 이때, 서술하는 내용을 명제, 서술하는 태도를 양태라 부르는 것이죠. 비록 문장의 알맹이는 명제라 할 수 있지만, 양태 없이는 온전한 문장이 되지 못해요. 그것은 사람이 몸에 옷을 걸쳐 입지 않고서는 거리를 나다닐 수 없는 것과 마찬가지입니다. 같은 내용이라도 그걸 어떤 태도로 전달하느냐에 따라 문장의 성격이 확연히 달라집니다. 앞서 (1)에서 살펴보았듯이, 명제에 속하는 문장성분, 줄여서 명제성분에는 주어, 목적어, 보어, 부사어, 서술어가 있습니다. 양태에 속하는 문장성분, 줄여서 양태성분에는 시제, 상, 높임, 태도, 종결이 있습니다. 표 (4)는 양태성분들의 자세한 정보를 체계적으로 담고 있습니다. 표 아래 나와 있는 것은 상과 높임, 태도를 드러내는 형식들입니다. 모두 꼭 외워야 하는 것들이니 정신 바짝 차리셔야 합니다.

시제

먼저 '시제'(T: tense)에 대해 살펴보겠습니다. 시제 하니까 과거시제, 현재시제, 미래시제와 같은 용어가 나오겠지 하고 기대하신 분들도 계실 거에요. 그런데 표 (4)의 맨 왼쪽 '시제' 아래에는 그런 건 없고 대신 '-었-'이나 '-는-' 같은 형태들만 보입니다. 왜 그렇게 해 놓은 걸까요? 여기서의 사정은 앞서 표 (2)의 체언 성분의 정보 표시에서와 비슷합니다. 그때도 주격조사나 목적격조사와 같은 용어 대신에 '가'나 '를' 같은 관련 형태들을 직접 제시했었죠. 한국어 시제에 관해서도 왜 마찬가지의 입장을 취할 필요가 있는지를, 시제에서 맨 먼저 등장하는 '-었-'을 가지고 이야기해 보겠습니다.

'-었-'은 과거시제를 표시하는 형태로 잘 알려져 있습니다. '나는 어제 떡을 먹었다'에서 그렇습니다. '어제'와 '-었-'이 호응하고 있습니다. '어제'는 분명히 과거이고 그것을 문법적으로 표시해 주는 게 '-었-'이라고 보는 겁니다. 그런데 실제 쓰임을 더욱 잘 관찰해 보면 고개를 갸우뚱하게 됩니다. '배가 더부룩해서 이따 밥은 다 먹었다'라는 문장을 보세요. '이따'라는 말이 등장하는데 '-었-'이 나와 있습니다. 당황스럽네요. '이따'는 아직 일어나지 않은 때, 즉 미래를 가리키는데 여기에 '-었-'이 호응하고 있기 때문입니다. 만약 이 경우에서도 '-었-'을 과거시제 표지로 본다면, '이따'의 미래와 '-었-'의 과거가 충돌하여 설명에 모순이 생깁니다. 따라서 이 문장에서 '-었-'은 과거시제를 표시하는 것으로 볼 수 없습니다.

이에 못지않게 우리를 혼란에 빠뜨리는 예는 '강아지가 지금쯤이면 밥을 다 먹었겠다'입니다. 여기서는 '-었-'이 '-겠-'과 함께 등장하고 있습니다. '-겠-'은 미래시제를 표시한다고 알려져 있죠? 게다가 '지금쯤이면'은 현재를 가리킵니다. 현재의 '지금쯤이면'과 과거의 '-었-', 그리고 미래의 '-겠-'까지 한자리에 다 모여 있습니다. 이래도 되나요? 한국어가 이상한 건가요? 아니면 한국어에 대한 설명에 문제가 있는 건가요? 당연히 한국어에 대한 설명에 문제가 있다고 봐야겠죠. 문법적 설명이 한국어를 미처 못 따라가고 있는 겁니다.

'-었-'이나 '-겠-'만 문제가 있는 것은 아닙니다. '-는-'도 비슷한 처지에 있어요. '우리는 내일 떡 먹는다'에서 미래의 '내일'과 '-는-'이 함께 나와 있기 때문입니다. 여기서 '-는-'을 현재시제 표지라고 주장할 수는 없겠죠.

'배가 더부룩해서 이따 밥은 다 먹었다'에서의 '-었-'에 대해서 그것이 시제가 아니라 상, 그 중에서도 완료상이라고 보는 시각이 있습니다. '강아지가 지금쯤이면 밥을 다 먹었겠다'에서의 '-겠-'이 미래가 아닌 추측을 표시한다고 보기도 합니다. '-는-'에 대해서는 아예 그 자체를 독립적인 문법 표지로 인정조차 할 수 없다는 입장까지 있습니다.

이쯤 되면, 정말 '-었-'이나 '-겠-', '-는-'의 정체가 뭘까, 그리고 한국어에는 과연 시제가 있기나 한 걸까 하는 의구심이 들 만합니다. 그러나 이런 고민만 계속 하고 있으면 한국어 문장 분석은 요원해지고 맙니다. 그래서 이러한 문제를 인정하면서도 한국어 문장을 분석할 수 있도록 내 놓은 방안이 표 (4)의 시제 부문입니다. 일반적으로 시제 표지라고 알려져 온 것들이지만 정확히 그 범주가 무엇인지는 아직도 논란이 되고 있기 때문에, 일단 형태를 기준으로 분석하여 표시해 보자는 것이죠. 그렇게 표시해 놓은 자료가 쌓이면 나중에 그것을 통해 이들 형태가 각각 무슨 기능을 하는지 정밀하게 추적하여 규정해 줄 수 있을 겁니다. 앞서도 말한 바와 같이, 해석문법은 그 자체가 목적이 아니라 더 나은 한국어 문법 이론의 구축을 위한 디딤돌이라는 점을 기억해 주세요.

'-었-'을 1번으로 해서, 흔히 회상시제라고 불러 온 '-더-'가 2번, '-ㄴ-'('나는 학교에 간다'에서 '가-'와 '-다' 사이의 '-ㄴ-')이나 '-는-'이 3번, 미래시제라고 보아 온 '-겠-'이나 '-리-'('나도 그 뜻을 따르리라')가 4번을 맡습니다. 그 다음으로 관형사형어미들이 옵니다. '간 사람'과 '가는 사람', '갈 사람'에서 '간'의 '-ㄴ'은 과거를, '가는'의 '-는'은 현재를, '갈'의 '-ㄹ'은 미래를 표시한다고 생각해 왔습니다. 이들도 일단 형태 위주로 표시하기는 마찬가지입니다. '-ㄴ'이나 '-은'('먹은 사람'에서 '먹-' 다음에 온 '-은')이 5번, '-는'이 6번, '-ㄹ'이나 '-을'이 7번입니다.

상

시제와 더불어 시간과 밀접한 양태성분으로 '상'(S: aspect)이 있습니다. 시제가 어떤 일이 벌어지는 시간을 과거, 현재, 미래로 나누어 지정해 준다면, 상은 그러한 시간들 속에서 벌어지는 일의 모습을 좀 더 자세하게 그려 줍니다. 즉, 어떤 일이 과거에 벌어졌는데 그 일은 그때 진행 중이었다는 식으로 말이죠. 물론, 어떤 일이 과거에 벌어졌다고만 밝힐 수 있습니다. '영수는 밥을 먹었다'가 그렇죠. 그러나 거기에 그치지 않고, '영수는 밥을 먹고 있었다'처럼 어떤 일이 과거에 벌어졌는데 그 일은 그때 진행 중이었다고도 말할 수 있습니다. '영수는 밥을 먹었다'가 가진 시간 표현은

'-었-'뿐이지만, '영수는 밥을 먹고 있었다'는 '-었-' 외에도 '-고 있-'이라는 시간 표현을 하나 더 가집니다. '-었-'은 시제(과거)에 속하고, '-고 있-'은 상(진행)에 속합니다.

하나의 시제 안에서 하나의 상만 나타날 수 있는 것은 물론 아니죠. '영수는 밥을 먹어 버렸다'처럼 '과거-완료'도 가능하고, '영수는 밥을 먹게 되었다'처럼 '과거-예정'도 가능하며, '영수는 밥을 먹곤 했다'처럼 '과거-반복'도, '영수는 밥을 먹기 시작했다'처럼 '과거-기동'도 모두 가능합니다. 과거라는 하나의 시제가 여러 가지 상과 결합하는 예입니다. 거꾸로, 하나의 상이 여러 시제와 결합하는 것도 가능합니다. '영수는 밥을 먹어 버렸다'는 '과거-완료'이고 '영수는 밥을 먹어 버린다'는 '현재-완료'이며, '영수는 밥을 먹어 버리겠다'는 '미래-완료'인 것처럼 말이죠. 시제와 상이 자유롭게 어울릴 수 있다는 건, 둘이 별도의 양태성분을 이룬다는 걸 뜻합니다.

이제 상의 종류와 그 형식을 살펴볼 차례입니다. 상은 모두 다섯 가지로 완료상이 1번, 진행상이 2번, 예정상이 3번, 반복상이 4번, 기동상이 5번입니다. 이들의 형식은 대부분 '보조적 연결어미 + 보조용언' 구성이며, 일부는 흔히 연결어미라 불리는, 그러나 해석문법에서는 모두 부사형어미로 취급되는 것들입니다. 표 (4) 아래에 나와 있는 바와 같이 1번 완료상에 해당하는 형식들에는 '-어 {내-, 놓-, 두-, 버리-, 있-, 치우-}, -고 말-, -고서(-고 나서), -어 가지고'가 있습니다. 이해를 돕기 위해 형식들 각각의 예문을 들어 보겠습니다. 우선 '-어 내-'는 '고통을 끝까지 견디어 내었다'에서 볼 수 있고, '-어 놓-'은 '더워서 문을 열어 놓았다'에서, '-어 두-'는 '맛은 없지만 먹어 두어라'에서, '-어 버리-'는 '남은 음식을 다 먹어 버리어라'에서, '-어 있-'은 '꽃이 피어 있다'에서, '-어 치우-'는 '남은 밥 다 먹어 치워라'

에서, '-고 말-'은 '그를 보고 웃고 말았다'에서 확인할 수 있습니다. '-고서'는 '밥을 먹고서 일하러 갔다'에서, '-고 나서'는 '밥을 먹고 나서 일하러 갔다'에서, '-어 가지고'는 '있는 돈을 다 털어 가지고 여행을 다녀왔다'에서 볼 수 있죠.

2번 진행상에 해당하는 형식들에는 '-고 {있-, 계시-}, -어 {가, 오, 나가-}, -면서(-며)'가 있습니다. 각각의 예를 들면 다음과 같아요. 먼저 '-고 있-'은 '영수는 책을 읽고 있다'에서 볼 수 있고, '-고 계시-'는 '아버지는 신문을 보고 계시었다'에서, '-어 가-'는 '날이 저물어 간다'에서, '-어 오-'는 '날씨가 점점 추워 온다'에서, '-어 나가-'는 '좋은 습관을 만들어 나가자'에서, '-면서'는 '노래를 부르면서 춤을 추었다'에서, '-며'는 '춤을 추며 노래를 불렀다'에서 확인할 수 있습니다. 3번 예정상에 해당하는 형식들에는 '-게 되-, -려고, -러, -고자'가 있는데, 우선 '-게 되-'는 '우리도 이곳에서 살게 되었다'에서 볼 수 있습니다. '-려고'는 '집을 마련하려고 저축을 한다'에서, '-러'는 '두부를 사러 시장에 간다'에서, '-고자'는 '규칙을 잘 지키고자 열심히 노력했다'에서 확인할 수 있지요. 4번 반복상에 해당하는 형식들로는 '-어 {대-, 쌓-}, -곤(고는) 하-'가 있습니다. '-어 대-'는 '아이들이 깔깔 웃어 대었다'에서 확인할 수 있고, '-어 쌓-'은 '아이가 울어 쌓는다'에서, '-곤 하-'는 '밥 대신 라면을 먹곤 하였다'에서, '-고는 하-'는 '공부하다가 책상에 그냥 엎드려 자고는 하였다'에서 볼 수 있습니다. 5번 기동상의 형식은 '-기 시작하-'인데, '비가 오기 시작하였다'가 그 예입니다.

상을 식별할 때 중요한 것은 의미가 아니라 형식입니다. 예를 들어, '사업이 완료되었다'는 완료상이 아니고, '일이 잘 진행되었다'는 진행상이 아니며, '그곳에 갈 예정이다'는 예정상이 아닙니다. 이 문장들에 쓰인 '완료', '진행',

'예정'이라는 단어들은 그 자체로 '완료', '진행', '예정'이라는 의미를 갖지만, 그렇다고 해서 그러한 단어들이 곧 문법 형식은 아니라는 것이죠. 어휘적 의미와 문법적 기능은 구별됩니다. 단어는 어휘를 이루고, 문법 형식은 문법을 구성합니다. 완료상이라는 문법은, '완료'라는 단어가 아니라, '-어 내-'라는 '보조적 연결어미 + 보조용언' 구성이나 '-고서'라는 어미처럼 일정한 문법 형식에 의해 실현되는 것입니다. 진행상과 예정상, 반복상, 기동상 모두 그렇습니다. 상의 형식들은 앞서 제시한 목록으로 한정되며, 오직 그러한 문법 형식들만 가지고 상을 판단하고 표시합니다. 처음에는 문장을 분석할 때마다 목록에서 형식을 확인하며 번거롭고 수고롭다 느끼지만, 나중에는 어휘적 의미에 이끌려 분석하는 건 오히려 불가능에 가까울 정도로 어려운 일이란 걸 알게 됩니다. 문법은 어렵지만 폐쇄 목록이라는 점에서 정복이 가능하며, 어휘는 쉽지만 개방 목록이라는 점에서 영원히 정복하기 어렵습니다.

높임

시제와 상에 이어, 세 번째 양태성분으로 '높임'(H: honorific)을 살펴보겠습니다. 높임은 주체높임(1번)과 객체높임(2번), 그리고 상대높임이라고도 하는 청자높임(3번에서 9번까지, 총 7가지)으로 나뉩니다. 세 가지 높임은 각각의 표지를 가집니다. 주체높임은 문장의 주어를 높이는 것으로, '할아버지께서 나를 부르시었다'에서 보듯이, '께서'라는 조사와 '-시-'라는 선어말어미를 문법 형식으로 가집니다. 객체높임은 문장에서 목적어나 보어를 높이는 것으로, '내 선물이 할머니께 전달되었다'에서처럼 '께'와 같은 조사로 표현됩니다. 청자높임은 종결어미에 의해 드러납니다. 어떤 종결어미라도 그것은 청자높임의 7가지 하위 유형 중 어느 하나와 반드시 연결됩니다. 국립국어원의 『표준국어대사전』을 보면 모든 종결어미의 뜻풀이 첫머리에 그것이 어떤 청자높임과 연결되어 있는지 밝히고 있어 참고하기 좋습니다.

청자높임의 7가지 예를 간단히 하나씩 들어 보죠. 3번의 '청자-합쇼'는 '하십시오체'(아주높임)를 가리킵니다. 제대로 쓰자면 '청자-하십시오'로 해야 하는데 그러면 너무 길죠? 그래서 '하십시오' 대신 전에 쓰던 '합쇼'로 줄여 놓았습니다. '잘 가십시오'('가-' + '-시-' + '-ㅂ시오')와 같은 예를 들 수 있습니다. 4번의 '청자-하오'는 '하오체'(예사높임)이고 '잘 가오'가 그 예입니다. 주변에서 자주 듣기는 어렵죠. 5번의 '청자-하게'는 '하게체'(예사낮춤)이고 '잘 가게'가 그 예입니다. 이것도 '하오체'와 같이 자주 접하기는 힘들어요. 6번의 '청자-해라'는 '해라체'(아주낮춤)이고 '잘 가라'(가- + -아라)가 그 예입니다. 7번의 '청자-하라'는 '하라체'로서 높임과 낮춤이 중화된 것으로 불특정 다수를 향한 광고나 신문 제목에서 '진실에 눈을 뜨라'('뜨-' + '-라')와 같은 예를 만날 수 있어요. '해라체'라면 '진실에 눈을 떠라'('뜨-' + '-어라')라고 했겠지요. 8번의 '청자-해요'는 '해요체'(두루높임)이고 '잘 가요'('가-' + '-아요')가 그 예이며, 마지막으로 9번의 '청자-해'는 '해체'(두루낮춤)이고 '잘 가'('가-' + '-아')가 그 예입니다.

높임에서 한 가지 주의할 것이 있습니다. 높임은 문법 형식 외에 어휘로도 실현된다는 것이죠. '계시-'나 '잡수시-', '주무시-'는 주체높임의 대표적인 단어들입니다. 객체높임에서도 '바치-'나 '여쭙-', 특히 '드리-'가 중요하게 등장해요. 그런데 이러한 단어들이 높임을 표시한다고 말하는 것은 문법의 논의에서 가볍게 넘길 일이 아닙니다. 앞서 상을 설명하면서 문법과 어휘는 구별되는 것이라고, 문법은 단어가 아니라 문법 형식을 통해 드러나는 것이라고 힘주어 말하던 걸 기억하실 거예요. 어휘와 문법의 명확한 구분이, 높임이라는 양태성분에 와서는 잘 지켜지지 않는 것 같습니다. 이러한 문제는 비단 학교문법에서만이 아니라 학문문법 차원에서도 심각한 도전이 됩니다.

문장에서 높여야 할 주어에 적절한 높임의 호응 동사가 서술어로 등장하지 못할 경우 그 문장은 비문법적인 것이 됩니다. '*할아버지께서 지금 밥을 먹어'는 주어 '할아버지께서'와 서술어 '먹-'이 제대로 호응하지 않아 틀린 문장입니다. '먹-' 대신 '잡수시-'가 와야 올바른 문장이 됩니다. 높임의 단어를 사용하지 않는 것이 문장의 문법성을 나쁘게 만드는 걸 볼 수 있어요. 여기서 별표 '*'는 비문법적인 문장 앞에 붙이는 언어학적 표시입니다. 높여야 할 목적어나 보어가 제대로 된 동사를 만나지 못해도 문장은 비문이 되고 말지요. '*나는 할머니께 선물을 주었어'나 '나는 할머니를 데리고 공원에 갔어'라고 하면 둘 다 받아들이기 정말 힘든 문장이 됩니다. '주-'를 '드리-'로, '데리-'를 '모시-'로 바꾸면 비로소 올바른 문장이 됩니다.

단순히 의미 해석에 그치는 것이 아니라 문장의 문법성까지 좌우한다는 점에서 높임의 단어는 어휘의 영역을 넘어 문법의 영역에까지 발을 들여놓고 있다고 할 수 있습니다. 어휘와 문법이 언어를 이루는 두 가지 축이라고 할 때, 둘이 명확히 구분되는 영역도 있고 둘이 겹쳐 나타나는 영역도 있는 것 같습니다. 논리적 가능성의 측면에서 보면 오히려 그게 더 자연스러울 수 있습니다. 이러한 점을 중시하여 해석문법에서는 주체높임과 객체높임에서 특정 단어에 의한 높임의 실현을 인정하고 문장을 분석합니다. 따라서 주체높임은 조사 '께서'와 어미 '-시-', 그리고 '계시-'와 같은 어휘로 파악하며, 객체높임 역시 조사 '께' 말고도 '드리-'와 같은 어휘를 그 표지로 인정합니다. 청자높임에서는 이러한 추가 조치가 필요 없습니다.

태도

시제와 상, 높임에 이어, 네 번째로 살펴볼 양태성분은 '태도'(M: manner)
입니다. 태도는 화자의 심리적 태도를 나타내는 문법 범주이며 '양태'라고
도 불립니다. '양태'라는 용어를 쓸 경우, 그것은 '명제'와 대립하는 '양태'
와 발음이 같아서 혼동이 되기 쉽습니다. 명제와 대립하는 광의의 '양태'를
말하는 것인지, 그러한 양태 안에 들어 있는 협의의 '양태'를 말하는 것인
지 헷갈린다는 겁니다. 이 때문에 해석문법에서는 명제와 대립하는 것을
'양태'로, 양태 안에서 화자의 심리적 태도를 표시하는 것을 '태도'로 구별
합니다. 물론, '태도'는 양태 안에서 핵심적인 위치에 있죠. 양태란, 문장의
서술 태도니까요.

태도를 이루는 것은 모두 9가지입니다. 대부분 '보조적 연결어미 + 보조용
언'의 꼴로 되어 있고 일부 다른 어미나 본용언, 접사가 등장하기도 하죠.
먼저 1번 '당위'에 해당하는 형식은 '-어야 (하-/되-]'로서 그 예는 '제 시간
에 밥을 먹어야 해'나 '내가 먼저 들어야 된다'와 같습니다. 2번 '추측'의 형
식은 '[-나/-는가/-ㄴ가] 보-, [-ㄹ까/-ㄴ가] 싶-'입니다. '-나 보-'의 예는 '영
화가 이제 시작하나 보다'이고, '-는가 보-'의 예는 '영화가 이제 끝나는가
보다'이며, '-ㄴ가 보-'의 예는 '시력이 매우 나쁜가 보다'입니다. '-ㄹ까 싶-'
의 예는 '짙은 먹구름에 곧 비가 올까 싶었다'이고, '-ㄴ가 싶-'의 예는 '모든
게 다 꿈인가 싶어'입니다. 3번 '소망'의 형식은 '-고 싶-'이며 그 예는 '어서
친구를 만나고 싶다'입니다. 4번 '시도'의 형식은 '-어 보-'이며 그 예는 '이거
한번 먹어 봐'입니다. 5번 '봉사'의 형식은 '-어 (주-/드리-]'이며 그 예는 '대

신 전화를 걸어 주었다'와 '제가 짐을 들어 드리겠습니다'입니다. 6번 '시인'의 형식은 '-기는 하-'이며 그 예는 '날씨가 덥기는 하다'나 '느리지만 움직이기는 한다'입니다. 이를 '날씨가 덥기는 덥다'나 '느리지만 움직이기는 움직인다'처럼 표현하기도 하는데 모두 '시인'의 표현으로 봅니다.

7번 '부정'의 형식으로는 우선 '-지 {않-, 못하-, 말-}'이 있습니다. '-지 않-'은 '차가 움직이지 않는다'에서, '-지 못하-'는 '나는 전혀 나아가지 못했다'에서, '-지 말-'은 '이곳에서는 수영하지 마세요'에서 볼 수 있습니다. 여기에 추가로 부사 '안, 못'과 용언 '아니-, 없-, 모르-'를 들 수 있습니다. 태도의 부정 역시 높임의 주체높임이나 객체높임에서처럼 일부 어휘를 표지로 삼는 거죠. '차가 움직이지 않는다'는 '차가 안 움직인다'로, '나는 전혀 나아가지 못했다'는 '나는 전혀 못 나아갔다'로 바꾸어 말할 수 있습니다. 용언 '아니-, 없-, 모르-'가 들어간 '이것은 생물이 아니다', '방안에 사람이 없다', '우리는 그 사실을 몰랐다'는 모두 부정문입니다. 그것은 '이것은 아무것도 아니다'와 '방안에 아무도 없다', '우리는 아무것도 몰랐다'가 가능하기 때문입니다. 여기서 '아무것도'나 '아무도'는 부정문에서만 등장할 수 있는 부정극어(부정의 상황을 극단적으로 표현하는 말)입니다. 부정의 보조용언 '않-, 못하-, 말-'뿐만 아니라 부정 부사 '안, 못', 그리고 부정의 본용언 '아니-, 없-, 모르-'는 모두 부정을 표시하는 말들로서 부정극어와 호응할 수 있습니다.

태도의 8번 '사동'은 사동 접사 '-이-, -하-, -리-, -기-, -우-, -구-, -추-'와 '부사형어미 + 본용언' 구성인 '-게 하-', 그리고 '시키-'를 통해 표현됩니다. 사동 접사의 예로는 '아이에게 우유를 먹이다, 고기를 불에 익히다, 소식을 알리다, 음식을 남기다, 심지를 돋우다, 밭을 일구다, 약속 시간을 늦

추다'를 들 수 있고, '-게 하-'의 예로는 '아이에게 우유를 먹게 하였다'를 들 수 있습니다. '수학을 공부하게 하였다'와 같은 사동문에서 '하게 하-' 대신 쓰이는 '시키-'(수학을 공부시키었다)도 사동 표지입니다. 사동의 경우 접사가 중복될 수 있어요. '세우-'는 '시- + -이- + -우-'처럼 두 개의 사동 접사를 가집니다. 아예 '-이우-'를 하나의 사동 접사로 보기도 하죠. '재우-'나 '채우-', '띄우-'가 이 같은 유형에 속합니다.

마지막으로 태도의 9번 '피동'은 피동 접사 '-이-, -히-, -리-, -기-'와 '보조적 연결어미 + 보조용언' 구성인 '-어지-', 그리고 경동사 '되-'를 표지로 가집니다. 놀랍게도 네 가지 피동 접사들은, 앞서 살펴본 사동 접사들과 같은 모습입니다. 그러나 그리 걱정할 필요는 없습니다. 문맥을 통해 사동인지 피동인지 충분히 가릴 수 있으니까요. '눈이 쌓이다, 굴뚝이 막히다, 옷이 걸리다, 종이가 찢기다'는 모두 피동이며 사동과 전혀 헷갈리지 않습니다. '-어지-'에서 주의할 것은, 그것이 보조적 연결어미 '-어'와 보조동사 '지-'가 결합한 구성이지만 맞춤법에서 예외적으로 붙여 쓰도록 하고 있다는 것입니다. 앞서 사동의 '-게 하-'처럼 띄어 쓰는 게 원칙인데 말이죠. 비록 '-어지-'처럼 붙여서 쓰지만 두 개의 형식으로 나누어 분석합니다. '되-'는 서술어의 자릿수를 하나 줄이며 경동사 '하-'의 피동 형태로 여겨집니다.

종결

시제와 상, 높임과 태도에 이어 마지막으로 살펴볼 양태성분은 '종결'(N: ending)입니다. 종결은 문장을 마감하면서 문장 전체의 성격과 유형을 결정합니다. 그 표지는 종결어미인데요, 이것은 이미 청자높임에서 만나 본

적이 있습니다. 예를 들어, '그 아이가 빵을 먹는다'라는 문장에서 종결어미 '-다'는 해라체라는 아주낮춤의 청자높임을 표시하는 동시에 종결의 표지로서 문장 전체의 성격을 평서문으로 규정합니다. 일석이조라고나 할까요? 하나의 문법 형식이 두 가지 기능을 수행하고 있는 겁니다. 그러나 두 가지 음식을 한 접시로 나른다고 해서 그 둘이 하나의 음식인 것은 아니듯, 종결어미에 실려 있는 높임과 종결을 하나의 양태성분으로 다룰 수는 없겠죠. 한국어가 종결어미에 얼마나 크게 의존하고 있는지를 잘 알 수 있는 대목입니다.

높임에서 모든 종결어미가 각각 어느 하나의 청자높임과 연결되듯, 종결에서도 종결어미 각각은 반드시 어느 하나의 문장 종류와 연관됩니다. 흔히 알고 있듯이, 종결의 유형은 평서(1번), 의문(2번), 명령(3번), 청유(4번), 감탄(5번)의 다섯 가지입니다. 그런데 이들은 크게 세 가지 유형으로 다시 묶어 볼 수 있습니다. 화자가 청자에 대해 특별히 요구하는 바가 없는 평서문, 화자가 청자에게 일정한 대답을 요구하는 의문문, 화자가 청자에게 언어의 차원을 넘어 행동으로까지 나설 것을 요구하는 명령문, 이렇게 셋으로 말이죠. 기존의 다섯 가지 유형에서 평서와 감탄을 하나로 묶고, 명령과 청유를 하나로 묶는 겁니다. 감탄은 평서보다 청자에게 요구하는 바가 더 적고, 청유는 기본적으로 명령의 논리를 지닙니다.

이럼에도, 문장종결법이라는 이름으로 기존에 다섯 가지 문장의 종류를 나눈 것은, 평서형 종결어미와 감탄형 종결어미가 구별되고, 명령형 종결어미와 청유형 종결어미가 다르기 때문입니다. 조사와 어미가 발달한 한국어를 관찰하면서 문법 형식의 정연한 질서를 문법 범주로 잘 담아내고 싶은 마음을 가지지 않기란 힘든 것입니다. 학자에 따라서는 종결의 유형을 더 잘게 나누기도 합니다. 해석문법은 전통적으로 내려오는 다섯 가지 종결의 유형을 채택합니다.

다른 경우에서와 마찬가지로, 『표준국어대사전』은 종결어미마다 그것이 담당하는 종결 유형을 알려줍니다. 평서형은 "서술하는 뜻을 나타내는 종결어미"(영수는 밥을 먹었다)로, 의문형은 "물음을 나타내는 종결어미"(영수는 밥을 먹었냐)로, 명령형은 "명령의 뜻을 나타내는 종결어미"(영수야, 얼른 밥 먹어라)로, 청유형은 "어떤 행동을 함께하자는 뜻을 나타내는 종결어미"(영수야, 같이 밥 먹자)로, 감탄형은 "화자가 새롭게 알게 된 사실에 주목함을 나타내는 종결 어미. 흔히 감탄의 뜻이 수반된다."(영수가 마침내 밥을 먹었구나)로 기술하고 있죠. 같은 해라체에 속하는 종결어미라 해도 종결 유형에 따라 평서형은 '-다'로, 의문형은 '-냐'로, 명령형은 '-어라'로, 청유형은 '-자'로, 감탄형은 '-구나'로 달라짐을 볼 수 있습니다.

그런데 종결어미에 따라서는 종결 유형과 상관없이 한결같은 모습을 띠는 것도 있어요. 예를 들어, 해체 종결어미에 속하는 '-어'는 평서문에서도 '영수는 밥을 먹었어'로, 의문문에서도 '영수는 밥을 먹었어'로, 명령문에서도 '영수야, 얼른 밥 먹어'로, 청유문에서도 '영수야, 같이 밥 먹어'로, 감탄형문에서도 '영수가 마침내 밥을 먹었어'로 똑같이 나타납니다. 그럼, 어떻게 구별할까요? 억양이나 앞뒤 문맥으로 구별할 수밖에 없죠. 종결의 유형에 따라 다른 형태로 나타나는 해라체 종결어미들을 격식체 종결어미로, 종결의 유형과 상관없이 모두 같은 형태로 일관하는 해체 종결어미들을 비격식체 종결어미로 부릅니다. 격식을 따지는 자리에는 옷을 맞추어 입고 가지만, 집에서 있을 때는 무엇을 하든 복장 하나로 편히 지낼 수 있는 것과 비슷합니다.

2.1.5 기타 정보 분석 틀

이상으로 문장 분석의 틀을 살펴보았습니다. 4개의 표에 불과하지만, 그 안에 한국어 문장의 핵심 통사 정보가 모두 들어 있습니다. '통사'란 말이 생소하게 들리시나요? 그것의 다른 이름은 '문장'입니다. 그래서 통사를 다루는 통사론은, 문장을 다루는 문장론이라 할 수 있죠. 말이 나온 김에 통사론과 문법론의 관계에 대해 잠깐 말씀드릴 게요. 일반적으로 문법론은 형태론과 통사론을 합친 것을 가리킵니다. 통사론은 문장을 다루고, 형태론은 단어를 다루죠. 형태론이 단어의 구성과 특징 및 종류를 탐구한다면, 통사론은 그러한 단어로 이루어진 문장의 구조와 특성 및 유형을 고찰합니다. 이 책에서 해석문법은 한국어 문장의 통사론을 다룹니다. 앞서 살펴본 표 4개는 해석문법이 압축적으로 제공하는 '한국어 문장의 통사적 분석 틀'이죠.

부호

표 (1)에 들어 있는 내용은, 뒤따르는 표 (2)~(4)를 통해 대부분 설명했습니다. 그러나 아직 다루어지지 않은 게 일부 있어요. 표 (1)의 '기타' 항목입니다. 여기에는 '부호'(P)와 '인용'(Q), '단독'(X)이 있는데 먼저 '부호'(P)에 대해 살펴보겠습니다.

문어는 구어와 달리 억양 등의 정보를 생생하게 담아낼 수 없는데 그나마 '부호'(P, punctuation)가 있어 그런 역할을 일부 해 줍니다. 해석문법에서 중요하게 참고하는 것은 마침표 '.'(1번), 물음표 '?'(2번), 느낌표 '!'(3번)이고, 그 밖의 부호는 'P4'와 같이 4번으로 표시합니다. 방금 마침표라 부른

'.'의 원래 이름은 '온점'이었죠. 마침표는 온점과 물음표, 느낌표 등을 아우르는 통칭이었고요. 그런데 사람들이 '.'를 자꾸 마침표라 부르자 마침내 한글 맞춤법도 이를 반영해 '.'의 이름으로 온점과 마침표를 모두 허용했습니다. 통칭으로는 마침표 대신 '문장 부호'라는 말을 쓰면 됩니다.

부호에서 한 가지 주의할 게 있어요. 부호와 종결의 대응을 너무 단순화해서는 안 된다는 겁니다. 예를 들어, 마침표 '.'를 평서문의 표지처럼 생각하기 쉬우나, 한글 맞춤법에서도 분명히 밝히고 있듯이, 그것은 명령문과 청유문 등에도 두루 쓰일 수 있습니다. 물음표 '?'도 의문문의 전유물이 아니에요. 느낌표 '!'도 감탄문뿐만 아니라 평서문, 명령문, 청유문에 다 쓰일 수 있다는 걸 이번 기회에 잘 확인해 두시기 바랍니다.

인용

부호에 이어 살펴볼 것은 '인용'(Q, quotation)입니다. 이것은 어떤 문장이 직접 인용되었다는 것을 표시해 줍니다. 직접 인용된 문장은 아무래도 생동감이 넘치는 구어 스타일을 띠기 쉽겠죠. 평범하게 서술된 문어 문장과는 어딘가 다른 풍모를 보일 가능성이 높습니다. 그런 점을 놓치고 싶지 않아서, 어떤 문장이 직접 인용된 것인지, 그렇다면 직접 인용의 어디쯤에 놓인 것인지 표시할 방법을 마련해 보았습니다.

문장 전체가 직접 인용되었을 경우, 그 문장 앞에 'Q_{11}'을 붙입니다. 만약 직접 인용 안에 두 개의 문장이 들어 있다면 첫 번째 문장에는 'Q_{10}'을, 두 번째 문장에는 'Q_{01}'을 붙이게 됩니다. 여기서 'Q' 다음에 오는 숫자는 직접 인용 부호의 존재를 뜻합니다. '1'은 있다는 것이고 '0'은 없다는 것이죠.

따라서 'Q_{11}'은 그 문장의 앞과 뒤에 모두 직접 인용 부호가 놓여 있음을 뜻합니다. 'Q_{10}'은 그 문장의 앞에만 직접 인용 부호가 있다는 것이죠. 직접 인용이 그 문장으로 안 끝나고 다른 문장이 더 온다는 걸 알 수 있습니다. 'Q_{01}'은 그 문장의 끝에 직접 인용 부호가 온다는 것이니 그 문장으로 직접 인용은 다 끝이 남을 의미합니다.

그럼, 직접 인용의 중간에 있는 문장은 어떻게 표시하면 될까요? 그렇습니다. 'Q_{00}'으로 하면 됩니다. 그 문장의 앞뒤 어디에도 직접 인용 부호가 놓여 있지 않을 테니까요. 세 문장 이상이 직접 인용이 되고 있다면 맨 앞의 문장은 'Q_{10}'을, 맨 뒤의 문장은 'Q_{01}'을, 그리고 중간에 끼인 문장들은 'Q_{00}'을 가지게 됩니다. 간단하면서도 명쾌하게 문장의 직접 인용 여부와 그 위치를 표시해 줍니다.

단독

부호와 인용에 이어 마지막으로 살펴볼 기타 항목은 '단독'(X, extra)입니다. 이것은 문장의 명제성분처럼 보이지만 적절한 문법기능이 없어 그렇게 취급하기는 힘든 것을 표시합니다. 예를 들어, '영수가 눈이 크다'라는 문장은 주어처럼 보이는 게 둘 있습니다. '영수가'와 '눈이'가 그렇죠. 그래서 이런 문장을 이중 주어 구문이라 부릅니다. 문제는 그중 하나만 주어일 수 있다는 겁니다. 서술어 '크-'가 '형용사, 1자리'이기 때문이죠. 그럼, 무엇이 주어일까요? 얼핏 보면 '영수가'일 것 같은데, 잘 따져 보면 '눈이'가 주어입니다. '큰' 것은 '눈'이지 '영수'라는 사람 전체는 아니니까요. 그렇다면 '영수가'는 뭘까요? 또 다른 주어일까요? '영수'의 '눈'이고 '눈'보다 '영수'가 더 크니까 '영수가'는 대주어, '눈이'는 소주어라고 설정하면 될까요? 그렇게 해도 문제는 해결되지 않습니다. '크-'가 1자리 서술어라는 점은 변함없으니까요.

학교문법은 이 대목에서 흥미로운 제안을 합니다. 우선 '눈이 크다'가 하나의 문장을 이룹니다. 1자리 서술어가 1개의 주어를 취했으니 문제없죠. 그다음, '눈이 크다'가 서술어가 되어 '영수가'라는 주어와 만나 더 큰 문장을 이룹니다. 문장 안에 문장이 있으니 그걸 도식으로 나타내면 '[문장2 영수가 [눈이 크-]문장1 -다]'처럼 되겠네요. 이를 '서술절 가설'이라고 합니다. 그러나 다른 문제가 발생합니다. 문장 안에 문장이 들어갈 때 안은문장을 '모문'으로, 안긴문장을 '내포문'으로 부르는데 이때 내포문은 일정한 표지를 지닙니다. 예를 들어, '우리는 <u>풍년이 들기</u>를 바랐다'나 '나는 <u>영수가 애쓴</u> 사실을 알고 있다', '영수가 <u>성격이 좋게</u> 생겼다'에서 밑줄 친 부분은 모두 내포문이며 각각 '-기', '-ㄴ', '-게'로 끝을 맺습니다. 이때 '-기'는 명사절 표지이고, '-ㄴ'은 관형사절 표지이며, '-게'는 부사절 표지이죠. 그런데 유독 학교문법에서 말하는 서술절만은 그러한 내포문 표지가 없습니다. '[문장2 영수가 [눈이 크-]문장1 -다]'에서 '-다'는 모문의 종결 표지이지 내포문 표지가 아닙니다. 만일 '[문장2 영수가 [눈이 크- -다]문장1]'로 달리 분석한다 해도, 내포문 표지는 있지만 모문 종결 표지가 없어 역시 이상한 구조가 되고 말죠. 결국, 학교문법의 서술절 가설도 그리 만족스럽지 않습니다.

이런 상황에서 해석문법은 '영수가 눈이 크다'에서 가짜 주어 '영수가'를 문장 안에서 문법기능이 없는 단독 구성 'X'로 표시합니다. 문법기능이란, 명제성분들이 문장 안에서 가지는 역할이며, 그러한 역할의 부여는 서술어가 합니다. 주어도, 목적어도, 보어도, 부사어도 공히 서술어에 대하여 주어이고, 서술어에 대하여 목적어이고, 서술어에 대하여 보어이고, 서술어에 대하여 부사어인 것이죠. 그러나 '영수가 눈이 크다'에서 '영수가'는 서술어 '크-'에 대하여 어떠한 관계에도 놓여 있지 않습니다. 그것은 '크-'에 대하여 주어도 아니고, 목적어도 아니고, 보어도 아니고, 부사어도 아닙니다. 이 문장에서 '영수가'는 문법기능이 없습니다. 그런데도 꼭 주어처럼 생겼죠. 해석문법은 이를 단독 구성 'X'로 분류합니다. 주어처럼 생겼는데 주어가 아닌 경우 말고도, 목적어처럼 생겼는데 목적어가 아닌 경우도 'X'로 표시합니다. 한국어에 광범위하게 존재하는 이중 주어 구문이나 이중 목적어 구문이 모두 'X'의 적용 범위가 됩니다. 이런 문장에서 발견되는 'X'를 학자에 따라서는 '주제어'라 부르기도 하죠. 그러나 'X'는 이렇게 문장 안에서 초대 받지 못한 손님처럼 존재하는 어떤 성분 말고도, 그 자체가 홀로 등장하는 것, 예를 들어 문장 형식을 갖추지 못한 발화를 표시하는 데서도 매우 유용하게 쓰입니다.

2.2 문장 분석 틀의 적용

여기까지 오시느라 정말 고생 많으셨어요. 이제 해석문법이 제공하는 문장 분석의 기본 틀은 모두 확인한 셈입니다. 다음 단계에서는, 문장 분석 틀을 다양한 상황에 적용해 봄으로써 문장 분석의 기본기를 확실히 익힐 겁니다. 이를 통해, 3장에서 현란하게 펼쳐질 한국어 문장의 신세계를 경험할 수 있는 문장 분석의 심화 단계로 나아갈 준비를 하게 됩니다.

앞서 2.1절에서 살펴본 순서와 마찬가지로, 먼저 '체언의 정보 표시 사례'로부터 시작하여 '서술어의 정보 표시 사례', '양태성분의 정보 표시 사례'로 나아갈 겁니다. 여기까지가 주로 단문 위주였다면, 이후 이어지는 내용은 내포문을 포함한 복문 분석에 관한 거예요. 이를 통해 단문에서 복문에 이르기까지 한국어 문장 분석의 기본기를 확실히 다질 수 있습니다.

2.2.1 체언 성분의 정보 표시 사례

체언 성분은, 중심에 놓인 핵 정보와 함께 핵의 왼쪽에 오는 관형어 정보, 핵의 오른쪽에 오는 조사 정보가 중요합니다. 우선, 체언 성분이 핵만 있고 좌우에 관형어나 조사를 전혀 가지고 있지 않은 경우가 있습니다. 비확장의 경우이죠. 그 다음으로, 핵 좌우에 관형어나 조사를 하나씩만 가지는 경우를 들 수 있습니다. 이를 단순 확장이라 불러 보죠. 여기에는 핵 왼쪽에 관형어가 하나만 오는 경우, 핵 오른쪽에 조사가 하나만 오는 경우, 핵 좌우에 관형어와 조사가 각각 하나씩만 오는 경우가 있습니다. 이 다음 단계는 다중 확장이라 불리는데, 핵 좌우에 관형어나 조사가 둘 이상 오는 경우입니다. 이 밖에도 관형어를 또 다른 관형어가 수식하는 경우도 생각해 볼 수 있습니다.

비확장

다음 문장으로부터 시작합니다.

　(5) 아버지, 저 밥 먹고 있어요.

여기서 체언 성분에 해당하는 문장성분은 '아버지'와 '저', '밥'이죠. '아버지'는 독립성분 J이고, '저'는 주어 A이며, '밥'은 목적어 B입니다. 먼저, 독립어 '아버지'는 핵만 있고 그 좌우에 관형어나 조사가 없네요. '아버지'는 보통명사인데, 표 (2)에서 보통명사는 몇 번이죠? 그렇죠! 핵 정보에서 1번입니다. 따라서 독립어 '아버지'는 J0-1-0으로 분석됩니다. 주어 '저' 역시 핵만 보이네요. '저'는 인칭대명사에 속하고 표 (2)의 핵 정보에서 4번이니까, 주어 '저'는 A0-4-0으로 표시됩니다. 목적어 '밥'도 보통명사인 핵만 있으니 B0-1-0이 되겠네요.

어때요? 분석할 만하죠? 아직 좀 얼떨떨하다고요? 이렇게 차근차근 함께 분석해 가다 보면 어느 새 자신감을 가지고 멋지게 복잡한 문장도 분석할 수 있습니다.

단순 확장

이제 핵 말고도 그것의 좌우에 관형어나 조사가 등장하는 경우를 살펴봅니다.

(6) 영수야. 그건 너의 동생 주어라.

여기서 체언 성분에 해당하는 문장성분은 '영수야'와 '그건', '너의 동생'입니다. '영수야'는 독립어 J이고, '그건'은 목적어 B이며, '너의 동생'은 보어 C입니다. 동사 '주-'는 '누가 무엇을 누구에게 주-'와 같이 쓰이는데 여기서 '누가'는 주어, '무엇을'은 목적어, '누구에게'는 보어입니다. 문장 (6)에서 '그건'은 '그것은'을 줄인 말로서 '무엇을'에 해당하고 '너의 동생'은 '누구에게'에 해당하죠. 서술어로 쓰이는 동사나 형용사의 이런 정보를 논항구조나 격틀이라고 하는데, 이것은 『표준국어대사전』에 자세히 나와 있습니다. 물론, 사전에서 격틀 정보를 얻는 방법을 알아야 합니다. 그건 나중에 2.2.2

절 '서술어의 정보 표시 사례'에서 자세히 다룰 예정이에요. 그럼, 차례로 문장 (6)의 체언 성분 셋을 분석해 볼까요? 우선, 독립어 '영수야'는 '영수'라는 핵과 그 오른쪽에 조사 '야'를 가집니다. 관형어는 없고요. 표 (2)의 핵 정보에서 고유명사는 2번이고, 조사 정보에서 '야'는 호격조사 3번입니다. 이에 따라 독립어 '영수야'는 J0-2-3처럼 됩니다.

혹시 조사 '야'가 무슨 조사인지 모르실 경우에는 『표준국어대사전』을 얼른 인터넷에서 검색해 보세요. 간편하게 찾을 수 있답니다. 한번 같이 찾아볼까요? 『표준국어대사전』의 인터넷 주소는 다음과 같습니다.

(7) 국립국어원 『표준국어대사전』 인터넷 주소

https://stdict.korean.go.kr/main/main.do

인터넷에 접속하여 위 주소로 들어가면, 가운데 검색어를 넣을 수 있는 창이 뜹니다. 거기에 '야'를 적고 '찾기'를 누릅니다. 들어가셨나요? 검색 결과로 뜬 화면에 많은 '야'가 보입니다. '야'라는 글자 오른쪽에 '야¹', '야²'와 같이 숫자가 매겨져 있는 거 보이시죠? 그건 '야'와 관련된 동음이의어들을 구별해 주는 숫자랍니다. 음은 같은데 뜻이 다른 단어들을 동음이의어라고 하죠. '야'의 경우 총 11개의 동음이의어들이 있습니다. 사전을 검색하다 보면 각각의 표제어에 딸린 많은 동음이의어들을 만나게 될 겁니다.

자, 이제 우리가 찾고 싶은 조사 '야'를 발견해야 하는데요. 어디에 있죠? 숫자가 매겨진 '야' 오른쪽에 보면 품사 정보가 있어요. 「명사」도 보이고 「감탄사」도 보이네요. 어, 그 아래 「조사」도 두 개나 보여요. '야⁹'라고 쓰인 것 오른쪽에 간단하게 뜻풀이가 보이는 데 "강조의 뜻을 나타내는 보조

사."로 나오네요. 혹시 그걸까요? '야⁹'나 그 뜻풀이 옆의 '전체보기'를 누르면 안으로 들어갑니다. 들어오셨나요? "((받침 없는 체언이나 부사어 또는 어미 뒤에 붙어)) 강조의 뜻을 나타내는 보조사."라고 쓰여 있네요. 그런데 그 아래 예문("그야 그렇지.", "자네야 자식이 공부를 잘하니 무슨 걱정인가?", "영어야 철수가 도사지.")을 보니 우리가 찾는 게 아니네요.

다시 앞의 화면으로 나가 '야'라는 표제어의 동음이의어 목록을 보죠. 「조사」로 되어 있는 두 번째 것이 '야¹⁰'인데 그 뜻풀이를 보니 "손아랫사람이나 짐승 따위를 부를 때 쓰는 격 조사."라고 되어 있네요. 아마도 이게 맞을 것 같네요. 얼른 들어가 보죠. "((받침 없는 체언 뒤에 붙어)) 손아랫사람이나 짐승 따위를 부를 때 쓰는 격 조사."라는 뜻풀이 아래 있는 예문("철수야, 어디 가니?", "새야 새야 파랑새야.")을 보니 정말 우리가 찾는 호격조사 '야'가 맞습니다. 이렇게 사전에서 내가 원하는 표제어를 찾을 때 뜻풀이 못지않게 예문이 정말 중요하답니다. 이 점 꼭 기억하세요.

사전 찾는 게 그리 쉬운 일은 아닙니다. 그래서 비교적 단순한 예이지만 함께 호격조사 '야'를 찾아보았습니다. 실제로 사전에 나와 있는 '야¹⁰'의 뜻풀이를 보더라도 거기에 '호격조사'라는 명칭이 직접적으로 나오진 않죠. 사전을 찾으면서 발견한 '야¹⁰'의 뜻풀이 "손아랫사람이나 짐승 따위를 부를 때 쓰는 격 조사."와 표 (2)의 조사 정보에 있는 '호격조사'를 우리 스스로가 연결 지을 수 있어야 합니다. 훈련이 필요하죠. 이런 과정을 거치면 누구나 사전을 잘 참고하여 문장 분석을 해 낼 수 있습니다.

이렇게 사전을 활용하는 방법은 방금 살펴본 조사 말고도 그 밖의 여러 품사에 대해서도 같습니다. 다만, 동사나 형용사는 단순한 뜻풀이나 예문을 넘어서 격틀과 같이 문장의 구조 전반에 대한 정보를 담고 있기 때문에 사전에서 그걸 잘 읽어내는 별도의 훈련이 또 필요합니다. 이런 것은, 앞서 언급한 대로, 2.2.2절 '서술어의 정보 표시 사례'에서 자세히 다룰 거예요.

다시 본론으로 돌아가 보죠. 문장 (6)에서 이제 막 독립어 '영수야' 분석을 마쳤습니다. 그 결과는 J0-2-3입니다. 목적어 '그건'과 보어 '너의 동생'이 분석을 기다리고 있네요. 목적어 '그건'은 분석에 앞서 우선 줄어들기 전의 말로 풀어야 합니다. '그건'은 '그것은'의 줄인 말이죠. 이제 '그것은'은 핵 '그것'과 조사 '은'으로 분리됩니다. 표 (2)에서 '그것'은 핵 정보에서 비인칭대명사 5번이고, '은'은 조사 정보에서 보조사 '는'(5번)에 해당합니다. 표 (2)의 조사 정보에서는 대표형만 써 놓았어요. 그래서 1번의 '가'도 사실은 '이'와 '가' 모두를 가리킵니다. 2번의 '를'도 마찬가지입니다. 표 (2)를 읽는 방법이죠. 다른 표들에서도 같습니다. 이제, 정보를 종합하여 목적어 '그건'을 표시하면 B0-5-5가 됩니다.

이어서 보어 '너의 동생'도 분석해 볼까요? '너의 동생'은 핵이 보통명사 '동생'(1번)이고, 관형어가 '너의'입니다. 조사는 없고요. '너의'는 표 (2)의 관형어 정보에서 몇 번일까요? '너의'는 '너+의'이고 '너'는 체언(인칭대명사), '의'는 조사(관형격조사)입니다. 그러니까 '체언+[조사 단독]'에 해당하네요. 4번입니다. 이를 종합하면, 보어 '너의 동생'은 C4-1-0입니다.

문장 (6)과 같이 단순 확장인 경우를 하나 더 살펴보겠습니다.

(8) 정부에서 오늘 시책을 발표했다.

이 문장에서 체언 성분은 '정부에서'와 '시책을'입니다. 그런데 잠깐! '오늘'도 체언 성분일까요? 궁금하면 일단 사전을 찾아보세요. 『표준국어대사전』에서 '오늘'을 검색하면 고맙게도 딱 하나만 나옵니다. 그리고 「명사」라고 되어 있지요. 그럼, 고민 없이 '오늘'도 체언 성분으로 분석하면 될까요? 아닙니다. 좀 더 신중을 기해야 합니다.

일단, '오늘'을 눌러 안으로 들어가 보세요. 어떻습니까? 뜻풀이를 보니 품사가 2개 적혀 있지요? 하나는 '명사'이고 다른 하나는 '부사'입니다. 단어 하나가 두 개의 품사를 지니는 것, 이를 '품사 통용'이라 합니다. '오늘'은 명사로도 쓰이고 부사로도 쓰인다는 거죠. 그럼, 문장 (8)에서는 '오늘'이 명사일까요, 부사일까요? 뜻으로는 두 가지가 거의 같습니다. 명사일 때 뜻은 "지금 지나가고 있는 이날"이고 부사일 때도 "지금 지나가고 있는 이날에"죠.

아까 호격조사 '야'를 검색할 때 제가 뭐라고 했죠? 예문이 중요하다고 했죠? 그렇습니다. '오늘'이 명사일 때의 예문들을 보면 모두 '오늘'에 조사가 붙어 있습니다. '오늘의', '오늘이', '오늘에'처럼 말이에요. 그러나 '오늘'이 부사일 때의 예문들을 보면 조사 없이 그냥 '오늘'로만 되어 있습니다. 왜 그럴까요? 부사는 명사가 아니라서 기본적으로 조사의 도움이 필요 없기 때문입니다. 그렇다면 문장 (8)의 '오늘'은 뭡니까? 명사인가요, 부사인가요? 그렇죠! 부사이지요. 문장 (8)의 '오늘'에도 조사가 붙지 않았으니까요. 부사 '오늘'은 그냥 D라고 표시하면 됩니다. 부사는 체언과 달리 앞뒤에 관형어나 조사가 와야 하는 게 아니니까요.

단어 하나의 품사를 따지는 것도 쉽지가 않네요. 사전이 있어도 말이에요.

그러나 생각해 보세요. 만일 사전이 없다면, 혼자서 매번 이렇게 고민을 해야 합니다. 고민한다고 항상 옳은 답을 찾을 수 있다는 보장도 없지요. 역시 사전이 필요합니다. 고마운 존재죠. 자, 이렇게 해서 문장 (8)의 '오늘'은 부사로 된 부사어임을 확인했습니다.

문장 (8)의 체언 성분 '정부에서'와 '시책을'로 돌아가 봅니다. 우선 '정부에서'는 주어 A라고 할 수 있습니다. 그것이 부사격조사처럼 보이는 '에서'를 가졌지만요. 표 (2)의 조사 정보 1번에서 '에서'를 찾을 수 있죠? 이 경우 '에서'는 단체 주어 뒤에 나오는 주격조사입니다. 발표하는 주체가 '정부'인 거죠. '정부'는 보통명사이니 핵 정보도 1번입니다. 따라서 '정부에서'는 A0-1-1이 됩니다. 다음으로, '시책을'을 보겠습니다. 관형어는 없고, 핵은 보통명사(1번)이며, 조사 '을'(2번)이니, 목적어 '시책을'은 B0-1-2입니다.

이제까지 살펴본 것은 핵 앞에 관형어만 하나 오거나 핵 뒤에 조사만 하나 오는 경우였습니다. 이제, 핵 좌우에 관형어와 조사가 각각 하나씩 오는 경우를 분석합니다.

    (9) 바로 그가 영수 동생을 찾았다.

이 문장에서 체언 성분은 '바로 그가'와 '영수 동생을'입니다. 여기서 '바로 그가'는 주어 A이고, '영수 동생을'은 목적어 B입니다. 그런데 '바로 그가'가 좀 이상해 보입니다. '바로'가 부사이기 때문이죠. 혹시 '바로'를 떼고 '그가'만 주어 아닐까요? 어떻습니까? 사전 찾아봐야겠지요? 사전 찾는 것도 습관입니다. 물론, 좋은 습관이죠. 『표준국어대사전』에서 '바로'를 검색하면 3개의 동음이의어가 나옵니다. '바로¹'은 「의존명사」이고 '바로²'와 '바로³'은

「명사」입니다. 간단히 나와 있는 뜻풀이를 보니 '바로[3]'은 사람 이름(고유명사)이라서 탈락입니다. 이어서, 의존명사인 '바로[1]'도 제외됩니다. 문장 (9)에서 '바로' 앞에 아무 말도 없으니까요. 의존명사는 그 앞에 항상 관형어를 요구하는 명사죠. 그러니 문장 (9)의 '바로'는 의존명사일 리가 없습니다. 그럼, 남은 건 '바로[2]' 하나뿐이네요.

'바로[2]'를 눌러 안으로 들어가 보죠. 그런데 '바로[2]'가 품사 통용을 보이네요. 명사, 부사, 심지어 감탄사로까지 쓰여요. 그럼, 문장 (9)의 '바로'는 이 중에서 무얼까요? 결정은 어렵지 않습니다. 명사나 감탄사는 아니죠. 이 두 가지 품사로 쓰이려면 '바로'가 군사 용어이어야 하니까요. 그래서 남은 건 부사. 그런데 부사가 다시 7가지 의미로 나뉘네요. 그 중에서 문장 (9)의 '바로'와 어울릴 수 있는 건 의미 「5」와 「7」입니다.

이번에도 예문이 뜻풀이 못지않게 톡톡히 역할을 합니다. 의미 「5」는 "시간적인 간격을 두지 아니하고 곧"이며 그 예는 "도착하면 <u>바로</u> 전화해라."입니다. 이때 '바로'는 서술어 '전화하-'를 수식하죠. 이런 뜻으로 문장 (9)의 '바로'를 해석하면 문장의 의미는 '<u>곧장</u> 그가 영수를 찾았다'이고 여기서 '바로'는 서술어 '찾-'을 수식하는 것이 됩니다. 그렇게 되면 문장 (9)에서 주어는 '바로 그가'가 아닌 '그가'이죠. 그러나 아직 의미 「7」이 남아 있습니다. 그것은 "다름이 아니라 곧"이고 그 예문은 "<u>바로</u> 오늘이 내 생일이다."입니다. 여기서 '바로'는 '오늘'을 수식합니다. 부사가 명사를 수식하는 것이죠. 이렇게 문장 (9)의 '바로'를 해석하면 '바로'는 '그'를 수식하는 것이 되어 문장 (9)의 주어는 '바로 그가'가 됩니다.

결국, 문장 (9)는 중의성을 띤다고 할 수 있습니다. 그런데 실제로 문장을 분석하게 될 경우 맥락이 주어집니다. 그 문맥을 통해 '바로'가 어떤 뜻으로 쓰였나 결정하는 거죠. 그렇게 중의성이 해소됩니다. 부사 '바로'는 문장 (9)에서 대명사 '그'를 수식할 수도, '찾-'을 수식할 수도 있습니다. 여기시 우리의 관심은 부사 '바로'가 대명사 '그'를 수식하는 경우(의미 「7」)입니다. 그렇게 되면 문장 (9)의 주어는 '바로 그가'입니다. 여기서 관형어는 부사 '바로'(2번)이고, 핵은 인칭대명사 '그'(4번)이며, 조사는 '가'(1번)입니다. 주어 '바로 그가'는 A2-4-1로 표시됩니다. 부사가 체언을 수식하는 경우도 있으며, 그것을 해석문법이 어떻게 표시하는지 잘 보셨을 겁니다.

목적어 '영수 동생을'도 마저 분석해 보죠. 관형어 '영수'는 체언(3번)이고, 핵은 보통명사(1번)이며, 조사는 '을'(2번)이니 B3-1-2입니다.

다중 확장

지금까지는 핵의 좌우에 관형어나 조사가 하나만 오는 체언 성분들이었으나, 이제 살펴볼 것은 관형어나 조사가 둘 이상 오거나 관형어가 또 다른 관형어의 수식을 받는 등 좀 더 복잡한 경우입니다.

(10) 저 두 아이만 깨어 있었다.

여기서 체언 성분은 '저 두 아이만'이며 그것은 주어(A)로 쓰이고 있습니다. 일단, 여기서 핵은 무엇일까요? '저'와 '두'의 수식을 받는 말은 '아이'죠. 그리고 '아이' 뒤에 조사 '만'이 있습니다. 따라서 '아이'는 핵이고, '저'와 '두'는 그것을 수식하는 관형어이며, 조사 '만'이 체언 성분을 마감하고 있습니다. 이렇게 정리하고 보니, 관형어가 둘이네요. 그럼, 이걸 어떻게 표시하면 좋을까요? 간단합니다. 관형어 정보 자리에 순서대로 해당 정보를 나열하면 됩니다. '저'는 지시관형사이고 '두'는 수관형사이니 표 (2)에 따라 '저'와 '두'는 모두 1번입니다. 핵 '아이'는 보통명사 1번이고, 조사 '만'은 7번입니다. 이를 종합하면 주어 '저 두 아이만'은 A11-1-7이 됩니다.

(11) 영수가 나에게만 선물을 주었다.

문장 (10)에서 관형어가 둘 나오는 경우를 보았다면, 문장 (11)에서는 조사가 둘 나오는 체언 성분을 만날 수 있습니다. 이 문장에서 체언 성분은 주어 '영수가'와 보어 '나에게만', 목적어 '선물을'이죠. 이제 '영수가'나 '선물을'은 제법 익숙해진 유형입니다. '영수가'는 A0-2-1입니다. 관형어가 없고(0번), 핵은 고유명사(2번)이며, 조사는 '가'(1번)이기 때문입니다. 그럼, '선물을'은 어떻게 되죠? B0-1-2입니다. 역시 관형어는 없고(0번), 핵이 보통명사(1번)이며, 조사는 '을'(2번)이기 때문입니다.

문장 (11)에서 주의를 끄는 것은 보어 '나에게만'입니다. 조사 둘이 나왔기 때문이죠. 관형어는 없고(0번), 핵은 인칭대명사(4번)이며, 조사로 '에게'(4번)와 '만'(7번)이 등장했습니다. 관형어가 둘일 때 순서대로 숫자들을 적은 것처럼, 조사 정보들도 순서대로 숫자를 적어 줍니다. 보어 '나에게만'은 C0-4-47로 표시됩니다.

관형어가 둘 나와도, 조사가 둘 나와도 이제 그걸 표시하는 데 문제가 없습니다. 이제 관형어와 조사가 함께 복잡하게 나타나는 경우를 살펴보겠습니다.

(12) 너의 그 막내 동생으로부터도 아까 연락이 왔어.

이 문장에 등장한 체언 성분은 '너의 그 막내 동생으로부터도'와 '연락이'입니다. 서술어로 쓰인 동사 '오-'를 『표준국어대사전』에서 찾아보면, 그것은 '오-'의 '[I] 「동사」'의 8개 용법 중 **2**의 「4」에 나온 뜻풀이 및 예문과 일치합니다. 여기서 '오-'는 '무엇이 누구에게 오-'와 같이 쓰입니다. 이에 따라 문장 (12)의 '너의 그 막내 동생으로부터도'는 부사어 D이고 '연락이'는 주어 A입니다. 보어가 생략된 문장이죠. 서술어의 격틀 및 문장성분 생략 등에 관해서는 뒤의 2.2.2절 '서술어의 정보 표시 사례'에서 자세히 다룰 예정이니 여기서는 이 정도만 해 두겠습니다. 주어 '연락이'는 관형어는 없고(0번), 핵은 보통명사(1번)이며, 조사는 '이'(1번)이므로 A0-1-1로 표시됩니다.

'너의 그 막내 동생으로부터도'는 이제까지 나온 체언 성분 중에서 가장 복잡한 구성입니다. 여기서 핵은 '동생'이고, 그걸 왼쪽에서 수식하는 관형어로는 '너의', '그', '막내'가 있습니다. '동생' 뒤의 조사는 '으로부터'와 '도'입니다. '으로부터'는 '으로'와 '부터'의 결합형인데 사전에 하나의 복합조사로 실려 있습니다. 관형어부터 살펴봅니다. '너의'는 '체언(너) + [조사 단독](의)'(4번)이고, '그'는 관형사(1번)이며, '막내'는 보통명사로서 체언(3번)입니다. 세 개의 숫자는 관형어 자리에 차례로 나열하면 됩니다. 핵은 보통명사 '동생'(1번)입니다. 이를 뒤따르는 두 개의 조사 가운데 '으로부터'는 부사격조사 4번이고 '도'는 보조사 6번입니다. 이를 모두 합쳐 표시하면 부사어 '너의 그 막내 동생으로부터도'는 D413-1-46이 됩니다. 매우 복잡한 정보라도 이처럼 간명하게 분석하여 표시할 수 있습니다.

이제 살펴볼 것은, 체언 성분에서 관형어가 또 다른 관형어의 수식을 받는 경우입니다.

(13) 그 사람의 동생이 밖에 서 있다.

이 문장의 체언 성분 중 '그 사람의 동생이'는 주어입니다. 여기서 핵은 '동생'이고 그 앞의 관형어는 '그 사람의'입니다. 그런데 관형어 내부에 다시 관형어가 등장합니다. '그'가 '사람'을 수식하고 있는 것이죠. 이를 도식으로 나타내면 '[[그] 사람의] 동생이'처럼 됩니다. 여기서 핵 '동생' 왼쪽에 바로 놓이는 것은 '사람의'라는 걸 알 수 있습니다. 이것은 '체언(사람)+[조사 단독](의)'로서 관형어 4번입니다. 그리고 그 내부에 '사람'을 수식하는 관형사 '그'(1번)가 있습니다. 따라서 관형사 '그'의 정보 1번은 관형어 '사람의' 정보 4번에 딸린 것이 됩니다. 그걸 '4⟨1⟩'처럼 표시합니다. 체언 핵을 수식하는 관형어는 4번이고, 4번을 수식하는 것은 1번이라고 읽습니다. 이제 정보를 합치면 '그 사람의 동생이'는 A4⟨1⟩-1-1이 됩니다.

(14) 그 아이의 손등 위의 상처가 보였다.

문장 (13)보다 한층 더 복잡해진 관형어가 문장 (14)에 등장합니다. 이 문장의 체언 성분은 주어 '그 아이의 손등 위의 상처가'입니다. 핵은 '상처'이고 그걸 수식하는 관형어는 내부에 계층적으로 또 다른 관형어들을 가집니다. 그걸 도식으로 보이면 '[[[[그] 아이의] 손등] 위의] 상처가'입니다. 여기서 핵 '상처'를 직접 수식하는 관형어는 '위의'(4번)이고, '위의'의 '위'를 수식하는 것은 '손등'(3번)이며, '손등'을 수식하는 것은 '아이의'(4번)이고, '아이의'의 '아이'를 수식하는 것은 '그'(1번)입니다. 이를 정리하면 '4⟨3⟨4⟨1⟩⟩⟩' 입니다. 이를 바탕으로 주어 '그 아이의 손등 위의 상처가'는 A4⟨3⟨4⟨1⟩⟩⟩-1-1

로 표시됩니다.

2.2.2 서술어의 정보 표시 사례

지금까지 문장의 체언 성분 표시 예들을 유형별로 살펴보았습니다. 그러는 가운데 아홉 가지 문장들이 나왔는데, 아직 서술어 정보는 다루지 않았어요. 우선 이들 문장의 서술어를 분석하면서 서술어의 종류와 특성을 잘 파악하여 표시하는 방법을 이야기해 볼까 합니다.

(15) 앞의 2.2.1절에 나온 문장 (5)의 분석 결과 (1)

가. 아버지, 저 밥 먹고 있어요.

나. $J_{0-1-0}A_{0-4-0}B_{0-1-0}$

앞 절에서 첫 번째 문장으로 등장한 것은 (5)이며 그것은 (15가)와 같고, 그 안의 체언 성분을 분석해 낸 것이 (15나)입니다. '아버지'는 독립성분이고, '저'와 '밥'은 명제성분 중 주어와 목적어입니다. 이제 남은 것은 '먹고 있어요.'인데, 여기엔 명제성분인 서술어와 양태성분, 기타 항목이 담겨 있어요. 양태성분과 기타 사항에 대해서는 다음 절인 2.2.3절 '양태성분과 기타의 정보 표시 사례'에서 다루겠습니다.

(15가)의 '먹고 있어요.'에서 서술어는 두 개인데 하나는 본용언 '먹-'이고 다른 하나는 보조용언 '있-'입니다. 표 (2)의 서술어 정보에는 '서술어의 종류'와 '서술어의 자릿수' 그리고 주변 정보로서 '어말어미의 종류'가 있죠. 여기서 '먹-'은 타동사(2번)이며 2자리 서술어(2번)이고 그 뒤에 '-고'라는 보조적 연결어미(5번)를 달고 있으니, E_{22-5}로 표시됩니다. 여기서 서술어

의 핵심 정보인 '22'(서술어의 '종류'와 '자릿수')와 주변 정보인 '5'(어말어미의 종류) 사이에 하이픈(-)을 넣어 분리하는 걸 볼 수 있습니다.

'있-'은 보조용언(6번)이며, 자릿수가 없으니 표시할 게 없고, 뒤에 종결어미 '-어요'(1번)를 지닙니다. 따라서 그것의 표시는 E6-1입니다. 보조용언은 본용언과 달리 원칙적으로 자릿수를 갖지 않으니 굳이 자릿수 자리에 매번 '0'을 표시하지는 않습니다.

이제 문장 (5)의 서술어 정보 표시가 완성되었어요. 이를 (15나)에 합치면 다음과 같습니다.

(16) 앞의 2.2.1절에 나온 문장 (5)의 분석 결과 (2)

가. 아버지, 저 밥 먹고 있어요.

나. J0-1-0A0-4-0B0-1-0E22-5E6-1

이로써 문장 (5)를 구성하고 있는 독립성분과 명제성분을 모두 찾아 표시했습니다. 아직 남아 있는 양태성분과 기타 사항은 다음 절에서 마저 분석될 겁니다.

(17) 앞의 2.2.1절에 나온 문장 (6)의 분석 결과 (1)

가. 영수야, 그건 너의 동생 주어라.

나. J0-2-3B0-5-5C4-1-0

앞 절에서 두 번째로 등장한 것은 (6)이며 그것은 (17가)와 같고, 그 안의 체언 성분을 분석해 낸 것이 (17나)입니다. '영수야'는 독립성분이고, '그건'

과 '너의 동생'은 명제성분 중 목적어와 보어입니다. 문장 (6)에서 이와 같이 명제성분들의 역할을 파악하고 규정할 수 있었던 것은 서술어 '주-'의 격틀 정보 덕분입니다. 여기서는 '주-'를 예로 들어, 사전에 나와 있는 용언의 격틀 정보를 바탕으로 해당 문장의 분형을 파악하여 명제성분들의 지위를 결정해 주는 과정을 살펴보도록 하겠습니다.

『표준국어대사전』의 검색 창에 '주다'를 적고 '찾기'를 눌러 보세요. 비록 서술어 자체는 '주-'이지만 『표준국어대사전』은 학교문법을 따르기 때문에 용언의 기본형은 '주다'처럼 적어야 검색이 가능합니다. 자, 들어가셨나요? 검색 결과로 뜬 화면에 2개의 '주다'가 보입니다. 동음이의어 관계에 있는 '주다¹'과 '주다²' 중에서 우리가 찾는 것은 '주다¹'입니다. 표제어 오른쪽의 품사 명칭과 뜻풀이로 감을 잡을 수 있지요. '주다¹'은 「동사」이며 "물건 따위를 남에게 건네어 가지거나 누리게 하다."라는 뜻풀이를 가집니다. '주다²'는 「명사」이고 뜻풀이도 역사 용어(관직명)로 되어 있습니다. 이제 '주다¹' 혹은 그 뜻풀이 오른쪽의 '전체보기'를 눌러 안으로 들어가 보죠. 들어오셨나요? 화면을 내리면서 죽 훑어보면, '주다'는 크게 '[I] 「동사」'와 '[Ⅱ] 「보조동사」'로 나뉘고, '[I] 「동사」'는 다시 11개 의미를 가집니다. 각각의 의미마다 뜻풀이와 예문이 딸려 있어요. 그런데 의미 「1」의 뜻풀이가 바로 위에 "【…에/에게 …을】"이라는 정보가 하나 보이죠? 그게 바로 우리가 찾는 '주다'의 격틀 정보입니다. 보는 방법은 다음과 같습니다.

(18) 『표준국어대사전』에서, 동사 '주-'의 격틀 정보 보는 법

가. 사전에 제시된 격틀: 【…에/에게 …을】

나. 동사 '주-'의 문형: ①이 ②에/에게 ③을 주-

격틀(case frame)이란, 동사가 요구하는 필수성분을 격조사 형태로 제시하는 것을 말합니다. (18가)에서 '…에/에게'는 '…에'와 '…에게'를 합쳐 놓은 것으로 각각 '에 성분', '에게 성분'으로 읽습니다. '…을'도 '을 성분'으로 읽으면 되죠. 여기서 '을 성분'은 목적어이고 '에/에게 성분'은 보어입니다. 보어란, 서술어가 요구하는 필수성분 중 주어나 목적어가 아닌 것을 가리킵니다. 그런데 이렇게 정리하고 보니, 동사 '주-'의 격틀 (18가)에 주어가 표시되어 있지 않다는 걸 알게 됩니다. 왜 그럴까요? '주-'는 주어를 요구하지 않는 동사일까요? 그렇지는 않죠. 오히려 모든 동사는 주어를 꼭 요구하기 때문에 당연한 정보는 굳이 써 주지 않은 것입니다. 그래서 주어만 요구하는 형용사나 동사의 경우 아예 격틀 정보가 제시되어 있지 않습니다. 하나의 예로, 형용사 '예쁘-'를 찾아보면 이 사실을 알게 됩니다. 이게 『표준국어대사전』의 격틀 정보를 읽는 방법이죠.

동사 '주-'의 격틀 정보로부터 서술어 '주-'가 이끄는 문형(문장의 유형)을 뽑아내는 일은 쉽습니다. (18가)를 (18나)로 바꾸어 주면 되니까요. 문형 (18나)는, '주-'가 3개의 논항을 가지며 각각의 논항이 어떠한 격조사를 기본적으로 취하는지 보여줍니다. 여기서 '논항'이란 서술어가 요구하는 필수성분, 그러니까 주어나 목적어, 보어를 뜻합니다. (18가)에서 격조사 정보를 그대로 살리고 조사 앞의 '…'에 순서대로 숫자를 채우며 맨 앞에 주어를 추가하면 문형 (18나)가 나옵니다. 물론 격틀과 달리 문형에는 서술어도 등장합니다. 문형이란 말 그대로 문장 유형이기 때문에 주축이 되는 서술어가 빠질 수 없죠. 이로써 우리는 동사 '주-'가 어떠한 문형으로 문장의 틀을 짜는지 알 수 있게 됩니다. 그리고 이런 문형 정보를 통해 문장 (17가)의 명제성분을 분석해 내는 것입니다.

동사 '주-'의 문형 (18나)에 입각하여 (17가)의 명제성분인 '그건'과 '너의 동생'의 역할을 정할 수 있습니다. '그건'은 '③을'에 해당하여 목적어이고, '너의 동생'은 '②에게'에 해당하므로 보어입니다. 흥미롭게도, (17가)에는 (18나)의 '①이'에 해당하는 주어가 안 보이네요. 아마도 독립어 '영수야'가 나와서 그와 동일한 사람을 가리키는 주어를 굳이 쓸 필요가 없었던 것 같습니다. 이렇듯, 문장의 필수성분이라도 상황이나 문맥에 따라 생략될 수가 있습니다. 그걸 알 수 있는 건 모두 (18나)와 같은 문형 때문입니다. 물론, 그러한 문형은 사전에 나와 있는 (18가)와 같은 격틀 정보 덕분이죠.

이제 (17가)의 서술어 정보를 분석하여 표시해 볼 차례입니다. 서술어 '주-'는 (18)의 정보를 통해 '타동사, 2자리'임을 알 수 있습니다. '을 성분'을 취하니까요. 흥미롭게도 『표준국어대사전』은 자동사와 타동사를 나누어 표시해 주지 않습니다. 아마도 목적어가 무엇이냐, 타동성이란 무엇이냐를 두고 이는 논란의 어느 한 편에 확고히 서기 싫어서 그런 것 같다는 생각이 듭니다. 여하튼 우리는 한국어 문법의 상식에 따라 '을 성분'을 취하면 타동사, 그러지 못하면 자동사로 읽어 내면 됩니다. 이렇게 해서, 서술어 '주-'의 종류(2번)와 자릿수(3번)를 정했고, 주변 정보인 어말어미의 종류(종결어미, 1번)까지 더하면, 문장 (17가)의 '주-'는 $E_{23\text{-}1}$이 됩니다. 그걸 (17나)에 추가하면 다음과 같고요.

(19) 앞의 2.2.1절에 나온 문장 (6)의 분석 결과 (2)

가. 영수야, 그건 너의 동생 주어라.

나. J0-2-3B0-5-5C4-1-0E23-1

문장 (6)과 같이 동사 '주-'를 서술어로 하는 앞 절의 문장은 (11)이었습니다. 그것도 여기서 함께 살펴보고 넘어가면 좋을 듯합니다.

(20) 앞의 2.2.1절에 나온 문장 (11)의 분석 결과 (1)

가. 영수가 나에게만 선물을 주었다.

나. A0-2-1C0-4-47B0-1-2

이 문장은 문장 (6=19가)과 달리 주어가 실현되어 있네요. 동사 '주-'의 모든 논항이 다 등장한 것이죠. 서술어 정보는 (6=19가)과 같으며 그걸 추가한 것은 아래 (21)입니다.

(21) 앞의 2.2.1절에 나온 문장 (11)의 분석 결과 (2)

가. 영수가 나에게만 선물을 주었다.

나. A0-2-1C0-4-47B0-1-2E23-1

'먹-'이나 '주-'와 같이 동사가 서술어로 쓰인 2.2.1절의 나머지 문장들을 모아 보면 아래와 같습니다.

(22) 앞의 2.2.1절에 나온 나머지 문장들의 분석 결과 (1)

가. 바로 그가 영수 동생을 찾았다. (=9)

　⇒ A2-4-1B3-1-2

나. 저 두 아이만 깨어 있었다. (=10)

　⇒ A11-1-7

다. 너의 그 막내 동생으로부터도 아까 연락이 왔어. (=12)

　⇒ D413-1-46DA0-1-1

라. 그 사람의 동생이 밖에 서 있다. (=13)

⇒ $A4\langle 1\rangle\text{-1-1}D0\text{-1-4}$

마. 그 아이의 손등 위의 상처가 보였다. (=14)

⇒ $A4\langle 3\langle 4\langle 1\rangle\rangle\rangle\text{-1-1}$

앞 절에서 문장 (22다=12)의 '아까'와 문장 (22라=13)의 '밖에'를 분석하지 않아 보충해 놓았습니다. '아까'를 『표준국어대사전』에서 찾으면 '명사'와 '부사'의 두 가지 품사로 나와 있습니다. 품사 통용이죠. 예문들을 보면 '아까'가 명사일 경우 조사를 지니지만 부사일 경우 단독으로 쓰여 "조금 전에"라는 의미를 지닙니다. 그러니 문장 (22다)의 '아까'는 부사로 처리해야 하죠. 부사는 체언과 달리 앞뒤에 관형어나 조사가 와야 하는 게 아니니 그냥 D라고 표시하면 됩니다. 문장 (22라)의 '밖에'는 간단합니다. 관형어가 없고(0번), 보통명사(1번)이며, 부사격조사(4번)를 지닌 부사어이니 $D0\text{-1-4}$가 됩니다.

이제 각 문장에서 서술어 정보를 보충해 줄 차례입니다. (22가)의 '찾-'은 『표준국어대사전』에 3개나 되는 격틀이 나옵니다. 격틀마다 서로 다른 의미들이 들어 있죠. 이렇듯, 하나의 동사가 여러 가지 의미와 여러 가지 격틀을 가질 수 있다는 걸 알 수 있습니다. 문맥에 맞게 의미를 선택하고 그에 연결된 격틀을 골라야 합니다. 문맥 없이 주어진 문장 (22가)의 가장 그럴 듯한 해석은, '찾-'의 "■1 【…을】【…에서/에게서…을】"의 의미 「1」 "현재 주변에 없는 것을 얻거나 사람을 만나려고 여기저기를 뒤지거나 살피다. 또는 그것을 얻거나 그 사람을 만나다."와 가장 잘 어울리는 것 같습니다. '찾-'의 가장 기본적인 의미죠. 『표준국어대사전』은 기본 의미를 제일 앞에 두고, 그로부터 파생된 의미들을 뒤에 열거합니다. 따라서 특정한 문맥이 없을 경우 제일 첫 번째 의미를 선택하는 게 안전합니다. 일단 의미를 그렇게 정했지만, 그와 연결된 격틀을 정하는 문제가 아직 남아 있습니다. 【…을】과 【…에서/에게서…을】이 두 가지 후보인데, 역시 특정한 문맥이 없을 경우, 가장 단순한 격틀을 선택하는 게 좋습니다. 굳이 나와 있지도 않은 '에서/에게서 성분'을 상정하는 것보다는 주어와 목적어만 요구하는 '찾-'으로 설정하는 게 부담이 적겠죠. 그래서 (22가)의 '찾-'은 '타동사, 2자리'이며 뒤에 종결어미가 오니 E22-1로 표시됩니다.

(22나)의 서술어는 두 개로서 본용언 '깨-'와 보조용언 '있-'입니다. 먼저 동사 '깨-'는, 사전에 3개의 의미와 그에 딸린 여러 개의 격틀이 나와 있습니다. 비록 문맥은 주어지지 않았지만, 주어 '저 두 아이만'을 참고해 볼 때, 의미 '3.“잠, 꿈 따위에서 벗어나다. 또는 벗어나게 하다.”가 가장 알맞아 보입니다. 그 격틀은 '【…에서】【(…을)】'로 복잡해요. '【…에서】'를 택할 경우 '깨-'는 '자동사, 2자리'이며, '【(…을)】'을 고를 경우 '깨-'는 '타동사, 2자리'이거나 '자동사, 1자리'가 됩니다. 이때 '(…을)'처럼 써 놓은 것은 목적어가 있을 수도, 없을 수도 있다는 걸 뜻하죠. 목적어가 있으면 '타동사, 2자리', 목적어가 없으면 '자동사, 1자리'죠. '깨-'는 단순히 1자리 자동사일 거라 넘겨짚기 쉽지만 이렇듯 생각보다 복잡한 문형들을 가집니다. 특별한 이유가 없다면 역시 가장 단순한 것을 선택하는 게 좋습니다. 이에 따라 본용언 '깨-'는 '자동사, 1자리'이며 뒤에 보조적 연결어미가 따르니 E11-5로 표시됩니다. 한편, 보조용언 '있-'은 비교적 단순하죠. 사전에 있는 대로 '있다¹'의 '[Ⅲ]「보조 동사」'에 해당하고, 뒤에 종결어미를 취하니, E6-1로 표시됩니다.

(22다)의 '오-' 또한 방대한 의미와 격틀을 자랑합니다. 기본 동사이기 때문에 다양한 용법을 지니는 것이죠. 언어생활에서는 매우 요긴하지만 언어분석에서는 매우 골치 아픈 단어입니다. 『표준국어대사전』에서 '오-'는 동사

와 보조동사로 나와 있고. 동사로서는 8가지 용법과 그에 딸린 23개의 의미를 가집니다. 이와 같은 경우, 적절한 의미와 격틀을 찾는 건 마치 모래밭에서 바늘 찾기 같다는 느낌이 듭니다. 그러나 이렇게라도 정리된 것을 볼 수 있는 게 어딘가요? 이걸 연구하고 십벌한 사람은 얼마나 고생을 했을까요? 한두 명의 노력으로 된 것 같지는 않습니다. 비록 힘겨운 기분이 들지라도 일단은 고마운 마음을 가져야 합니다. 넋두리가 좀 길었죠? 여러분 심정이 제 심정이라는 걸 말씀드리다 보니 그렇게 되었네요.

다시 본론으로 돌아가 볼까요? 이렇듯 수많은 용법과 의미들 중에서 갈피를 잡을 수 있게 해 주는 건 역시 예문입니다. (22다)와 비슷한 예문을 찾는 겁니다. '연락이 오다'와 비슷한 예문을 찾고 그 의미를 확인해 보는 거죠. 다행히 동사 '오-'의 용법 "②【…에/에게】【…으로】"에 딸린 의미 「4」 "소식이나 연락 따위가 말하는 사람이 있는 곳으로 전하여지다."를 찾을 수 있습니다. 예문도 "집에 편지가 왔다.", "어머니에게 소포가 왔다.", "고향에서 아버지가 위독하다는 소식이 학교로 왔다."로 문장 (22다) '너의 그 막내 동생으로부터도 아까 연락이 왔어.'와 어울립니다. 격틀에 비추어 볼 때 '연락이'는 주어입니다. 그럼, '너의 그 막내 동생으로부터도'는 무엇일까요? 그건 부사어입니다. 의미와 격틀을 언뜻 보고 그걸 '보어'로 판단하기 쉽지만, 이 문형에서 보어는 '연락'의 '출처'나 '출발점'이 아니라 '도착점'에 해당합니다. 격틀에서 보이는 '에/에게 성분'과 '으로 성분', 그리고 예문에 등장하는 '집에, 어머니에게, 학교로'는 모두 도착점에 해당하는 보어인 것이죠. 따라서 '연락'의 '출발점'에 해당하는 '너의 그 막내 동생으로부터도'는 (22다)에서처럼 부사어로 분석하는 게 맞습니다. 보어는 생략되어 있고요. 많은 주의와 집중력이 요구되는 대목이죠. 결국, (22다)의 서술어 '오-'는 '자동사, 2자리'이고, 뒤에 종결어미 '-어'가 놓여 있으니 E12-1이 됩니다.

(22라)의 '서-' 역시 단순하지 않습니다. 『표준국어대사전』에서 동사 '서-'는 4개의 용법과 총 18개의 의미를 가집니다. 그중 (22라)에 어울리는 건 용법 **1**의 의미 「1」 "사람이나 동물이 발을 땅에 대고 다리를 쭉 뻗으며 몸을 곧게 하다."입니다. 이 경우 별도의 격틀이 없는 걸 보세요. 주어만 요구하는 '자동사, 1자리' 서술어란 뜻이에요. 혹시 용법 "**2**【…에】"에 딸린 의미 「1」 "부피를 가진 어떤 물체가 땅 위에 수직의 상태로 있게 되다."가 아닐까 생각해 볼 수도 있습니다. 그러나 그 뜻풀이에서 주체가 '사람이나 동물'이 아니라 '어떤 물체'인 걸 보면 우리가 찾는 게 아니라는 걸 알 수 있습니다. 그 예문에서도 그렇고요. 따라서 (22라)의 '서-'는 '자동사, 1자리' 서술어입니다. 뒤에 종결어미 '-어'가 오니, E11-5가 됩니다. 그에 따라, 이 문장의 '밖에'는 보어가 아닌 부사어로 처리되지요. 한편, 본용언 '서-' 뒤에 오는 보조동사 '있-'은 앞서 (22나)에서처럼 E6-1입니다.

(22마)는 '보-'의 피동사 '보이-'를 서술어로 가집니다. 『표준국어대사전』에서 동사 '보이-'는 두 개의 동음이의어로 존재하는데 (22마)와 어울리는 건 '보이-¹'입니다. '보이-²'는 '보-'의 사동사죠. '보이-¹'은 두 개의 용법과 4개의 의미를 지녀 부담이 적습니다. 우리가 찾는 것은 가장 기본적인 용법 **1**의 의미 「1」 "눈으로 대상의 존재나 형태적 특징을 알게 되다. '보다'의 피동사." 입니다. 앞서 (22라)에 나온 '서-'와 마찬가지로 이 경우에도 격틀이 따로 제시되어 있지 않습니다. '보이-'가 '자동사, 1자리' 서술어란 이야기죠. 뒤에 오는 어말어미가 종결어미이므로 '보이-'는 E11-1로 표시됩니다.

이제 (22)에 있는 문장 다섯 개의 서술어 분석을 마쳤습니다. 그 정보를 (22)에 더하여 명제성분들의 분석을 마무리하여 제시하면 다음과 같습니다.

(23) 앞의 2.2.1절에 나온 나머지 문장들의 분석 결과 (2)

가. 바로 그가 영수 동생을 찾았다. (=9)

$\Rightarrow$ A2-4-1B3-1-2E22-1

나. 저 두 이이만 깨어 있었다. (=10)

$\Rightarrow$ A11-1-7E11-5E6-1

다. 너의 그 막내 동생으로부터도 아까 연락이 왔어. (=12)

$\Rightarrow$ D413-1-46DA0-1-1E12-1

라. 그 사람의 동생이 밖에 서 있다. (=13)

$\Rightarrow$ A4⟨1⟩-1-1D0-1-4E11-5E6-1

마. 그 아이의 손등 위의 상처가 보였다. (=14)

$\Rightarrow$ A4⟨3⟨4⟨1⟩⟩⟩-1-1E11-1

우리가 2.2.1절에서 먼저 체언 성분을 분석하고 2.2.2절에 들어와 서술어 정보를 분석하였는데, 사실상 원래의 순서로는 서술어를 먼저 분석하고 그에 따라 체언 성분의 역할을 정하는 게 맞습니다. 내용 전개의 순서를 2.1절과 맞추어 진행하려다 보니 이렇게 거꾸로 된 것이죠. 다음 2.2.3절에서 이 문장들이 가진 양태성분과 기타 정보를 분석하여 보충해 넣으면 문장의 모든 정보 표시가 완성됩니다.

앞 절에서 다룬 문장들 중 아직 하나를 살펴보지 못했습니다. 그것은 다음 (24)입니다.

(24) 앞의 2.2.1절에 나온 문장 (8)의 분석 결과 (1)

가. 정부에서 오늘 시책을 발표했다.

나. A0-1-1DB0-1-2

지금까지 다룬 8개 문장의 서술어들은 모두 동사나 형용사였습니다. 그런데 문장 (24)의 서술어 '발표하-'는 체언 성분인 '발표'와 경동사 '하-'로 구성된 복합서술어입니다. 여기서 체언 성분은 실질서술어고 경동사는 형식서술어죠. '발표'가 체언 성분이기 때문에 2.2.1절 '체언 성분의 정보 표시'에서 다룰 수도 있었지만, 그것이 동시에 서술어이기도 하여 차라리 여기서 다루는 게 더 좋을 것 같다는 판단을 내렸었습니다.

'발표하-'에서 실질서술어를 '발표'로 삼고, '하-'는 그 뒤에서 다만 형식적인 일, 즉 어미가 올 수 있는 자리를 마련해 주는 데 그치는 것으로 분석하는 이유는 뭘까요? 역시 사전에 답이 있습니다. 『표준국어대사전』에서 '발표'를 찾으면 '발표¹'이 나옵니다. 그 의미는 "어떤 사실이나 결과, 작품 따위를 세상에 널리 드러내어 알림."입니다. 그리고 이번에는 『표준국어대사전』에서 '발표하-'를 찾으면(물론, 검색 창에는 '발표하다'를 넣어야겠지요!) 단 하나의 표제어가 나오며, 그 뜻은 "어떤 사실이나 결과, 작품 따위를 세상에 널리 드러내어 알리다."입니다. 어떻습니까? 명사 '발표'와 동사 '발표하-'가 뜻이 같지요? 그 얘기는 뭡니까? 바로 '발표하-'의 의미가 모두 '발표'에서 나온다는 것이지요! 이런 까닭에, 비록 '발표'가 명사이지만 실질서술어라고 보는 것입니다. 의미적으로 '하-'가 기여하는 바가 없죠. 그래서 '하-'를 형식서술어라고 하거나 경동사(light verb) 즉, '의미가 없어 가벼운 동사'로 부르는 겁니다. 의미가 있어 무거운 동사는 어떻게 부르면 될까요? 그렇죠! 중동사(heavy verb)라고 부르면 됩니다. 동사 '먹-'이나 '주-' 같은 것들이 여기에 속합니다.

체언이 서술어로 쓰이는 경우를 표 (3)의 '서술어의 종류'에서는 4번으로 정하고 있습니다. 그리고 그것이 자동사 성격인지 타동사 성격인지, 아니면 형용사 성격인지도 묻고 있죠. 뿐만 아니라, 실질서술어라면 가질 수밖에 없는 자릿수도 적어야 합니다. '발표'의 이런 정보들을 알기 위해서는 『표준국어대사전』에 나와 있는 '발표하-'의 정보를 확인하면 됩니다. 거기서 동사 '발표하-'는 "〔…을〕"이라는 격틀을 하나 가지고 있습니다. '타동사, 2자리'라는 것이죠. 이 정보들은 그대로 실질서술어 '발표'의 것이 됩니다. 따라서 발표는 E_{422}가 되죠. 여기서 '4'는 '비용언-체언'을, 그 다음의 '2'는 '타동사성'을, 마지막의 '2'는 '자릿수'를 각각 뜻합니다.

체언 서술어 '발표'가 지닌 정보는 E_{422}로 그치지 않습니다. 그것이 체언이기 때문에 체언이라면 반드시 고려해야 하는 앞뒤의 관형어, 조사 정보를 빼놓을 수 없지요. 문장 (24가)에서 '발표'는 관형어나 조사 없이 핵만 보통명사로 나타나 있습니다. 세 가지 정보는 '0-1-0'으로 나타낼 수 있죠. 그리고 그 정보를 E_{422}에 더하면 $E_{422}\langle 0\text{-}1\text{-}0\rangle$이 됩니다. 괄호 '⟨, ⟩'는 서술어 정보와 체언 정보를 구분해 주기 위한 기호입니다. 여기에 더하여 주변 정보로 어말어미의 종류를 신경 쓸 필요는 없습니다. 체언 서술어 '발표'는 문자 그대로 체언이기 때문에 뒤에 어미가 올 수 없으니까요. 어미는, '발표' 뒤에 오는 형식서술어 '하-'가 맡아야 될 몫입니다.

아직 (24가)의 서술어 정보가 완성된 것은 아니에요. '발표하-'에서 '하-'가 분석을 기다리고 있기 때문이죠. 표 (2)에서 '하-'는 형식서술어 중에서도 경동사에 해당하므로 8번입니다. 자릿수는 없고, 뒤에 종결어미가 오니까, $E_{8\text{-}1}$로 표시됩니다. 이제 이것을 실질서술어 '발표'의 정보 뒤에 나란히 적으면 $E_{422}\langle 0\text{-}1\text{-}0\rangle E_{8\text{-}1}$이 됩니다. 드디어 서술어 정보가 완성되었네요.

(25) 앞의 2.2.1절에 나온 문장 (8)의 분석 결과 (2)

가. 정부에서 오늘 시책을 발표했다.

나. A0-1-1DB0-1-2E422⟨0-1-0⟩E8-1

이제까지 2.2.1절에 나온 문장들의 서술어 정보를 추출해 보았습니다. 용언이 홀로 나오거나, 용언과 용언이 본용언과 보조용언으로 어울려 등장하거나, 체언 서술어가 실질서술어가 되고 용언이 형식서술어가 되어 함께 복잡한 서술어를 이루기도 했습니다. 이제 한 가지 더 살펴볼 것은, 체언 서술어와 형식서술어 뒤에 또 다시 보조용언이 와서 더욱 복잡한 서술어 무리를 이루는 경우입니다.

(26) 체언 서술어 + 경동사 + 보조용언

가. 정부에서 오늘 시책을 발표해 버렸다.

나. A0-1-1DB0-1-2E422⟨0-1-0⟩E8-5E6-1

문장 (26)의 서술어는 '발표', '하-', '버리-'의 3가지입니다. (25)의 서술어 정보에서 경동사 '하-'의 E8-1이 (26)에서는 E8-5로 바뀌었다는 걸 알 수 있습니다. 경동사 뒤에 오는 어말어미가 '종결어미'(-다)에서 '보조적 연결어미'(-아)로 달라졌기 때문이죠. 한 가지 설명을 덧붙입니다. 여기서 경동사 활용형 '해'는 '하여'가 줄어든 것이고 '하여'의 '-여'는 본래 '-아'라고 할 수 있지요. '하-'가 '여 불규칙 용언'이라서 '하-' 뒤의 어미 '-아'가 늘 '-여'로 바뀌는 겁니다. 그러나 본래의 보조적 연결어미 형태는 '-아'이기 때문에 위의 설명에서 "'보조적 연결어미'(-아)"라고 했던 것이죠. 다시 본론으로 돌아가 논의를 마무리합니다. 실질서술어 뒤에 형식서술어가 둘 이상 올 수 있습니다. 경우에 따라서는 그 이상도 가능하고요.

2.2.3 양태성분과 기타의 정보 표시 사례

아직 문장의 문법 정보 표시가 완결된 것은 아닙니다. 양태성분 및 기타의 정보 표시가 아울러 이루어져야 하니까요. 다음은 2.2.2절에서 다룬 문장들과 그 정보 표시입니다.

(27) 앞의 2.2.2절에서 다룬 문장들의 분석 결과

가. 아버지, 저 밥 먹고 있어요. (=16)

⇒ J0-1-0A0-4-0B0-1-0E22-5E6-1

나. 영수야, 그건 너의 동생 주어라. (=19)

⇒ J0-2-3B0-5-5C4-1-0E23-1

다. 영수가 나에게만 선물을 주었다. (=21)

⇒ A0-2-1C0-4-47B0-1-2E23-1

라. 바로 그가 영수 동생을 찾았다. (=23가)

⇒ A2-4-1B3-1-2E22-1

마. 저 두 아이만 깨어 있었다. (=23나)

⇒ A11-1-7E11-5E6-1

바. 너의 그 막내 동생으로부터도 아까 연락이 왔어. (=23다)

⇒ D413-1-46DA0-1-1E12-1

사. 그 사람의 동생이 밖에 서 있다. (=23라)

⇒ A4⟨1⟩-1-1D0-1-4E11-5E6-1

아. 그 아이의 손등 위의 상처가 보였다. (=23마)

⇒ A4⟨3⟨4⟨1⟩⟩⟩-1-1E11-1

자. 정부에서 오늘 시책을 발표했다. (=25)

⇒ A0-1-1DB0-1-2E422⟨0-1-0⟩E8-1

차. 정부에서 오늘 시책을 발표해 버렸다. (=26)

⇒ A0-1-1DB0-1-2E422(0-1-0)E8-5E6-1

양태성분을 분석할 때는, 양태성분의 목록을 놓고 그중에 무엇이 문장에 나타나 있나 순서대로 하나하나 따져 나가면 됩니다. 양태성분의 목록은 T, S, H, M, N입니다. 모두 다섯이죠. 시제, 상, 높임, 태도, 종결입니다. 이들은 주로 문장의 맨 뒤, 그러니까 서술어 다음에 오는 선어말어미와 어말어미, 보조용언 등을 통해 드러납니다. 물론, 조사나 단어에 유의해야 할 때도 있습니다. 높임의 조사나 어휘, 태도 중 부정의 어휘와 사동사, 피동사 등이 그렇습니다. 어떤 형식이 어떤 양태성분을 나타내는지 잘 숙지해야 합니다.

그럼, 문장 (27가)부터 시작하죠. T가 있나요? 1번의 '-었-'은 이형태로 '-았-'과 '-였-'을 가집니다. 음성모음 뒤에 '-었-'이고, 양성모음 뒤에 '-았-'이며, '하-' 뒤에서만 '-였-'으로 나타납니다. T의 나머지 형태들은 이형태를 표에 써 놓았습니다. 문장 (27가)에서 T에 해당하는 건 안 보이네요. 그럼, S는 어떤가요? 주로 '보조적 연결어미 + 보조용언' 꼴로 나타나는데 마침 '-고 있-'이라는 형식이 포착되네요. 그것은 '진행' 2번에 해당하니 S_2로 표시합니다.

다음으로 H는 어떻습니까? 주체높임과 객체높임, 청자높임 순으로 차근차근 따져 가면 됩니다. '-어요'가 보이네요. 이건 해요체 종결어미죠. H_8입니다. 해요체 종결어미는 해체 종결어미 뒤에 보조사 '요'가 결합하여 만들어졌습니다. 이러한 '요'를 붙여 어색하면 해라체 어미입니다. 예를 들어, '밥 먹자.'의 해라체 어미 '-자'에 '요'를 붙이면 '*밥 먹자요.'처럼 매우 이상해지죠. 다음으로 M을 들 수 있는데, 해당되는 형식을 찾을 수 없네요. 마지막으로 N은 어떻습니까? 종결어미가 나오면 자동적으로 청자높임과 종결이 표시됩니다. 이 경우 해요체 어미 '-어요'는 평서형 종결어미로 보입니다. 비록 의문이나 명령, 청유, 감탄에서도 동일한 형태를 취하지만 말이죠. 여기서는 평서형이니 N_1로 표시됩니다.

이상 살펴본 문장 (27가)의 양태성분을 모으면 $S_2H_8N_1$과 같습니다. 이것을 (27가)의 분석 표지들 뒤에 덧붙이면 되죠. 그런데 아직 분석이 다 끝난 건 아닙니다. 기타 사항이 남아 있거든요. 고려 대상은 '부호', '인용', '단독'입니다. 여기서는 부호 중 마침표만 발견되네요. P_1로 적습니다. 이제야 분석이 완료되었네요. (27가)에 추가될 것은 $S_2H_8N_1P_1$입니다.

마찬가지 방식으로 (27)의 다른 예들을 분석해 봅니다. 문장 (27나)에 들어 있는 양태성분 및 기타 형식에는 '어라.'가 다입니다. 여기서 T와 S, M은 찾을 수 없고, 종결어미 '-어라'가 있으니 H와 N을 읽을 수 있습니다. 그것은 해라체(H_6)이자 명령형(N_3) 종결어미입니다. 기타 정보로 마침표 P_1을 가집니다. (27나)에 추가할 정보는 $H_6N_3P_1$입니다.

문장 (27다)에서는 해당 형식으로 '었다.'가 보입니다. '-었-'은 T_1이고 '-다'는 해라체(H_6) 평서형(N_1) 종결어미입니다. 여기에 마침표 정보 P_1을 더하면 $T_1H_6N_1P_1$이 (27다)에 추가될 정보입니다. 문장 (27라)도 상황은 비슷합니다. '았다.'가 보이는데 '-았-'이 '-었-'의 이형태라는 것 빼놓고는 모든 것이 같습니다. (27라)에 추가될 정보도 $T_1H_6N_1P_1$입니다.

문장 (27마)에서는 '어 있었다.'를 찾을 수 있습니다. '-었-'은 T_1에 해당하고, '-어 있-'은 S의 완료 형식이니까 S_1입니다. M은 없고, '-다'는 해라체(H_6)이자 평서형(N_1) 종결어미입니다. 역시 마침표 P_1이 있고요. 다 합쳐서 $T_1S_1H_6N_1P_1$이 (27마)에 추가됩니다.

문장 (27바)는 양태성분과 기타 정보로 '았어.'를 가집니다. '왔'이라는 형태에서 동사 '오-'와 선어말어미 '-았-'을 분리해 낼 수 있어야 합니다. '-았-'은 T_1이고, '-어'는 해체(H_9) 평서형(N_1) 종결어미이며, 마침표 P_1이 있습니다. (27바)에 추가되는 것은 모두 $T_1H_9N_1P_1$이죠.

문장 (27사)에서 '어 있다.'를 추출해 낼 수 있습니다. 여기서 '서'라는 형태는, 동사 '서-'와 보조적 연결어미 '-어'가 합쳐진 것입니다. 두 개의 같은 모음이 하나로 줄어들었죠. '-어 있-'은 S의 완료 표지이니 S_1이고, '-다'는 해라체(H_6) 평서형(N_1) 종결어미입니다. 역시 마침표 P_1이 있습니다. (27사)에 추가되는 것은 $S_1H_6N_1P_1$입니다.

문장 (27아)에서는 드디어 M이 나옵니다. '보였다.'는 '보이- + -었- + -다 + .'로 쪼개집니다. '보이-'는 다시 '보- + -이-'로 나뉘는데 여기서 '-이-'는 피동 접사죠. 따라서 M_9로 표시됩니다. '-었-'은 T_1이고, '-다'는 해라체(H_6)이자 평서형(N_1) 종결어미이며, '.'은 마침표 P_1입니다. 양태성분의 순서로 정렬하면 $T_1H_6M_9N_1P_1$이 됩니다.

문장 (27자)에서 발견되는 형식은 '였다.'입니다. '-였-'은 '했'에서 추출해 냈죠. '했'은 '하- + -였-'의 준말입니다. 이때 '-였-'은 '-았-'이나 '-었-'처럼 T_1이죠. 셋은 이형태 관계에 있습니다. '-다'는 해라체(H_6) 평서형(N_1) 종결어미이고, '.'은 마침표 P_1입니다. 분석 결과를 모두 모으면 $T_1H_6N_1P_1$입니다.

문장 (27차)는 '여 버렸다.'를 가집니다. '발표해'의 '해'는 '하- + -여'가 줄어든 말이죠. 이때 '-여'는 보조적 연결어미로서 '-어'나 '-아'와 이형태 관계에 놓입니다. 그래서 '-여 버리-'는 '-어 버리-'처럼 S의 완료 표지(S_1)입니다. '버렸다.'는 '버리- + -었- + -다 + .'이고 여기서 '-었-'(T_1)과 '-다'(H_6, N_1), '.' (P_1)을 추출합니다. 그 결과 $T_1S_1H_6N_1P_1$이 되죠.

지금까지 분석한 추가 정보를 (27)에 더하면 다음과 같이 완성된 문장 분석 결과를 얻을 수 있습니다.

(28) 앞의 2.2.2절에서 다룬 문장들의 분석 완료

가. 아버지, 저 밥 먹고 있어요. (=5)

　　$\Rightarrow J_{0\text{-}1\text{-}0}A_{0\text{-}4\text{-}0}B_{0\text{-}1\text{-}0}E_{22\text{-}5}E_{6\text{-}1}S_2H_8N_1P_1$

나. 영수야, 그건 너의 동생 주어라. (=6)

　　$\Rightarrow J_{0\text{-}2\text{-}3}B_{0\text{-}5\text{-}5}C_{4\text{-}1\text{-}0}E_{23\text{-}1}H_6N_3P_1$

다. 영수가 나에게만 선물을 주었다. (=11)

　　$\Rightarrow A_{0\text{-}2\text{-}1}C_{0\text{-}4\text{-}47}B_{0\text{-}1\text{-}2}E_{23\text{-}1}T_1H_6N_1P_1$

라. 바로 그가 영수 동생을 찾았다. (=9)

　　$\Rightarrow A_{2\text{-}4\text{-}1}B_{3\text{-}1\text{-}2}E_{22\text{-}1}T_1H_6N_1P_1$

마. 저 두 아이만 깨어 있었다. (=10)

　　$\Rightarrow A_{11\text{-}1\text{-}7}E_{11\text{-}5}E_{6\text{-}1}T_1S_1H_6N_1P_1$

바. 너의 그 막내 동생으로부터도 아까 연락이 왔어. (=12)

　　$\Rightarrow D_{413\text{-}1\text{-}46}DA_{0\text{-}1\text{-}1}E_{12\text{-}1}T_1H_9N_1P_1$

사. 그 사람의 동생이 밖에 서 있다. (=13)

　　$\Rightarrow A_{4\langle1\rangle\text{-}1\text{-}1}D_{0\text{-}1\text{-}4}E_{11\text{-}5}E_{6\text{-}1}S_1H_6N_1P_1$

아. 그 아이의 손등 위의 상처가 보였다. (=14)

$$\Rightarrow A_4\langle3\langle4\langle1\rangle\rangle\rangle\text{-}1\text{-}1E_{11}\text{-}1T_1H_6M_9N_1P_1$$

자. 정부에서 오늘 시책을 발표했다. (=8)

$$\Rightarrow A_0\text{-}1\text{-}1DB_0\text{-}1\text{-}2E_{422}\langle0\text{-}1\text{-}0\rangle E_8\text{-}1T_1H_6N_1P_1$$

차. 정부에서 오늘 시책을 발표해 버렸다. (=26)

$$\Rightarrow A_0\text{-}1\text{-}1DB_0\text{-}1\text{-}2E_{422}\langle0\text{-}1\text{-}0\rangle E_8\text{-}5E_6\text{-}1T_1S_1H_6N_1P_1$$

지금까지 10개의 문장들을 체언 성분(2.2.1절), 서술어(2.2.2절), 양태성분과 기타 정보(2.2.3절) 순으로 분석하며 이렇게 최종 단계에 도달했습니다. 그런데 이런 순서가 실제 문장 분석 순서는 아니라는 걸 다시 한 번 더 말씀드립니다. 체언 성분을 분석할 때, 먼저 그것의 역할을 A나 B, C, D 등으로 결정하고 시작했던 걸 기억하실 겁니다. 어떻게 체언 성분이 그런 역할을 맡고 있다는 걸 알 수 있었나요? 그렇죠. 서술어 정보를 통해서였죠. 이것은 문장 분석의 시작이 서술어 정보 파악으로부터라는 걸 뜻합니다. 다시 말해, 그 문장의 서술어 종류와 자릿수를 알고 나서야 체언 성분들의 역할을 나누고 그 세부 정보 분석에 들어갈 수 있다는 것이죠. 이렇게 독립성분과 명제성분의 분석이 끝나고 난 뒤 양태성분과 기타 정보를 추가로 분석해서 하나의 문장에 대한 분석을 완성하는 것입니다.

양태성분과 기타 정보의 중복 출현

지금 우리가 있는 곳은 2.2.3절 '양태성분과 기타의 정보 표시 사례'입니다. 이 절을 마치기 전에 살펴볼 것이 아직 좀 있습니다. 양태성분들이나 기타 정보가 연이어 나올 때 어떻게 분석하고 표시하는가에 대한 것이죠.

먼저 시제부터 살펴봅니다. T는 한 문장에서 둘 이상 출현할 수 있습니다.

'먹었다'도 가능하지만 '먹었었다'나 '먹었겠다', '먹었던'도 가능하죠. 같은 것이 두 번 나와도, 다른 것이 여러 개 나와도 모두 다 차례로 표시해 주면 됩니다. 즉, '먹었다'는 T_1로 족하지만, '먹었었다'는 T_{11}로, '먹었겠다'는 T_{14}로, '먹었던'은 T_{125}로 표시하는 것입니다. 그렇게 쓰고 읽는 데 아무 어려움이 없습니다.

상도 마찬가지죠. '먹어 버렸다'는 S_1(완료)로 표시하지만, '먹어 버리곤 하였다'는 '-어 버리-'의 완료(1번)와 '-곤 하-'의 반복(4번)을 합쳐 S_{14}로 적으면 됩니다. 같은 상이 되풀이되는 '먹어 대곤 하였다'(반복상의 반복)와 같은 경우도 S_{44}로 적으면 되는 것이죠. 상과 시제가 어울리는 것도 표시하는 데 전혀 문제가 없어요. '먹어 버리곤 했었다'는 '-었-'이 두 번 출현하고 '-어 버리-'라는 완료상과 '-곤 하-'라는 반복상이 연이어 나오는데 이들 모두 각각의 범주에서 순서대로 숫자를 표기하면 됩니다. $T_{11}S_{14}$처럼 말이죠.

높임의 경우도 그렇습니다. 여기서는 주체높임과 객체높임, 청자높임이 한 문장 안에 총출동할 수 있어요. 예를 들어, '할아버지께서 할머니께 선물을 드리셨습니다.'라는 문장은, 주체높임(께서, -시-)과 객체높임(께, 드리-), 청자높임(-습니다)이 모두 풍부하게 등장합니다. 표지들의 실제 등장 순서는 '께서(1), 께(2), 드리-(2), -시-(1), -습니다(3)'입니다. 이를 모아 표시하면 H_{12213}과 같습니다.

시제나 상, 높임과 마찬가지로 태도 역시 중복 출현이 가능합니다. '해야 한다'처럼 M_1로 족한 것이 있는가 하면, '먹어 보고 싶지 않다'처럼 '-어 보-'(시도, 4번)와 '-고 싶-'(소망, 3번)과 '-지 않-'(부정, 7번)이 나와 M_{437}처럼 분석해야 하는 경우도 있는 것입니다.

놀랍게도, 종결 역시 중복 출현이 가능합니다. 보통의 경우, 문장 끝에 종결어미가 하나 옵니다. '본용언 + 보조용언'의 구성에서도 그렇죠. 즉, 이때에도 종결어미는 보조용언 뒤에만 오는 것입니다. 그런데 종결어미가 본용언 뒤에도, 보조용언 뒤에도 모두 나타나면 어떻겠습니까? 설마 그런 경우가 있을까요? 있습니다. '영수는 요즘 많이 바쁜가 봐.'와 같이 추측의 태도가 드러난 문장이 그렇죠. 여기서 서술어 '바쁜가 봐'는 '본용언 + 보조용언' 구성으로, 본용언 '바쁘-' 뒤에 '-ㄴ가'라는 의문형 종결어미가, 보조용언 '보-' 뒤에 '-아'라는 평서형 종결어미가 오고 있습니다. '짙은 먹구름에 곧 비가 올까 싶었다.'와 같은 문장에서도 본용언 '오-' 뒤에 '-ㄹ까'라는 의문형 종결어미가, 보조용언 '싶-' 뒤에 '-다'라는 평서형 종결어미가 오고 있죠. 두 가지 문장 모두 N21로 표시하면 됩니다. 종결어미가 둘이니 종결뿐만 아니라 청자높임도 둘이 되겠네요. '-ㄴ가(하게체), -아(해체)'는 H59로, '-ㄹ까(해체), -다(해라체)'는 H96으로 적으면 됩니다.

기타 정보인 부호도 둘 이상 올 수 있습니다. '벌써 갔다.'처럼 마침표 하나만 와서 P1로 적는 경우도 있고, '뭐라고?!'처럼 둘이 와서 P23으로 표시하는 경우도 있습니다. 다만, 여기서 한 가지 말씀드리고자 하는 건, 쉼표 ','는 따로 신경 쓸 필요가 없다는 것입니다. 쉼표는 한글 맞춤법에 따르면 무려 14가지의 용법을 지니며 활발히 쓰입니다. 그러나 그것은 문장 내부에서 주로 문장성분들을 구별하는 데 도움을 줄 뿐입니다. 쉼표 자체가 어떤 독자적인 정보를 드러내는 건 아니라는 말이죠. 이에 비해, 마침표나 물음표 등은 문장 끝에 와서 문장 전체의 성격에 대한 어떤 정보를 독자적으로 제공합니다. 따라서 한 문장 내부에 아무리 많은 쉼표가 와도 문장 분석 차원에서 신경 쓸 게 전혀 없습니다.

기타 항목에는 부호 말고도 인용이나 단독에 관한 것이 있습니다. 이들 정보는 다음 절에서 문장 속의 문장을 다루며 충분히 살펴보게 될 것입니다.

2.2.4 내포문의 정보 표시 사례

이제까지 분석한 문장들은 모두 단문이라는 공통점을 가집니다. 단문이란, 주술관계가 한 번만 나타나는 문장이죠. 그렇다면 단문 말고 또 어떤 것이 있을까요? 복문이 있습니다. 복문이란, 문장 안에 문장이 들어 있는 것을 말합니다. 두 번 이상 주술관계가 나타나는 문장이죠. 문장이 문장을 안고 있을 때 안은문장을 '모문', 안긴문장을 '내포문'이라고 부릅니다. 모문과 내포문을 가리지 않고 모두 '절'이라 통칭할 수도 있지요. 여기서는 내포문의 유형에 따라 어떻게 복문이 분석되는지 살펴보도록 하겠습니다. 이러한 설명을 통해 한국어 문장 전체를 온전히 분석할 수 있는 든든한 기반을 가지게 됩니다.

명사절 분석

문장(모문) 속에 문장(내포문)이 들어가 만들어지는 복문은 내포문의 종류와 성격에 따라 나누어 살펴볼 수 있습니다. 먼저 내포문이 명사절인 경우를 보도록 하죠.

(29) 물리학을 공부하기가 어렵다.

위 문장에서 주어는 무엇이고 서술어는 무엇일까요? 먼저 서술어를 찾아야 한다고 했죠? 형용사 '어렵-'이 서술어입니다. 『표준국어대사전』에서 '어렵-'을 찾으면 2개의 용법, 7가지 의미가 보입니다. 이 가운데 문장 (29)에 맞는 것은 용법 **1**의 의미 「ㄴ」"하기가 까다로워 힘에 겹다."입니다. 여기서 격틀은 따로 제시되어 있지 않으니 이 의미로는 '어렵-'이 주어 하나만 요구한다(형용사, 1자리)는 걸 알 수 있지요. 그렇다면 문장 (29)에서 주어는 무엇일까요? 무엇이 '하기가 까다로워 힘에 겨운' 것일까요? 그렇습니다. '물리학을 공부하기가' 까다로워 힘에 겨운 것이죠.

그렇다면, '물리학을 공부하기가'의 정체는 무엇일까요? 그것은 '물리학을 공부하기'라는 명사절에 조사 '가'가 결합하여 문장 (29)에서 주어 노릇을 하고 있습니다. '물리학을 공부하기'가 명사절이라 불리는 이유는 그것이 끝에 '-기'를 가지고 있기 때문이죠. 이걸 명사형 전성어미라고 부르거든요. 명사절을 표시하는 어미라는 뜻입니다. 그런 어미에는 '-기'와 '-음'이 있습니다. 어미 '-기' 앞에 오는 것은 '물리학을 공부하-'라는 절입니다. '-기'는 그 절을 명사처럼 쓰이게 만들어주는 것이고요. 만약 '-기' 대신에 '-는'과 같은 관형사형 전성어미가 쓰이면 '물리학을 공부하-'는 관형어 노릇을 하는 내포문으로 바뀝니다. '물리학을 공부하는 사람을 만났다'에서처럼 말입니다. 여기서 내포문 '물리학을 공부하는'은 '사람'을 수식하고 있습니다. 같은 절이 어떤 표지를 취하느냐에 따라 체언 역할을, 관형어 역할을 맡게 되는 것이죠.

그럼, '물리학을 공부하-'라는 절은 어떻게 분석이 되나요? 그건 그리 어렵지 않습니다. 이제까지 우리가 줄곧 해 온 일이거든요. 단문입니다. 이 절에서 역시 서술어를 먼저 찾아야죠. 서술어는 '공부+하-'라는 복합서술어입니다. '공부'가 실질서술어, 경동사 '하-'가 형식서술어죠. 서술어 '공부'

는 체언이 서술어 역할을 하는 경우(E4)이며, '타동사성, 2자리'(E422)입니다. 그건 『표준국어대사전』에 '공부하-'가 '타동사, 2자리'로 나오기 때문이에요. '공부하-'가 가진 서술어 정보는 모두 '공부'의 것입니다. 이미 2.2.2질 '서술어의 정보 표시 사례'의 (24) '발표하-'를 분석하면서 이것에 관해서는 충분히 설명했습니다. '공부'의 체언 성분 정보도 빠뜨릴 수 없지요. 이경우에는 관형어와 조사가 없고 핵은 보통명사이니 $\langle 0\text{-}1\text{-}0 \rangle$이 됩니다. 서술어 정보와 체언 정보를 모두 합친 $E422\langle 0\text{-}1\text{-}0 \rangle$이 실질서술어 '공부'의 정보 표시입니다.

실질서술어 '공부'를 분석했으니 형식서술어 '하-'를 분석할 차례입니다. 이것은 경동사이고 뒤에 명사형 전성어미 '-기'를 취하고 있으니 $E8\text{-}4$로 표시할 수 있습니다. 서술어 '공부'와 '하-'의 정보를 합치면 $E422\langle 0\text{-}1\text{-}0 \rangle E8\text{-}4$가 됩니다. 그리고 이러한 복합서술어의 목적어는 '물리학을'이죠. '물리학을'은 관형어가 없고(0), 핵은 보통명사(1), 조사는 '을'(2)이니 $B0\text{-}1\text{-}2$로 분석됩니다. 이제 명사절 '물리학을 공부하기'가 다 분석되었습니다. $B0\text{-}1\text{-}2E422\langle 0\text{-}1\text{-}0 \rangle E8\text{-}4$가 그것입니다. 이 명사절에는 명제성분만 있을 뿐 양태성분은 보이지 않네요.

자, 이제 명사절 '물리학을 공부하기'를 바탕으로 주어 '물리학을 공부하기가'를 분석할 차례입니다. 그것은 관형어는 없고(0), 핵은 명사절(7)이며, 뒤에 조사 '가'(1)를 지닙니다. 따라서 주어 '물리학을 공부하기가'는 $A0\text{-}7\text{-}1$로 표시됩니다. 그런데 분석이 다 끝난 건 아니죠. 앞서 분석했던 명사절 '물리학을 공부하기'의 정보가 아직 갈 곳이 정해지지 않았거든요. 이건 어디에 두면 될까요? 괄호 '( )'로 감싸 $A0\text{-}7\text{-}1$ 뒤에 이어 붙이면 됩니다. 주어의 기본 정보 다음에 주어 핵인 명사절 정보를 풀어주는 겁니다. 그렇게 하면, $A_{0-7-1}(B_{0-1-2}E_{422}\langle0-1-0\rangle E_{8-4})$와 같습니다. 여기에 '어렵다.'의 정보를 마저 이어 주면 문장 (29)의 분석은 완료됩니다. 서술어 '어렵-'은 앞서 본 바와 같이 '형용사, 1자리'이며, '-다'는 해라체 평서형 종결어미이고, '.'은 마침표입니다. 이를 표시하면 $E_{31-1}H_6N_1P_1$이 되죠. 이상의 모든 내용을 종합하면 다음과 같습니다.

(30) 명사절 분석 사례

가. 물리학을 공부하기가 어렵다.

나. $A_{0-7-1}(B_{0-1-2}E_{422}\langle0-1-0\rangle E_{8-4})E_{31-1}H_6N_1P_1$

문장 분석 (30)에서 우리가 처음 접하는 것은 괄호 '(,)'입니다. 이것은 해석문법에서 내포문 정보를 나타내는 방식이죠. 어떤 문장성분 안에 절이 있거나, 어떤 문장성분 자체가 절일 경우, 괄호를 통해 내포문의 정보를 구별하여 표시해 줍니다. 방금 살펴본 (30)의 명사절이 어떤 문장성분의 일부로 들어간 내포문의 경우라면, 이제 살펴볼 부사절은 내포문 자체가 하나의 문장성분으로 쓰이는 경우입니다.

부사절 분석

(31) 영수는 멋있게 옷을 차려입었다.

이 문장에서 서술어는 '차려입-'이며, 그것은 '타동사, 2자리'입니다. 따라서 주어와 목적어가 필요하죠. 이 문장의 주어는 '영수는'이고 목적어는 '옷을'입니다. 그럼, '멋있게'는 무엇일까요? 이게 바로 부사어죠. 그런데 부사어가 체언 성분은 아니네요. '멋있게'는 형용사 '멋있-'의 활용형입니다.

'-게'는 부사형 전성어미고요. 전성어미는, 앞서 명사형 전성어미나 관형사형 전성어미의 경우에서 알 수 있듯이, 모문 안에서 내포문의 역할을 결정합니다. 부사형 전성어미 '-게'는 절을 부사절로 만들어 주죠. '멋있-'은 하나의 형용사인 듯 보이지만, 사실은 절입니다. 부사절이 부사어로 쓰인 것이죠. 『표준국어대사전』에서 '멋있-'은 '형용사, 1자리'로서 "보기에 썩 좋거나 훌륭하다."의 뜻을 지닙니다. 형용사 '멋있-'은 주어만 요구하는 서술어인데, (31)에서 '-게'를 취하여 부사절로 안길 때 주어가 생략되었습니다.

부사절 '멋있게'는 어떻게 분석할까요? 일단 부사어라는 문장성분으로 쓰였으니 D라는 표지를 줍니다. 그리고 바로 뒤에 괄호를 넣고 그 안에서 부사절 '멋있게'의 정보를 풀어주면 됩니다. 그렇게 해서 얻어지는 것은 $D(E_{31-3})$입니다. 명사절이 명사처럼 앞뒤에 관형어나 조사를 달고 나올 수 있듯이('동생의 나 따라 하기는 그때부터 시작되었다'), 부사절은 부사처럼 앞뒤에 그런 정보를 신경 쓸 필요가 없습니다. 그래서 단출하게 D로 표시되고, 그 뒤에 부사절 정보만 괄호 안에 넣어 주면 되는 것이죠.

이제 문장 (31)의 남은 부분을 마저 분석해 봅니다. 주어 '영수는'은, 관형어가 없고(0), 핵이 고유명사(2)이며, '는'이라는 조사(5)를 가지니, A_{0-2-5}가 됩니다. 목적어 '옷을'은, 역시 관형어가 없고(0), 핵이 보통명사(1)이며, '을'이라는 조사(2)를 취하여 B_{0-1-2}가 됩니다. 서술어 '차려입-'은 '타동사, 2자리'이며, 뒤에 종결어미 '-다'가 오니, E_{22-1}이 되죠. '었다.'로부터 양태성 분과 부호를 추출해 낼 수 있습니다. '-었-'은 T_1이고 '-다'는 해라체 평서형 종결어미이므로 H_6N_1이고, '.'은 마침표이니 P_1입니다. 앞서 분석했던 부사어 '멋있게'의 정보까지 모두 합치면 다음과 같습니다.

(32) 부사절 분석 사례

가. 영수는 멋있게 옷을 차려입었다.

나. A_0-2-5D(E_{31}-3)B_0-1-2E_{22}-1$T_1H_6N_1P_1$

이제까지 명사절 내포문과 부사절 내포문을 살펴보았습니다. 이 둘을 이야기하는 과정에서 잠깐씩 등장했던 관형사절 내포문도 아울러 살펴보겠습니다. 굳이 다른 예를 찾지 말고, '물리학을 공부하-'에 관형사형 전성어미 '-는'이 붙어 만들어진 다음 예를 살펴보겠습니다.

관형사절 분석

(33) 나는 물리학을 공부하는 사람을 만났다.

이 문장에서 관형사절 '물리학을 공부하는'은 '사람'을 꾸며 줍니다. '사람'은 목적어의 핵이죠. 다시 말해, '물리학을 공부하는 사람을'은 서술어 '만나-'의 목적어입니다. '만나-'는 굳이 사전을 찾지 않아도 이 문장에서 '타동사, 2자리' 서술어로 쓰이고 있음을 쉽게 알 수 있죠. 모든 것이 분명해졌으니 문장성분들을 차례로 분석해 보겠습니다.

주어 '나는'은, 관형어가 없고(0), 핵은 인칭대명사(4)이며, '는'이라는 조사(5)가 있으니 A_0-4-5입니다. 목적어 '물리학을 공부하는 사람을'은, 관형어가 절(6)이며, 핵이 보통명사(1)이고, '을'(2)이라는 조사를 취하므로 B_6-1-2입니다. 여기에 절 정보를 괄호 안에 넣어 붙여 주면 B_6-1-2(B_0-1-2E_{422}⟨0-1-0⟩E_8-2T_6)이 됩니다. 여기서 관형사절 '물리학을 공부하는'은 앞의 (30나)의 명사절 '물리학을 공부하기'와 비교했을 때 전성어미 '-는'과 '-기'에서만 차이를 보입니다. 관형사형 어미 '-는'으로 인해 경동사 '하-'의 정보가 $E_{8\text{-}4}$에서 $E_{8\text{-}2}$로 바뀌고 T_6이 추가됩니다. 서술어 '만나-'는 '타동사, 2자리'이며, 뒤에 종결어미 '-다'가 오니 $E_{22\text{-}1}$입니다. '았다.'로부터 추출한 양태성분과 기타 정보는 (32)의 '었다.'와 마찬가지로 $T_1H_6N_1P_1$이죠. 이상의 내용을 종합하면 다음과 같습니다.

(34) 관형사절 분석 사례

가. 나는 물리학을 공부하는 사람을 만났다.

나. $A_{0\text{-}4\text{-}5}B_{6\text{-}1\text{-}2}(B_{0\text{-}1\text{-}2}E_{422}\langle 0\text{-}1\text{-}0\rangle E_{8\text{-}2}T_6)E_{22\text{-}1}T_1H_6N_1P_1$

관형사절의 중복 출현

관형사절은 문장 (34)에서처럼 한 번만 나올 수도 있고 다음에 살펴볼 문장에서처럼 두 번 이상 나올 수도 있습니다.

(35) 관형사절의 중복 출현

가. 내가 어제 말한 그 웃기는 사람이 오늘도 왔어.

나. 예쁜 끈이 달린 가방이 탁자 위에 놓여 있었다.

위의 두 문장은 두 개의 관형사절을 가진다는 공통점이 있습니다. 차이점은 (35가)에서는 두 개의 관형사절이 나란히 놓이지만, (35나)에서는 하나의 관형사절이 다른 관형사절을 포함한다는 것입니다. 두 가지 경우를 차례로 살펴보겠습니다.

(36) 관형사절이 나열된 경우

가. 내가 어제 말한 그 웃기는 사람이 오늘도 왔어. (=35가)

나. 내포문: [내가 어제 말한]관형사절 그 [웃기는]관형사절 사람이 오늘도 왔어.

이 문장 전체에서 서술어는 동사 '오-'인데, 그것은 『표준국어대사전』에 '자동사/타동사, 2자리'로 올라 있습니다. 해당 의미의 격틀이 "【…에/에게】【 …으로】【 …을】"로 되어 있기 때문이죠. '누가 {어디에/누구에게/어디로/어디를} 오-'라는 문형을 만듭니다. 문장 (36가)에서는 보어나 목적어가 생략되어 있는데, 이 경우 '오-'를 자동사로 보는 게 좋을 것 같습니다. '오-'가 '먹-'처럼 기본적으로 타동사일 거라 생각하는 사람은 아마도 많지 않을 것입니다. 이러한 직관은 격틀의 제시에서도 드러납니다. 【 …을】보다 【…에/에게】나 【 …으로】가 앞서 있으니까요. 이렇게 서술어 '오-'를 '자동사, 2자리'로 보면, '내가 어제 말한 그 웃기는 사람이'가 주어이고 '오늘도'는 부사어가 됩니다.

우리의 관심은 주어 내부의 관형어에 있습니다. 주어 '내가 어제 말한 그 웃기는 사람이'에서 체언 성분의 핵은 '사람'이며, 그 뒤를 조사 '이'가 따르고 있습니다. 문제는 관형어인데, 여기서는 모두 3개가 등장합니다. 첫 번째는 '내가 어제 말한'이고, 두 번째는 '그'이며, 세 번째는 '웃기는'이죠. 이 중에서 첫 번째와 세 번째가 관형사절입니다. 두 개의 관형사절이 관형사를 사이에 두고 체언 핵 '사람'을 각자 수식하고 있는 모습입니다. 따라서 주어 '내가 어제 말한 그 웃기는 사람이'는 일단 A616-1-1로 표시할 수 있습니다. 관형어는 '관형사절(6)-관형사(1)-관형사절(6)'이고, 핵은 보통명사(1)이며, 조사는 '이'(1)이기 때문입니다. 이러한 표시 뒤에 두 개의 관형사절 정보를 괄호 안에 넣어 순서대로 이어 주면 주어 분석은 완성됩니다.

첫 번째 관형사절 '내가 어제 말한'에서 서술어는 '말하-'인데 이것은 실질 서술어 '말'과 형식서술어 '하-'의 결합입니다. 『표준국어대사전』에서 '말 하-'의 첫 번째 의미 "생각이나 느낌 따위를 말로 나타내다."에 딸린 기본 격틀은 "【…에/에게 …을】"이니 '내가'는 주어이고 보어와 복적어는 생략되어 있습니다. '어제'는 부사어이죠. 이러한 사실을 바탕으로 내포문을 분석하면 다음과 같습니다. 주어 '내가'는 관형어는 없고(0), 핵은 인칭대명사(4)이며, 조사는 '가'(1)를 가지니 A_{0-4-1}이 됩니다. 부사어 '어제'는 부사로 된 부사어이니까 그냥 D라고만 적습니다. 물론 '어제'도 사전에 명사와 부사로 되어 있어 품사 통용을 보입니다. 다른 경우와 마찬가지로, 조사 없이 쓰이면 부사 용법인 것으로 간주합니다. 서술어 '말하-'는 다시 체언 서술어 '말'과 경동사 '하-'로 나누어 분석합니다. 실질서술어 '말'은 $E_{423}\langle 0\text{-}1\text{-}0\rangle$으로 표시됩니다. 체언이 서술어로 쓰이는 것(E_4)이며, '타동사성, 3자리'(2, 3)이고, 체언 성분으로서 관형어는 없고(0), 핵은 보통명사(1)이며, 조사도 없기(0) 때문입니다. 형식서술어 '하-'는 경동사이고 뒤에 관형사형어미가 뒤따르니까 E_{8-2}입니다. 관형사형어미 '-ㄴ'은 양태성분 중 T_5에 해당합니다. 이상의 내용을 종합하면 '내가 어제 말한'의 정보는 $A_{0-4-1}DE_{423}\langle 0\text{-}1\text{-}0\rangle E_{8-2}T_5$입니다.

두 번째 관형사절은 '웃기는'인데 명제성분으로는 서술어만 보이네요. 『표준국어대사전』에서 동사 '웃기-'의 두 번째 의미 "어떤 일이나 모습 따위가 한심하고 기가 막히다."(예문: "저 사람 참 웃긴다.", "저렇게 못된 사람이 출세를 하다니 웃기는 세상이다.")가 적합하며, 격틀이 없는 걸 보니 '자동사, 1자리'입니다. '웃기-' 뒤에 관형사형어미 '-는'이 오는 걸 감안하여 분석하면 $E_{11-2}T_6$이 됩니다. 여기서 주의할 것은, 이 경우 '웃기-'는 '웃-'의 사동사가 아니라는 점입니다. 참고로, 사동사는 『표준국어대사전』에서 동사 '웃기-'의 첫 번째 의미 "【…을】기쁘거나 만족스럽거나 우습게 하여 얼굴을 활짝 펴거나 소리를 내게 하다. '웃다'의 사동사."일 때입니다. 이때 '웃기-'는 '타동사, 2자리'이고 사동사니까 양태성분의 태도(사동: M_8)를 드러내겠네요. 그러나 여기서는 상관없는 용법입니다.

이제 두 개의 관형사절 분석이 끝났습니다. 이를 반영하면, (36)의 주어 '내가 어제 말한 그 웃기는 사람이'의 완결된 표시는 $A_{616\text{-}1\text{-}1}(A_{0\text{-}4\text{-}1}DE_{423}\langle 0\text{-}1\text{-}0\rangle E_{8\text{-}2}T_5)(E_{11\text{-}2}T_6)$이 됩니다. 관형어 정보에 절이 두 개이니, 주어 분석이 끝나고 나서 뒤따르는 괄호의 쌍도 두 개여야 하지요. 한편, 주어 다음에 오는 부사어 '오늘도'는 $D_{0\text{-}1\text{-}6}$이 됩니다. 관형어가 없고(0), 핵은 보통명사(1)이며, 조사는 '도'(6)이기 때문이죠. '왔어.'는 서술어 정보 $E_{12\text{-}1}$과 양태성분 $T_1H_9N_1$, 그리고 부호 P_1을 가집니다. '오-'가 '자동사, 2자리'이고, 그 뒤에 어말어미로 해체 평서형 종결어미 '-어'가 오며, 그 사이에 시제 '-았-'이 끼어 있고, 맨 뒤에 마침표 '.'로 마무리되기 때문이죠. 이상의 내용으로부터 문장 (36)의 최종 분석 결과를 보이면 다음과 같습니다.

(37) 관형사절이 나열된 문장 (36)의 분석

가. 내가 어제 말한 그 웃기는 사람이 오늘도 왔어.

나. 내포문: [내가 어제 말한]관형사절 그 [웃기는]관형사절 사람이 오늘도 왔어.

다. $A_{616\text{-}1\text{-}1}(A_{0\text{-}4\text{-}1}DE_{423}\langle 0\text{-}1\text{-}0\rangle E_{8\text{-}2}T_5)(E_{11\text{-}2}T_6)D_{0\text{-}1\text{-}6}E_{12\text{-}1}T_1H_9N_1P_1$

다음으로 살펴볼 것은, (35나)의 '예쁜 끈이 달린 가방이 탁자 위에 놓여 있었다.'인데 그것은 관형사절이 관형사절을 포함하는 경우입니다.

(38) 관형사절이 관형사절을 포함하는 경우

가. 예쁜 끈이 달린 가방이 탁자 위에 놓여 있었다. (=35나)

· 나. 내포문: [[예쁜]관형사절 끈이 달린]관형사절 가방이 탁자 위에 놓여 있었다.

이 문장 전체에서 서술어는 동사 '놓이-'이며, 그것은 『표준국어대사전』에 '자동사, 2자리'로 기술되어 있습니다. 용법 **2**의 의미 「1」 "물체가 일정한 곳에 두어지다. '놓다'의 피동사."(예문: "연필이 책상 위에 놓여 있다.", "여기 놓였던 책이 어디 갔지?")에 딸린 격틀이 "[…에]"이니까요. (38)에서 서술어 '놓이-'의 주어는 '예쁜 끈이 달린 가방이'이며 보어는 '탁자 위에'입니다.

우리의 관심은 주어 내부의 관형어에 있습니다. 주어 '예쁜 끈이 달린 가방이'에서 핵은 '가방'이며, 그것을 조사 '이'가 뒤따르고 있네요. 문제는 관형어인데, 핵 '가방'을 수식하는 것은 관형사절 '예쁜 끈이 달린'입니다. 그런데 관형사절 내부를 보면 주어 '예쁜 끈이'에서 다시 관형사절 '예쁜'이 발견됩니다. 첫 번째 관형사절 내부에 두 번째 관형사절이 들어 있는 거죠. 문장 전체의 주어 '예쁜 끈이 달린 가방이'는 우선 A6-1-1로 분석됩니다. 관형어가 절(6)이고, 핵은 보통명사(1)이며, 조사는 '이'(1)이기 때문이죠.

첫 번째 관형사절 '예쁜 끈이 달린'을 분석하면 다음과 같습니다. 여기서 서술어 '달리-'는 『표준국어대사전』에서 '달리다'이 가진 용법 **1**의 의미 「1」 "물건이 일정한 곳에 걸리거나 매여 있게 되다. '달다'의 피동사."(예문: "벽에 달린 액자.", "문에 종이 달리다.")에 해당하고 그 격틀은 "[…에]"이니까 '자동사, 2자리'입니다. 따라서 '예쁜 끈이'는 주어이고 보어는 생략되어 있습니다. 생략된 보어는 '예쁜 끈이 달린'의 피수식어 '가방'과 일치합니다. '가방'은 전체 문장의 주어 핵이죠. 다시 관형사절 내부로 돌아와 주어 '예쁜 끈이'를 분석하겠습니다. 이것은 체언 성분으로서, 관형어가 절(6)

이며, 핵은 보통명사(1)이고, 조사는 '이'(1)이므로, 그 표시는 A6-1-1이 됩니다. 이때 두 번째 관형사절 '예쁜'을 발견하게 됩니다. 두 번째 관형사절이 첫 번째 관형사절 내부의 주어에서 발견된 것이죠.

두 번째 관형사절 '예쁜'에서 서술어는 '예쁘-'인데, 그것은 '형용사, 1자리'입니다. 주어 하나를 요구하지만 생략되어 있죠. 물론 이렇게 생략된 주어는 '예쁜'의 피수식어 '끈'과 일치합니다. 두 번째 관형사절은 E31-2T5로 표시됩니다. 서술어 '예쁘-'가 '형용사, 1자리'이고, 그 뒤에 관형사형 전성어미 '-ㄴ'이 오기 때문이죠. 이렇게 분석된 두 번째 관형사절 '예쁜'의 정보는 괄호에 싸여 첫 번째 관형사절 내부의 주어 정보 A6-1-1 뒤에 놓입니다. 그렇게 해서 완성된 것이 바로 '예쁜 끈이'의 표시 A6-1-1(E31-2T5)입니다.

첫 번째 관형사절 '예쁜 끈이 달린'의 주어는 분석되었고, 남은 것은 '달린'입니다. 그것은 E12-2T5M9로 표시됩니다. '달리-'가 '자동사, 2자리'이고, 피동사이며, 뒤에 관형사형 전성어미 '-ㄴ'을 취하고 있기 때문이죠. 이제 첫 번째 관형사절 '예쁜 끈이 달린'의 모든 분석이 완료되었습니다. 그것은 A6-1-1(E31-2T5)E12-2T5M9입니다. 이것은 괄호에 싸여, 앞서 분석해 놓았던, 문장 전체의 주어 정보 A6-1-1 뒤에 놓입니다. 그렇게 해서 완성된 것이 바로 '예쁜 끈이 달린 가방이'의 표시 A6-1-1(A6-1-1(E31-2T5)E12-2T5M9)입니다.

전체 문장의 주어 분석이 끝났으니 이제 남은 문장성분들을 분석할 차례입니다. 보어 '탁자 위에'는 관형어가 체언(3)이고, 핵은 보통명사(1)이며, 조사는 부사격조사(4)이니 C3-1-4로 표시됩니다. 서술어는 '본용언 + 보조용언'으로 되어 있는데, 본용언은 '놓이-'이며 보조용언은 '있-'입니다. 실질서술어 '놓이-'는 '자동사, 2자리'이며 뒤에 보조적 연결어미 '-어'가 오니 E12-5

로 표시됩니다. 형식서술어 '있-'은 보조용언이고 뒤에 종결어미 '-다'가 오니 E_{6-1}로 분석됩니다. 양태성분으로는 '-었-'으로부터 T_1을, '-어 있-'(완료)으로부터 S_1을, '-다'(해라체)로부터 H_6을, 피동사 '놓이-'로부터 M_9를, '-다'(평서형)로부터 N_1을 확인할 수 있습니다. 여기에 마침표 '.'의 정보 P_1을 더하면 문장의 모든 정보 분석이 끝납니다. 이상의 내용을 종합하면 다음과 같습니다.

(39) 관형사절이 관형사절을 포함하는 문장 (38)의 분석

가. 예쁜 끈이 달린 가방이 탁자 위에 놓여 있었다.

나. 내포문: [[예쁜]관형사절 끈이 달린]관형사절 가방이 탁자 위에 놓여 있었다.

다. $A_{6-1-1}(A_{6-1-1}(E_{31-2}T_5)E_{12-2}T_5M_9)C_{3-1-4}E_{12-5}E_{6-1}T_1S_1H_6M_9N_1P_1$

부사절의 중복 출현

이상으로 관형사절이 연거푸 나오는 모습을 두 가지 유형으로 나누어 살펴보았습니다. 부사절 역시 이와 비슷한 모습을 보입니다.

(40) 부사절의 중복 출현

가. 외국에 가서 어렵게 그 책을 구했다.

나. 비가 무척 심하게 내려서 땅이 매우 질다.

위의 두 문장은 두 개의 부사절을 가진다는 공통점이 있습니다. 차이점은 (40가)에서는 두 개의 부사절이 나란히 놓여 있지만, (40나)에서는 부사절이 부사절을 포함하고 있다는 것이죠. 두 가지 경우를 차례로 살펴보겠습니다.

(41) 부사절이 나열된 경우

가. 외국에 가서 어렵게 그 책을 구했다. (=40가)

나. 내포문: [외국에 가서]부사절 [어렵게]부사절 그 책을 구했다.

이 문장에서 서술어는 '구하-'인데, 그것은 『표준국어대사전』에 '타동사, 2자리'로 올라 있습니다. 해당 의미 "필요한 것을 찾다. 또는 그렇게 하여 얻다."의 격틀이 "【…을】"로 되어 있기 때문이죠. 이에 따라 목적어는 '그 책을'이 됩니다. 그렇다면 그 앞의 다른 말들은 무얼까요? '외국에 가서 어렵게'는 (41나)에 보인 것처럼 두 개의 부사절이 나란히 이어진 것입니다. '외국에 가서'와 '어렵게'는 각각 서술어 '구하-'를 수식하고 있습니다.

첫 번째 부사절 '외국에 가서'에서 서술어는 '가-'입니다. 『표준국어대사전』에 '가-'는 동사와 보조동사로 나뉘며 동사일 경우 10가지 용법, 33개 의미를 지닙니다. 그 규모가 정말 압도적인데요, 문장 (41)에 맞는 것은 다행히 가장 기본적인 용법 **1**의 의미 「1」 "한곳에서 다른 곳으로 장소를 이동하다."입니다. 여기에 딸린 격틀은 "【…에/에게】【 …으로】【 …을】" 중에서 '【…에】'라고 할 수 있으니, '가-'는 '자동사, 2자리' 서술어입니다. 이에 따라 '외국에'는 보어가 되죠. 보어 '외국에'는, 관형어는 없고(0), 핵은 보통명사(1)이며, 조사는 부사격조사(4)이니, C_{0-1-4}입니다. 서술어 '가-'는 '자동사, 2자리'이고, 뒤에 부사형어미 '-아서'가 오니 E_{12-3}입니다. 이를 종합하면, 첫 번째 부사절은 $D(C_{0-1-4}E_{12-3})$가 됩니다.

두 번째 부사절은 '어렵게'입니다. 『표준국어대사전』에 '어렵-'은 형용사로서 2개의 용법, 7가지 의미를 가집니다. 이 가운데 용법 **1**의 의미 「2」 "겪게 되는 곤란이나 시련이 많다."가 적합해 보입니다. 격틀이 따로 없으니 '형용사, 1자리'로 볼 수 있고, 뒤에 부사형어미 '-게'가 있으니, 두 번째 부사절 '어렵게'는 $D(E_{31-3})$이 됩니다.

두 개의 부사절 분석이 끝났습니다. 이제 남아 있는 것은 '그 책을 구했다.' 입니다. 이것을 분석하면 $B_{1-1-2}E_{22-1}T_1H_6N_1P_1$과 같습니다. '그 책을'은 관형어가 관형사(1)이고, 핵이 보통명사(1)이며, 조사가 '을'(2)인 목적어입니다. '구하-'는 '타동사, 2자리'(22)이고 뒤에 종결어미 '-다'(1)가 따르는 서술어입니다. '-았-'은 시제(T_1)이고, '-다'는 해라체(H_6) 평서형(N_1) 종결어미이며, '.'은 마침표(P_1)입니다. 이상의 내용을 종합하면 다음과 같습니다.

(42) 부사절이 대등하게 나열된 문장 (41)의 분석

가. 외국에 가서 어렵게 그 책을 구했다.

나. 내포문: [외국에 가서]부사절 [어렵게]부사절 그 책을 구했다.

다. $D(C_{0-1-4}E_{12-3})D(E_{31-3})B_{1-1-2}E_{22-1}T_1H_6N_1P_1$

다음으로 살펴볼 것은 (40나)의 '비가 무척 심하게 내려서 땅이 매우 질다.' 인데, 그것은 부사절이 부사절을 포함하는 경우입니다.

(43) 부사절이 부사절을 포함하는 경우

가. 비가 무척 심하게 내려서 땅이 매우 질다. (=40나)

나. 내포문: [비가 [무척 심하게]부사절 내려서]부사절 땅이 매우 질다.

이 문장에서 서술어는 '질-'이며, 그것은 『표준국어대사전』에 '형용사, 1자리'로 나와 있습니다. 의미는 "땅이 질척질척하다."죠. 이에 따라 '땅이'는 주어이고 '매우'는 부사어입니다. 그리고 앞쪽의 '비가 무척 심하게 내려서'

는 첫 번째 부사절로서 서술어 '질-'을 수식합니다. 첫 번째 부사절의 서술어는 '내리-'인데, 그것은 『표준국어대사전』에 '자동사, 1자리'(의미: "눈, 비, 서리, 이슬 따위가 오다.")로 되어 있습니다. 따라서 '비가'는 주어입니다. 그 뒤의 '무척 심하게'는 '내리-'를 수식하는 두 번째 부사절입니다. 첫 번째 부사절 안에 두 번째 부사절이 들어 있습니다.

두 번째 부사절 '무척 심하게'에서 서술어는 '심하-'입니다. 『표준국어대사전』에 따르면 그것은 "정도가 지나치다."라는 의미를 지닌 '형용사, 1자리'이며, 뒤에 부사형어미 '-게'가 따릅니다. E_{31-3}입니다. 서술어 앞에 있는 '무척'은 부사가 부사어로 쓰였으니 그냥 D입니다. 종합하면, 두 번째 부사절은 $D(DE_{31-3})$이 됩니다.

첫 번째 부사절 '비가 무척 심하게 내려서'의 서술어는 '내리-'입니다. 그것은 이미 살펴본 대로 '자동사, 1자리'이고 뒤에 부사형어미 '-어서'가 따르니 E_{11-3}이 됩니다. 주어 '비가'는 관형어가 없고(0), 핵이 보통명사(1)이며, 조사는 '가'(1)이니 A_{0-1-1}입니다. 부사어 '무척 심하게'는 두 번째 부사절로서 벌써 분석했었죠. 종합하면 $D(A_{0-1-1}D(DE_{31-3})E_{11-3})$이 되는데, 이것이 첫 번째 부사절의 표시입니다.

두 개의 부사절 분석이 끝났습니다. 남아 있는 '땅이 매우 질다.'는 $A_{0-1-1}DE_{31-1}H_6N_1P_1$로 분석됩니다. '땅이'는 관형어는 없고(0), 핵은 보통명사(1)이며, 조사는 '이'(1)인 주어입니다. '매우'는 부사가 부사어로 쓰인 것(D)이죠. '질-'은 '형용사, 1자리'이고 뒤에 종결어미 '-다'가 옵니다(E_{31-1}). '-다'는 해라체(H_6) 평서형(N_1) 종결어미이며, '.'는 마침표(P_1)입니다. 이상의 내용을 종합하면 다음과 같습니다.

(44) 부사절이 부사절을 포함하는 문장 (43)의 분석

가. 비가 무척 심하게 내려서 땅이 매우 질다.

나. 내포문: [비가 [무척 심하게]부사절 내려서]부사절 땅이 매우 질다.

다. D(A0-1-1D(DE31-3)E11-3)A0-1-1DE31-1H6N1P1

다른 이야기로 넘어가기 전에, 부사절이 부사절을 포함하는 경우를 하나 더 살펴보는 게 좋을 것 같습니다.

(45) 영수는 아름답고 멋지게 그림을 그렸다.

이 문장에서 서술어는 '그리-'이며 그것은 '타동사, 2자리'입니다. 따라서 '영수는'은 주어이고, '그림을'은 목적어가 되죠. 주어와 목적어 사이에 끼어 있는 '아름답고 멋지게'는 서술어를 수식하는 부사어입니다.

문제는 '아름답고 멋지게'의 구조입니다. 이걸 어떻게 분석하면 될까요? 학교문법에서 '-고'는 대등적 연결어미입니다. 그 얘기는 '아름답-'과 '멋지-'가 대등하게 연결되어 있다는 거죠. 그러나 대등접속과 종속접속을 모두 부사절로 간주하는 해석문법의 입장에서 생각해 보세요. 그렇게 되면 '아름답-'과 '멋지-'가 대등하게 연결되는 게 아니라 '아름답고'가 '멋지-'를 수식하는 게 됩니다. 마치 (44)의 내포문 '비가 무척 심하게 내려서'에서 '무척 심하게'가 '내려-'를 수식하는 것처럼 말이죠. (44)의 '비가 무척 심하게 내려서'가 종속접속에 해당한다면 (45)의 '아름답고 멋지게'는 대등접속에 해당합니다. 두 가지 모두 부사절 내포문을 가진 복문으로 보는 입장에서 종속적 연결어미 '-어서'도, 대등적 연결어미 '-고'도 모두 부사형어미인 거죠. 그런 입장에서 (45)는 다음과 같이 분석됩니다.

(46) 영수는 [[아름답고]_{부사절} 멋지게]_{부사절} 그림을 그렸다.

여기서 '아름답고 멋지게'가 첫 번째 부사절이고, 그 내부에 있는 '아름답고'가 두 번째 부사절인 것입니다. 두 개의 부사절을 분석하는 방법은 앞의 (44)와 같죠. 먼저 문장 (46) 전체의 서술어 '그리-'가 '타동사, 2자리'라는 점을 파악하여 '영수는'을 주어로, '그림을'을 목적어로 분석하고, 그 사이에 있는 '아름답고 멋지게'를 첫 번째 부사절로, 그 안의 '아름답고'를 두 번째 부사절로 표시하는 겁니다. 그 결과는 다음과 같습니다.

(47) 부사절이 부사절을 포함하는 문장 (45)의 분석
가. 영수는 아름답고 멋지게 그림을 그렸다.
나. 내포문: 영수는 [[아름답고]_{부사절} 멋지게]_{부사절} 그림을 그렸다.
다. A0-2-5D(D(E31-3)E31-3)B0-1-2E22-1T1H6N1P1

정리하면, 부사절이 부사절을 포함하는 경우는, 기존의 종속접속과 대등접속이라 불리던 사례들을 모두 포괄합니다.

이상으로 명사절에서 시작하여 부사절과 관형사절을 분석하고 더 나아가 관형사절의 중복 출현과 부사절의 중복 출현을 다루어 보았습니다. 다른 유형의 절로 넘어가기 전에 관형사절과 부사절이 함께 나타난 경우와, 명사절과 X의 출현을 마저 살펴보기로 합니다.

관형사절과 부사절의 동시 출현

(48) 예쁜 아이가 즐겁게 웃고 있었다.

이 문장 혹시 기억하시나요? 기억이 안 난다고요? 그래도 괜찮습니다. 1장에서 살펴본 두 개의 문장 가운데 두 번째 문장, 그러니까 1.2절에서 다룬 문장입니다. 그때 정말 진지하고 호기심 가득하여 이 문장이 가진 문법 정보 하나하나를 차근차근 살펴봤죠. 그로부터 지금까지 장족의 발전을 하지 않았습니까? 이젠 (48)과 같은 복문을 당당히 분석할 수 있는 단계에와 있으니까요. 여러분이 스스로를 대견하게 생각하면 좋겠습니다.

먼저 서술어를 찾아야겠지요? 이 문장의 서술어는 본용언 '웃-'과 보조용언 '있-'으로 구성된 복합서술어입니다. 먼저 본용언 '웃-'은 『표준국어대사전』에 '자동사, 1자리'로 나와 있어요. 주어 하나만을 요구하는 서술어죠. '예쁜 아이가'가 주어입니다. 그 뒤의 '즐겁게'는 부사어죠.

주어 '예쁜 아이가'는 관형어가 절(6), 핵이 보통명사(1), 조사는 '가'(1)이므로 A6-1-1이 됩니다. 여기에 관형어로 쓰인 절 정보를 덧붙여 줘야겠죠. 절 '예쁜'의 서술어 '예쁘-'는 '형용사, 1자리'이고 뒤에 관형사형어미가 오니 E31-2가 됩니다. 관형사절임을 알 수 있죠. 관형사형어미 '-ㄴ'의 정보 T5까지 넣으면 관형사절 '예쁜'의 정보는 E31-2T5이 됩니다. 이를, 앞서 분석한 주어 정보와 결합하면 주어 분석은 A6-1-1(E31-2T5)로 마무리됩니다.

부사어 '즐겁게'는 부사절입니다. 그것의 서술어 '즐겁-'은 『표준국어대사전』에 '형용사, 2자리'로 나와 있습니다. 의미는 "마음에 거슬림이 없이 흐뭇하고 기쁘다."이고 격틀은 "【…이】【 -기가】"이죠. 부사절 '즐겁게'에서는 서술어 '즐겁-'의 주어와 보어가 모두 생략되어 있습니다. '즐겁-'은 어말어미로 부사형어미 '-게'를 취하니 E_{32-3}으로 표시됩니다. 이를 포함한 부사절 표시는 $D(E_{32-3})$가 됩니다.

이제 남은 것은 '웃고 있었다.'이며 그것은 $E_{11-5}E_{6-1}T_1S_2H_6N_1P_1$로 표시됩니다. '웃-'은 '자동사, 1자리'이며 뒤에 보조적 연결어미가 오니 E_{11-5}이고, '있-'은 보조용언이며 뒤에 종결어미가 오니 E_{6-1}입니다. '-었-'은 시제 T_1, '-고 있-'은 상 S_2, '-다'는 해라체(H_6) 평서형(N_1), '.'은 P_1입니다. 이러한 정보를 종합하면 다음과 같습니다.

(49) 관형사절과 부사절을 모두 가진 문장 (48)의 분석
가. 예쁜 아이가 즐겁게 웃고 있었다.
나. 내포문: [예쁜]관형사절 아이가 [즐겁게]부사절 웃고 있었다.
다. $A_{6-1-1}(E_{31-2}T_5)D(E_{32-3})E_{11-5}E_{6-1}T_1S_2H_6N_1P_1$

방금 살펴본 문장에서는 관형사절과 부사절이 따로 떨어져 있는데, 이어서 분석할 문장에서는 관형사절 안에 부사절이 들어가 있습니다.

(50) 즐겁게 웃는 아이가 참 예쁘다.

이 문장의 서술어 '예쁘-'는 앞서 살펴본 바와 같이 '형용사, 1자리'로서 주어 하나만 요구합니다. 그 주어는 '즐겁게 웃는 아이가'죠. 이것은 관형어가 절(6)이고, 핵이 보통명사(1)이며, 조사가 '가'(1)이므로 A_{6-1-1}로 표시됩니다. 이제 절 정보를 풀어서 뒤에 붙여 주어야 합니다.

주어 핵을 수식하는 절 '즐겁게 웃는'에서 서술어 '웃-'은 앞서 살펴본 바와 같이 '자동사, 1자리'이며 뒤에 관형사형어미가 오니 E_{11-2}가 됩니다. 관형사형어미 '-는'은 T_6이고요. '즐겁게'는 서술어 '웃-'을 수식하는 부사어입니다. 그것은 부사절이며, 내부의 서술어 '즐겁-'은 앞서 살펴본 바와 같이 '형용사, 2자리'이고, 뒤에 부사형어미가 오니 E_{32-3}입니다. 이를 바탕으로 한 부사어 표시는 $D(E_{32-3})$이죠. 이상의 내용을 종합하면, 주어 핵을 수식하는 절 '즐겁게 웃는'의 표시는 $D(E_{32-3})E_{11-2}T_6$이 됩니다. 그리고 이를 다시, 앞서 분석한 주어 정보와 결합하면 주어 분석은 $A_{6-1-1}(D(E_{32-3})E_{11-2}T_6)$으로 마무리됩니다.

남아 있는 '참 예쁘다.'는 $DE_{31-1}H_6N_1P_1$로 표시됩니다. '참'은 부사로 된 부사어(D), '예쁘-'는 '형용사, 1자리'이자 뒤에 종결어미가 오는 E_{31-1}, '-다'는 해라체(H_6) 평서형(N_1) 종결어미, '.'는 P_1입니다. 이러한 정보를 종합하면 다음과 같습니다.

(51) 관형사절에 부사절이 들어간 문장 (50)의 분석

가. 즐겁게 웃는 아이가 참 예쁘다.

나. 내포문: [[즐겁게]_{부사절} 웃는]_{관형사절} 아이가 참 예쁘다.

다. $A_{6-1-1}(D(E_{32-3})E_{11-2}T_6)DE_{31-1}H_6N_1P_1$

방금 살펴본 문장이 관형사절 안에 부사절이 들어 있는 것이라면, 다음 문장은 부사절 안에 관형사절이 들어가 있는 것입니다.

(52) 이 가방은 예쁜 끈이 달려서 돋보인다.

이 문장의 서술어 '돋보이-'는 '자동사, 1자리'이고 그 주어는 '이 가방은'입니다. 그리고 '예쁜 끈이 달려서'는 서술어를 수식하는 부사어죠.

부사어 '예쁜 끈이 달려서'의 주요 분석은 이미 '관형사절이 관형사절을 포함하는 경우'인 (38)에서 이루어졌지요. 그때 '예쁜 끈이 달린'이 등장했었는데, '예쁜 끈이'는 그대로 두고 '달린'의 관형사형어미 '-ㄴ'을 부사형어미 '-어서'로 바꾸기만 하면 '예쁜 끈이 달려서'가 얻어지는 것입니다. '예쁜 끈이 달린'의 표시는 A6-1-1(E31-2T5)E12-2T5M9입니다. 방금 말한 대로, '달린'의 정보는 E12-2T5M9인데, 여기서 '-ㄴ'을 '-어서'로 교체하면 E12-2는 E12-3으로 바뀌고 T5는 사라지죠. 따라서 '예쁜 끈이 달려서'는 A6-1-1(E31-2T5)E12-3M9가 됩니다. 마치 기계에서 부품을 교체하는 느낌이 드네요. 문장도 기계처럼 정교한 문장성분들로 치밀하게 조립되어 있어 필요에 따라 일부 부품을 다른 것으로 교체할 수 있는 거죠. 참, '예쁜 끈이 달려서'는 부사절이니 'D()'로 감싸 마무리하는 걸 잊어서는 안 되겠어요. 부사절 '예쁜 끈이 달려서'의 최종 모습은 D(A6-1-1(E31-2T5)E12-3M9)입니다.

남은 것은 '이 가방은'과 '돋보인다.'입니다. '이 가방은'은 주어로서 관형어가 관형사(1)이고, 핵이 보통명사(1)이며, 조사는 '은'(5)이니 A1-1-5입니다. '돋보인다.'에서 '돋보이-'는 '자동사, 1자리'이고 어말어미 자리에 종결어미(1)가 오니 E11-1입니다. '-ㄴ'은 T3이고, '-다'는 해라체(H6) 평서형(N1) 종결어미이며, '.'는 P1입니다. 이러한 정보를 종합하면 다음과 같습니다.

(53) 부사절에 관형사절이 들어간 문장 (52)의 분석

가. 이 가방은 예쁜 끈이 달려서 돋보인다.

나. 내포문: 이 가방은 [[예쁜]관형사절 끈이 달려서]부사절 돋보인다.

다. A₁-1-5D(A₆-1-1(E₃₁-2T₅)E₁₂-3M₉)E₁₁-1T₃H₆N₁P₁

이상으로 관형사절과 부사절이 함께 등장하는 경우를 다양하게 살펴보았습니다. 이제 명사절로 되돌아가 X를 만나볼 차례입니다.

명사절과 X의 출현

내포문의 첫 정보 표시 사례는 명사절 분석 (30)이었습니다. 다시 가져와 봅니다.

(30) 명사절 분석 사례

가. 물리학을 공부하기가 어렵다.

나. A₀-7-1(B₀-1-2E₄₂₂⟨0-1-0⟩E₈-4)E₃₁-1H₆N₁P₁

여기서 서술어 '어렵-'은 '형용사, 1자리'로서 그것이 요구하는 유일한 논항은 주어 '물리학을 공부하기가'입니다. 이것은 명사절 '물리학을 공부하기'에 조사 '가'가 붙은 것이죠. 명사절 안에서 서술어는 '공부하-'이며 그것은 실질서술어 '공부'와 형식서술어 '하-'가 결합한 것입니다. 실질서술어 '공부'는 '타동사성, 2자리'로서 주어와 목적어를 요구하며 '물리학을'이 그 목적어에 해당하죠. 주어는 생략되었고요.

그런데 명사절 안의 목적어 '물리학을'이 명사절을 벗어날 수 있습니다. 즉, 내포문 성분이 내포문을 뛰쳐나가 모문에 직접 놓일 수 있어 보입니다. 다음 예를 보시죠.

(54) 물리학이 공부하기가 어렵다.

여기서 밑줄 그은 '물리학이'는 과연 내포문인 명사절 안에 들어 있다고 볼 수 있을까요? 조금 전에 (30)을 설명하는 과정에서 명사절의 실질서술어 '공부'는 '타동사성, 2자리'이고 '물리학을'을 그 목적어라고 했습니다. '공부'의 대상으로서 '물리학'은 그 형태도 '물리학을'로 되어 있어 분명히 목적어라고 할 수 있었죠. 그러나 (54)에서 '물리학'은 '물리학이'로서 주격조사라 불리는 것을 가지고 있습니다. 그것을 명사절 내부의 주어라고 할 수 있을까요? 아니죠. 예를 들어, '영수가 밥을 먹었다.'와 같은 문장에서 우선 주어를 생략하면 '밥을 먹었다.'가 되는데, 여기서 주어가 없다고 갑자기 목적어 '밥을'이 '밥이'로 바뀌면 되나요? '*밥이 먹었다.'처럼 이상한 문장으로 들리죠. (54)에서도 '물리학이'를 여전히 명사절 내부에 있다고 보면 '물리학이 연구하기'로 되는데 이건 '*밥이 먹었다.'와 마찬가지로 말이 되지 않는 것입니다. 논리적으로 '물리학이'는 명사절 내부의 성분이라고는 볼 수 없습니다.

그렇다면 (54)에서 '물리학이'는 과연 어디에 있는 걸까요? 명사절이라는 내포문 안에 있지 않다면 그것은 모문에 있다고 볼 수밖에 없습니다. 복문에서 내포문과 모문 말고는 다른 장소가 없으니까요. 그렇다면, '물리학이'는 모문으로 가서 어떤 역할을 하고 있는 걸까요? 놀랍게도 아무 역할이 없습니다. 모문 서술어 '어렵-'은 '형용사, 1자리'로서 이미 명사절 '공부하기가'를 그 주어로 선택했으니까요. 목적어나 보어일 가능성도 전혀 없지요. 이렇게 문장에서 통사적인 역할을 따로 부여받지 못한 것을 해석문법에서는 단독 구성 X로 표시합니다. 2.1.5절에서 잠깐 말한 것처럼, 이것을 두고 학자들은 '주제어'라고 부르기도 합니다. '주제어'란 이야기의 화제를 나타내는 말이고, 이야기의 화제란 화용론적 개념입니다. 따라서 주제어는 화용론적 성분이며, 문장 안의 통사론적 성분 즉, 문장성분과는 다릅니다. 이렇듯, X는 문장 안에 놓인 화용성분 즉, 지구상의 외계인(外界人, alien)이라고 비유할 수 있겠습니다. 문장이라는 지구에 침입한 화용성분이라는 외계인, 그것이 바로 X인 것입니다.

그럼, X를 가지고 (54)를 표시해 보기로 하겠습니다. '공부하기가 어렵다.'의 분석에서는 (30)과 달라질 게 없습니다. 아니, 조금 있군요. (30나)에서 명사절 내부의 B_{0-1-2}을 일단 지워야 합니다. 그리고 모문에 올라온 '물리학이'를 X_{0-1-1}로 분석해야 합니다. X 다음에 오는 체언 성분 분석은 앞의 다른 사례들과 동일하죠. 관형어는 없고(0), 핵은 보통명사(1)이며, 조사는 '이'(1)입니다. 이상의 논의를 종합하면 (54)의 분석은 다음과 같습니다.

(55) X를 가진 문장 (54)의 분석

가. 물리학이 공부하기가 어렵다.

나. $X_{0-1-1}A_{0-7-1}(E_{422}(0-1-0)E_{8-4})E_{31-1}H_6N_1P_1$

(30)과 (55)의 차이는, '물리학을'과 '물리학이'의 차이입니다. '물리학을'은 명사절 내포문의 목적어이고, '물리학이'는 모문에 있는 X입니다.

그런데 '물리학을'이나 '물리학이'가 아닌 '물리학은'이라고 하면 어떻게 될까요? 그것은 내포문의 목적어일까요? 아니면, 모문의 X일까요?

(56) 물리학은 공부하기가 어렵다.

만일 문장 (56)에서 밑줄 그은 '물리학은'이 여전히 모문의 X라고 주장하려면, 내포문에서는 목적어에 보조사 '은'이 결합할 수 없어야 합니다. 그러나 '나는 영수가 밥은 이미 먹었다고 생각했다.'라는 문장이 가능합니다. 인용절 내포문 안에서 목적어 '밥은'이 보조사 '은'을 가지고 있거든요. 이 문장은 정문입니다. 따라서 (56)에서 '물리학은'은 명사절 내부의 목적어가 보조사 '은'을 가진 것이라고 분석하는 게 좋을 것 같습니다. (55)의 '물리학이'와는 사정이 다르거든요. '물리학이'는 도저히 명사절 내부의 목적어라고 볼 수 없습니다. 그래서 어쩔 수 없이 모문의 X로 본 거죠.

X의 사례

2.1.5절 '기타 정보 분석 틀'에서 X의 예로 애초에 등장했던 건, 이중 주어 구문에 속하는 다음 문장이었습니다.

(57) 영수가 눈이 크다.

이 문장에서 서술어 '크-'는 '형용사, 1자리'로서 그것의 진정한 주어는 '눈이'입니다. 가짜 주어 '영수가'는 주제어로서 X가 됩니다. '영수가'는 관형어가 없고(0), 핵은 고유명사(2)이며, 조사는 '가'(1)이므로 X_{0-2-1}로 표시됩니다. 주어 '눈이'는 관형어가 없고(0), 핵은 보통명사(1)이며, 조사는 '가'(1)이니 A_{0-1-1}입니다. 서술어 '크-'는 '형용사, 1자리'이고 뒤에 종결어미가 오니 E_{31-1}입니다. '-다'는 해라체(H_6) 평서형(N_1) 종결어미이고, '.'는 P_1입니다. 이를 종합하면 다음과 같습니다.

(58) X를 가진 문장 (57)의 분석

가. 영수가 눈이 크다.

나. $X_{0-2-1}A_{0-1-1}E_{31-1}H_6N_1P_1$

이렇게 문장 안에 있는 성분뿐만 아니라, 문장 형식을 갖추지 못한 채 홀로 등장한 발화 같은 것도 X로 표시하면 됩니다.

(59) 홀로 등장한 X

가. 저자 일동

나. 풋풋한 영수의 미소.

첫 번째 예인 '저자 일동'은 여러 명이 함께 쓴 책의 서문 마지막에 자주 나오는 표현입니다. 두 번째 예인 '풋풋한 영수의 미소.'는 소설이나 수필에서 어떤 인물에 대해 묘사하는 대목에서 흔히 볼 수 있죠.

우선 '저자 일동'을 분석해 보면 다음과 같습니다. 이것은 체언 성분의 성격을 띠는데, 관형어는 체언(3)이고, 핵은 보통명사(1)이며, 조사는 없습니다(0). 따라서 숫자 정보는 '3-1-0'입니다. 그런데 그것은 문법기능이 없습니다. 다시 말해, '저자 일동'은 어떤 문장 안에서 특정한 서술어가 요구해서 등장한 게 아니죠. 그냥 그것 자체로 존재하는 것입니다. 따라서 그것은 X입니다. 거기에 앞서 분석한 체언 성분의 정보를 붙이면 X_{3-1-0}이 되죠.

(60) 홀로 등장한 X인 (59가)의 분석

가. 저자 일동

나. X_{3-1-0}

두 번째 예인 '풋풋한 영수의 미소.'를 분석하면 다음과 같습니다. 이것은 '풋풋한 영수의 미소'와 부호 '.'가 결합한 것입니다. 우선 '풋풋한 영수의 미소'는, 두 개의 관형어(절 '풋풋한'(6)과 '체언+[조사 단독]'인 '영수의'(4))를 가지며, 핵은 보통명사(1)이고, 조사는 없습니다(0). 관형어로 쓰인 절은 '풋풋한'이며 그 안의 서술어 '풋풋하-'는 『표준국어대사전』에 '형용사, 1자리'로 나옵니다. 그 뜻은 "풋내와 같이 싱그럽다."이며 격틀은 따로 제시되어 있지 않죠. 뒤에 관형사형어미가 따르니 '풋풋하-'는 E31-2로 표시됩니다. 관형사형어미 '-ㄴ'은 T5이죠. 마침표 '.'는 P1로 표시됩니다. '풋풋한 영수의 미소.'에 문법기능을 부여해 줄 서술어는 없습니다. 따라서 그것은 X입니다. 이상의 내용을 종합하면 다음과 같습니다.

(61) 홀로 등장한 X인 (59나)의 분석

가. **풋풋한 영수의 미소.**

나. X64-1-0(E31-2T5)P1

여기서 '풋풋한 영수의 미소'는 명제성분처럼 보이는 겉모습에도 불구하고 명제성분이 아닙니다. 그래서 X입니다. 그리고 그런 X 뒤에 자연스럽게 부호 '.'가 오고 있습니다.

독립된 발화로 등장하는 모든 것이 다 X는 아니라는 점에 유의해야 합니다.

(62) 문장의 파편

가. **영수가…**

나. **빨리!**

첫 번째 사례 '영수가…'는 그 자체로서는 온전한 문장처럼 보이지 않습니다. 그러나 자세히 보면 '영수가'는 주어의 모습을 가지고 있고 그 뒤에 부호 '…'와 '.'가 와서 아마도 주어를 제외한 나머지 모든 문장성분들이 생략된 것처럼 여겨집니다. 이럴 경우, 이것은 문장의 일부로서 '영수가'는 X가 아닌 A로 분석합니다. '영수가'는 A0-2-1이고 '…'는 P41이 되겠죠.

(63) X가 아닌 예 (62가)의 분석

가. 영수가….

나. A0-2-1P41

두 번째 사례 '빨리!' 역시 부사어와 부호만 등장하고 나머지는 모두 생략된 문장으로 볼 수 있습니다. 일상에서 이렇게 간단히 말하는 걸 흔히 볼 수 있지요. 예를 들어, '빨리 학교 가!'라고 해야 하는데 맥락이 충분히 주어지면 그냥 '빨리!'라고만 해도 다 알아듣습니다. 앞뒤 문맥이, 생략된 문장성분들의 복원에 큰 힘이 되어 주죠. '빨리'는 D이고, '!'는 P3입니다.

(64) X가 아닌 예 (62나)의 분석

가. 빨리!

나. DP3

이렇게 X와 관련된 예들을 살펴보았습니다. 이제 이 절의 마지막을 장식할 인용절 표시 Q로 가 볼 차례입니다.

인용절

이상으로 단문이나 복문이나 파편화된 구성이나 어느 것이라도 해석문법을 통해 분석할 수 있는 방법을 익혔습니다. 모든 경우를 다 접한 것은 아니지만, 기본기는 충분히 다졌다고 생각합니다. 그러나 아직 중요한 게 남았습니다. 직접 인용절을 분석하는 것입니다.

(65) Q를 표시해야 하는 직접 인용절

가. "영수는 집에 있어."

나. "영수는 집에 있어. 지금 쉬고 있겠지."

다. "영수는 집에 있어. 지금 쉬고 있겠지. 전화해 볼까?"

첫 번째 예인 (65가)에서 직접 인용 부호인 큰따옴표("")가 한 문장을 둘러싸고 있습니다. 이럴 때 문장 앞에 Q를 붙여 줍니다. 구체적으로 살펴볼까요? 문장 '영수는 집에 있어.'를 분석하면 $A_0\text{-}2\text{-}5C_0\text{-}1\text{-}4E_{32}\text{-}1H_9N_1P_1$이 됩니다. 이제 이 정도 문장은 쉽게 분석할 수 있겠죠? 그 다음으로, 이 문장이 직접 인용이 되고 있다는 걸 표시하기 위해 문장 분석 결과의 맨 앞에 Q를 놓는데, 여기에 숫자 정보를 더합니다. $Q_{11}A_0\text{-}2\text{-}5C_0\text{-}1\text{-}4E_{32}\text{-}1H_9N_1P_1$처럼요. Q 뒤의 숫자 두 개는 이 문장이 직접 인용의 어느 부분에 위치하는지 알려줍니다. '11'에서 앞의 '1'은 문장의 왼쪽에 직접 인용 부호가 왔다는 것을, 뒤의 '1'은 문장의 오른쪽에 직접 인용 부호가 왔다는 것을 가리키죠. 직접 인용 부호가 없으면 '0'입니다. 따라서 문장 앞에 Q_{11}이 있다는 건 그 문장의 앞뒤에 직접 인용 부호가 있음을, 즉 그 문장 전체가 홀로 직접 인용이 되고 있음을 뜻합니다.

(65나)에서는 큰따옴표 안에 두 개의 문장이 들어 있습니다. 여기서 첫 번째 문장 앞에는 Q_{10}이 붙습니다. $Q_{10}A_{0-2-5}C_{0-1-4}E_{32-1}H_9N_1P_1$처럼요. 문장의 왼쪽에는 직접 인용 부호가 있지만 오른쪽에는 없으니까요. 이런 표시로, 이 문장이 직접 인용의 첫 번째 문장임을 알 수 있죠. 두 번째 문장 '지금 쉬고 있겠지.'는 $DE_{11-5}E_{6-1}T_4S_2H_9N_1P_1$로 분석되는데 이 문장의 앞에는 Q_{01}이 놓입니다. $Q_{01}DE_{11-5}E_{6-1}T_4S_2H_9N_1P_1$처럼요. 문장의 왼쪽에는 직접 인용 부호가 없지만 오른쪽에는 있지요. 이런 표시로, 이 문장이 직접 인용의 마지막 문장임을 알 수 있죠.

(65다)에서는 큰따옴표 안에 세 개의 문장이 있습니다. 여기서 첫 번째 문장 앞에는 Q_{10}이 붙습니다. 마지막 문장 앞에는 Q_{01}이 붙겠죠. 그럼, 중간에 있는 문장 앞에는 어떤 표시가 붙을까요? 그렇죠. Q_{00}이 붙어야 하지요. 직접 인용의 중간에 놓이니 문장의 앞뒤 어디에도 직접 인용 부호가 없을 테니까요. 이를 정리하면 다음과 같습니다.

(66) 세 개의 문장이 직접 인용되는 경우

가. "영수는 집에 있어. 지금 쉬고 있겠지. 전화해 볼까?" (=65다)

나. 첫 번째 문장: $Q_{10}A_{0-2-5}C_{0-1-4}E_{32-1}H_9N_1P_1$

다. 두 번째 문장: $Q_{00}DE_{11-5}E_{6-1}T_4S_2H_9N_1P_1$

라. 세 번째 문장: $Q_{01}E_{412(0-1-0)}E_{8-5}E_{6-1}H_9M_4N_2P_2$

세 개를 초과하는 문장들이 직접 인용이 될 경우, 맨 앞과 맨 뒤의 문장 사이에 들어오는 문장들에는 모두 Q_{00}을 주면 됩니다. 중간에 끼인 문장들 내부의 순서를 다시 더 자세히 매기지는 않습니다. 어떤 문장이 직접 인용되고 있다는 점과 그것이 맨 앞인지, 중간인지, 맨 뒤인지 정도만 표시해 주더라도 그 문장의 성격을 입체적으로 파악하는 데 도움이 될 겁니다.

이렇듯 한 문장 전체가 직접 인용이 될 수도 있지만, 어떤 경우에는 한 문장 내부의 일부분만 직접 인용의 대상이 될 수도 있습니다.

(67) 영수는 나에게 "눈이 와."라고 말했다.

여기서 직접 인용되고 있는 것은 문장 전체가 아니라 보어일 뿐입니다. 서술어 '말하-'는, 이미 (36)에서 분석한 바와 같이 복합서술어('말'+'하-')입니다. (36)에서 '말'이 '타동사성, 3자리'였던 데 비해, 여기서는 '자동사성, 3자리'로 쓰입니다. 주어 하나와 보어 두 개를 요구하죠. '영수는'은 주어이고, '나에게'와 '"눈이 와."라고'는 보어입니다. 두 번째 보어가 직접 인용이 되고 있는 것입니다.

이렇게 문장의 일부로 등장하는 직접 인용절의 경우에도 그 앞에 Q를 붙여 주면 됩니다.

(68) 문장의 일부로 등장하는 직접 인용절인 (67)의 분석
가. 영수는 나에게 "눈이 와."라고 말했다.
나. $A_{0\text{-}2\text{-}5}C_{0\text{-}4\text{-}4}C_{0\text{-}7\text{-}4}(Q_{11}A_{0\text{-}1\text{-}1}E_{11\text{-}1}H_9N_1P_1)E_{413}(0\text{-}1\text{-}0)E_{8\text{-}1}T_1H_6N_1P_1$

여기서 '"눈이 와."라고'는 모문 서술어 '말하-'의 보어로서, 관형어는 없고 (0), 핵은 절(7)이며, 조사는 인용의 부사격조사 '라고'(4)이므로 $C_{0\text{-}7\text{-}4}$가 됩니다. 핵의 절 정보를 풀어 주어야 하는데, 그 절이 직접 인용절인 거죠. (68가)에서 직접 인용되고 있는 부분은 '눈이 와.'($A_{0\text{-}1\text{-}1}E_{11\text{-}1}H_9N_1P_1$)이

며, 그 앞뒤에 큰따옴표가 붙어 있습니다. 따라서 직접 인용절의 표시는 $Q_{11}A_{0-1-1}E_{11-1}H_9N_1P_1$처럼 되어야 하며, 그것은 다시 괄호에 싸여 보어의 핵인 절 정보로 뒤에 첨부되어 $C_{0-7-4}(Q_{11}A_{0-1-1}E_{11-1}H_9N_1P_1)$처럼 최종 표시됩니다.

문장의 일부로 등장하는 직접 인용절이 둘 이상일 수도 있습니다.

(69) 영수는 "누가 해? 내가 해? 영희가 해?"라고 우리에게 물었다.

이 문장의 서술어 '묻-' 역시 '자동사, 3자리'로서 주어 하나와 보어 둘을 요구합니다. '영수는'이 주어이고, '"누가 해? 내가 해? 영희가 해?"라고'와 '우리에게'가 보어죠. 문제는 첫 번째 보어 속에 있는 세 개의 직접 인용절의 표시입니다. 분석 결과를 가지고 설명하겠습니다.

(70) 문장의 일부로 등장하는 직접 인용절이 여럿인 (69)의 분석

가. 영수는 "누가 해? 내가 해? 영희가 해?"라고 우리에게 물었다.

나. $A_{0-2-5}C_{0-777-4}(Q_{10}A_{0-4-1}E_{22-1}H_9N_2P_2)(Q_{00}A_{0-4-1}E_{22-1}H_9N_2P_2)(Q_{01}A_{0-2-1}E_{22-1}H_9N_2P_2)C_{0-4-4}E_{13-1}T_1H_6N_1P_1$

여기서 핵심은 $C_{0-777-4}$와 그 뒤를 따르는 괄호 세 개입니다. (68)의 C_{0-7-4}와 (70)의 $C_{0-777-4}$를 대조하면, 핵의 정보에서 '7'과 '777'로 차이가 납니다. '7'은 핵이 절이라는 표시죠. 직접 인용절이 하나일 경우 '7'로, 세 개일 경우엔 '777'로 개수만큼 '7'을 써 주면 되는 겁니다. 그리고 '7'에 대해 그 절 정보를 풀어주어야 하는데, '7'이 하나면 뒤따르는 괄호 정보도 하나고, '7'이 셋이면 뒤따르는 괄호 정보도 셋이 되는 것이죠. 이렇게 원리를 이해하

면 아무리 복잡해 보이는 직접 인용절의 경우도 차근차근 실수 없이 분석하고 표시할 수 있습니다.

마치기 전에 인용의 부사격조사에 관해 추가적으로 설명할 게 두 가지 있습니다. 하나는 '라고' 대신 쓰일 수 있는 '하고'이고, 다른 하나는 간접 인용의 표지 '고'입니다. 먼저 '하고'에 대해 이야기하겠습니다. '라고'는 직접 인용절을 표시하는 조사인데 그것 대신 '하고'가 올 수도 있습니다. 예를 들어, (67)은 다음과 같이 바꾸어 쓸 수 있다는 거죠.

(71) 영수는 나에게 "눈이 와." 하고 말했다.

여기서 주의할 것은 '라고'는 앞말에 붙여 쓰지만 '하고'는 띄어 쓴다는 것입니다. 왜냐고요? '하고'는 동사 '하-'의 활용형이기 때문입니다. '라고'는 조사라서 붙여 쓰고, '하고'는 동사라서 띄어 쓰는 거죠. 『표준국어대사전』에서 '하-'를 찾으면 용법 **10**의 의미 「6」 "((인용 조사 없이 발화를 직접 인용하는 문장 뒤에 쓰여)) 인용하는 기능을 나타내는 말."이 나옵니다. 그것이 바로 (71)에 쓰인 '하고'에 대한 설명이죠. 이때 '하-'는 '자동사, 1자리' 서술어입니다. 현행 학교문법과 『표준국어대사전』에서는 아직 이런 '하고'를 인용의 부사격조사로 인정하지 않고 있습니다. 해석문법도 이에 따라 (71)의 '하고'를 '하-'의 활용형으로 분석합니다.

(72) '라고'처럼 쓰이는 '하고'의 분석

가. 영수는 나에게 "눈이 와." 하고 말했다.

나. A0-2-5C0-4-4C(A0-7-0(Q11A0-1-1E11-1H9N1P1)E11-3)E413(0-1-0)E8-1T1H6N1P1

이 문장에서 모문 서술어 '말하-'의 보어는 '"눈이 와."'가 아니라 '"눈이 와." 하고'입니다. '하고'의 '-고'가 부사형어미이니 부사절 보어는 C로만 표시합니다. 그리고 부사절의 서술어 '하-'를 『표준국어대사전』에 따라 '자동사, 1자리'라고 하면, "눈이 와."는 '하-'의 주어가 되죠. 그 밖의 부분은 (68나)와 같습니다.

또 하나 살펴보고 싶은 것은 간접 인용 표시에 대한 것입니다. 인용에는 직접 인용 말고도 간접 인용이 있지요. 간접 인용을 표시하는 부사격조사는 '고'이고요.

(73) 영수는 나에게 눈이 온다고 말했다.

직접 인용절을 간접 인용절로 바꾸면, (67)에 있던 직접 인용 부호와 마침표가 사라지고 인용의 부사격조사의 형태도 달라집니다.

(74) 간접 인용절을 가진 (73)의 분석
가. 영수는 나에게 눈이 온다고 말했다.
나. $A_{0-2-5}C_{0-4-4}C_{0-7-4}(A_{0-1-1}E_{11-1}T_3H_6N_1)E_{413}\langle 0-1-0\rangle E_{8-1}T_1H_6N_1P_1$

앞서 이루어진 분석 (68나)와 (74나)를 비교해 보면, 그 차이는 C_{0-7-4} 뒤의 괄호 정보에서 직접 인용 표시 Q_{11}과 문장 부호 정보 P_1이 빠지고 T_3이 들어간 정도입니다. 비록 인용의 부사격조사가 '라고'와 '고'로 다르다 해도 그것의 범주는 같기에 C_{0-7-4}에서 '4'로 동일하죠.

이제 인용절까지 살펴보았습니다. 내포문을 포함한 복문의 분석에 대해 꼭 필요한 사항들은 모두 익혔으니 이제 한국어 문장의 다채로운 세계로 나아갈 준비가 되었습니다.

3

문장 분석의 심화

3장
문장 분석의 심화

—

—

이 장에서는 한국어 문장 분석의 현장에서 마주칠 수 있는 다양한 문제들과 그 해법을 제시해 봅니다. 저와 제 학생들이 14년이라는 세월 동안 함께 연구하며 풀어 왔던 것들인데요, 하나하나 해결해 나갈 때 느꼈던 그 기쁨과 보람은 매우 컸습니다. 이제 그 결실을 여러분과 함께 나누려 합니다.

우선 문장 분석의 기본 원칙을 파악하고, 그 다음으로 서술어를 중심으로 한 다양한 문제들을 만납니다. 서술어의 종류에 따라 어떻게 문장 분석이 달라지는지, 하나의 단어가 쪼개지는 현상을 어떻게 분석할 것인지, 자주 출현하는 유형에 대한 분석 요령은 무엇인지 등을 이야기합니다. 그리고 나서, 서술어 이외의 문장성분들을 살피는데요, 특히 보어와 부사어 분석에 관한 흥미로운 이야기가 이어집니다. 마지막으로, 조사의 분석이나 체언 성분 중 내부를 분석하지 않는 경우, 고유명사 처리 등을 살펴봅니다.

3.1 문장 분석의 기본 원칙

『표준국어대사전』의 준용(準用)

해석문법이 기본적으로 『표준국어대사전』을 따른다는 건 이미 여러 번 이야기했습니다. 우리가 가진 상식이나 문득 떠오르는 영감만 가지고서는 문장을 올바로 분석하기 힘듭니다. 돌다리도 두드려 보고 건너라는 옛말이 있죠? 문장 분석에서도 딱 그렇습니다. 문장 분석의 시작은 서술어의 종류와 자릿수를 파악하는 것인데, 거기서부터 문제가 생기기 쉽습니다. 이와 관련하여 처음 들었던 예를 기억하시나요? 동사 '사-'였죠? 보통 그것을 '타동사, 2자리'로 생각하기 쉽지만, 사전에는 엄연히 '타동사, 3자리'로 나옵니다. '가-'나 '오-', '하-'나 '되-'처럼 더욱 기본적인 단어들은 압도적인 규모의 용법과 의미를 자랑합니다. 단번에 우리의 기를 꺾어 놓죠. 그러나 이런 것들에도 자주 쓰이는 용법이나 의미가 있습니다. 그걸 익혀 두면 나중에 또 만났을 때 분석이 한결 수월하죠. 친숙해지고 익숙해지는 것 말고는 방법이 없습니다.

『표준국어대사전』에서 표제어로 올린 말은 내부를 분석하지 않는다는 거 아시죠? 둘 이상의 형태소가 모여 만들어진 복합어는 종종 띄어쓰기가 잘못되어 나와 있기도 합니다. 그래서 분리된 채로 따로따로 분석하기 쉽지요. 물론 그렇게 하면 안 된다는 거 아시죠? 복합어는 부분들의 의미를 합쳐 봐야 전체의 의미를 얻을 수 없는 경우가 흔합니다. 그래서 사전에서 하나의 표제어로 싣는 거죠. 예를 들어, '산에서 길을 잃어버렸다.'에서 '잃어버리-'는 '잃-'과 '버리-'의 의미를 통해 "길을 아예 못 찾거나 방향을 분간 못 하게 되다."라는 의미를 얻을 수 없습니다. '본용언 + 보조용언'의 꼴로 되어 있어 더 분석하고 싶어집니다. 참아야죠. 종종 '잃어 버리다'처럼 띄어쓰기가 잘못 표기되어 있기도 합니다. 그렇더라도 하나의 복합어인 줄 알고 내부를 분석하지 말아야죠. 일단 의심스러우면 사전을 찾아보는 게 상책입니다. '잃어버리-'의 내부를 분석할 수 없다는 것은, 그 안의 '-어 버리-'가 표시했던 완료상(S_1) 정보도 사라진다는 걸 뜻합니다. 복합어가 되면 의미도 불투명해지고 형식도 불투명해지는 것이죠.

이렇게 『표준국어대사전』에 철저히 기댄다 해도 문제는 있습니다. 『표준국어대사전』에도 오류가 있을 수 있기 때문이죠. 정말 난감한 경우입니다. 예를 들어, 『표준국어대사전』에 '설명하-'의 격틀은 "【…에/에게 …을】"로 되어 있고, '설명되-'의 격틀은 나와 있지 않습니다. '설명하-'는 '타동사, 3자리'이고 '설명되-'는 '자동사, 1자리'로 규정한 거죠. 그런데 비슷한 성격의 '제시하-'를 찾아보면 그 격틀은 "【…에/에게 …을】"이고, '제시되-'는 "【…에/에게】"로 나와 있습니다. '제시하-'는 '타동사, 3자리'이고 '제시되-'는 '자동사, 2자리'로 설정한 겁니다. '설명하-'와 '제시하-'는 '타동사, 3자리'로 일치하는데, '설명되-'와 '제시되-'는 다르게 되어 있습니다. 그 둘도 "【…에/에게】"라는 격틀을 가진 '자동사, 2자리'로 일치해야 합니다.

여러 단어들을 검색하다 보면 비슷한 단어들은 비슷하게 처리되는 걸 볼 수 있습니다. 그러다가 방금 살펴본 것과 같은 오류를 발견하게 되는 것입니다. 비슷한 단어를 비슷하게 처리하기 위해 사전 편찬에서 무척 애를 쓰게 되는데『표준국어대사전』이 초기에 집필될 당시 일일이 카드를 만들어 수작업을 했다고 합니다. 그러다 보니 온갖 정성을 들여도 미처 바로잡지 못하는 경우들이 그렇게 생기는 것이죠. 사람이 하는 일에는 실수가 있는 법입니다. 그걸 인정하고 고쳐 나가는 것 외에는 방법이 없죠. 그래도 그런

사전이나마 가지고 있다는 건 축복입니다. 기댈 곳이 있으니 말입니다. 물론 우리 모두가 끊임없이 가꾸어 나가야 합니다.

『표준국어대사전』을 따르지 못하는 또 다른 경우는 이론적 견해가 다를 때입니다. 『표준국어대사전』은 학교문법과 기본적인 맥을 같이 하는데, 그러다 보니 학문문법의 눈에서 볼 때 아쉬운 점이 있게 마련입니다. 우리말의 문장을 더욱 합리적으로 분석하기 위해서는 때로 학교문법의 틀을 벗어나 학문문법의 영역으로 넘어가야 할 경우가 있습니다. 그게 더 정확하거나 더 간편하기 때문입니다. 그럴 때, 해석문법의 분석은 『표준국어대사전』과 달라지기도 합니다. 예를 들어, 해석문법에서는 보조용언 말고도 경동사라는 형식서술어를 따로 둡니다. 학교문법을 따르는 『표준국어대사전』에서 '공부하-'는 명사 '공부'와 파생 접사 '-하-'가 결합한 파생어로서 단일 서술어이지만, 해석문법에서 '공부하-'는 '공부'라는 실질서술어와 '하-'라는 형식서술어가 두 개의 독립된 단어로서 통사적으로 결합한 복합서술어입니다. 『표준국어대사전』에 따르면 '공부하다'는 $E_{22\text{-}1}$이지만 해석문법에서는 $E_{422}\langle 0\text{-}1\text{-}0 \rangle E_{8\text{-}1}$인 거죠.

학교문법이나 『표준국어대사전』이 틀리고 해석문법이 맞는다고 단언할 수는 없을 것입니다. 다만, 많은 연구를 통하여 더욱 합리적으로 한국어 문장을 분석하기 위해 노력한 결과 학교문법과는 일부 다른 길을 걷게 된 것입니다. 뭔가 확실한 결론에 이르러 더 이상 수정이 필요 없는 단계가 해석문법은 아닙니다. 오히려 그것은, 더 확실한 결론에 이르기 위해 잠정적으로 채택한 과정으로서의 분석 틀인 거죠. 이론을 위한 이론을 추구하거나, 현실의 자료보다는 이론의 미적 완성도에 때로 치우치는 게 학문문법의 어두운 이면이기도 합니다. 해석문법은 그러한 길을 걷고자 하지 않습니다. 학교문법을 배우는 중학생부터 나이가 많은 성인에 이르기까지 쉽게 익혀 체계적으로 문장을 분석할 수 있게끔 도우려는 것이 해석문법의 취지입니다. 해석문법에서조차 불가피하게 어려워진 부분이 있다면 대개가 한국어 문장 자체가 지닌 까다로운 특성 때문일 겁니다. 실세 한국어 문장을 분석하다 보면, 신기함을 넘어 기이할 정도로 한국어 문장이 얼마나 복잡해질 수 있는지에 혀를 내두르게 됩니다. 해석문법은 한국어 문장이 아무리 복잡해져도 그것을 정교하게 붙잡아 잘 표시해 줄 수 있습니다. 이론을 위한 이론이 아니라, 자료를 위한 이론에 충실하고자 했기 때문입니다.

상위절 성분의 우선 확보

실제 문장을 분석하다 보면, 단문보다는 복문을 더 자주 만나게 됩니다. 문장 안에 문장이 들어가는데 그런 일이 한두 번 일어나기도 하고 경우에 따라서는 열 번 가까이 되기도 합니다. 과연 이렇게 복잡한 문장을 우리가 일상에서 주고받는단 말인가 하고 놀라기도 하죠. 이렇게 문장 안에 문장이 들어갈 때 어떤 문장성분은 상위절과 하위절에 동시에 속하기도 합니다. 그럴 때 그 성분이 어디에 위치하는지를 정하는 원칙이 필요한데, 해석문법은 그런 성분을 상위절 성분으로 분석할 것을 권장합니다. 예를 들어 볼까요?

(1) 나는 집에 가서 숙제를 하였다.

이 문장에서 '나는'은 두 가지 절에서 동시에 주어 역할을 합니다. 하나는 '집에 가서'라는 내포문에서이고, 다른 하나는 '숙제를 하였다'라는 모문에서입니다. '나는'을 어디에 속하는 것으로 판단하느냐에 따라 문장 분석 결과도 달라집니다.

(2) 문장 (1)의 '나는'을 내포문의 주어로 보는 경우

가. [나는 집에 가서] 숙제를 하였다.

나. $D(A_0\text{-}4\text{-}5C_0\text{-}1\text{-}4E_{12}\text{-}3)E_{411}(0\text{-}1\text{-}2)E_8\text{-}1T_1H_6N_1P_1$

위의 분석은 '나는'을 내포문의 주어로 보는 것입니다. 그렇게 하면, 모문의 주어는 생략된 것이 되죠. 그와 반대로, 아래의 분석은 '나는'을 모문의 주어로 보는 것입니다. 그렇게 하면, 이번엔 내포문의 주어가 생략된 것이 됩니다.

(3) 문장 (1)의 '나는'을 모문의 주어로 보는 경우

가. 나는 [집에 가서] 숙제를 하였다.

나. $A_0\text{-}4\text{-}5D(C_0\text{-}1\text{-}4E_{12}\text{-}3)E_{411}(0\text{-}1\text{-}2)E_8\text{-}1T_1H_6N_1P_1$

두 가지 분석 중 어느 걸 선택하는 게 좋을까요? 물이 위에서 아래로 흐르듯, 정보도 상위절에서 하위절로 흐른다고 보는 게 맞을 것 같습니다. '나는'을 모문의 주어로 보자는 것이죠. 해석문법은 (2)보다는 (3)과 같은 분석을 선호합니다. 앞서 2장의 2.2.4절에서 살펴본 바와 같이, 관형사절이나 부사절의 성분과 모문의 성분이 겹칠 경우 내포문에서는 생략되고 모문에서는 출현하는 게 일반적으로 관찰되는 결과이기 때문이죠.

이렇듯 한 성분을 두고 모문과 내포문이 경쟁할 수도 있지만, 다음에서 보이듯이 내포문끼리 겨룰 수도 있습니다.

(4) 나는 영수가 집에 가서 영화를 보았다고 말했다.

이 문장에서 서술어 '말하-'는 실질서술어 '말'과 형식서술어 '하-'로 이루어진 복합서술어입니다. 이미 2.2.4절 (67)에서 설명했듯이, 실질서술어 '말'은 '자동사성, 3자리'입니다. 따라서 '나는'은 주어이고, '영수가 집에 가서 영화를 보았다고'는 보어죠. '에게 성분'은 생략돼 있습니다. 이때 보어 '영수가 집에 가서 영화를 보았다고'는 간접 인용절이며 그 안에 또 절이 발견됩니다. 그것은 부사절 '집에 가서'입니다. 두 개의 내포문을 구별하기 위해 '영수가 집에 가서 영화를 보았다고'를 1차 내포문으로, '집에 가서'를 2차 내포문으로 부르겠습니다.

문장 (4)의 1차 내포문과 2차 내포문에서도 하나의 주어가 어디에 속하는지가 문제입니다. 즉, '영수가'는 1차 내포문의 주어(영화를 본 사람)이기도 하고 2차 내포문의 주어(집에 간 사람)이기도 하죠. 두 가지 가능성을 다음과 같이 구분하여 표시할 수 있습니다.

(5) 한 성분을 두고 내포문끼리 경쟁하는 경우
가. 나는 [영수가 [집에 가서]2차 내포문 영화를 보았다고]1차 내포문 말했다.
나. 나는 [[영수가 집에 가서]2차 내포문 영화를 보았다고]1차 내포문 말했다.

분석 (5가)는 '영수가'를 1차 내포문의 주어로 분석한 것이고, (5나)는 '영수가'를 2차 내포문의 주어로 본 것입니다. 두 개의 내포문 가운데 상위절은 1차 내포문이죠. 모문과 내포문이 경쟁하는 문장 (1)의 경우에서 모문에 손을 들어준 것처럼, 내포문끼리 경쟁할 때에도 상위에 있는 절에 손을 들어주어야 합니다. 따라서 해석문법은 (5가)의 분석을 권장합니다. '상위

절 성분의 우선 확보' 원칙이 적용된 때문입니다. 앞으로 만나게 될 복잡한 문장들에서 이 원리는 중요하게 작용하니 잘 기억해 두셔야 합니다. 문장 (4=5가)의 표시는 다음과 같습니다.

(6) 한 성분을 두고 내포문끼리 경쟁하는 경우 (4)의 분석

가. 나는 영수가 집에 가서 영화를 보았다고 말했다.

나. 나는 [영수가 [집에 가서]2차 내포문 영화를 보았다고]1차 내포문 말했다.

다. $A_{0-4-5}C_{0-7-4}(A_{0-2-1}D(C_{0-1-4}E_{12-3})B_{0-1-2}E_{22-1}T_1H_6N_1)E_{413}\langle 0-1-0\rangle E_{8-1}T_1H_6N_1P_1$

이중 주어나 이중 목적어 불인정

해석문법의 또 다른 중요 원칙은, 문장에서 두 개의 주어나 두 개의 목적어는 인정하지 않는다는 것입니다. 한 자리 서술어인데 두 개의 주어 형태가 나올 때 그중 하나는 단독 X이고, 타동사 2자리 서술어인데 두 개의 목적어 형태가 나올 때 그중 하나는 X이거나 서술어 E로 처리하게 됩니다. 타동사 3자리 서술어인데 두 개의 목적어 형태가 나올 때 그중 하나는 C 로 처리합니다. 그럼, 본격적으로 주어의 경우부터 살펴보겠습니다.

(7) 이중 주어 구문이라 불리는 문장의 처리

가. 영수가 눈이 크다.

나. $X_{0-2-1}A_{0-1-1}E_{31-1}H_6N_1P_1$

문장 (7)은 이미 2.1.5절 '기타 정보 분석 틀'의 '단독' X에 대한 설명이나 2.2.4절 '내포문의 정보 표시 사례'의 'X의 사례'에서 살펴본 적이 있어요. 이 문장에서 '영수가'와 '눈이'가 동시에 주어일 수는 없었던 이유는 서술어

'크-'가 1자리 서술어이기 때문입니다. 서술어가 요구하는 명제성분이 하나이므로 비록 주어처럼 생긴 것이 두 개 나왔더라도 그중 오직 한 개만 주어로 인정될 수 있다는 거죠. 그리고 그때 진짜 주어는 항상 뒤에 나오는 것입니다. '영수가'와 '눈이'는 '영수의 눈이'와 같이 앞의 것이 뒤의 것을 수식하는 것과 같은 모습을 보입니다. '눈'은 '눈'인데 누구의 '눈'이냐면 바로 영수의 '눈'이란 거죠. 그 '눈'이 크다는 겁니다. 마찬가지의 논리가 목적어에도 적용됩니다.

(8) 영수가 커피를 세 잔을 마셨다.

이 문장에서 목적어처럼 보이는 것은 '커피를'과 '세 잔을'입니다. 그런데 서술어 '마시-'는 사전에 '타동사, 2자리'로 나옵니다. 마시는 주체 하나와 마시는 대상 하나, 그렇게 2개의 논항을 요구하는 것이죠. 문장 (8)에서 '영수가'는 마시는 주체를 가리킵니다. 그럼, 마시는 진짜 대상은 무엇일까요? (7)의 논리에 따르면 두 번째가 진짜 목적어가 됩니다. '세 잔'은 '세 잔'인데 무엇으로 '세 잔'이냐면 바로 커피로 '세 잔'이라는 것이죠. 그 '세 잔'을 마셨다는 겁니다. 이 대목에서 저는 우스갯소리로 '영수가 나중에 밤에 잠이 안 오면 그건 커피를 마셔서인가, 아니면 세 잔이나 마셔서인가?' 하고 수강생들에게 묻곤 합니다. 커피를 마실 수 있는 사람이 커피를 마셨다고 잠이 안 오는 건 아닐 테고, 무려 세 잔이나 마신 덕분에 잠이 안 오게 된 건 아니냐는 말입니다.

입장에 따라서는 '커피를'이 진짜 목적어이고 '세 잔을'이 가짜 목적어라고 주장할 수도 있습니다. 그러나 둘 중 하나는 B이고 나머지 하나는 X라는 것에는 변함이 없습니다. 목적어처럼 생긴 것 중에서 두 번째 것이 진짜 목적어라고 분석하는 것은, 이중 주어 구문과도 같은 맥락에 있고 한국어의 일반론에도 잘 부합합니다. 즉, 한국어에서는 일반적으로 중심이 되는 말이 뒤에 온다는 것이죠. 흔히 이중 목적어 구문의 전형적인 예로 드는 '나는 영수를 손을 잡았다.'와 같은 문장에서 진짜 목적어는 '영수를'이 아니라 '손을'이라는 주장도 같은 맥락에 있습니다. 내가 잡은 것은 영수라는 사람의 몸 전체가 아니라 그 사람의 신체 가운데 일부분인 손이죠. 따라서 해석문법에서는 문장 (8)을 다음과 같이 분석합니다.

(9) 이중 목적어 구문이라 불리는 문장 (8)의 처리

가. 영수가 커피를 세 잔을 마셨다. (=8)

나. $A_{0\text{-}2\text{-}1}X_{0\text{-}1\text{-}2}B_{1\text{-}1\text{-}2}E_{22\text{-}1}T_1H_6N_1P_1$

목적어의 경우 꼭 X로만 처리될 수 있는 건 아닙니다. 경우에 따라서는 E로도 처리됩니다. 이건 경동사 '하-'와 관련이 있습니다.

(10) 영수가 수학을 공부를 했다.

이 문장에서도 목적어처럼 보이는 것이 둘 있습니다. '수학을'과 '공부를'이 그렇죠. 만일 이 둘이 모두 목적어라면 이 문장에서 서술어처럼 보이는 '하-'는 '타동사, 3자리'로서 주어 하나('영수가')와 목적어 둘('수학을', '공부를')을 취하는 특이한 동사가 됩니다. 그러나 앞서 '공부하-'가 복합서술어이고 여기서 실질서술어가 '공부'였다는 점을 상기할 필요가 있습니다. 비록 (10)에서 '공부'는 조사 '를'을 취하고 있지만 여전히 문장에서 서술어 역할을 맡고 있죠. 즉, '학문이나 기술을 배우고 익히는' 사람은 '영수'이고 그 대상은 '수학'인 것입니다. 여기서 '하-'가 의미적으로 기여하는 바는 없는

것 같습니다. '하-'의 의미 속에 '학문이나 기술을 배우고 익히는' 것이 들어 있을 리 만무하기 때문이죠. 따라서 이 문장에서 목적어처럼 생긴 것들 중 두 번째인 '공부를'은 실질서술어로 분석되어야 합니다. 다음과 같이 말이죠.

(11) 이중 목적어 구문이라 불리는 문장 (10)의 처리

가. 영수가 수학을 공부를 했다.

나. A_0-2-1B_0-1-2$E_{422}\langle$0-1-2$\rangle E_8$-1$T_1 H_6 N_1 P_1$

여기서 '공부를'의 분석 표시에 주목해 볼 필요가 있습니다. '공부를'의 '공부'는 실질서술어이면서도 체언이기 때문에 체언 성분에서 발견할 수 있는 핵 정보(1)와 조사 정보(2)를 지닙니다. '영수가 수학을 <u>공부</u>했다.'의 실질서술어 '공부'와 문장 (11가)의 실질서술어 '공부를'이 보이는 유일한 차이는 조사 '를'의 소지 여부죠. '영수가 수학을 <u>공부</u>했다.'의 실질서술어 '공부'는 $E_{422}\langle$0-1-0$\rangle$로 표시됩니다. 그러한 표시는 잠재적으로 실질서술어 '공부'가 조사를 취할 수 있음을 뜻하죠. '$\langle$0-1-0$\rangle$'에서 조사 정보 '0'이 (11가)의 '공부를'에서처럼 언제든 '2'로 바뀔 수 있으니까요.

이 대목에서 어떤 분은 이렇게 반론을 펼 수도 있습니다. 백번 양보해서 문장 (11)의 '공부를'을 실질서술어라고 쳐도, 도대체 서술어에 조사 '를'이 붙는 경우가 이것 말고 또 어디 있냐고 말입니다. 그런데 정말 있습니다, 그런 경우가.

(12) 실질서술어에 조사 '를'이 붙는 경우

가. 영수가 밥을 먹지를 않는다.

나. A0-1-1B0-1-2E22-592E6-1T3H6M7N1P1

문장 (12가)에서도 목적어처럼 생긴 게 둘 나옵니다. '밥을'과 '먹지를'이 그렇죠. 여기서 '먹지를'은 무엇이죠? 그렇습니다. 실질서술어에 조사 '를'이 결합한 형태죠. 혹시 여기서 '않-'이 '타동사, 3자리'로서 하나의 주어('영수가')와 두 개의 목적어('밥을', '먹지를')를 취하는 특이한 동사라고 주장할 분이 계실까요?

문장 (12가)의 '먹지를 않는다'와 (11)의 '공부를 했다'는 모두 실질서술어와 형식서술어가 모여 복합서술어를 이룬 구성이며, 실질서술어에 조사 '를'이 결합했다는 공통점을 가집니다. 어떻습니까? 정말 다른 경우에도 실질서술어 뒤에 조사 '를'이 올 수가 있죠? 그렇습니다. 이제 (11)에서 '공부를'을 실질서술어로 분석하는 데 걸림돌은 없습니다.

'먹지를'의 조사 '를'이 (12나)의 실질서술어 표시 E22-592에서 끝의 '92'로 표시되어 있는 걸 보세요. '592'에서 '5'는 보조적 연결어미 '-지'를 가리키고, 그 뒤의 '92'는 예외적인 자리에 놓인 조사 '를'을 가리킵니다. 여기서 '예외적인 자리'는 '보조적 연결어미의 뒤'가 되겠죠.

마지막으로 살펴볼 것은, 타동사 3자리 서술어인데 두 개의 목적어가 나오는 경우입니다. 이럴 때, 그중 하나는 C로 처리합니다.

(13) 두 개의 목적어 형태 중 하나가 C로 처리되는 경우

가. 나는 영수를 책을 주었다.

나. A0-4-5C0-2-2B0-1-2E23-1T1H6N1P1

사람에 따라서는 이 문장이 이상하거나 어색하게 들린다고 합니다. 학자들의 논문이나 책에서는 아직도 올바른 문장으로 종종 등장하죠. 그러나 이런 문장을 실제로 말하는 경우를 만나기란 쉽지 않습니다. 이 문장은 '나는 영수에게 책을 주었다.'와 짝이 됩니다. 훨씬 자연스럽게 들리죠? 여기서 '영수에게'가 '영수를'로 바뀐 것이 (13가)입니다.

'영수에게'와 '영수를'은, '타동사, 3자리' 서술어 '주-'의 논항으로서 문장 내 의미적 역할이 같습니다. 즉, '나로부터 책을 받는' 사람이죠. 논항의 성격은 서술어와의 의미적인 관계에 기초하여 결정됩니다. 그런 점에서 비록 (13가)에서 '을 성분'으로 나왔지만 '영수를'은 '영수에게'와 같이 보어 성격을 지닙니다. 이를 반영한 것이 (13나)의 분석입니다.

(14) 두 개의 목적어 형태 중 하나가 C로 처리되는 다른 경우들

가. 나는 아이를 우유를 먹였다.

⇒ A_0-4-5C_0-1-2B_0-1-2E_{23}-1$T_1H_6M_8N_1P_1$

나. 어머니는 숙희를 며느리를 삼으셨다.

⇒ A_0-1-5B_0-2-2C_0-1-2E_{23}-1$T_1H_{16}N_1P_1$

앞의 (13)과 마찬가지로 (14)의 두 문장에서도 목적어처럼 생긴 것 중 하나는 보어입니다. (14가)는 '나는 아이에게 우유를 먹였다.'와 짝을 이루죠. 여기서 보어 '아이에게'가 '아이를'로 바뀐 것이 (14가)입니다. (14나)는 '어머니는 숙희를 며느리로 삼으셨다.'에서 '며느리로'를 '며느리를'로 바꾸면 얻어집니다.

(13)과 (14나)가 보이는 한 가지 차이는, 보어와 목적어의 순서입니다. (13)

의 '주-' 구문에서는 '보어, 목적어' 순서를 기본으로 생각하지만, (14나)의 '삼-' 구문일 경우 '목적어, 보어' 순서가 기본입니다. 둘의 순서를 바꾸면 '*어머니는 며느리를 숙희를 삼으셨다.'나 *어머니는 며느리로 숙희를 삼으셨다.'처럼 비문이 되기 때문이죠. (13)에서는 보어와 목적어의 순서가 바뀌어도 전혀 문제가 없습니다. (14가)도 (13)과 마찬가지입니다.

이상으로 해석문법의 기본 원칙들을 몇 가지 살펴보았습니다. 이제 문장 분석의 세세한 국면으로 들어가 한국어 문장이 보여주는 복잡다기한 모습들을 어떻게 해석문법으로 풀어 줄 수 있는지 차근차근 보여드리겠습니다. 이러한 과정에서 여러분은 한국어가 얼마나 복잡하고 다채로울 수 있는지를, 그에 대응하는 해석문법이 얼마나 간결하고 명확하게 이를 포착해 줄 수 있는지를 여실히 느낄 수 있을 것입니다.

3.2 서술어 분석의 심화

문장 분석은 서술어로부터 시작하죠. 이 말을 누누이 해 왔습니다. 문장이 복잡한 것은 서술어가 복잡해서일 수 있습니다. 서술어의 복잡성을 올바로 이해할 수 있다면, 복잡한 문장도 해체가 가능합니다. 우리가 자유자재로 생각할 수 있는 건, 마음껏 복잡해질 수 있는 문장 덕분이에요. 그러한 문장을 제대로 다루기 위해서는 서술어를 깊이 있게 들여다보아야 합니다.

3.2.1 본용언과 보조용언의 연결

서술어는 홀로 등장할 수도 있지만, 둘 이상 어울려 나올 수도 있습니다. 홀로 등장한 서술어를 단일서술어라고 하고, 둘 이상 어울려 나오는 것을 복합서술어라고 하죠. 본용언이 보조용언과 결합하여 복합서술어를 이루는 경우, 둘 사이를 매개하기 위해 어미가 등장하게 되죠. 이때 등장하는 것이 보조적 연결어미입니다.

(15) 보조적 연결어미의 매개

가. 영수가 집에 가고 있다.

나. A_0-2-1C_0-1-4E_{12}-5E_6-1$S_2$$H_6$$N_1$$P_1$

이 문장에서 본용언은 '가-'이고 보조용언은 '있-'입니다. 둘 사이를 매개하고 있는 건 보조적 연결어미 '-고'입니다. 보조적 연결어미는 본용언의 어말어미로 등장하지만 보조용언과 공조하여 양태성분을 드러냅니다. 문장 (14)에서 '-고 있-'은 양태성분의 진행상(S_2)을 표시하죠.

그런데 본용언과 보조용언 간의 연결이 반드시 보조적 연결어미에 의해서만 이루어지는 것은 아닙니다. 실제로 매우 다양한 어미들이 여기에 참여하고 있지요. 2장의 2.1.3절의 서술어의 정보 표시 내용 (3)에는 맨 오른쪽에 어말어미의 종류가 5가지 나와 있습니다. 그 5가지 어말어미가 모두 본용언과 보조용언 간의 연결에 쓰일 수 있습니다.

종결어미의 매개

먼저 종결어미로 본용언과 보조용언이 매개되는 경우를 살펴보겠습니다.

(16) 비가 올까 싶어.

이 문장에서 본용언은 '오-'이고 보조용언은 '싶-'입니다. 둘 사이를 매개하는 것은 놀랍게도 종결어미 '-ㄹ까'입니다. 이것은 엄연히 해체 의문형 종결어미입니다. 종결어미란 원래 문장이 끝났음을 알려주는 표지인데, 그것이 본용언과 보조용언을 연결하고 있다는 것이 놀랍기만 합니다. 이러한 분석은 기본적으로 학교문법이 취하고 있는 입장입니다.

학문문법에서는 다른 접근을 보이기도 하죠. 종결어미의 기본 취지에 입각하여 문장 (16)에서 종결어미 '-ㄹ까'는 정말 문장을 마감하여 '비가 올까'라는 내포문을 만들고, 그것을 보조용언 '싶-'이 보어로 취하여 모문을 형성한다는 주장을 펴기도 합니다. 이럴 경우, '싶-'은 더 이상 보조용언이라고 부르기 어려워집니다. 독립적으로 모문의 서술어로 기능하고 있기 때문이죠. 아울러, 이런 질문도 가능합니다. 모문 서술어 '싶-'의 주어는 무엇이냐고요.

(17) 나는 비가 올까 싶어.

정말 '싶-'이 독자적인 주어를 갖는 것처럼 보이네요. '나는'을 주어로 가지고 '비가 올까'를 보어로 취하는 '형용사, 2자리' 서술어가 바로 '싶-'의 본래 모습이 아닐까 생각해 볼 수 있습니다. 그런데 『표준국어대사전』에서 '싶-'

은 오로지 보조형용사로만 나와 있습니다. 만일 '싶-'이 보조용언이 아니라 모문의 서술어라는 주장을 하려면 우리는 독자적으로 형용사 '싶-'의 사전 기술을 다시 해야 합니다. 어디 형용사 '싶-'뿐이겠어요? 거의 모든 보조용 언을 다시 생각하고 기술해야 할 겁니다. 매우 부담스러운 일이죠.

이렇게 학문문법에서는 학교문법과는 매우 다른 여러 입장이 가능합니다. 그 수많은 입장들 중에서 어느 것이 가장 옳은가를 가려내는 일은 정말 쉽지 않을 것입니다. 그런 연구가 다 있고 나서야 비로소 한국어 문장의 전면적인 분석이 가능하다면, 지금 우리가 할 수 있는 일은 전문가들이 모 든 작업을 끝낼 때까지 기다리는 것일 수밖에 없습니다. 아마도 그런 이유 로 아직까지 한국어 문장의 전면적인 분석이 제대로 이루어지지 않은 것 같습니다.

해석문법은, 한국어 문장의 완벽한 이론이 나오는 걸 잠자코 앉아서 기다 리지 않습니다. 차라리 비록 완벽하지 못해도 어느 정도 운용할 수 있는 분석 틀을 가지고 실제 한국어 문장 분석에 뛰어듭니다. 그런 작업을 통 해 누구나 한국어 문장의 광활한 세계를 직접 탐구하며 한국어의 진면목 을 스스로 찾아 나설 수 있도록 이끕니다. 해석문법은 일단 전통적인 학교 문법의 입장에서 출발하여 문장을 분석하고자 합니다. 경우에 따라 일부 수정이 필요하면 수정을 가하면서 한국어 문장을 전면적으로 분석하고자 합니다.

(18) 종결어미로 매개되는 문장 (16)의 분석

가. 비가 올까 싶어.

나. $A_{0-1}-1E_{11}-1E_6-1H_{99}M_2N_{21}P_1$

분석 (18나)에서 '오-'는 본용언 E11-1로, '싶-'은 보조용언 E6-1으로 나와 있습니다. 둘 사이를 매개하는 종결어미는 본용언 '오-'의 어말어미 정보에서 '1'로 밝히고 있죠. 복합서술어를 이루는 두 개의 용언이 어말어미로 모두 종결어미를 취하고 있기 때문에 특히 신경 써야 하는 부분이 높임과 종결의 정보입니다. 그런 점에서 H99과 N21이 주목을 끕니다. 청자높임 중 '해체'가 두 번 나왔고, 종결 중 의문과 평서가 이어져 있습니다. 앞의 것은 본용언에 딸린 어말어미의 정보이고, 뒤의 것은 보조용언에 딸린 어말어미의 정보입니다. 이렇게 순서대로 정보를 쓰고 읽으면 됩니다.

(19) 문장 (17)의 분석

가. 나는 비가 올까 싶어.

나. X0-4-5A0-1-1E11-1E6-1H99M2N21P1

분석 (19)는 논의 과정에서 추가로 등장한 문장 (17)을 분석한 것입니다. 학문문법의 입장에서 '싶-'이 모문 서술어로서 독자적으로 주어를 취한다는 걸 보여주는 예문이었죠. 역시 (18)을 분석할 때와 같은 차원에서 분석해 본 것이 문장 (19)입니다. 여기서 '싶-'은 여전히 보조용언이고 문장 맨 앞의 '나는'은 문법기능이 없는 단독 X로 처리되어 있습니다. 그것은 본용언 '오-'와 어떠한 관계에도 놓여 있지 않기 때문입니다.

물론, 해석문법은 아까 보았던 학문문법의 다른 입장을 취하여 얼마든지 (17)을 (19나)와 다르게 분석할 수 있습니다. 다음과 같이요.

(20) 문장 (17)의 다른 분석

가. 나는 비가 올까 싶어.

나. A_0-4-5C_0-7-0(A_0-1-1E_{11}-1H_9N_2)E_{32}-1$H_9M_2N_1P_1$

여기서 '나는'은 모문의 주어이고, '비가 올까'는 모문의 보어이며, '싶-'은 모문의 서술어 '형용사, 2자리'입니다. 그리고 H와 N에 있던 두 쌍의 정보들은 내포문(H_9, N_2)과 모문(H_9, N_1)으로 나뉘어 들어갑니다. 물론 M_2는 모문의 양태성분으로 귀속되죠. 굳이 이렇게 다른 분석을 선보이는 것은, 해석문법의 열린 분석 가능성을 말하고 싶어서입니다. 지금은 비록 편의상 학교문법에 뿌리를 두고 문장을 분석하고 있지만, 나중에 얼마든지 더 나은 입장에서 해석문법의 분석 틀을 한껏 활용할 수 있는 것입니다.

관형사형어미의 매개

이제 해석문법의 기본 입장을 확인했으니 다양한 어말어미들이 본용언과 보조용언 사이에 개입하는 모습을 차례로 더 살펴보도록 하겠습니다. 종결어미 다음은 관형사형어미입니다.

(21) 비가 올 듯하다.

이 문장의 본용언은 역시 '오-'이고 보조용언은 '듯하-'입니다. 흥미롭게도 둘 사이를 매개하는 것은 관형사형어미 '-ㄹ'입니다. 관형사형어미는 내포문을 관형어로 만들어 주는 기능을 하죠. 그렇다면 그 뒤에는 체언이 와야 옳습니다. 그런데 문장 (21)에서는 어떤가요? 보조용언이 오고 있지요. 관형어 뒤에 용언이 말입니다! 문법적 파격이 아닐 수 없습니다.

이런 이유로 문장 (21)의 '올 듯하다'를 '본용언 + 보조용언' 구성이 아닌 다른 구성으로 분석하려는 입장을 충분히 이해할 수 있습니다. 그러나 앞서 이미 설명한 것처럼, 그렇게 기약 없는 여행을 떠난다면 한국어 문장의 전면적인 분석은 요원해지고 맙니다. 일단은 좀 아쉽더라도 지금 가지고 있는 입장에서 한국어 문장의 현실을 두루 살피는 데 주안점을 두어야겠습니다. 물론, 이러한 분석을 하면서도 다른 한편으로는 어떻게 하면 이런 문법적 파격을 일으키지 않고 문장을 분석할 수 있을까 계속 모색해 가야겠지요.

(22) 관형사형어미로 매개되는 문장 (21)의 분석

가. 비가 올 듯하다.

나. $A_0\text{-}1\text{-}1E_{11}\text{-}2E_6\text{-}1T_7H_6N_1P_1$

여기서 주의할 것은 두 가지입니다. 첫째, 본용언의 끝에 오는 관형사형어미 '-ㄹ'의 시제 정보(T_7) 역시 문장의 양태성분으로 빠짐없이 잘 표시해 주어야 합니다. 둘째, '-ㄹ 듯하-'에서 비록 추측의 태도(M)가 느껴지더라도 그것이 2.1.4절의 '양태성분 분석 틀' (4)에 없는 형식이라면 과감히 표시하지 않는다는 것입니다. 만약 형식을 가리지 않고 모든 것을 다 수용하여 표시하고자 한다면, 결국에는 아무것도 제대로 표시하지 못하는 지경에 이를 테니까요.

부사형어미의 매개

종결어미와 관형사형어미에 이어 다음에 살펴볼 것은 부사형어미입니다.

(23) 영수는 집에 가야 한다.

이 문장의 본용언은 '가-'이고 보조용언은 '하-'입니다. 여기서도 둘 사이를 매개하는 것은 보조적 연결어미가 아니라 부사형어미 '-아야'입니다. '-아야'는 '-어야'의 이형태죠. 부사형어미는 내포문을 부사어로 만들어 주는 기능을 하죠. 이런 논리라면 문장 (23)에서는 본용언이 보조용언을 수식해 주는 것이 됩니다. 오히려 반대로 보조용언이 본용언을 보조해야 하는 처지인데도 말이죠. 이것 역시 문법적 파격이라 하지 않을 수 없습니다.

(24) 부사형어미로 매개되는 문장 (23)의 분석

가. 영수는 집에 가야 한다.

나. A_0-2-5C_0-1-4E_{12}-3E_6-1$T_3$$H_6$$M_1$$N_1$$P_1$

여기서 양태성분 표시 M_1은 '-어야 하-'가 태도의 '당위'에 해당하는 문법 형식이라는 점에 근거합니다.

명사형어미의 매개

종결어미와 관형사형어미, 부사형어미에 이어 마지막으로 살펴볼 것은 명사형어미입니다.

(25) 그 옷이 예쁘기는 하다.

이 문장의 본용언은 '예쁘-'이고 보조용언은 '하-'입니다. 여기서 둘 사이를 매개하는 것은 흥미롭게도 명사형어미 '-기'입니다. 그 뒤에 붙은 것은 보조사 '는'이고요. 보조사가 명사형어미 뒤에 오는 건 크게 놀랄 만한 일은 아니죠. 명사형어미는 내포문을 체언처럼 만들어 주니까요. 특이한 것은,

명사형어미가 본용언과 보조용언을 매개하고 있다는 점입니다. 그렇게 되면 본용언은 명사절이라는 내포문의 서술어로 제한되고 보조용언은 모문의 서술어가 되어 두 용언의 지위가 역전됩니다. 학교문법은 명사형어미로 매개되는 본용언과 보조용언을 단문 안에서 평면적으로 처리하려 들지만 문제는 결코 단순하지 않습니다. 학문문법을 추구하는 학자들이 이런 현상을 어떻게든 합리적으로 설명해 보려고 노력하는 건 매우 당연해 보입니다.

(26) 명사형어미로 매개되는 문장 (25)의 분석

가. 그 옷이 예쁘기는 하다.

나. A1-1-1E31-495E6-1H6M6N1P1

여기서 이야기할 것은 두 가지예요. 첫째, 본용언의 어말어미 뒤에 오는 보조사 '는'의 표시입니다. 앞서 2.1.2절 '체언 성분 분석 틀'의 조사 정보 표시에서 설명한 것처럼, 예외적인 조사 첨가의 경우 우선 '9'를 쓰고 그 다음에 해당 조사의 숫자 정보를 적습니다. 분석 (26나)의 E31-495에서 끝부분의 '95'는 예외적으로 첨가된 보조사 '는'을 가리킵니다. 비록 명사형어미 뒤라지만 명사절이 아닌 본용언의 뒤에 온다는 점에서 예외적인 조사 첨가일 수밖에 없죠. 만일 제대로 된 명사절 뒤에 오는 보조사라면 이렇게 '9X'의 형식을 빌리지 않습니다. 체언 성분이 정식으로 보장하는 조사 정보 자리에 해당 숫자를 적어 넣으면 되니까요. 둘째는, 양태성분 표시 M6이 '-기는 하-'에 근거한다는 것입니다. 그것은 태도의 '시인'에 해당하는 문법 형식입니다.

명사형어미가 매개하는 경우에서 한 가지 더 살펴볼 예문은 다음과 같습

니다.

(27) 그 옷이 예쁘기는 예쁘다.

문장 분석을 즐겁게 하다가 이런 문장을 만나면 무척 당황스럽겠죠? 이것은 문장 (25)와 매우 밀접한 관계에 놓입니다. '예쁘기는 하다'에서 '하-' 대신 그 앞의 '예쁘-'를 그대로 복사해 넣은 것이니까요. 우리는 일상에서 이렇게도 흔히 말합니다. 그럼, 이걸 도대체 어떻게 분석해 주면 될까요?

(28) 명사형어미로 매개되는 문장 (27)의 분석

가. 그 옷이 예쁘기는 예쁘다.

나. $A_{1-1-1}E_{31-495}E_{3-1}H_6M_6N_1P_1$

놀랍게도 달라진 것은 E_{3-1} 하나밖에 없습니다. 즉, (26나)의 E_{6-1}이 (28나)에서는 E_{3-1}로 교체된 것뿐이죠. 그런데 교체되어 들어온 것에 대해 주의할 게 있습니다. E_{3-1}은 그대로 읽으면 '형용사, 0자리' 서술어이며 뒤에 어말어미로 종결어미를 취한다는 것입니다. 자릿수가 없는 형용사라는 거죠. 그도 그럴 것이, 만약 '예쁘기는 예쁘다'에서 뒤의 '예쁘다'에 대해 '형용사, 1자리'라는 분석을 하게 되면 결과적으로 이 문장은 앞의 '예쁘다'로부터 1자리, 뒤의 '예쁘다'로부터 다시 1자리를 얻게 되어 도합 2자리가 됩니다. 그러나 현실은 주어 '그 옷이' 하나밖에 없죠. 따라서 뒤에 오는 '예쁘-'에서 자릿수를 제거한 것입니다. 해석문법에서는 이렇게 자릿수의 자리에 아무 숫자를 넣지 않으면 '0'으로 읽힙니다. 따라서 E_{3-1}은 형용사이지만 자릿수는 없는 것이라 읽을 수 있죠. 그리고 그렇게 하면 문장 (27)이 주어 하나만 요구하는 문장인 것을 잘 설명해 줄 수 있습니다. '예쁘-'의 반복에서

두 번째 '예쁘-'는 비록 형용사이지만 마치 보조용언처럼 행세하는 것이죠. 한국어 문장의 흥미로운 양상입니다.

이렇게 해서, 본용언과 보조용언이 만날 때 그 사이를 매개하는 다양한 어말어미들을 예시를 통해 구체적으로 살펴보고 그 표시 방법도 알아보았 습니다. 이제 이를 바탕으로 서술어에 관한 더 깊고 넓은 세계로 나가 보 겠습니다.

3.2.2 형식서술어에 의한 자릿수 변동

서술어가 두 개 연달아 나올 경우 뜻밖의 일이 벌어지기도 합니다. 서술어 의 자릿수가 바뀌는 것이죠. 어떻게 그런 일이 일어날 수 있을까요? 비밀 은 형식서술어에 있습니다.

(29) 나는 지금 책을 써. 오늘따라 책이 잘 써지네.

누군가가 (29)의 두 문장을 이어서 말했다고 가정해 보세요. 충분히 이해 가능하고 자연스럽죠. 첫 번째 문장 '나는 지금 책을 써.'를 분석해 보겠습 니다. 먼저 서술어를 찾아야 하는데, 여기서 서술어는 '쓰-'입니다. '쓰-'는 『표준국어대사전』에 '타동사, 2자리'로 나옵니다. (29)의 첫 번째 문장에서 '쓰-'가 취하고 있는 주어는 '나는'이고 목적어는 '책을'이죠. 나머지 성분 들도 가려내어 모두 분석하면 (29)의 첫 번째 문장은 다음과 같이 표시됩 니다.

(30) 예 (29)의 첫 번째 문장을 분석한 결과

가. 나는 지금 책을 써.

나. A0-4-5DB0-1-2E22-1H9N1P1

자릿수를 줄이는 보조용언 '지-'

이어서 두 번째 문장 '오늘따라 책이 잘 써지네.'를 살펴보겠습니다. 여기서 서술어는 본용언과 보조용언으로 구성된 복합서술어입니다. '써지네'는 '쓰-+-어+지-+-네'로 분석되며 여기서 본용언 '쓰-'와 보조용언 '지-'를 찾을 수 있어요. 본용언 '쓰-'는 실질서술어로서 좀 전에 본 것처럼 '타동사, 2자리'입니다. 그렇다면 두 번째 문장에서 이것이 취하는 주어와 목적어는 각각 무엇일까요? 우선, 주어처럼 보이는 것에 '책이'가 있네요. 그러나 목적어처럼 생긴 건 안 보입니다. 생략된 걸까요? 일단 그건 제쳐 두고, 주어처럼 생긴 것부터 보죠. 그런데 '책이'는 아무리 보아도 '타동사, 2자리'인 '쓰-'의 주어처럼 여겨지지 않습니다. '책이' 무언가를 쓰는 주체는 아니니까요. 그건 오히려 쓰는 대상에 해당합니다. 서술어 '쓰-'에 대해 '책'은 주어가 아니라 목적어에 어울린다는 얘기죠. 목적어에 어울리는 '책'이 두 번째 문장에서 주어의 옷을 입고 나왔습니다. 뭔가 수상한 일이 벌어진 겁니다.

(29)의 두 번째 문장 '오늘따라 책이 잘 써지네.'는 흔히 피동문이라 불립니다. 그에 비해 (29)의 첫 번째 문장 '나는 지금 책을 써.'는 능동문이죠. 일반적으로 능동문이 피동문으로 바뀔 때, 능동문의 주어는 없어지고 원래 목적어였던 것이 그 자리로 올라섭니다. 주어 옷을 입고요. 그리고 그렇게 되면 이번엔 목적어 자리가 비게 되죠. 2개에서 1개로 줄었습니다. 서술어의 자릿수를 하나 줄이는 것, 그것이 바로 피동화입니다. 피동화로 인해

만들어진 문장이 피동문이고요. (29)의 두 번째 문장 '오늘따라 책이 잘 써지네.'는 피동문입니다.

(31) 예 (29)의 두 번째 문장을 분석한 결과

가. 오늘따라 책이 잘 써지네.

나. D0-1-8A0-1-1DE22-5E9-1H9M9N1P1

이렇게 피동화가 이루어졌다는 것을 피동문은 표지로써 드러냅니다. (29) 의 두 번째 문장, 즉 (31가)에 들어 있는 '-어지-'가 바로 그것이죠. '보조 적 연결어미 + 보조용언'의 형식으로 되어 있는데 여기서 핵심은 보조용언 '지-'입니다. 그것이 바로 서술어의 자릿수를 하나 줄이는 장치죠. 분석 결 과 (31나)에서 이를 E9-1로 표시했습니다. 여기서 숫자 '9'는 자릿수를 줄이 는 형식서술어를 뜻합니다. 비록 '타동사, 2자리'인 '쓰-'가 등장하지만 보 조용언 '지-'가 그것의 자릿수 하나를 빼앗아 결과적으로 '자동사, 1자리' 효과를 내는 것이죠. E22-5E9-1은 사실상 E11-1처럼 작동합니다. 보조적 연 결어미와 보조용언의 결합인 '-어지-'로부터 피동이라는 태도의 양태성분 M9가 추출됩니다.

이러한 이유로 해석문법에서는 2.1.3절 '서술어 분석 틀' (3)의 '서술어의 종 류'에서 보조용언 '-지'를 일반 보조용언들(6번)과 구별하여 별도로 9번에 넣은 것입니다. 9번에 속하는 형식서술어들은 모두 자릿수를 하나 줄인다 는 공통점을 갖죠. 경동사 '되-', 보조용언 '지-'와 '싶-'이 여기에 속합니다. 지금까지 보조용언 '지-'를 이야기했으니 이제 경동사 '되-'와 보조용언 '싶-' 을 이어서 살펴보겠습니다.

자릿수를 줄이는 경동사 '되-'

앞서 2장의 2.1.3절 '서술어 분석 틀'을 소개하는 과정에서 등장한 경동사 '되-'의 두 가지 유형과 그 예문은 다음과 같습니다.

(32) 경동사 '되-'의 두 가지 유형과 그 예문

가. '서술어의 종류' 8번에 속하는 '되-': '조국이 발전되었다.'

나. '서술어의 종류' 9번에 속하는 '되-': '고고학자에 의해 유물이 발견되었다.'

(32가)의 예문 '조국이 발전되었다.'에서 발견되는 서술어는 복합서술어입니다. 그것은 실질서술어 '발전'과 형식서술어인 경동사 '되-'로 구성됩니다. 『표준국어대사전』에서 '발전하다'를 검색하여 얻어낼 수 있는 것은, 체언서술어 '발전'이 '자동사성, 1자리'라는 겁니다. 그래서 '발전'이 경동사 '하-'와 결합하면 '조국이 발전하였다.'와 같이 되는 거죠. 주어 하나만 필요하니까요. 경동사 '하-' 대신 경동사 '되-'가 쓰여도 여전히 '조국이 발전되었다.'처럼 됩니다. 역시 주어 하나만 요구되네요. 이때의 경동사 '되-'는 자릿수 변동과 무관해 보입니다. 경동사 '되-'는 경동사 '하-'와 같이 E_8에 속합니다.

(33) 예문 (32가)를 분석한 결과

가. 조국이 발전되었다.

나. A_0-1-1E_{411}(0-1-0)E_8-1$T_1H_6N_1P_1$

그러나 (32나)에서 발견되는 '되-'는 자릿수 변동을 일으킵니다. (32나)의 예문 '고고학자에 의해 유물이 발견되었다.'의 실질서술어 '발견'은 '타동사성, 2자리'입니다. 그런데 이 문장에서 보이는 것은 오로지 주어 '유물이'뿐입니다. 목적어는 기대할 수 없죠. 주어의 옷을 입고 나온 '유물'은 사실상 발견의 주체가 아니라 대상입니다. 발견의 대상인 '유물'이 벌써 이렇게 나와 버린 상황에서 '발견'의 또 다른 대상을 찾는다는 건 논리적으로 말이 안 됩니다. '고고학자에 의해서'는 서술어 '발견'의 주체에 해당합니다. 그러나 그것은 주어의 옷이 아닌 부사어의 옷(부사절)을 입고 있습니다. '발견'의 논항 자격을 이미 상실한 모습이죠. 주어 하나만 등장하는 문장. 그런데 그 문장을 이끄는 건 '타동사성, 2자리' 서술어인 '발견'. 이제 남은 가능성 하나는 경동사 '되-'의 자릿수 변동 능력입니다. 그것이 실질서술어 '발견'의 자릿수를 하나 줄여서 문장에 주어 하나만 나오게 되었다는 것이죠.

(34) 예문 (32나)를 분석한 결과

가. 고고학자에 의해 유물이 발견되었다.

나. $D(C_{0-1-4}E_{12-3})A_{0-1-1}E_{422\langle 0-1-0\rangle}E_{9-1}T_1H_6M_9N_1P_1$

분석 (34나)의 $E_{422\langle 0-1-0\rangle}E_{9-1}$도 사실상 E_{11-1}과 같은 효과를 냅니다. 앞서 살펴본 보조용언 '지-'의 경우인 (31나)의 $E_{22-5}E_{9-1}$처럼 말이죠. 보조용언 '지-'나 경동사 '되-'나 E_9이긴 마찬가지입니다. 모두 실질서술어가 가진 자릿수를 하나 줄이는 거죠. (34가)의 능동문 '고고학자가 유물을 발견하였다.'에서는 실질서술어 '발견'의 '타동사성, 2자리'가 변동 없이 잘 실현됩니다. 그것이 요구하는 주어는 '고고학자가'로, 목적어는 '유물을'로 잘 나타나 있죠. 이런 것이, 경동사 '하-'에서 경동사 '되-'로 바뀌면, 능동문에서 원래 목적어였던 것이 피동문에서 주어로 홀로 등장하게 되는 것입니다. 이때 경동사 '되-'로부터 피동이라는 태도의 양태성분 M_9도 추출되어야 한다는 점 또한 빠뜨려서는 안 되겠죠.

자릿수를 줄였다 늘리는 보조용언 '싶-'

보조용언 '싶-' 또한 E₉의 일원입니다. 그것도 실질서술어의 자릿수를 하나 줄이죠. 그런데 거기서 끝이 아닙니다. 자릿수를 하나 늘리기도 합니다. 하나를 빼고 나서 다시 하나를 더한다? 병 주고 약 주는 셈. 자릿수를 하나 뺐고 나서 자릿수를 하나 더해 주면, 결국 제자리가 아닌가 생각할 수 있지만 결과는 전혀 그렇지 않습니다. '타동사, 2자리'를 '자동사, 2자리'로 만들어 버리니까요. 도대체 이게 무슨 이야기인지 예문을 통해 설명해 보겠습니다.

(35) 보조용언 '싶-'의 두 가지 모습

가. 나는 영화를 보고 싶었다.

나. 나는 영화가 보고 싶었다.

두 문장에 공통되는 '보-'는 본용언으로서 '타동사, 2자리' 서술어입니다. 주어와 목적어를 요구하죠. 문장 (35가)는 이를 잘 보여줍니다. 거기서 주어는 '나는'이고 목적어는 '영화를'입니다. 그런데 문장 (35나)는 좀 이상합니다. (35가)에서 '영화를'이었던 것이 (35나)에서 '영화가'로 되어 있는 거예요. 이건 도대체 어떻게 된 일일까요?

원인을 알아내기 위해 (35)를 다음과 같이 고쳐 봅니다.

(36) 예 (35)에서 보조용언 '싶-'을 제거한 결과

가. 나는 영화를 보았다.

나. *나는 영화가 보았다.

보조용언 '싶-'을 (35)의 두 문장에서 모두 빼고 본용언 '보-'만 단일서술어로 실현시키니, (36가)는 바른 문장이 되었고 (36나)는 틀린 문장이 되었습니다. '보-'가 '타동사, 2자리' 서술어니까 당연한 결과겠죠. 그렇다면, 이렇게 '타동사, 2자리' 서술어인 '보-'가 본용언으로 있는 (35나)는 왜 비문법적인 문장이 아니라 올바른 문장이 되는 걸까요? 답은 보조용언 '싶-'에서 구해야 할 것 같습니다.

앞에서 피동화가 서술어의 자릿수 하나를 줄인다고 했죠. 그렇게 되면 '타동사, 2자리'는 '자동사, 1자리'가 됩니다. 타동사는 최소 2자리는 되어야 성립하는데, 2자리가 1자리로 줄면 당연히 타동성이 유지될 수 없는 거죠. 보조용언 '싶-'은 이렇게 '쓰-'의 '타동사, 2자리'를 '자동사, 1자리'로 바꾸는 효과를 지닙니다. 여기까지는 보조용언 '지-'나 경동사 '되-'와 같죠. 그러나 여기서 끝난다면 (35나)에서 관찰되는 두 개의 논항 '나는'과 '영화가'를 설명할 수 없습니다. 이들은 (35나)의 서술어가 '자동사, 2자리'이어야 함을 뜻합니다. 다시 보조용언 '싶-'의 역할에 주목해 봅니다. 보조용언 '싶-'이 이번엔 1자리를 더해 준다면, 아까 피동화로 초래된 '자동사, 1자리'가 '자동사, 2자리'로 변합니다. 한 자리를 빼앗고(-1) 다시 한 자리를 더하는(+1) 보조용언 '싶-'은 E_{91}로 표시됩니다. 여기서 '9'는 '-1'을, '9' 다음의 '1'은 '+1'을 뜻하죠. 이러한 분석에 입각하여 (36나)를 표시하면 다음과 같습니다.

(37) 문장 (35나)를 분석한 결과

가. 나는 영화가 보고 싶었다.

나. A_0-4-5C_0-1-1E_{22}-5E_{91}-1$T_1H_6M_3N_1P_1$

분석 (37나)의 E_{22}-5E_{91}-1은 사실상 E_{12}-1과 같은 효과를 냅니다. 자릿수 하

나를 뺄 뿐만 아니라 다시 자릿수 하나를 더한다는 점에서 보조용언 '싶-'
은, 보조용언 '지-'나 경동사 '되-'와 구별되죠. 보조용언 '지-'나 경동사
'되-'는 '타동사, 2자리'를 '자동사, 1자리'로 바꾸지만(E9), 보조용언 '싶-'은
'타동사, 2자리'를 '자동사, 2지리'로 변화시킵니다(E91). 이런 이유로, 서술
어의 자릿수를 하나 줄이기만 하는 보조용언 '지-'와 경동사 '되-'는 양태성
분의 태도 중 피동의 범주에 넣고 보조용언 '싶-'은 제외합니다. 결과적으
로 서술어의 자릿수가 같아지기 때문입니다. 보조적 연결어미와 보조용언
의 결합인 '-고 싶-'은 M3(소망)에 해당합니다.

(35나)에서 서술어의 자릿수 변동이 관찰된다면, (35가)에서는 그렇지 않
습니다. 이때 보조용언 '싶-'은 일반적인 보조용언(E6)에 해당하죠. 본용언
'쓰-'의 '타동성, 2자리'가 모두 변동 없이 그대로 실현되고 있으니까요.

(38) 문장 (35가)를 분석한 결과

가. 나는 영화를 보고 싶었다.

나. A_0-4-5B_0-1-2E_{22}-5E_6-1$T_1H_6M_3N_1P_1$

이렇게 보조용언 '싶-'은 서술어의 자릿수를 변동시킬 수도 있고 그러지 않
을 수도 있습니다. 마찬가지로, 보조용언 '지-'도 항상 서술어 자릿수 변동
을 일으키는 건 아니죠.

(39) 서술어 자릿수를 변동시키지 않는 보조용언 '지-'의 예

가. 날이 많이 어두워졌다.

⇒ A_0-1-1DE_{31}-5E_6-1$T_1H_6N_1P_1$

나. 방학 때는 학교에 잘 가지지 않는다.

문장 (39가)에서 서술어 '어둡-'은 '형용사, 1자리'입니다. 그것과 보조용언 '지-'가 결합한 이후에도 문장은 여전히 주어 하나만 요구하고 있습니다. 이때 보조용언 '지-'는 일반 보조용언 E_6으로 표시합니다. 서술어 자릿수 변동과 무관하니까요. 양태성분의 태도 중 '피동'을 표시해서는 안 되겠죠. (39나)의 자동사문에 등장하는 '지-'도 자릿수 변동과 무관하기는 마찬가지입니다.

이상으로 서술어의 자릿수 변동을 일으키는 보조용언 '지-'와 '싶-', 그리고 경동사 '되-'를 살펴보았습니다. 이들이 출현했다고 해서 항상 서술어의 자릿수 변동이 일어나는 것은 아니라는 점도 역시 확인했습니다.

자릿수를 늘리는 보조용언 '주-'

이제 여기서 마지막으로 추가할 것은 서술어의 자릿수를 늘리는 그 밖의 보조용언에 대한 것입니다.

(40) 나는 아이에게 동화책을 읽어 주었다.

문장 (40)에서 본용언은 '읽-'이고 그것은 『표준국어대사전』에 '타동사, 2자리'로 나와 있습니다. 문장 (40)에서 그것이 취하는 주어는 '나는'이고 목적어는 '동화책을'이죠. 그런데 하나가 더 있어요. '아이에게'요. 그것은 본용언 '읽-'의 논항이 아닙니다. 방금 살펴본 것처럼 '읽-'은 '타동사, 2자리' 서술어니까요. 그렇다면, '아이에게'는 논항이 아닌 부사어일까요? 그걸 알기 위해서는 '아이에게'를 삭제해 보면 됩니다.

(41) *나는 동화책을 읽어 주었다.

문맥 없이 (41)처럼 주어질 경우, 이 문장은 완결된 문장으로 보이지 않습니다. '누구에게'라는 성분이 반드시 있어야 할 것으로 여겨지죠. 따라서 (40)의 '아이에게'는 반드시 있어야 할 성분, 즉 논항입니다. 그러나 여전히 의문은 남습니다. '영희에게'라는 논항을 책임지는 서술어는 과연 무엇일까요?

남은 가능성은 오직 하나밖에 없어요. (40)에서 보조용언 '주-'가 '아이에게'를 논항으로 취한다는 것이죠. 이게 맞는지 알아보는 방법도 어렵지 않습니다. (40)에서 보조용언 '주-'를 삭제해 보는 것입니다.

(42) *나는 아이에게 동화책을 읽었다.

비문법적인 문장이 되고 말았어요. 여기서 다시 '아이에게'를 생략하면 다음에 보듯이 올바른 문장이 됩니다.

(43) 나는 동화책을 읽었다.

결국, (40)에서 '아이에게'를 논항으로 취하는 것은 보조용언 '주-'라는 걸 알 수 있습니다. (43)에서 볼 수 있듯이 '읽-'은 주어 '나는'과 목적어 '동화책을'만 있으면 되는 '타동사, 2자리' 서술어입니다. (40)에서도 '읽-'은 '아이에게'라는 논항을 품을 수 없습니다. 따라서 그걸 논항으로 취하는 것은 보조용언 '주-'라고 해야 합니다. 여기서 '주-'는 E_{61}로 표시합니다. 비록 일반 보조용언이지만 자릿수 하나를 취하니까요. 이러한 분석에 따라 (40)을 표시하면 다음과 같습니다.

(44) 자릿수를 하나 늘리는 보조용언 '주-'의 예문 (40)의 분석

가. 나는 아이에게 동화책을 읽어 주었다.

나. A_0-4-$5C_0$-1-$4B_0$-1-$2E_{22}$-$5E_{61}$-$1T_1H_6M_5N_1P_1$

복합서술어 E_{22}-$5E_{61}$-1은 마치 E_{23}-1과 같은 효과를 냅니다. 보조용언이 자릿수 하나를 더하는 경우입니다. 보조용언 '주-'로부터 양태성분의 태도 중 '봉사' M_5가 추출됩니다.

한편, 보조용언 '주-'가 항상 서술어 자릿수 변동을 일으키는 것은 아닙니다.

(45) 나는 아이의 손을 잡아 주었다.

이 문장에서 서술어 '잡-'은 '타동사, 2자리'로서 그것이 취하는 주어는 '나는'이며 목적어는 '아이의 손을'입니다. 그 밖에 논항에 해당될 만한 것은 보이지 않습니다. 여기서 보조용언 '주-'는 보조적 연결어미 '-어'와 함께 '-어 주-'를 이루어 양태성분의 태도 중 '봉사'를 표시할 뿐, 자릿수 변동 표지는 아닙니다. 따라서 그것은 여기서 E_6이 됩니다. 이러한 분석을 통해 (45)를 표시하면 다음과 같습니다.

(46) 자릿수 변동과 무관한 보조용언 '주-'의 예문 (45)의 분석

가. 나는 아이의 손을 잡아 주었다.

이상으로 서술어의 자릿수 변동에 관해 살펴보았습니다. 모두 형식서술어들에 의해 빚어지는 문법 현상이었습니다. 이와 관련된 형식서술어는 세 가지로 나뉩니다. '줄이기만 하는 것'(E9), '늘리기만 하는 것'(E61), '줄이는 동시에 늘리는 것'(E91). '줄이기만 하는 것'으로는 경동사 '되-'와 보조용언 '지-'가 있습니다. '늘리기만 하는 것'으로는 보조용언 '주-'가 있습니다. '줄이는 동시에 늘리는 것'으로는 보조용언 '싶-'이 있습니다. 서술어의 자릿수 변동에서 일어날 수 있는 모든 가능성이 한국어에서 실제로 다 관찰됩니다. 매우 흥미로운 양상이며, 해석문법은 이를 놓치지 않고 모두 정밀하게 잘 표시해 줄 수 있습니다.

3.2.3 '이-' 구문

이제부터 몇 가지 중요한 서술어에 초점을 두고 한국어 문장의 어려운 대목들을 두루두루 돌아다녀 보고자 합니다. 먼저 시작할 것은 '이-' 구문입니다. 구문이란, 문법적인 구성을 뜻하죠. 따라서 '이-' 구문이란, '이-'가 중심이 되어 만드는 문법적 구성입니다. 우리가 일상에서 부담 없이 즐겨 사용하지만 막상 분석하려 들면 쉽지 않은 구문이죠. 먼저 몇 가지 기본적인 예문들을 분석하며 준비 운동을 하겠습니다.

(47) 영수는 학생이다.

이 문장에서 서술어는 '학생이-'입니다. '학생이-'는 실질서술어 '학생'과 형식서술어 '이-'의 결합이죠. 먼저 실질서술어 '학생'은 체언이 서술어가 된 경우이고 '형용사성, 1자리'이니 E_{431}이 됩니다. 이때 '학생'이 '형용사성'을 갖는다는 걸 어떻게 알까요? 후보는 자동사성, 타동사성, 형용사성인데 자동사성이랑 타동사성이 되려면 움직임이어야 합니다. 그러나 '학생'은 움직임이 아니죠. 어떤 상태나 속성에 해당합니다. '학생'이라는 신분 혹은 사람을 가리키니까요. 따라서 그것은 '형용사성'으로 귀착됩니다. 이어서 '학생'은 체언이다 보니 체언 성분의 정보 표시를 갖습니다. 관형어는 없고 (0), 핵은 보통명사(1)이며, 조사도 없으니(0), $\langle 0\text{-}1\text{-}0\rangle$이 서술어 정보 뒤에 추가됩니다. 그렇게 하면 $E_{431}\langle 0\text{-}1\text{-}0\rangle$이 얻어지죠.

이제 형식서술어 '이-'를 분석할 차례입니다. 이것은 다른 것과 구별하여 '-답-'과 함께 서술어의 종류 중 7번으로 표시합니다. 따로 떼어 표시할 만큼 비중이 높다는 것이죠. 뒤에 어말어미로 종결어미 '-다'를 취하니 $E_{7\text{-}1}$이 됩니다. 이제 그 앞의 실질서술어와 합치면 $E_{431}\langle 0\text{-}1\text{-}0\rangle E_{7\text{-}1}$이 되어 복합서술어 정보가 완성됩니다.

복합서술어 중 실질서술어 '학생'의 '형용사성, 1자리'에 입각하여 이 문장에는 주어 하나만 논항으로서 요구되죠. 예문 (47)에서 주어는 '영수는'입니다. 그것의 정보는 $A_{0\text{-}2\text{-}5}$로 표시되죠. 뒤에 나온 양태성분까지 고려하면 다음과 같습니다.

(48) 문장 (47)의 분석 결과

가. 영수는 학생이다.

나. $A_{0\text{-}2\text{-}5}E_{431}\langle 0\text{-}1\text{-}0\rangle E_{7\text{-}1}H_6N_1P_1$

다음에 살펴볼 예문은 조금 더 복잡합니다.

(49) 우리는 세 시에 목적지에 도착이다.

여기서 서술어는 '도착이-'이고, '도착'은 실질서술어 '자동사성, 2자리'이며, '이-'는 형식서술어 E_7입니다. 실질서술어 '도착'의 특성을 알려면 『표준국어대사전』에서 '도착하다'를 찾아보면 됩니다. 그러면 '자동사, 2자리'로 나오지요. 그게 '도착'의 속성입니다. 따라서 실질서술어 '도착'은 $E_{412}\langle 0\text{-}1\text{-}0\rangle$으로 표시됩니다. 그럼, '도착'의 주어와 보어는 무엇일까요? 문장 (49)에서 주어는 '우리는'이고 보어는 '목적지에'입니다. 비록 체언 성분이기는 하지만 그것도 서술어가 되면 어엿하게 주어나 보어, 때로는 목적어까지 요구하게 됩니다. 이러한 사항들을 고려하여 문장 전체를 분석하면 다음과 같습니다.

(50) 문장 (49)의 분석 결과

가. 우리는 세 시에 목적지에 도착이다.

나. $A_0\text{-}4\text{-}5D_1\text{-}3\text{-}4C_0\text{-}1\text{-}4E_{412}\langle 0\text{-}1\text{-}0\rangle E_7\text{-}1H_6N_1P_1$

이 문장에서 형식서술어를 '하-'로 바꾸면 다음과 같이 됩니다.

(51) 문장 (49)를 경동사 '하-' 구문으로 바꾼 결과

가. 우리는 세 시에 목적지에 도착한다.

나. $A_0\text{-}4\text{-}5D_1\text{-}3\text{-}4C_0\text{-}1\text{-}4E_{412}\langle 0\text{-}1\text{-}0\rangle E_8\text{-}1T_3H_6N_1P_1$

형식서술어 '이-'가 '하-'로 바뀌니 $E_7\text{-}1$이 $E_8\text{-}1$로 교체되고 T_3이 추가되었네요. 그것 말고는 다른 변화는 없습니다. 실질서술어 '도착'은 '하-' 구문과도 어울릴 수 있는데, 모든 체언 서술어가 다 그런 건 아닙니다. 예를 들

어, '미남'과 같은 말은 '미남이다'는 되지만 '*미남하다'는 안 됩니다. 어떤 것이 둘 다와 어울리고, 어떤 것이 그럴 수 없는지 밝히는 것은 언어학이 앞으로 풀어나가야 할 숙제입니다. 해석문법은 주어진 문장을 잘 분석하는 데 일차적인 목적을 둡니다. 그렇게 하면서 자료가 모이고 분석이 쌓이고 나면 일반화를 통해 한국어 문법 규칙을 정연하게 뽑아낼 수 있습니다.

다음으로 살펴볼 예문에서는 '이-' 앞에 명사 대신 감탄사가 나옵니다.

(52) '이-' 앞에 감탄사가 오는 경우

가. 영수의 입에서 나온 말은 어이쿠였다.

나. A6-1-5(C4-1-4E12-2T5)E531E7-1T1H6N1P1

여기서 서술어는 '어이쿠이-'입니다. 실질서술어 '어이쿠'는 감탄사로서 '형용사성, 1자리'로서 E531로 표시됩니다. 용언이 아닌 서술어도 자동사성, 타동사성, 형용사성으로 나누어지는데, 감탄사 '어이쿠'는 감정을 나타내므로 형용사성에 가장 가깝죠. 형식서술어 '이-'는 역시 E7입니다. 이제 실질서술어 '어이쿠'의 주어를 찾아야 하는데요, 마침 후보가 하나밖에 없네요. '영수의 입에서 나온 말은'입니다. 주어가 서술어보다 매우 길죠? '이-' 구문에서는 이런 경우가 흔하답니다.

이제 준비 운동이 거의 끝나 갑니다. 다음 문장에서는 '이-' 앞에 절이 옵니다.

(53) 오늘 할 일은 영수랑 놀기다.

여기서 서술어는 '영수랑 놀기'입니다. 실질서술어는 '영수랑 놀기'이고 그 뒤에 생략된 형식서술어 '이-'를 복원해서 분석해 줍니다. 만일 여기에 '이-'가 진짜로 없다면 문제가 됩니다. 실질서술어 '영수랑 놀기'에서 맨 끝의 '-기'는 명사형어미로서 내포문을 체언처럼 만들죠. 체언은 그 뒤에 바로 어미가 올 수 없습니다. 그래서 체언이 서술어가 되려면 반드시 '이-'와 같은 형식서술어가 필요합니다. 혹시 경동사 '하-'가 생략된 건 아닐까요? 바로 붙여 보면 압니다. '*오늘 할 일은 영수랑 놀기하다.'는 말이 안 되네요. 따라서 경동사 '하-'는 정답이 아닙니다. '오늘 할 일은 영수랑 놀기이다.'는 가능하지요? '이-'가 생략된 게 맞습니다.

종종 '이-' 구문에서는 이렇게 '이-'가 생략되기도 합니다. 마치 주인이 집을 비운 격이죠. 그러나 주인이 잠시 집을 비웠다고 해서 그 집이 남의 집이 되는 것도 아닙니다. 워낙 그 집 주인이 잘 알려져 있다 보니, 집 주인이 자리를 비워도 마치 있는 것처럼 여겨진답니다. 이건 '하-'도 마찬가지예요. 예를 들어, '생각지도 못한 일이 일어났다.'라는 문장에서 '생각지도'는 '생각하지도'가 줄어든 것입니다. 경동사 '하-'가 생략된 거죠. 만일 '하-'가 진짜로 없는 거라면 '생각'이라는 명사에 보조적 연결어미 '-지'가 직접 결합한 것이 되어 한국어 문법 질서가 흔들리게 됩니다. 여기서도 경동사 '하-'를 복원하여 분석해야 하죠.

다시 예문 (53)으로 돌아가서 이야기를 마무리하겠습니다. 실질서술어 '영수랑 놀기'는 명사절 내포문으로서 일단 체언 성분으로 취급해야 합니다. 그래서 E431⟨0-7-0⟩이 되죠. 즉, 그것은 '형용사성, 1자리'이고, 관형어와 조사는 없고 핵이 절(7)인 체언 서술어입니다. 절 정보를 분석하여 괄호 안에 넣어 뒤에 붙이면 E431⟨0-7-0⟩(D0-2-4E11-4)가 됩니다. '영수랑 놀기'라고 해서 움직임을 뜻한다고 생각하기 쉽지만, 그것은 사실상 정적인 일의 모습이나 유형을 가리키는 지시성이 더 강합니다. 앞서 살펴본 (51)의 '도착'과는 구별되죠. 거기서 '도착'은 실제 움직임을 뜻하므로 움직이는 주체('우리는')와 움직이는 곳('목적지에')을 요구합니다. 그러나 (53)의 '영수랑 놀기'는 절 안에서 '놀-'이라는 움직임이 있고, 절 전체로는 '영수와 노는 일'이라는 일의 유형을 가리키게 되죠. 따라서 '영수랑 놀기'는 '형용사성, 1자리'로서 주어 '오늘 할 일은' 하나만을 요구합니다.

(54) 문장 (53)의 분석 결과

가. 오늘 할 일은 영수랑 놀기다.

나. A6-1-5(DE22-2T7)E431⟨0-7-0⟩(D0-2-4E11-4)E7-1H6N1P1

우언적 부정(不定) 표현

준비 운동을 다 마쳤습니다. 이제 '이-' 구문의 만만치 않은 경우들로 들어가 봅니다.

(55) '의문사 + 이- + -ㄴ가' 구문

가. 영수는 <u>누군가</u>를 만난다.

나. 날쌘 <u>뭔가</u>가 내 옆을 빠르게 지나갔다.

다. 그 사람은 <u>어딘가</u>에서 잘 살고 있어.

라. 너도 <u>언젠가</u> 좋은 사람 만나겠지.

당장 여러 개 문장들이 등장하여 많이 놀라셨죠? 같이 묶어 보는 게 더 좋을 것 같아서 그랬습니다. 위의 네 개 문장들은 모두 '우언적 부정(不定)

표현'이라 불리는 내포문을 지니고 있습니다. 이때 '우언적'이란, 둘 이상의 단어로 이루어져 상대적으로 길어진 것을 뜻하며, '부정(不定)'이란, 정해지지 않은 것을 말합니다. 예를 들어 (55가)의 '누군가'(누구인가)는 '누구인지 정해지지 않은 어떤 사람'을 뜻하며 '누구'라는 부정칭(不定稱) 대명사로 대체할 수 있죠. (55나)의 '뭔가'(무엇인가)'도 '무엇인지 정해지지 않은 어떤 것'이고, (55다)의 '어딘가'(어디인가)도 '어디인지 정해지지 않은 어떤 곳'이며, (55라)의 '언젠가'(언제인가)도 '언제인지 정해지지 않은 어떤 때'를 뜻하는데, 각각 '무엇', '어디', '언제'로 대신할 수 있습니다. 이들은 공히 (55)의 제목처럼 '의문사 + 이- + -ㄴ가'로 구성되어 있죠. 내포문이 마치 하나의 대명사처럼 쓰입니다. 안에는 의문문의 논리가 살아 있고, 겉으로는 마치 하나의 부정칭 대명사인 것처럼 쓰이죠. '이-'가 부리는 요술 같은 구문입니다. 그러나 원리만 알면 척척 분석할 수 있어요.

먼저 (55가)부터 보겠습니다. 이 문장에서 서술어 '만나-'는 '타동사, 2자리'이며 그것이 취하는 주어는 '영수는'이고 목적어는 '누군가를'입니다. 이때 목적어 '누군가를'은 관형어가 없고(0), 핵이 절(7)이며, 조사는 '를'(2)입니다. 절 '누군가'는 '누구 + 이- + -ㄴ가'로 이루어졌는데 '이-'가 종종 생략되기도 하죠. 여기서 '누구'는 실질서술어(형용사성, 1자리)이고 '이-'는 형식서술어이며 '-ㄴ가'는 하계체 의문형 종결어미입니다. 의문문이 체언 성분의 핵이 되어 모문의 목적어로 쓰이는 거죠. 얼핏 보면 하나의 대명사처럼 보이지만 '누군가'는 엄연히 절이며 사전에 등재되어 있지도 않습니다.

(56) 문장 (55가)의 분석 결과

가. 영수는 누군가를 만난다.

나. A0-2-5B0-7-2(E431(0-4-0)E7-1H5N2)E22-1T3H6N1P1

이 문장에서 '누군가'는 이렇게 홀로 등장할 수도 있지만 관형어를 취하거나 동격의 다른 구성과 함께 나타날 수도 있습니다.

(57) '누군가' 구문의 다양한 모습
가. 영수는 정다운 **누군가**를 만난다.
나. 영수는 **누군가** 정다운 사람을 만난다.

복잡해 보여도 차근차근 살펴보면 그리 어렵지 않습니다. 먼저 (57가)는 '누군가'가 관형어를 취하는 경우입니다. (56가)에서 관형어 '정다운'만 추가해 분석하면 되죠.

(58) 문장 (57)의 분석 결과
가. 영수는 정다운 **누군가**를 만난다.
나. $A_{0-2-5}B_{6-7-2}(E_{31-2}T_5)(E_{43}1(0-4-0)E_{7-1}H_5N_2)E_{22-1}T_3H_6N_1P_1$

분석 (56나)와 비교하여 B_{0-7-2}이 B_{6-7-2}로 바뀌고 그 뒤에 '정다운'의 절 정보 ($E_{31-2}T_5$)가 추가된 걸 볼 수 있습니다. 목적어에 내포문이 두 개 나왔으니 괄호에 넣어 목적어 정보 뒤에 차례차례 제시하면 됩니다.

문장 (57나)는 '누군가' 뒤에 '정다운 사람을'이라는 말이 옵니다. '누군가'와 '정다운 사람을'은 의미상 동격이죠. 같은 사람을 가리키니까요. 둘 사이에 '영수는 누군가 **우리 몰래** 정다운 사람을 만난다.'와 같이 부사어가 끼어들 수 있으니 별도의 독립된 구성으로 보아야 합니다. '누군가'가 '정다운 사람을'을 수식하는 게 아니라는 말이죠. 그렇다면, 둘은 각각 무엇일까요? 서술어 '만나-'는 '타동사, 2자리'이니 주어 하나와 목적어 하나만 요구합니

195

다. 따라서 '누군가'와 '정다운 사람을' 중에서 하나만 진짜 목적어죠. 여기서 '누군가'는 X이고 '정다운 사람을'이 B입니다. 그것은 다음과 같이 목적격조사 부착 실현을 통해 확인할 수 있습니다.

(59) 목적격조사의 실현에 따른 차이

가. 영수는 누군가 정다운 사람을 만난다. (=57나)

나. *영수는 누군가를 정다운 사람 만난다.

대조되는 두 문장에서 '누군가'와 '정다운 사람' 중 어느 하나에 목적격조사가 실현될 경우, '누군가'에 목적격조사가 실현되면 비문이지만, '정다운 사람'에 부착되면 정문임을 알 수 있습니다. 이러한 대조를 통해 '정다운 사람'이 진정한 목적어이고 '누군가'는 X임을 확인할 수 있지요. 이에 따라 (57나)를 분석하면 다음과 같습니다.

(60) 문장 (57나)의 분석 결과

가. 영수는 <u>누군가</u> 정다운 사람을 만난다.

나. A_0-2-5X_0-7-0(E_{431}(0-4-0)E_7-1H_5N_2)B_6-1-2(E_{31}-2T_5)E_{22}-1$T_3H_6N_1P_1$

이러한 양상은 (55가)의 '누군가'에 대해서뿐만 아니라 (55나, 다, 라)의 '뭔가, 어딘가, 언젠가' 모두에 대해서도 마찬가지입니다. (55가)에 대한 일련의 분석에 힘입어 (55나, 다, 라)를 차례로 분석하여 제시하면 다음과 같습니다.

(61) 문장 (55나)의 분석 결과

가. 날쌘 <u>뭔가</u>가 내 옆을 빠르게 지나갔다.

나. A6-7-1(E31-2T5)(E431⟨0-5-0⟩E7-1H5N2)B4-1-2D(E31-3)E22-1T1H6N1P1

(62) 문장 (55다)의 분석 결과

가. 그 사람은 <u>어딘가</u>에서 잘 살고 있어.

나. A1-1-5C0-7-4(E431⟨0-5-0⟩E7-1H5N2)DE12-5E6-1S2H9N1P1

(63) 문장 (55라)의 분석 결과

가. 너도 <u>언젠가</u> 좋은 사람 만나겠지.

나. A0-4-6D(E431⟨0-5-0⟩E7-1H5N2)B6-1-0(E31-2T5)E22-1T4H9N1P1

세 가지 분석에 등장하는, 밑줄 친 '뭔가, 어딘가, 언젠가'는 (56나)의 '누군가'와 구조가 같습니다. 다만, 의문사가 인칭대명사이냐, 비인칭대명사이냐의 차이만 있지요.

군말 '말 + 이-' 표현

이 책에도 적잖게 나오는 말이 있습니다. 구어체로 이야기하다 보니 어쩔 수 없이 쓰게 되는데요. 바로 군말 '말 + 이-' 표현입니다.

(64) 내가 <u>말이야</u> 어제 <u>말이야</u> 진짜로 연예인을 다 봤다니깨!

이 문장에서 '말이야'는 『표준국어대사전』에서 "((주로 '말이야', '말이죠', '말이지', '말인데' 꼴로 쓰여)) 어감을 고르게 할 때 쓰는 군말. 상대편의 주의를 끌거나 말을 다짐하는 뜻을 나타낸다."로 기술되어 있습니다. 물론, '말'이라는 표제어를 검색해서 동음이의어들 중 '말'로 들어가 의미 「11」을 확인해야 하죠. 문장 (64)에서 보이듯, 군말("하지 않아도 좋을 쓸데없는 군더더기 말.")로 사용됩니다. 그렇다면, 이 구문을 어떻게 분석하면 좋을까요?

문장 (64)에서 서술어는 '보-'이며 그것은 '타동사, 2자리'로서 주어 '내가'와 목적어 '연예인을'을 논항으로 요구합니다. '어제'와 '진짜로', '다'는 모두 부사어들이죠. 이런 문장성분들 사이사이에 끼어 두 번 출현하는 '말이야'는 적절한 문법기능이 없는 X라고 보아야 합니다. 그 내부 구성은 '말 + 이- + -야'로서 '말'은 실질서술어이고, '이-'는 형식서술어이며, '-야'는 해체 평서형 종결어미입니다. 따라서 그것은 $E_{431}\langle 0\text{-}1\text{-}0\rangle E_7\text{-}1H_9N_1$로 표시되죠. 이를 반영하여 문장 (64)를 분석하면 다음과 같습니다.

(65) 문장 (64)의 분석 결과

가. 내가 <u>말이야</u> 어제 <u>말이야</u> 진짜로 연예인을 다 봤다니까!

나. $A_0\text{-}4\text{-}1X(E_{431}\langle 0\text{-}1\text{-}0\rangle E_7\text{-}1H_9N_1)DX(E_{431}\langle 0\text{-}1\text{-}0\rangle E_7\text{-}1H_9N_1)DB_0\text{-}1\text{-}2DE_{22}\text{-}1T_1H_9N_1P_3$

이런 식의 표현은 일상에서 자주 사용되며 구어체 문장에서도 빈번하게 보입니다. 그러나 이렇게 X로 처리되어서는 안 되는 경우가 있습니다. 역시 군말이지만 말이죠.

(66) 그 책 어디 있지? 영수가 읽던 책 말이야.

위의 예시에서 두 번째 문장은 군말 '말이야'를 포함하고 있습니다. 그런데 여기서 그것은 문장 전체의 서술어 자리에 있죠. 따라서 X가 아닌 E로 분석해야 합니다. '영수가 읽던 책'은 실질서술어 '말'의 관형어입니다.

(67) 문장 (66)의 분석 결과

가. 영수가 읽던 책 말이야.

나. E431⟨3⟨6⟩-1-0⟩⟨A0-2-1E22-2T25⟩E7-1H9N1P1

이렇듯 '말이야'는 비록 군말이지만 어엿한 '이-' 구문에 속합니다.

'-답-' 구문

'이-'와 매우 비슷한 모습을 보이는 것이 바로 '-답-'입니다. 그래서 그것 역시 2.1.3절 '서술어 분석 틀'에서 '서술어의 종류' 7번에 배정되었죠.

(68) 영수는 우리 학교 학생답다.

이 문장에서 서술어는 무엇일까요? 『표준국어대사전』에서 '-답다'를 찾으면 두 가지 의미가 나옵니다. 그중 두 번째 것은 "((일부 명사나 대명사 또는 명사구 뒤에 붙어)) '특성이나 자격이 있음'의 뜻을 더하는 접미사."이며, 그 예는 "너답다, 철수답다, 우리 엄마답다."입니다. 예들 중에 '우리 엄마답다.'가 문장 (68)과 매우 흡사함을 알 수 있습니다. '우리 엄마답다.'에서 '특성이나 자격'은 '우리 엄마'가 담당하고, '그러한 속성이 있음'은 '-답-'이 맡습니다. 따라서 실질적인 의미를 담당하는 '우리 엄마'가 실질서술어가 되고, '-답-'은 주로 어미 실현을 담당하는 형식서술어가 되는 것이죠.

마찬가지의 논리로, 문장 (68)에서 서술어는 '우리 학교 학생답-'이며, 이는 복합서술어로서 실질서술어 '우리 학교 학생'과 형식서술어 '-답-'으로 이루어집니다. 그것이 취하는 주어는 '영수는'이고요. 이를 반영하여 문장 전체를 분석하면 다음과 같습니다.

(69) 문장 (68)의 분석 결과

가. 영수는 우리 학교 학생답다.

나. A_0-2-5E_{431}⟨3⟨3⟩-1-0⟩E_7-1$H_6N_1P_1$

이러한 문장 분석은 사실상 '이-' 구문과 같습니다. 그래서 '-답-' 구문을 '이-' 구문의 말미에서 함께 이야기하는 것입니다.

'-답-' 구문에서 한 가지 주의할 게 있어요. 분석하지 못하는 '-답-'이 있다는 것이죠.

(70) 그 모습이 참 정다웠다.

이 문장의 서술어는 '정답-'이며 그것은 『표준국어대사전』에 '형용사, 1자리'로 올라 있습니다. 문장 (70)에서 그것이 유일하게 요구하는 논항은 주어 '그 모습이'입니다. 문장 (70)의 서술어 '정답-'과 문장 (68)의 서술어 '우리 학교 학생답-'의 차이점은 '-답-'의 분석 가능성에 있습니다. '정답-'은 사전에 하나의 형용사로 등재되어 있지만, '우리 학교 학생답-'은 그렇지 않죠. 이것이 뜻하는 바는, '정답-'은 단일서술어로서 문장 분석 과정에서 그 내부를 분석할 수 없지만, '우리 학교 학생답'은 복합서술어로서 그 내부를 통사적으로 분석할 수 있다는 겁니다.

(71) 문장 (70)의 분석 결과

가. 그 모습이 참 정다웠다.

나. A₁-1-1DE₃₁-1T₁H₆N₁P₁

『표준국어대사전』에서 '-답다'를 찾으면 나오는 첫 번째 의미는 "((일부 명사 뒤에 붙어)) '성질이 있음'의 뜻을 더하고 형용사를 만드는 접미사."이며, 그 예는 "꽃답다, 정답다, 참답다"입니다. 이러한 정의에 따라 (70)의 '정답-'은 단일서술어로서 그 내부를 문장 분석 과정에서 분석할 수 없고, '꽃답-'이 나 '참답-'도 같은 맥락에 놓여 있음을 알 수 있습니다.

언어학에서는 전문적인 용어를 사용하여 이러한 '-답-'의 두 가지 용법을 구별하기도 합니다. (70)과 같이 단어를 만드는 '-답-'을 '어휘적 접미사'라 고 하고, (68)에서처럼 구와 같은 통사적 구성에 결합하는 '-답-'을 '통사적 접미사'라고 부르죠. 문장 분석에서는 오직 통사적 접미사로 불리는 '-답-' 만이 형식서술어 E₇로 분석됩니다.

3.2.4 '하-' 구문

문장 분석에 등장하는 '하-'는 크게 형식서술어 '하-'와 실질서술어 '하-'로 나뉩니다. 형식서술어 '하-'는 다시 보조용언 '하-'와 경동사 '하-'로 구분 되죠. 실질서술어 '하-'는 중동사로서의 '하-'를 의미합니다. 보조용언 '하-' 는, 양태성분을 나타내는 문법 형식에 대해 설명하는 과정에서 이미 여러 번 등장했었습니다. 상의 반복(예: 밥 대신 라면을 먹곤 하였다)이나 태도 의 당위(예: 제 시간에 밥을 먹어야 해), 시인(예: 날씨가 덥기는 하다) 등에 서 말이죠. 따라서 여기서는 보조용언 이외의 '하-'가 지닌 다양한 특성과 그에 따른 문장 분석의 문제를 깊이 있게 다루어 보도록 하겠습니다.

'W+하-'에서 '하-'의 세 가지 유형

관심의 초점은 경동사 '하-'에 있지만, 그러한 '하-'를 잘 분석하려면, 그와 구별되는 다른 용법의 '하-'에 대해서도 잘 알아야 합니다. 우선, '하-'는 분석이 불가능한 것과 분석이 가능한 것으로 나뉩니다. 분석이 가능한 '하-'는 다시 중동사 '하-'와 경동사 '하-'로 구분하죠. 이때 중동사(heavy verb)란 우리가 익히 알고 있는 일반적인 동사로서 실질적인 의미를 지닙니다. 그러나 경동사(light verb)는 이러한 실질적인 의미가 약하거나 거의 없고 뒤에 어미가 올 수 있는 자리를 마련하는 데 만족합니다.

세 가지 용법의 '하-'를 구별하는 방법을 설명하겠습니다. 편의상 간략한 도식을 사용해 보기로 하죠. 'W'와 'W+하-'가 그것인데, 여기서 'W'는 단어를 가리킵니다. 예를 들어, '공부한다'에서 '하-' 앞에 오는 '공부'와 같은 단어를 'W'로 표시해 보겠다는 것이죠. 우리가 문장을 분석하면서 'W+하-'를 만났을 때, 'W+하-'를 분석하지 않고 그 전체를 하나의 용언으로 처리할 수도 있고, 'W'와 '하-'를 나누고 'W'는 실질서술어로, '하-'는 형식서술어(경동사)로 표시할 수도 있으며, 'W'와 '하-'를 나누되 '하-'를 실질서술어(중동사)로 보고 그 앞의 'W'는 '하-'의 논항으로 취급할 수도 있습니다.

'W+하-'를 'W'와 '하-'로 나눌지 말지, 나눈다면 '하-'를 중동사나 경동사 중 어느 것으로 볼지를 결정하는 기준이 있어야겠죠. 그 기준은 우선, 'W+하-'의 의미와 'W'의 의미가 같은지 따져 보는 것입니다. 만일 같다면, 'W'는 실질서술어이고 '하-'는 형식서술어(경동사)입니다. 만일 다르다면, 'W+하-'의 의미가 'W'의 의미와 '하-'의 의미를 합친 것인지 따집니다. 만일 둘을 합친 의미라면, '하-'는 중동사이고 'W'는 그 논항이죠. 만일 둘을 합친 의미가 아니고 제3의 의미라면, 'W+하-'는 내부를 분석할 수 없는 하나의 단어(복합어)로 처리합니다. 이때, 의미 판단은 철저히 『표준국어대사전』에 의거합니다.

그럼, 실제 사례를 통해 사용법을 익혀 보죠. 먼저 살펴볼 예는 '공부+하-'입니다. 물론 실제 접하게 되는 모습은 '영수가 수학을 공부했다.'와 같을 것입니다. 여기서 '공부했다'로부터 '공부+하-'를 추출해 내야죠. 그런 다음, 『표준국어대사전』에서 '공부하다'와 '공부'를 검색하여 둘의 의미를 비교합니다. '공부하다'의 의미는 "학문이나 기술을 배우고 익히다."이고 '공부'의 의미는 "학문이나 기술을 배우고 익힘."입니다. 어떻습니까? 둘이 의미가 같죠? 그렇다면, 그 다음은 어떻게 해야 하나요? 그렇죠! '공부+하-'에서 '공부'는 실질서술어이고 '하-'는 형식서술어(경동사)인 것으로 판단하여 분석하면 됩니다. '공부'가 실질적인 의미를 담당하고 '하-'는 의미에 대한 기여 없이 어미 실현이라는 형식적인 기능만 담당하니까요.

(72) 경동사 '하-'의 예문 분석 (1)

가. 영수가 수학을 공부했다.

나. $A_{0-2-1}B_{0-1-2}E_{422(0-1-0)}E_{8-1}T_1H_6N_1P_1$

다음 예로, '영수는 나무하러 뒷산에 올랐다.'의 '나무+하-'를 살펴보겠습니다. 『표준국어대사전』에서 '나무하다'의 의미는 "땔감으로 쓸 나무를 베거나 주워 모으다."이고 '나무'의 의미 중에는 "땔감이 되는 나무."가 있습니다. 추가로 '하다'를 검색하면 "먹을 것, 입을 것, 땔감 따위를 만들거나 장만하다."가 나오죠. 어떻습니까? '나무+하-'의 의미는, '나무'의 의미와

'하-'의 의미를 결합하면 얻을 수 있습니다. 따라서 이때 '하-'는 중동사(실질서술어)이고 '나무'는 그것의 논항(목적어)인 것으로 판단하여 분석하면 됩니다.

(73) 중동사 '하-'의 예문 분석

가. 영수는 나무하러 뒷산에 올랐다.

나. A_0-2-5D(B_0-1-0E_{22}-3S_3)C_0-1-4E_{12}-1$T_1H_6N_1P_1$

세 번째로 살펴볼 것은 '잘+하-'입니다. '수강생은 잘해야 열 명 정도였다.'에서 발견한 '잘하다'를 『표준국어대사전』에서 찾으면 그 의미는 "((주로 '잘해서', '잘해야' 꼴로 쓰여)) '넉넉잡아서', '넉넉잡아야', '고작'의 뜻을 나타낸다."로 되어 있습니다. 그런데 여기에 어울릴 만한 뜻을 '잘'과 '하다'를 검색하여 찾을 수가 없습니다. 이젠 어떻게 하나요? 그렇죠. '잘하-'를 하나의 단어로 취급하여 내부를 분석하지 않고 통째로 '자동사, 1자리'로 표시하면 됩니다.

(74) 분석할 수 없는 '하-'의 예문 분석

가. 수강생은 잘해야 열 명 정도였다.

나. A_0-1-5D(E_{11}-3)E_{431}(3⟨1⟩-1-0)E_7-1$T_1H_6N_1P_1$

그러나 여기서 끝이 아닙니다. '영수는 운동을 잘해.'에서 발견한 '잘하다'를 『표준국어대사전』에서 찾으면 그 의미는 "좋고 훌륭하게 하다."로 되어 있습니다. 그 예문으로 "공부를 잘하다. 살림을 잘하다. 일을 잘하다."가 나와 있지요. 여기에 어울릴 만한 뜻을 '잘'과 '하다'에서 찾으면 찾아집니다. '잘'의 의미는 "좋고 훌륭하게."이고, '하-'의 의미 중에 "사람이나 동물,

물체 따위가 행동이나 작용을 이루다."(예: "운동을 하다. 사랑을 하다. 공부를 하다.")가 있으니까요.

어떻습니까? 이때 '잘+하-'를 하나의 단어(복합어) '잘하-'(타동사, 2자리)로 분석하면 될까요? 안 되죠. 그렇다면, '잘+하-'를 부사어 '잘'과 중동사(타동사, 2자리) '하-'로 분석하면 되겠네요? 아니죠. 그것도 안 됩니다. 예? 왜 안 되냐고요? 앞에 '운동'이 있기 때문입니다. 만약 '영수는 운동을 잘해.'에서 '잘'은 부사어이고 '해'(하-)가 실질서술어(중동사)라면, 앞의 '운동'은 목적어가 되어야 하죠. 그런데 『표준국어대사전』에서 '운동하다'를 찾아보면 "사람이 몸을 단련하거나 건강을 위하여 몸을 움직이다."이고, '운동'은 "사람이 몸을 단련하거나 건강을 위하여 몸을 움직이는 일."입니다. 어떻습니까? '운동하다'에서 '운동'이 실질적인 의미를 모두 담당하죠? 그렇다면, '운동+하-'에서 '하-'는 의미적으로 기여하는 바가 거의 없다고 보아야 합니다. 따라서 문장 '영수는 운동을 잘해.'에서 실질서술어는 '운동'이고 '잘'은 부사어이며, '하-'는 형식서술어(경동사)로 분석해야 합니다.

(75) 경동사 '하-'의 예문 분석 (2)

가. 영수는 운동을 잘해.

나. A0-2-5E411⟨0-1-2⟩DE8-1H9N1P1

이 대목에서 어떤 분은 (75가)에서 '운동'은 '운동을'처럼 목적격조사를 달고 나오는데 그게 어떻게 목적어가 아니고 실질서술어냐고 물으실는지 모르겠습니다. 그러나 이러한 질문에 대해서는 이미 3.1절 '문장 분석의 기본 원칙'의 예문 (12)를 통해 답한 적 있죠. 기억하시나요?

(76) 영수가 밥을 <u>먹지를</u> 않는다. (=12)

이 문장에서 목적어처럼 생긴 게 둘 나오는데 그것은 '밥을'과 '먹지를'입니다. 여기서 '먹지를'은 실질서술어에 조사 '를'이 결합한 형태죠. 본용언 뒤에도 이렇게 목적격조사 형태가 나올 수 있는 겁니다. 이러한 상황에서 '않-'이 '타동사, 3자리'로서 하나의 주어('영수가')와 두 개의 목적어('밥을', '먹지를')를 취하는 특이한 동사라고 주장할 분은 아마도 안 계실 거라고 이미 말씀드렸었죠. 마찬가지의 논리가 (75가)에도 적용되지 않을까요?

(75)의 '운동을'은 (76)의 '먹지를'과 대응되고, (75)의 '해'는 (76)의 '않는다'와 대응됩니다. '먹지를'이 목적어가 아니듯 '운동을'도 목적어가 아닙니다. '않는다'가 실질서술어가 아니듯 '해'도 실질서술어가 아닙니다. '않는다'가 형식서술어이듯 '해'도 형식서술어입니다. '먹지를'이 실질서술어이듯 '운동을'도 실질서술어입니다. 이 대목에서 한국어 조사 '를'에 대해 해석문법이 왜 2.1.2절의 (2)에서 형태 중심으로 표시할 것을 제안하는지 다시 한 번 잘 공감할 수 있으실 겁니다.

'하-'의 세 가지 용법을 설명하기 위해 들었던 '공부하다'와 '나무하다', '잘하다'에서 '공부하다'의 '하-'는 오로지 경동사로만 분석되고, '나무하다'의 '하-'는 오로지 중동사로만 분석되었습니다. 그러나 '잘하다'는 경우에 따라 '하-'가 분석이 불가능할 수도 있고, 경동사로 분석될 수도 있었죠. 이때 조사 '를'의 실현은 그리 대수로운 것이 아니었습니다. 그래서 해석문법이 조사의 명칭(범주)이 아니라 형태를 중시하는 거라고 말했죠. '하-' 구문이 매우 복잡한 양상을 띠는 게 사실이더라도 그것을 체계적으로 분석할 수 있는 방법은 분명히 있습니다.

이러한 내용을 토대로 '하-' 구문에서 중요한 사항을 몇 가지 더 살펴보겠습니다. 우선 이야기할 것은, 경동사 '하-' 구문에서 체언 실질서술어가 관형어나 조사를 가지는 경우입니다. 조사 부착은 (75가)에서 이미 한 차례 살펴본 적 있죠.

경동사 '하-'

(77) '공부+하-' 구성의 다양한 모습

가. 영수가 수학을 공부했다. (=72가)

나. 영수가 수학을 공부를 했다.

다. 영수가 수학 공부를 했다.

라. 영수가 직업을 얻기 위한 공부를 했다.

마. 영수가 직업을 얻기 위해 공부를 했다.

예시 (77)의 5가지 문장은 (72가)에 바탕을 두고 그로부터 도출되는 다양한 경우들을 고려해 본 것입니다. 차례로 분석하면서 경동사 '하-' 구문의 실질서술어 분석 방법을 다각도로 익혀 보겠습니다.

먼저 (77가)는 체언 실질서술어 '공부'가 관형어나 조사를 취하지 않은 경우입니다. 그 분석은 이미 (72나)에서 제시된 적이 있죠. (77나)는 '공부'가 조사를 취한 경우입니다. 이것의 분석은 다음과 같습니다.

(78) 문장 (77나)의 분석 결과 (=11)

가. 영수가 수학을 공부를 했다.

나. $A_0-2-1B_0-1-2E_422(0-1-2)E_8-1T_1H_6N_1P_1$

분석 (78)은, 3.1절 '문장 분석의 기본 원칙'에서 이중 목적어는 인정하지 않는다는 걸 설명하는 과정에서 예시 (11)로 등장한 적 있습니다. $E_{422\langle 0-1-2\rangle}$ 에서 체언 성분의 조사 정보에 '2'가 표시되어 있죠.

문장 (77다)는 실질서술어 '공부'가 관형어로 '수학'을 취한 예입니다. '공부'는 '타동사성, 2자리'로서 주어와 목적어를 요구합니다. 그런데 이 문장에서는 목적어에 해당하는 '수학'이 체언 서술어 '공부'의 관형어로 들어와 있네요. 그 분석은 다음과 같습니다.

(79) 문장 (77다)의 분석 결과

가. 영수가 수학 공부를 했다.

나. A_0-2-1$E_{422\langle 3-1-2\rangle}E_8-1T_1H_6N_1P_1$

분석 (79나)의 $E_{422\langle 3-1-2\rangle}$에서 '수학'이 '공부'의 관형어 정보 '3'으로 표시된 걸 확인할 수 있습니다. 여기서 실질서술어 '공부'는 관형어와 조사를 모두 취하고 있네요.

문장 (77라)는 (77다)보다 훨씬 길어진 관형어를 실질서술어 '공부'가 취하고 있습니다.

(80) 문장 (77라)의 분석 결과

가. 영수가 직업을 얻기 위한 공부를 했다.

나. A_0-2-1$E_{422\langle 6-1-2\rangle}(B_0$-7-0$(B_0$-1-2$E_{23}-4)E_{22}-2T_5)E_8-1T_1H_6N_1P_1$

분석 (80나)에서 실질서술어 '공부'의 관형어는 절(관형사절)이며, 그것은 자신의 내부에 다시 명사절을 취하고 있습니다. (79)의 '수학'과 (80)의 '직업을 얻기 위한'의 공통점은 실질서술어 '공부'의 관형어라는 점이고, 차이점은 (79)의 '수학'이 '공부'의 대상(의미상 목적어)이지만 (80)의 '직업을 얻기 위한'은 '공부'의 이유나 목적(의미상 부사어)에 해당한다는 것입니다. 따라서 (80가)에서 관형어 '직업을 얻기 위한'과 핵 '공부' 사이에 의미상의 목적어 '수학'을 끼워 넣을 수 있습니다. 두 가지 관형어는 역할이 달라 상충되지 않으니까요.

(81) 문장 (77다)와 (77라)의 관형어 합성

가. 영수가 직업을 얻기 위한 수학 공부를 했다.

나. $A_0\text{-}2\text{-}1E_{422}\langle 63\text{-}1\text{-}2\rangle(B_0\text{-}7\text{-}0(B_0\text{-}1\text{-}2E_{23}\text{-}4)E_{22}\text{-}2T_5)E_8\text{-}1T_1H_6N_1P_1$

문장 (81가)는 (77다)와 (77라)에서 실질서술어 '공부'를 수식하는 두 개의 관형어들을 모아 연결한 것입니다. 분석 (81나)가 (80나)와 다른 점은, $E_{422}\langle 63\text{-}1\text{-}2\rangle$에서 관형어 정보 자리에 '3'이 추가되었다는 것뿐입니다.

문장 (77마)에서는, (77라)에서 실질서술어 '공부'를 수식하던 관형사절이 부사절로 탈바꿈하여 등장하고 있습니다. (77마)의 분석 결과는 아래 (82가)입니다.

(82) 문장 (77마)의 분석과 확장

가. 영수가 직업을 얻기 위해 공부를 했다. (=77마)

⇒ $A_0\text{-}2\text{-}1D(B_0\text{-}7\text{-}0(B_0\text{-}1\text{-}2E_{23}\text{-}4)E_{22}\text{-}3)E_{422}\langle 0\text{-}1\text{-}2\rangle E_8\text{-}1T_1H_6N_1P_1$

나. 영수가 직업을 얻기 위해 수학 공부를 했다.

⇒ $A_0\text{-}2\text{-}1D(B_0\text{-}7\text{-}0(B_0\text{-}1\text{-}2E_{23}\text{-}4)E_{22}\text{-}3)E_{422}\langle 3\text{-}1\text{-}2\rangle E_8\text{-}1T_1H_6N_1P_1$

다. 영수가 직업을 얻기 위해 수학을 공부를 했다.

⇒ A_0-2-1$D(B_0$-7-0$(B_0$-1-2$E_{23-4})E_{22-3})B_0$-1-2$E_4$22$(0$-1-2$)E_8$-1$T_1H_6N_1P_1$

실질서술어가 체언이다 보니 그것이 취할 수 있는 수식어의 폭이 넓어졌습니다. 체언은 관형어의 수식을 받고, 용언은 부사어의 수식을 받는 게 일반적인데, 체언이 용언처럼 서술어 역할을 맡으니 그 수식어가 관형어로도, 부사어로도 나타나는 것이죠. (81)의 관형사절이 (82나)의 부사절로 바뀌어 나타날 수 있는 것도 마찬가지입니다. 그리고 (82나)에서 실질서술어 '공부'의 관형어 자리에 의미상의 목적어로 나타난 '수학'은, (82다)에서처럼 그것을 벗어나 형식상의 목적어(일반적인 목적어 형식)로도 나타날 수 있습니다.

사동의 '-게 하-'

학교문법이나 『표준국어대사전』에서는 사동문을 만드는 '-게 하-'를 '보조적 연결어미 + 보조용언' 구성으로 봅니다. 그러나 그렇게 볼 경우 문장 분석이 매우 이상해집니다.

(83) 엄마는 아이에게 옷을 입게 하였다.

학교문법의 설명에 따르면, 이 문장에서 본용언은 '입-'이고 보조용언은 '하-'이며 그 사이를 보조적 연결어미 '-게'가 매개하고 있습니다. 이 문장의 주어는 '엄마는'이며 보어는 '아이에게'이고 목적어는 '옷을'이죠. 그렇다면 여기서 문장성분 간 호응 관계는 어떻게 될까요? 우선 본용언 '입-'과 연결되는 문장성분은 보어 '아이에게'입니다. 옷을 입는 사람은 아이니까요. 보조용언 '하-'와 호응하는 문장성분은 주어 '엄마는'입니다. 아이가 옷을 입도록 시키는 사람은 엄마니까요.

여기서 두 가지 문제가 발생합니다. 첫째, 본용언과 보조용언의 주체가 다릅니다. 본용언의 주체는 보어 '아이에게'이고, 보조용언의 주체는 주어 '엄마는'이니까요. 일반적으로 본용언과 보조용언은 복합서술어를 이루어 주어의 행동이나 상태를 서술합니다. 두 용언과 호응하는 주어가 일치한다는 말이죠. 그러나 여기서는 그렇지 않습니다. 둘째, 문장의 주어가 본용언과 호응하지 못하고 보조용언과만 호응합니다. 본용언이란 복합서술어의 중심인데, 그러한 본용언과 주술관계를 맺는 것은 정작 주어가 아니라 보어입니다. 보조용언은 문자 그대로 본용언을 보조하는 것에 불과한데 여기서는 보조용언이 주어의 진짜 서술어로 쓰이고 있습니다.

학교문법의 설명이 가진 이러한 심각한 문제들로 인해, 해석문법은 불가피하게 다른 분석 방식을 취하게 됩니다. 그러한 분석은, 문장의 주어는 본용언과 호응할 수 있어야 한다는 상식을 따릅니다. 본용언과 보조용언이 호응하는 주어는 하나라는 것과도 상충되지 않죠. 해석문법은 문장 (83)이 단문이 아니라 복문이며 모문의 주술관계는 '엄마가'와 '하-'가 맡고, '입-'은 내포문의 서술어라고 분석합니다. 논의의 편의상, 아래의 문장 (84)로부터 이야기를 풀어나가도록 하겠습니다. 그리고 난 뒤 (83)으로 돌아갑니다.

(84) 엄마는 아이가 옷을 입게 하였다.

이 문장에서는 두 개의 주술관계가 보입니다. 복문이라는 얘기입니다. 먼저 모문의 주어는 '엄마는'이며 그 서술어는 '하-'입니다. 모문 서술어 '하-'는 주어 이외에 '아이가 옷을 입게'라는 내포문을 보어로 가집니다. 보어로 기능하는 내포문은 부사절 형태를 띠고 있는데 거기서 서술어는 '입-'이고 그것이 취하는 주어는 '아이기'이며 목적어는 '옷을'입니다. 보어로 쓰이는 내포문이 부사절 형식을 띠는 건 흔하죠. '영수는 귀엽게 생겼다.'나 '영수는 착하게 굴었다.'에서 '귀엽게'와 '착하게'는 각각 서술어 '생기-'와 '굴-'의 보어로 쓰이는 부사절입니다. 이상의 내용을 토대로 문장 (84)를 분석하면 다음과 같습니다.

(85) 사동문 (84)의 분석 결과

가. 엄마는 아이가 옷을 입게 하였다.

나. 내포문: 엄마는 [아이가 옷을 입게]내포문 하였다.

다. $A_{0\text{-}1\text{-}5}C(A_{0\text{-}1\text{-}1}B_{0\text{-}1\text{-}2}E_{22\text{-}3})E_{12\text{-}1}T_1H_6M_8N_1P_1$

이 문장에서 '하-'는 '자동사, 2자리'인 실질서술어이며, 그것이 보어로서 요구하는 내포문의 서술어가 '입-'입니다. 보어가 부사절인 만큼 C만으로 족합니다. 부사절은 부사와 마찬가지로 관형어나 조사 정보를 필수적으로 요구하는 게 아니기 때문이죠. 이와 같은 분석 방식은 문장 (83)에서도 그대로 유지됩니다.

(86) 사동문 (83)의 분석 결과

가. 엄마는 아이에게 옷을 입게 하였다.

나. 내포문: 엄마는 아이에게 [옷을 입게]내포문 하였다.

다. $A_{0\text{-}1\text{-}5}C_{0\text{-}1\text{-}4}C(B_{0\text{-}1\text{-}2}E_{22\text{-}3})E_{13\text{-}1}T_1H_6M_8N_1P_1$

이러한 분석에서 주목할 것은 내포문에 있던 주어 '아이가'가 모문의 보어 '아이에게'로 탈바꿈했다는 것입니다. 모문 서술어 '하-'가 '자동사, 3자리'란 점도 눈여겨보아야죠. 이때 '하-'는 주어 '엄마는' 이외에도 두 개의 보어 '아이에게'와 '옷을 입게'를 취합니다. 하나의 용언이 여러 개의 격틀을 가지는 것은 매우 흔한 일입니다. 여기까지 오면서 우리는 이미 그런 사례를 많이 경험했습니다. 모문의 보어 '아이에게'와 내포문의 주어 '아이가'가 겹칠 경우, 내포문의 주어가 생략되는 것도 이상한 게 아니죠. 예를 들어, 복문 '나는 집을 깨끗하게 청소했다.'에서 내포문 '깨끗하게'의 주어는 모문의 목적어 '집'과 일치하며 그로 인해 생략되었죠.

사동문 (83)이나 (84)와는 또 다른 유형이 가능합니다.

(87) 엄마는 아이를 옷을 입게 하였다.

이 문장은 복문 구조라는 점에서 (83) 및 (84)와 일치합니다. 다만, (83)에서 보어이던 것이 이번엔 목적어로 탈바꿈했으니 '하-'의 성격이 좀 달라져야겠죠.

(88) 사동문 (87)의 분석 결과

가. 엄마는 아이를 옷을 입게 하였다.

나. 내포문: 엄마는 아이를 [옷을 입게]내포문 하였다.

다. $A_{0-1-5}B_{0-1-2}C(B_{0-1-2}E_{22-3})E_{23-1}T_1H_6M_8N_1P_1$

여기서 모문 서술어 '하-'는 '타동사, 3자리'로서, 주어 '엄마는'과 목적어 '아이를', 그리고 보어 '옷을 입게'를 논항으로 취합니다. 학교문법이나 『표준국어대사전』에서는 이러한 '하-'를 모두 사동의 보조동사로 취급하고 있지만, 지금까지의 분석에서 볼 수 있듯이, 동사 '하-'는 여러 개의 격틀을 통해 다양한 사동문을 만듭니다.

지금까지 살펴본 것은 '-게 하-'에 의한 사동문입니다. 이를 '통사적 사동' 혹은 '장형 사동'이라고 부릅니다. 이에 대해 '파생적 사동' 혹은 '단형 사동'이라 불리는 것이 있습니다. 바로 사동 접사 '-이-, -히-, -리-, -기-, -우-, -구-, -추-'를 넣어 만든 사동사가 이루는 사동문이죠. 통사적 사동 '입게 하-'에 대응하는 파생적 사동은 '입히-'입니다. 통사적 사동 '입게 하-'가 만드는 세 가지 유형의 문장은 (83)과 (84), (87)이었습니다. 이들 세 가지 문장 유형에 대응되는 파생적 사동문을 잠시 살펴보겠습니다.

(89) 통사적 사동문에 대응되는 파생적 사동문 (1)

가. 통사적 사동문: 엄마는 아이에게 옷을 입게 하였다. (=83)

나. 파생적 사동문: 엄마는 아이에게 옷을 입혔다.

파생적 사동문 (89나)의 '입히-'는, 통사적 사동문 (89가)의 '입게 하-'와 대응됩니다. 통사적 사동문이 모문과 내포문의 서술어를 각각 두고 복문을 이룬 것과 달리, 파생적 사동문은 단문으로서 단일서술어 '입히-'가 내포문의 서술어와 모문 서술어를 융합한 성격을 띱니다. 의미적인 주술관계는 둘이지만 형식적으로는 오직 하나의 주술관계만 나타나죠. '엄마는'은 주어이고, '아이에게'는 보어이며, '옷을'은 목적어입니다. 여기서 '입히-'는 '타동사, 3자리' 단일서술어죠. 이를 반영하면 다음과 같습니다.

(90) 파생적 사동문 (89나)의 분석 결과

가. 엄마는 아이에게 옷을 입혔다.

나. A0-1-5C0-1-4B0-1-2E23-1T1H6M8N1P1

다음은 통사적 사동문 (84)에 대응되는 파생적 사동문입니다.

(91) 통사적 사동문에 대응하는 파생적 사동 (2)

가. 통사적 사동문: 엄마는 아이가 옷을 입게 하였다. (=84)

나. 파생적 사동문: *엄마는 아이가 옷을 입혔다.

문장 (91나)는 비문인데, 이는 파생적 사동문이 단문임을 잘 보여줍니다. 통사적 사동문 (91가)에서 '아이가'는 내포문의 주어였지만, 내포문이 없는 파생적 사동문에서 그것은 설 자리가 없습니다. 대응을 위해 (91나)를 설정하긴 했지만 애초부터 불가능한 설정이었죠.

세 번째 유형인 통사적 사동문 (87)에 대응되는 파생적 사동문을 살펴보겠습니다.

(92) 통사적 사동문에 대응하는 파생적 사동 (3)

가. 통사적 사동문: 엄마는 아이를 옷을 입게 하였다. (=87)

나. 파생적 사동문: 엄마는 아이를 옷을 입혔다.

복문인 (92가)에서는 모문과 내포문에 각각 목적어가 하나씩 있습니다. 3.1절에서 다룬 '이중 주어나 이중 목적어 불인정' 원칙에 저촉되지 않는 경우입니다. 그러나 사동사 '입히-'가 이끄는 단문 (92나)에서는 두 개의 목적어 형태가 있게 됩니다. '이중 목적어 불인정' 원칙에 저촉되죠. 여기서 '아이를'은 본래 (89나)의 '엄마는 <u>아이에게</u> 옷을 입혔다.'의 보어 '아이에게'로부터 '을 성분'으로 바뀐 것으로 보아야 합니다. 이를 반영한 분석은 다음과 같습니다.

(93) 파생적 사동문 (92나)의 분석 결과

가. 엄마는 아이를 옷을 입혔다.

나. $A_{0-1-5}C_{0-1-2}B_{0-1-2}E_{23-1}T_1H_6M_8N_1P_1$

이상으로 '-게 하-'가 이끄는 사동문이 복문임을 설명하면서 그에 대응되는 파생적 사동문과의 차별성까지 함께 살펴보았습니다. 통사적 사동문 이야기를 마치기 전에 한 가지 더 언급할 것이 있습니다. '-도록 하-'나 '-게 만들-', '-도록 만들-'은 통사적 사동으로 인정하지 않는다는 것입니다.

(94) 통사적 사동문으로 인정되지 않는 경우

가. 엄마는 아이를 옷을 입<u>도록</u> 하였다.

나. 엄마는 아이를 옷을 입<u>게</u> 만들었다.

다. 엄마는 아이를 옷을 입<u>도록</u> 만들었다.

학자에 따라서는 통사적 사동문을 설명하는 과정에서 부사형어미 '-게' 대신에 '-도록'을, 동사 '하-' 대신에 '만들-'을 사용해도 사동문이 될 수 있다고 주장하기도 합니다. 그러나 그럴 경우, 사동의 문법 형식의 범위가 제한되기 힘들어집니다. '입도록 만들었다'가 허용되면, '입도록 설득했다'나 '입도록 명령했다'가 모두 사동문이 아니라고 잘라 말하기 어렵습니다. 그렇게 되면 사동문의 식별이 어려워지고 결국엔 사동이라는 범주의 설정조차 흔들리게 되죠. 따라서 해석문법에서는 통사적 사동은 엄격히 '-게 하-'로 한정합니다. 따라서 (94)의 세 가지 문장은 모두 복문이지만 사동문은 아닌 걸로 분석합니다.

(95) $A_0\text{-}1\text{-}5B_0\text{-}1\text{-}2C(B_0\text{-}1\text{-}2E_{22}\text{-}3)E_{23}\text{-}1T_1H_6N_1P_1$

예시 (94)의 세 가지 문장은 모두 분석 (95) 하나로 표시됩니다. 여기서 양태성분으로 M_8은 설정되어 있지 않습니다. 사동문이 아니기 때문이죠.

생략된 '하–'의 복원

'이–' 못지않게 자주 쓰이는 '하–'는 종종 '이–'처럼 생략되기도 합니다. 생략되어도 마치 그 자리에 있는 것처럼 분석해 주어야 하죠. 그러지 않으면 한국어 문법이 뒤틀리고 마니까요. '하–'는 중동사, 경동사, 보조용언일 때 모두 생략이 가능합니다. 먼저 중동사일 때입니다.

(96) 영수는 착하다는 말을 자주 들었다.

여기서 서술어는 '듣–'이며, 그것은 '타동사, 3자리'로서 주어와 목적어, 보어를 요구합니다. 이 문장에서 주어는 '영수는'이고 목적어는 '착하다는 말을'이며, 보어는 생략되어 있습니다. 여기서 문제는 목적어의 핵인 '말'을 수식하는 관형사절 '착하다는'의 분석입니다. '착하다는'에서 '다는'이 문제가 되는 이유는, '-다'가 종결어미인데도 그 뒤에 관형사형어미 '-는'이 또 오고 있기 때문입니다. 종결어미는 문자 그대로 문장을 종결하는 어미여서 그 뒤에는 다른 어미가 와서는 안 되죠. 이럴 때 생각 가능한 것은, 혹시 그 둘 사이에 무엇인가 생략된 건 아닐까 하는 것입니다.

'다는'을 『표준국어대사전』에서 찾아보면 "((형용사의 어간 또는 어미 '-으시-', '-었-', '-겠-' 뒤에 붙어)) '-다고 하는'이 줄어든 말."로 나와 있습니다. 그렇군요! '다는'에서 '-다'와 '-는' 사이에 '고 하-'가 생략되어 있는 겁니다. 이때 '고'는 인용의 부사격조사이고, '하-'는 '자동사, 2자리'로 볼 수 있는 중동사죠. (96)에서 줄어든 것을 복원하면 다음과 같습니다.

(97) 영수는 착하다고 하는 말을 자주 들었다.

이 문장에서 밑줄 그은 '고 하-'가 생략되어 (96)의 '다는'이 만들어진 것입니다. 따라서 문장 (96)의 분석은, 생략된 것을 복원한 (97)을 바탕으로 해야 하죠.

(98) 문장 (97)의 분석 결과
가. 영수는 착하다고 하는 말을 자주 들었다.
나. A_0-2-5B_6-1-2(C_0-7-4(E_{31}-1H_6N_1)E_{12}-2T_6)DE_{23}-1$T_1H_6N_1P_1$

이러한 분석은 우선은 (97)에 관한 것이지만, 그중 일부가 줄어든 (96)의 것이기도 합니다.

이상의 논의가 중동사 '하-'의 생략에 관한 것이라면, 다음으로 살펴볼 것은 경동사 '하-'의 경우입니다.

(99) 생각지도 못한 일이 일어났다.

이 문장의 서술어 '일어나-'는 '자동사, 1자리'로서 '생각지도 못한 일이'를 주어로 취합니다. 주어의 핵 '일'을 수식하는 관형어는 관형사절 '생각지도 못한'입니다. 여기서 '생각지도'가 문제가 되는 것은 명사 '생각' 다음에 보조적 연결어미 '-지'가 곧장 오고 있기 때문입니다. 어미 '-지' 뒤에 보조사 '도'가 오는 건 종종 볼 수 있는 일입니다. 물론 그것 역시 예외적인 조사 첨가로 다루기는 하지만요.

명사 '생각' 다음에 보조적 연결어미 '-지'가 곧장 오는 게 이상할 것이 없다고 한다면, 그것은 한국어 문법의 기본을 인정하지 않는 것이 됩니다. 한국어는 교착어로서, 체언 뒤에는 조사가 오고 용언 뒤에는 어미가 따른다는 건 상식이죠. 그런 일반론을 염두에 둘 때, 이 대목에서 역시 합리적인 의심을 해 볼 수 있습니다. 혹시 '생각'과 '-지' 사이에 무엇이 생략된 건 아닐까 하고요.

'한글 맞춤법' 제4장 '형태에 관한 것'의 제5절 '준말'에 딸린 제40항의 [붙임 2]를 보면, "어간의 끝음절 '하'가 아주 줄 적에는 준 대로 적는다."고 되어 있습니다. 그리고 그 예로 '생각건대'나 '생각다 못해'와 같은 예들이 나옵니다. 이는 '생각하건대'나 '생각하다 못해'에서 경동사 '하-'가 생략되어 만들어진 것들입니다. 따라서 문장 (99)는 '생각하지도 못한 일이 일어났다.'로 복원한 후에 다음과 같이 분석해야 하죠.

(100) 문장 (99)의 복원 후 분석 결과

가. 생각하지도 못한 일이 일어났다.

나. A6-1-1(E422(0-1-0)E8-596E6-2T5M7)E11-1T1H6N1P1

'하-'의 생략과 관련하여 마지막으로 살펴볼 것은 보조용언 '하-'의 경우입니다.

(101) 보조동사 '하-'의 생략

가. 나도 이제 집에 가야<u>겠</u>다.

나. 영수는 곧 집에 가<u>려는</u> 듯했다.

두 가지 문장 모두 보조동사 '하-'가 생략된 경우입니다. 우선 (101가)에서 문제가 되는 것은 '가야겠다'에서 부사형어미 '-아야' 뒤에 곧장 선어말어미 '-겠-'이 오고 있다는 것입니다. 부사형어미는 어말어미이기 때문에 뒤에 다른 어미가 올 수 없죠. 그런데도 버젓이 그 뒤에 선어말어미가 놓인 것입니다. 수상하죠. 역시 보조용언의 '하-'가 생략되었다고 보는 게 합리적이겠습니다. (101나)에서도 '가려는'이 문제인데요, 이것은 '가려고 하는'에서 역시 보조동사 '하-'가 떨어져 나간 걸로 보입니다. 이를 복원하여 분석하면 다음과 같습니다.

(102) 예시 (101)의 복원 후 분석 결과

가. 나도 이제 집에 가야 하겠다.

⇒ A_0-4-6DC_0-1-4E_{12}-3E_6-1$T_4H_6M_1N_1P_1$

나. 영수는 곧 집에 가려고 하는 듯했다.

⇒ A_0-2-5DC_0-1-4E_{12}-3E_6-2E_6-1$T_6$1$S_3H_6N_1P_1$

타동사를 만드는 '-어하-'

마지막으로 살펴볼 것은, '-어하다' 구성으로 알려진 예들입니다. 『표준국어대사전』에서는 여기에 포함된 '하-'를 보조동사로 분류하고 있습니다.

(103) 아이는 집 잃은 고양이를 무척 가여워하였다.

이 문장의 서술어는 '가여워하-'인데 그것은 『표준국어대사전』에 나온 '하다[1]'의 보조동사 항목 중 「8」 "((형용사 뒤에서 '-어하다' 구성으로 쓰여)) 앞말이 뜻하는 대상에 대한 느낌을 가짐을 나타내는 말."의 예문에 등장합니다. 설명의 편의상 그것이 들어간 문장을 다른 것으로 바꾸어 보았습니다. 여기서 '가여워하-'는 사전의 기술대로라면 '본용언 + 보조용언' 구성으로 분석해야 합니다. 즉, 그것은 '가엽- + -어 + 하-'의 결합으로서 '가엽-'은 형용사이고, '-어'는 보조적 연결어미이며, '하-'는 보조동사입니다.

그러나 사전의 안내와 달리, '가여워하-'는 하나의 타동사 복합어로 보아야 합니다. 서술어의 성질이 바뀌기 때문이죠. 여기서 '가엽-'은 사전에 '형용사, 2자리'로 나옵니다. 그래서 '나는 고양이가 가엽다'처럼 주어와 보어를 요구하죠. 그러나 그것이 '하-'와 결합하여 '가여워하-'가 되면 (103)에서 보이는 것처럼 주어('아이는')와 목적어('집 잃은 고양이를')를 요구하는 '타동사, 2자리' 서술어가 됩니다. 이렇게 두 개의 용언이 결합하여 품사적 성질이 바뀌는 것은 복합어가 만들어질 때 일어나는 주요 징후입니다. 전체가 부분의 합으로는 설명될 수 없기 때문에 하나의 합성어로서 사전에 등재해야 하는 것이죠.

문장 (103)의 서술어 '가여워하-'는 『표준국어대사전』에 표제어로 등재되어 있지 않습니다. 그러나 비슷한 유형의 말로 '기뻐하-'나 '즐거워하-' 등은 사전에 등재되어 있습니다. 일종의 불균형이라 할 수 있죠. 해석문법에서는 이렇게 '-어하다' 구성으로 보이는 모든 것들을 타동사 복합어로 간주하여 내부를 분석하지 않습니다. '기뻐하-'나 '즐거워하-'뿐만 아니라 '가여워하-'

도 사전에 등재되어야 한다고 보는 거죠. 이를 고려하여 (103)을 분석하면 다음과 같습니다.

(104) 문장 (103)의 분석 결과

가. 아이는 집 잃은 고양이를 무척 가여워하였다.

나. $A_0\text{-}1\text{-}5B_6\text{-}1\text{-}2(B_0\text{-}1\text{-}0E_{22}\text{-}2T_5)DE_{22}\text{-}1T_1H_6N_1P_1$

『표준국어대사전』에서도 이러한 구성을 제시할 때 띄어쓰기를 하지 않고 있는 것이 눈에 띕니다. 이는 '형용사 + -어 + 하-' 구성을 하나의 복합어로 처리하는 해석문법의 입장에 힘을 실어주는 것으로 보입니다. 한편, 이러한 구성에서 형용사 대신 동사가 들어간 것은 『표준국어대사전』에 나와 있는 대로 보조동사의 '하-'가 쓰인 것으로 분석하면 됩니다.

(105) 그는 첫사랑을 못 잊어 한다.

이 문장은 『표준국어대사전』에 나온 '하다'의 보조동사 항목 중 의미 「9」의 "((일부 동사 뒤에서 '-어 하다' 구성으로 쓰여)) 앞말이 뜻하는 대상에 대한 상태나 태도를 드러냄을 나타내는 말."의 예문 하나를 그대로 가져온 것입니다. 이러한 구성에서는, 형용사가 개입한 (104)와 같은 경우와 달리, 서술어의 성질이 달라지지 않죠. 즉, (105)는 '그는 첫사랑을 못 잊는다.'와 서술어의 핵심 속성이 똑같습니다. 다만, 보조용언이 하나 들어간 것만 차이가 있죠. 본용언과 보조용언 사이를 띄어 쓰고 있는 것도 알 수 있습니다.

(106) 예문 (105)의 분석 결과

가. 그는 첫사랑을 못 잊어 한다.

나. A0-4-5B0-1-2DE22-5E6-1T3H6N1P1

여기서 '하-'는 여느 보조용언과 마찬가지로 E6으로 분석하면 됩니다.

3.2.5 '되-' 구문

'되-'는, '하-'와 마찬가지 방식으로, 크게 형식서술어 '되-'와 실질서술어 '되-'로 나뉩니다. 형식서술어 '되-'는 다시 보조용언 '되-'와 경동사 '되-'로 구분되죠. 실질서술어 '되-'는 중동사로서의 '되-'를 의미합니다. 그 밖에 '되-'의 형태는 보이지만 분석할 수 없는 경우도 있죠. 예를 들어, '다되-'는 얼핏 보기엔 '다 + 되-'처럼 분석할 수 있어 보이지만, 사전의 어떤 '다'와 어떤 '되-'를 가지고서도 그것의 의미인 "완전히 그르친 상태에 있다."를 합성해 낼 수 없습니다. 따라서 '다되-'는 '형용사, 1자리' 서술어로서 분석의 대상이 아니죠. 이런 경우를 제외한 그 밖의 분석 가능한 '되-'를 살펴볼 텐데, 우선 가장 친숙하고 잘 알려진 중동사로부터 이야기를 시작하겠습니다.

중동사 '되-'

(107) 물이 얼음이 되었다.

중학교 문법 시간에 '되-'를 만나게 되는 첫 문장이 바로 이 문장이 아닐까 합니다. 그러나 이 문장은 학교문법과 학문문법이 갈라서게 되는 분기점이기도 합니다. 학교문법은 '물이'를 주어로, '얼음이'는 보어로 규정하면서 '얼음이'의 '이'를 보격조사로 명명합니다. 형태는 주격조사와 동일한데 '되-'

와 '아니-'의 보어에 쓰일 때만 보격조사로 부르는 것이죠. 보어의 까다로운 규정과 맞물리면서 과연 이러한 보어 및 보격조사의 설정이 합리성과 현실성을 가지는 것인가에 대해 학문문법은 이의를 제기하지 않을 수 없답니다.

(108) 물이 얼음으로 되었다.

문장 (108)은, 앞의 (107)과 비교할 때, 두 번째 논항인 '얼음'이 조사 '이' 대신 조사 '으로'를 취한다는 점에서만 다릅니다. 그럼에도 불구하고, 학교문법은 (108)의 '얼음으로'는 보어로 보지 않고 필수적 부사어로 봅니다. 오로지 보격조사를 가질 때에만 보어인 것이죠. 이렇듯 학교문법의 보어와 보격조사는 매우 제한적이어서 실효성이 떨어지고 타당성이 약합니다.

해석문법은 보격조사를 따로 두지 않고 형태를 중시하여 (107)의 '얼음이'의 '이'를 체언 성분의 조사 정보 1번으로 처리합니다. 뿐만 아니라 조사의 형태만 다른 (107)의 '얼음이'와 (108)의 '얼음으로'를 모두 보어로 봅니다. 두 문장에서 '되-'는 '자동사, 2자리' 서술어이기 때문입니다. 이를 반영하여 분석하면 다음과 같습니다.

(109) 중동사 '되-'(자동사, 2자리)의 예문 분석

가. 물이 얼음이 되었다.

⇒ A_0-1-1C_0-1-1E_{12}-1$T_1H_6N_1P_1$

나. 물이 얼음으로 되었다.

⇒ A_0-1-1C_0-1-4E_{12}-1$T_1H_6N_1P_1$

두 분석의 차이는 보어 C의 조사 정보에서 1번과 4번의 차이에 그칩니다. 그 밖의 모든 통사 정보가 동일하죠.

중동사 '되-'가 '자동사, 3자리'로 분석되는 경우는 다음과 같습니다.

> **(110)** 중동사 '되-'(자동사, 3자리)의 예문
>
> 가. 이 사람은 제게 동생이 됩니다.
>
> 나. 영수는 나와 절친한 친구가 된다.
>
> 다. 영수와 나는 절친한 친구가 된다. (이때는 '자동사, 2자리')

『표준국어대사전』에서 '되-¹'의 용법 **1**의 의미 「8」은 "【…에게 …이】【(…과) …이】((…과'가 나타나지 않을 때는 여럿임을 뜻하는 말이 주어로 온다)) 어떤 사람과 어떤 관계를 맺고 있다."로 뜻풀이가 되어 있습니다. 예시 (110)의 세 문장은 그에 딸린 예문을 이해하기 쉽게 바꾸어 놓은 것입니다. (110가)에서 주어는 '이 사람은'이고 보어는 '제게'와 '동생이'입니다. (110나)에서 주어는 '영수는'이고 보어는 '나와'와 '절친한 친구'입니다. 그런데 여기서 주어와 첫 번째 보어가 합쳐져 하나의 주어가 되고 두 번째 보어는 그대로 남아 (110다)와 같은 문장을 이룰 수 있습니다. (110다)에서 '되-'는 '자동사, 2자리'이죠. 이를 반영하여 세 문장을 분석하면 다음과 같습니다.

> **(111)** 중동사 '되-'(자동사, 3자리)의 예문 분석
>
> 가. 이 사람은 제게 동생이 됩니다.
>
> ⇒ A1-1-5C0-4-4C0-1-1E13-1H3N1P1
>
> 나. 영수는 나와 절친한 친구가 된다.

⇒ A0-2-5C0-4-4C6-1-1(E32-2T5)E13-1H6N1P1

다. 영수와 나는 절친한 친구가 된다. (이때는 '자동사, 2자리')

⇒ A4-4-5C6-1-1(E32-2T5)E12-1H6N1P1

분석 (111다)는 (111나)에 비해 보어 C가 하나 적습니다. 이때는 '되-'가 '자동사, 2자리'이기 때문이죠. 이렇게 보어가 주어와 결합하여 하나의 성분이 되는 바람에 서술어의 자릿수가 줄어드는 경우는 꽤 흔합니다. 가령, '자동사, 2자리'인 '싸우-' 역시 '나는 영수와 싸웠다.'에서 '나와 영수는 싸웠다.'(자동사, 1자리)로 변환이 가능하니까요.

(111다)의 분석에서 한 가지 더 주의할 것은, 주어 '영수와 나는'을 분석할 때 '영수와'를 체언 핵 '나'의 관형어('체언+[조사 단독]': 4번)로 분석해야 한다는 점입니다. 얼핏 생각하기에 접속조사 '와'로 인해 '영수'와 '나'가 대등하게 연결될 것으로 기대하기 쉽지만, 접속조사 '와'도 관형격조사 '의'처럼 핵의 좌측 확장 기제라는 점을 알아야 합니다. 비록 의미상으로는 '와'가 대등 연결일지라도 문장 구조의 형식적 차원에서는 '의'와 다를 바 없는 것이죠.

중동사 '되-'가 '자동사, 2자리'일 경우는, 앞서 본 (107)이나 (108)처럼 체언 성분이 보어로 나올 때도 있지만 다음처럼 부사절이나 부사가 보어로 등장할 수도 있습니다.

(112) 부사절이나 부사가 '되-'의 보어인 경우

가. 밥이 맛있게 되었다.

나. 밥이 잘 되었다.

다. 배터리가 다 되었다.

라. 사업은 그럭저럭 된다.

『표준국어대사전』에서 '되-[1]'의 용법 **3**의 격틀 및 환경 정보는 "【-게】 (('-게' 대신에 '잘, 적당히, 원하는 대로' 따위의 부사나 부사어가 사용되기도 한다))"입니다. 위의 예시 (112)는 사전에 나온 예들을 적절히 다듬은 것이죠. 흥미롭게도 '맛있게'와 같은 부사절이나 '잘, 다, 그럭저럭'과 같은 부사가 '되-'의 보어로 쓰이고 있습니다. 부사어로 처리하기 쉬운 경우이니 주의해야 합니다. 이를 반영하여 분석하면 다음과 같습니다.

(113) 부사절이나 부사가 '되-'의 보어인 경우의 분석 결과

가. 밥이 맛있게 되었다.

⇒ $A_{0-1-1}C(E_{31-3})E_{12-1}T_1H_6N_1P_1$

나. 밥이 잘 되었다.

⇒ $A_{0-1-1}CE_{12-1}T_1H_6N_1P_1$

다. 배터리가 다 되었다.

⇒ $A_{0-1-1}CE_{12-1}T_1H_6N_1P_1$

라. 사업은 그럭저럭 된다.

⇒ $A_{0-1-5}CE_{12-1}T_3H_6N_1P_1$

보조동사 '되-'

보조동사 '되-'는 학교문법에서는 인정하고 있으나 『표준국어대사전』에서는 인정하지 않고 있습니다. 학교문법과 『표준국어대사전』이 보조를 맞추는 게 일반적인데 이 경우는 예외인 것 같습니다. 해석문법에서는 '하-'와

의 상관성 및 현실적인 필요성에 따라 보조용언 '되-'를 인정합니다. 그것은 『표준국어대사전』에 나와 있는 '되-¹'의 용법 **4**와 **5**에 해당합니다.

(114) 보조동사 '되-'의 예문

가. 오늘부터 제가 여러분에게 한국어를 가르치게 되었어요.

나. 그 사람은 필연적으로 나를 만나게 되어 있었다.

다. 우리는 오늘 반드시 이 일을 끝내야 된다.

라. 사람은 착하면 된다.

마. 책임자가 그렇게 해서 되겠니?

바. 너는 집에 가도 된다.

사전에 나와 있는 6가지 세부 의미에 딸려 있는 예문들을 약간씩 손보아서 제시한 것이 (114)입니다. 이 예문들에서 '되-'는 자릿수를 가졌다고 보기 힘들고 실질서술어 뒤에 와서 일의 양상이나 화자의 태도를 나타냅니다. 전형적인 보조용언의 모습이죠. 여기서 '되-'는 모두 E_6으로 표시됩니다.

(115) 보조동사 '되-'의 예문 분석

가. 오늘부터 제가 여러분에게 한국어를 가르치게 되었어요.

$\Rightarrow D_0$-1-8A_0-4-1C_0-4-4B_0-2-2E_{23}-5E_6-1$T_1$$S_3$$H_8$$N_1$$P_1$

나. 그 사람은 필연적으로 나를 만나게 되어 있었다.

$\Rightarrow A_1$-1-5D_0-1-4B_0-4-2E_{22}-5E_6-5E_6-1$T_1$$S_{31}$$H_6$$N_1$$P_1$

다. 우리는 오늘 반드시 이 일을 끝내야 된다.

$\Rightarrow A_0$-4-5DDB_1-1-2E_{22}-3E_6-1$T_3$$H_6$$M_1$$N_1$$P_1$

라. 사람은 착하면 된다.

$\Rightarrow A_0$-1-5E_{31}-3E_6-1$T_3$$H_6$$N_1$$P_1$

마. 책임자가 그렇게 해서 되겠니?

⇒ A0-1-1C(E31-3)E12-3E6-1T4H6N2P2

바. 너는 집에 가도 된다.

⇒ A0-4-5C0-1-4E12-3E6-1T3H6N1P1

보조동사 '되-'에 관해 한 가지 더 짚고 넘어가야 할 것이 있습니다. 그것은 보조동사 '되-'가 '-게'와 어울려 '-게 되-'로써 피동문을 만든다는 학교문법의 주장에 관한 것입니다.

(116) 곧 사실이 드러나게 된다.

이 문장은 학교문법에서 들고 있는 '-게 되-' 피동문입니다. 그런데 이것이 과연 피동문인지 매우 의심스럽습니다. 피동이란, 서술어의 자릿수를 하나 줄이는 문법적인 과정인데, 예문 (116)에서 그러한 일은 벌어지지 않기 때문입니다. 『표준국어대사전』에서 '드러나-'는 '자동사, 1자리' 서술어로서 애초부터 문장 (116)에서 주어 '사실이'만을 요구합니다. 따라서 (116)에서 '-게 되-'를 제거하더라도 '곧 사실이 드러난다.'와 같이 문장 형성에 전혀 문제가 없지요.

그러나 전형적인 통사적 피동문인 3.2.2절의 예문 (31) '오늘따라 책이 잘 써지네.'에서 만약 '-어지-'를 걷어내면 그것은 "*오늘따라 책이 잘 쓰네.'처럼 틀린 문장이 됩니다. 자릿수를 하나 줄이는 보조동사 '지-'가 사라졌으니 본용언 '쓰-'의 '타동사, 1자리'가 살아나 주어 '책이'만으로는 감당이 안되기 때문입니다.

이러한 모습을 보이지 않는 '-게 되-'는 의미상의 피동문은 몰라도 통사적인 피동문으로는 인정할 수 없습니다. 따라서 해석문법은 '-게 되-'를 피동의 문법 형식으로 인정하지 않습니다. 다만, 그것은 양태성분의 상 가운데 '예정'(S3)을 나타내는 표지로 처리됩니다. 이리한 점을 빈영하여 문장 (116)을 분석하면 다음과 같습니다.

(117) 문장 (116)의 분석 결과

가. 곧 사실이 드러나게 된다.

나. DA0-1-1E11-5E6-1T3S3H6N1P1

경동사 '되-'

경동사 '되-'에 대해서는 이미 3.2.2절 '형식서술어에 의한 자릿수 변동'에서 깊이 있게 살펴보았습니다. 여기서는 다만, 경동사 '되-'와 관련하여 주의해야 할 경우 한 가지만 이야기하도록 하겠습니다.

(118) 능격성을 지닌 체언 서술어 '대중화'

가. 사람들이 컴퓨터를 대중화하였다.

나. 컴퓨터가 대중화하였다.

다. 컴퓨터가 대중화되었다.

『표준국어대사전』에서 동사 '대중화하-'를 찾아보면 "【(…을)】 대중 사이에 널리 퍼져 친숙해지다. 또는 그렇게 되게 하다."로 되어 있습니다. 여기서 격틀 【(…을)】이 의미하는 것은, 목적어를 취할 수도 있고 그러지 않을 수도 있다는 것입니다. 이와 같은 모습을 보이는 동사를 언어학의 전문용어로 능격동사(ergative verb)라고 합니다. 한 몸에 자동사와 타동사의 모습을 모두 가진 것입니다. 흔한 예로 다음과 같은 것이 있습니다.

(119) 능격동사 '움직이-'의 예문

가. 영수가 바위를 움직였다.

$\Rightarrow$ A0-2-1B0-1-2E22-1T1H6N1P1

나. 바위가 움직였다.

$\Rightarrow$ A0-1-1E11-1T1H6N1P1

예문 (119가)에서 '움직이-'는 '타동사, 2자리'이지만 (119나)에서 그것은 '자동사, 1자리'입니다. (119가)에 자릿수가 줄어드는 피동화가 적용되어 (119나)가 만들어진 것 같은데, 놀랍게도 동사의 형태에 아무런 변화가 없습니다. 전형적인 피동문에서는 동사 뒤에 '-이-, -히-, -리-, -기-'와 같은 파생접사나 '-어지-'와 같은 문법 형식이 나타나는데 말입니다. (119나)의 문장분석 결과에서 M9를 볼 수 없죠. 이와 같이, 동일한 형태로 능동문과 피동문을 모두 만들 수 있는 동사가 바로 능격동사입니다. '멈추-'나 '그치-'도 같은 유형의 동사죠.

동사 '움직이-'가 지닌 이러한 능격성은 (118)의 체언 서술어 '대중화'에서도 발견됩니다. 그것은 (118가)에서처럼 '타동사성, 2자리'로도 쓰이지만 (118나)에서처럼 '자동사성, 1자리'로도 쓰입니다. 이는 (119)의 '움직이-'가 보이는 모습과 정확히 일치합니다. 타동사문에서 목적어이던 것이 자동사문에서 주어가 되는 것이죠.

문제는, 능격성을 가진 체언 서술어 '대중화'에 경동사 '되-'가 결합한 문장

(118다)에서 경동사 '되-'를, 자릿수를 줄이는 서술어 9번으로 볼 것인지, 자릿수 변동과 상관없는 서술어 8번으로 볼 것인지입니다. 이러한 분석의 문제는 3.2.2절의 (33)과는 다릅니다.

(120) 자릿수 변동과 무관한 경동사 '되-'의 경우

가. 조국이 발전하였다.

나. 조국이 발전되었다.

다. A0-1-1E411⟨0-1-0⟩E8-1T1H6N1P1

체언 서술어 '발전'은 '자동사성, 1자리'이기 때문에 (120나)에서 피동화를 겪었다고 볼 수 없습니다. 그렇게 되면 그나마 가지고 있던 자릿수 1개를 잃어 '자동사, 0자리' 서술어가 되어 주어조차 취하지 못하는 것이 되어 버렸을 테니까요. 그렇게 되면, (120나)와 같은 문장 자체가 성립하지도 못했을 것입니다. 그러니 이때의 경동사 '되-'는 더 고민할 필요 없이 E8로 표시하면 되는 거죠. 체언 서술어 '발전'에 '하-'가 결합한 것이나 '되-'가 결합한 것이나 그 통사적 분석 표시는 (120다)로 동일합니다.

그러나 (118)의 '대중화'는 (120)의 '발전'과는 다릅니다. '발전'이 '자동사성, 1자리'뿐이라면, '대중화'는 '타동사성, 2자리'로도 가능하고 '자동사성, 1자리'로도 가능하기 때문입니다. 과연 경동사 '되-'는 이중에서 어떤 성격의 '대중화'와 결합하는 것으로 봐야 할까요?

해석문법은 경동사 '되-'가 '자동사성, 1자리'의 '대중화'와 결합한다고 봅니다. 가장 큰 이유로, '자동사성, 1자리'의 '대중화'와 결합이 가능하기 때문입니다. 굳이 자릿수 변동이라는 문법적 절차를 겪을 필요 없이 그냥 일반

적인 경동사(E8)로서 자동사성 체언(E411)과 결합한다고 보는 것이 문법적인 설명에서 부담이 작기 때문이죠. 같은 결과라면 더 작은 비용이 드는 설명을 선택해야 한다는 것을 학계에서는 영가설(null hypothesis)이라고 부릅니다. 철학에서는 그걸 오컴의 면도날(Occam's razor)이라고도 합니다. 이러한 내용을 반영하여 (118)을 분석하면 다음과 같습니다.

(121) 능격성을 지닌 체언 서술어 '대중화'의 예문 분석 결과

가. 사람들이 컴퓨터를 대중화하였다.

⇒ $A_0\text{-}1\text{-}1B_0\text{-}1\text{-}2E_{422}\langle 0\text{-}1\text{-}0\rangle E_8\text{-}1T_1H_6N_1P_1$

나. 컴퓨터가 대중화하였다.

⇒ $A_0\text{-}1\text{-}1E_{411}\langle 0\text{-}1\text{-}0\rangle E_8\text{-}1T_1H_6N_1P_1$

다. 컴퓨터가 대중화되었다.

⇒ $A_0\text{-}1\text{-}1E_{411}\langle 0\text{-}1\text{-}0\rangle E_8\text{-}1T_1H_6N_1P_1$

'자동사성, 1자리'인 '대중화'에 '하-'가 결합한 것이나 '되-'가 결합한 것이나 그 통사적 분석 표시는 동일합니다.

3.2.6 '시키-' 구문

사동의 '시키-'

서술어의 특성을 살피는 이 절을 마치기 전에 동사 '시키-'에 대해 잠시 살펴볼까 합니다. 이것은 중동사이면서도 사동을 나타내는 문법 형식의 노릇까지 맡아 꽤 복잡한 구문을 이끕니다. '시키-'가 '하게 하-'를 대신할 때 그것은 양태성분의 태도 중 사동을 표시하는 것으로 분석합니다. 그러면

먼저 '하게 하-'가 나타난 사동문을 보겠습니다.

(122) '-게 하-' 구문의 사례

가. 나는 영수가 수학을 공부하게 하였다.

나. 나는 영수에게 수학을 공부하게 하였다.

다. 나는 영수를 수학을 공부하게 하였다.

예시 (122)는, 사동의 '-게 하-' 구문이 복합서술어 '공부하-'와 만나 이룰 수 있는 세 가지 문장 유형입니다. '공부하게 하였다'에서 '하-'가 두 번 나왔는데, 첫 번째 것은 내포문의 복합서술어 '공부하-'의 내부에 있는 경동사 '하-'이고, 두 번째 것은 모문의 서술어인 중동사 '하-'입니다. 모문 서술어 '하-'의 특성에 따라 문장 전체의 모습이 달라집니다. (122가)에서 중동사 '하-'는 '자동사, 2자리'로서 주어와 보어절을 취합니다. (122나)에서 중동사 '하-'는 '자동사, 3자리'로서 주어와 보어 두 개(그 중 하나는 절)를 요구합니다. (122다)에서 중동사 '하-'는 '타동사, 3자리'로서 주어와 목적어, 보어절을 취합니다. 세 문장에서 공통되는 것은, 중동사 '하-'가 내포문을 가지며 그것은 용언을 서술어로 하는 용언절이라는 점입니다.

모문의 서술어 '하-'가 보어로 취하는 용언절 내포문은 부사절로서 끝이 '-게'라는 부사형어미로 끝납니다. 그 안에서 내포문 서술어는 '공부+하-'라는 복합서술어이며 실질서술어 '공부'는 '타동사성, 2자리'로서 주어 '영수가'와 목적어 '수학을'을 요구하죠. 두 개의 논항이 내포문에서 모두 실현된 것이 (122가)이며, 그중 목적어만 실현된 것이 (122나) 및 (122다)입니다. 내포문에서 생략된 주어 대신 (122나)에서는 모문에 보어 '영수에게'가 나타났고, (122다)에서는 모문에 목적어 '영수를'이 나타났습니다.

이러한 세 가지 유형의 문장에서 '하게 하-'를 '시키-'로 교체하면 다음과 같습니다. 이때 '시키-'가 대신하는 것은 '내포문의 형식서술어 + 부사형어미 + 모문의 실질서술어'입니다.

(123) '하게 하-'를 '시키-'로 교체한 결과

가. *나는 영수가 수학을 공부시켰다.

나. 나는 영수에게 수학을 공부시켰다.

다. 나는 영수를 수학을 공부시켰다.

여기서 '시키-'는 체언 서술어 '공부'가 이끄는 체언절을 내포문으로 취하게 됩니다. 그 결과, 내포문의 주어가 출현한 (123가)는 비문이 되었고, 그것이 생략되는 대신 모문의 보어나 목적어가 등장한 두 문장 (123나)와 (123다)는 모두 정문이 되었습니다. 용언절 내포문과 달리 체언절 내포문에서는 주어 출현이 억제되는 것 같습니다. 체언 서술어는 용언 서술어와 달리 어미 실현을 할 수가 없고, 그래서 주어가 출현할 수 있는 정상적인 환경이 조성되지 못하는 것이지요. 그런 이유로 체언 서술어 뒤에는 반드시 형식서술어가 와야 하는데 (123가)에서는 '영수가 수학을 공부'처럼 체언 서술어로 마감하고 말았습니다. 이것은 '영수가 수학을 공부하게'처럼 '공부' 뒤에 '하-'가 와서 제대로 된 용언절로 끝나는 (122가)와 좋은 대조를 이룹니다.

첫 번째 예문을 제외한 다른 두 가지 문장에서 '시키-'는 '하게 하-'를 대신하여 정상적으로 사동 구문을 이룹니다. 이렇게 체언 서술어 뒤에서 '하게 하-'를 대신하여 나타나는 '시키-'를 해석문법에서는 사동의 표지로 인정합니다. 이를 고려한 분석은 다음과 같습니다.

(124) 예시 (123)의 분석 결과

가. *나는 영수가 수학을 공부시켰다.

⇒ A_0-4-5C_0-7-0($\underline{A_0\text{-}2\text{-}1}B_0$-1-2$E_{422}\langle0$-1-0$\rangle$)$E_{12}-1T_1H_6M_8N_1P_1$

나. 나는 영수에게 수학을 공부시켰다.

⇒ A_0-4-5C_0-2-4C_0-7-0(B_0-1-2$E_{422}\langle0$-1-0$\rangle$)E_{13}-1$T_1H_6M_8N_1P_1$

다. 나는 영수를 수학을 공부시켰다.

⇒ A_0-4-5B_0-2-2C_0-7-0(B_0-1-2$E_{422}\langle0$-1-0$\rangle$)E_{23}-1$T_1H_6M_8N_1P_1$

편의상 (124나)부터 설명하겠습니다. 여기서 '나는'은 주어이고 '영수에게'는 첫 번째 보어이며 체언절 내포문 '수학을 공부'는 두 번째 보어입니다. '시키-'는 '자동사, 3자리'인 모문 서술어죠. 이때 체언절 내포문은 비록 '-기'나 '-음'과 같은 명사형 전성어미는 가지지 못했지만 체언 서술어를 중심으로 하는 엄연한 절이기 때문에 C_0-7-0으로 표시합니다. 그 뒤에 체언절 정보 (B_0-1-2$E_{422}\langle0$-1-0$\rangle$)를 붙여 C_0-7-0(B_0-1-2$E_{422}\langle0$-1-0$\rangle$)으로 완성합니다. (124다)에서도 '나는'과 '수학을 공부'는 모두 동일합니다. 다만, '영수를'이 목적어로 나와 있고 그로 인해 모문 서술어 '시키-'는 '타동사, 3자리'가 되죠. 이 경우는 3.1절의 '이중 목적어 불인정' 원칙에 저촉되지 않습니다. 2개의 목적어 중 하나는 내포문에, 다른 하나는 모문에 있으니까요.

비문인 (124가)도 분석하여 표시할 수 있습니다. 여기서는 (124나)와 달리, 모문 보어인 '영수에게' 대신 체언절 내포문의 주어인 '영수가'가 나타나 있습니다. 분석 표시에서 일단 그것에 밑줄을 그어 두었습니다. 이렇게 틀린 부분에 무언가 적절한 표시를 해 준다면, 해석문법은 정문뿐만 아니라 비문까지도 분석해 둠으로써 나중에 필요할 때 비문들만 따로 추출하여 연구에 적극 활용할 수 있습니다.

중동사이면서도 사동의 표지로 쓰이는 '시키-'의 용법을 몇 가지 예문에서 더 살펴보겠습니다.

(125) '시키-'의 사동 구문 예시 추가

가. 영수는 한국 경제를 발전을 시켰다.

나. 나는 영수를 회사에 취직을 시켰다.

다. 나는 영수에게 서류를 해당 부서에 제출을 시켰다.

세 가지 문장은 내포문의 체언 서술어가 지닌 자릿수에서 차이가 납니다. 먼저 (125가)의 '발전'은 '자동사성, 1자리'이고, (125나)의 '취직'은 '자동사성, 2자리'이며, (125다)의 '제출'은 '타동사성, 3자리'입니다. 체언 서술어 뒤에 조사 '을'이 붙어 있다는 점에서 (124)의 예문들과 차이를 보이기도 합니다.

(126) 예시 (125)의 분석 결과

가. 영수는 한국 경제를 발전을 시켰다.

$\Rightarrow A_{0-2-5}B_{3-1-2}C_{0-7-2}(E_{411}\langle 0-1-0\rangle)E_{23-1}T_1H_6M_8N_1P_1$

나. 나는 영수를 회사에 취직을 시켰다.

$\Rightarrow A_{0-4-5}B_{0-2-2}C_{0-7-2}(C_{0-1-4}E_{412}\langle 0-1-0\rangle)E_{23-1}T_1H_6M_8N_1P_1$

다. 나는 영수에게 서류를 해당 부서에 제출을 시켰다.

$\Rightarrow A_{0-4-5}C_{0-2-4}C_{0-7-2}(B_{0-1-2}C_{3-1-4}E_{423}\langle 0-1-0\rangle)E_{13-1}T_1H_6M_8N_1P_1$

예문 (126가)에서 체언절 내포문은 '발전'이고, (126나)에서는 '회사에 취직'이며, (126다)에서는 '서류를 해당 부서에 제출'입니다. 체언 서술어 뒤의 조사 '을'은 절 전체에 주어진 정보이므로, 체언 서술어 정보 표시가 아니라 모문의 보어절 정보 표시 C_{0-7-2}의 조사 정보로 들어가야 합니다. 나머지 다른 부분은 분석 (124)와 별반 차이가 없습니다.

사동이 아닌 '시키-'

지금까지 살펴본 것이 사동 구문을 이끄는 '시키-'의 예들이었다면, 다음 예문은 '시키-'가 사동과 상관없이 그저 일반 타동사로서 쓰인 것입니다.

(127) 사동과 무관한 '시키-'의 예
가. 나는 중국집에 짜장면을 시켰다.
나. A_0-4-5C_0-1-4B_0-1-2E_{23}-1T_1H$_6$N$_1$P$_1$

문장 (127가)에서 '시키-'는 『표준국어대사전』에 "음식 따위를 만들어 오거나 가지고 오도록 주문하다."로 뜻풀이가 되어 있습니다. 여기서 '시키-'를 '하게 하-'로 바꾸면 '나는 중국집에 짜장면을 하게 하였다.'처럼 의미가 맞지 않거나 어색한 문장이 되어 버리고 말죠. 이 문장에서 '시키-' 앞에 오는 명사 '짜장면'은 앞서 사동 구문에서 살펴본 '공부'나 '발전', '취직', '제출'처럼 서술성을 가진 명사가 아닙니다. 그래서 체언 서술어로 쓰일 수가 없지요. 체언 서술어가 아니라면 '시키-'도 사동 구문을 만들지 않습니다. 이러한 결과를 반영한 분석이 바로 (127나)입니다.

'시키-'의 잘못된 용법

이 참에, 잘못된 '시키-'의 용법도 함께 살펴보면 좋을 것 같습니다.

(128) '하-' 대신 '시키-'를 잘못 쓴 경우

가. 나는 철수를 영희에게 소개시켰다.

나. 반장이 자습 시간에 잡담을 금지시켰다.

다. 나는 학생들을 열심히 교육시켰다.

위의 문장들에서는 '하-'를 써야 할 자리에 '시키-'를 잘못 썼습니다. 일상에서 이런 잘못된 말들이 광범위하게 쓰이고 있죠. 의심이 들 때마다 사전에서 찾으면 금방 확인할 수 있습니다. 모두 아래와 같이 바꾸어 분석해야합니다. '시키-'가 아닌 '하-'로요.

(129) 예시 (128)의 교정 후 분석

가. 나는 철수를 영희에게 소개하였다.

$\Rightarrow A_0\text{-}4\text{-}5B_0\text{-}2\text{-}2C_0\text{-}2\text{-}4E_{423}\langle 0\text{-}1\text{-}0\rangle E_8\text{-}1T_1H_6N_1P_1$

나. 반장이 자습 시간에 잡담을 금지하였다.

$\Rightarrow A_0\text{-}1\text{-}1D_3\text{-}1\text{-}4B_0\text{-}1\text{-}2E_{422}\langle 0\text{-}1\text{-}0\rangle E_8\text{-}1T_1H_6N_1P_1$

다. 나는 학생들을 열심히 교육하였다.

$\Rightarrow A_0\text{-}4\text{-}5B_0\text{-}1\text{-}2DE_{422}\langle 0\text{-}1\text{-}0\rangle E_8\text{-}1T_1H_6N_1P_1$

사동 구문의 유형 비교

이상으로 '시키-'에 관해 몇 가지 이야기해 보았습니다. 그 초점은 당연히 사동 구문 표지로서의 '시키-'에 모아졌죠. 이 대목에서 사동 표지로서 쓰이는 '-게 하-'와 사동 접사, '시키-'가 이루는 구문들의 특징을 비교해 볼까 합니다.

(130) 통사적 사동 '-게 하-' 구문의 예 (1)

가. 엄마는 아이가 옷을 입게 하였다.

나. 엄마는 아이에게 옷을 입게 하였다.

다. 엄마는 아이를 옷을 입게 하였다.

(131) 파생적 사동 구문의 예

가. *엄마는 아이가 옷을 입혔다.

나. 엄마는 아이에게 옷을 입혔다.

다. 엄마는 아이를 옷을 입혔다.

(132) 어휘적 사동 '시키-' 구문의 예

가. *엄마는 아이가 수학을 공부시켰다.

나. 엄마는 아이에게 수학을 공부시켰다.

다. 엄마는 아이를 수학을 공부시켰다.

(133) 통사적 사동 '-게 하-' 구문의 예 (2)

가. 엄마는 아이가 수학을 공부하게 하였다.

나. 엄마는 아이에게 수학을 공부하게 하였다.

다. 엄마는 아이를 수학을 공부하게 하였다.

예시 (130)과 (131)은 3.2.4절 "하-" 구문에서 '사동의 '-게 하-'를 다루면서 들었던 문장들입니다. (132)는 앞서 살펴본 '시키-'의 예문 (123)을 이들과 조화롭게 만들어 다시 제시한 것이죠. 그러면서 '시키-'를 다른 유형의 사동과 구별하여 어휘적 사동이라 이름 지었습니다. '시키-'가 중동사이니까요. (133)은 (132)에 대응되는 '하게 하-' 구문입니다.

네 가지 그룹에서 볼 수 있는 것과 같이, 제일 폭넓은 용법을 보이는 것은 통사적 사동 '-게 하-'입니다. 그것은 (130)처럼 용언 서술어가 실질서술어인 경우에도, (133)처럼 체언 서술어가 실질서술어인 경우에도 사동 구문을 형성할 수 있습니다. 그러나 사동 접사에 의한 파생적 사동은 (131)처럼 오로지 용언 서술어를 바탕으로 해서만 사동문을 이룰 수 있고, '시키-'에 의한 어휘적 사동은 (132)처럼 오로지 체언 서술어를 바탕으로 해서만 사동문을 이룰 수 있습니다.

파생적 사동문이 단문인 반면, 통사적 사동문과 어휘적 사동문은 복문을 이룹니다. 통사적 사동문인 (130)과 (133)에서는 내포문이 용언절이라서 내포문의 주어가 '아이가'처럼 실현되는 데 문제가 없습니다. 그러나 파생적 사동문 (131)과 어휘적 사동문 (132)에서는 그것이 어렵습니다. 파생적 사동문은 단문이어서, 어휘적 사동문은 체언절 내포문을 가져서 그렇습니다. 오로지 용언절에서만 내포문의 주어가 온전히 성립할 수 있는 것이죠.

내포문은 가지지만 내포문 주어는 출현할 수 없는 어휘적 사동문은, 파생적 사동문과 통사적 사동문의 중간적인 위치에 있는 것 같습니다. 이렇듯 한국어는 세 가지 유형의 사동 구문을 통해 용언 서술어와 체언 서술어 중 어느 것을 바탕으로 해서라도 사동문을 자유롭게 형성할 수 있게 해 줍니다. 해석문법은 이를 잘 포착하여 표시해 줄 수 있고요.

사동과 피동의 표지

사동에 대해 정리한 김에 사동과 피동을 묶어 함께 갈무리해 두는 것도 좋을 것 같습니다.

(134) 사동과 피동의 표지

가. 사동의 표지

　　a. '-게 하-'

　　b. 사동 접사

　　c. '시키-'

나. 피동의 표지

　　a. '-어지-'

　　b. 피동 접사

　　c. '되-'

두 가지 범주의 표지들이 흥미로운 대비를 이룹니다. 우선 (a)의 '-게 하-'와 '-어지-'는 '어미 + 용언'의 형식입니다. (b)는 접사고요. (c)는 단일 용언이죠. (b)에서는 차이가 없지만, (a)와 (c)에서는 일정한 차이도 발견됩니다. 우선 (a)에서 사동의 '-게'는 부사형어미인데 피동의 '-어'는 보조적 연결어미입니다. 사동의 용언 '하-'는 중동사인데, 피동의 용언 '지-'는 보조동사입니다. 이 때문에 (a)에 의한 사동문은 복문이 되고, (a)에 의한 피동문은 단문이 되죠. '하-'는 복문에서 모문의 실질서술어이고, '지-'는 단문에서 복합서술어의 형식서술어입니다.

(c)에서도 사동의 '시키-'는 중동사인데, 피동의 '되-'는 경동사입니다. 둘 다 단일 용언으로서 체언 서술어 뒤에 오죠. 그러나 둘의 차이로 인해 (c)에 의한 사동문은 복문이 되고, (c)에 의한 피동문은 단문이 됩니다. 중동사 '시키-'는 스스로 자릿수를 가진 채 체언절을 내포문으로 가지지만, 경동사 '되-'는 스스로의 자릿수는 못 가진 채 그 앞의 체언 서술어의 자릿수만 하나 줄이죠. 중동사 '시키-'가 자릿수를 가지는 건, 그것이 대신하는 '하게

하-'에 모문 서술어인 중동사 '하-'가 포함되어 있기 때문입니다.

학교문법과 『표준국어대사전』에서는 사동의 '시키-'와 피동의 '되-'를 모두 파생 접사로 처리하고 있습니다. '시키-'는 사동 파생 접사이고, '되-'는 피동 파생 접사인 거죠. 그러나 그렇게 볼 경우, 다음과 같은 예에서처럼 쉽사리 설명력을 잃습니다.

(135) '시키-'와 '되-'를 접사로 보기 힘든 증거

가. '시키-'의 경우

　a. 엄마는 아이에게 수학을 공부시켰다.

　b. 엄마는 아이에게 수학을 공부를 시켰다.

나. '되-'의 경우

　a. 고고학자에 의해 유물이 발견되었다.

　b. 고고학자에 의해 유물이 발견이 되었다.

예문 (135가a)에서 '시키-'는 사동 파생 접사이지만, (135가b)에서는 '타동사, 4자리' 서술어입니다. (135나a)에서 '되-'는 피동 파생 접사이지만, (135나b)에서는 '자동사, 2자리' 서술어입니다. 체언 서술어에 조사 '를'이 붙고 안 붙고에 따라 실질동사와 파생 접사를 왔다 갔다 합니다. 뿐만 아니라 '시키-'를 '타동사, 4자리'로 보는 것이나 '되-'를 '자동사, 2자리'로 보는 것이나 모두 해당 문장에서 관찰되는 문법 관계를 제대로 포착해 주지 않습니다. 예를 들어 (135가b)에서 '수학을'은 '공부를'과 '목적어-서술어' 관계를 맺는 것이지 '시키-'와 그런 관계를 맺는 것이 아닙니다. (135나b)에서도 '유물이'는 '발견이'와 '주어-서술어' 관계를 맺는 것이지 '되-'와 그런 관계를 맺는 것이 아닙니다.

이런 불합리를 해소하기 위해 해석문법에서는 (135)에서 '시키-'와 '되-'를 동일하게 중동사나 경동사로 취급합니다. 그에 바탕을 두고 해당 문장들을 체계적이고 일관성 있게 분석할 수 있는 것이죠. 이러한 점을 잘 염두에 두고 『표준국어대사전』을 참고해야 할 것입니다.

3.2.7 어근 분리

사전에 등재되어 있는 단어는 단일어이거나 복합어입니다. 단일어란, 하나의 형태소가 그대로 하나의 단어인 경우이죠. 예를 들어, '아버지'나 '나무', '잡-', '푸르-'와 같은 단어가 그렇습니다. 복합어는 둘 이상의 형태소가 모여 이루어진 단어로, 파생어와 합성어로 나뉩니다. 파생어는 어근에 접사가 붙어 이루어진 단어로, '시아버지'처럼 어근 '아버지'에 접두사 '시-'가 붙거나, '잡히-'처럼 어근 '잡-'에 접미사 '-히-'가 붙기도 합니다. 합성어는 어근과 어근이 결합하여 만들어진 단어로, 어근 '나무'와 어근 '거울'이 만나 '나무거울'이 되거나, 어근 '높-'과 어근 '푸르-'가 만나 '높푸르-'가 되기도 하죠. 이러한 단일어와 복합어는 하나의 단어로서 사전에 등재됩니다. 문장 분석에서는 그러한 단어의 내부를 들여다보지 않습니다. 즉, 문장 분석에서는 문장을 문장성분으로 분리하지만 단어를 단어 성분으로 쪼개지는 않는다는 것이죠.

그런데 일상의 언어생활에서는 이렇게 사전에 등재된 단어임에도 불구하고 문장 안에서 분리하여 사용하는 경우가 종종 있습니다. 그게 엄연히 하나의 파생어인데도, 분명히 하나의 합성어인데도 말이죠. 언어학적으로는 말이 안 되는 일이 실제로는 벌어지기도 합니다. 언어학이 언어 현실을 따라가기 바쁩니다. 왜 그런 일이 일어나는지에 대해 제대로 밝히기는 어려울지 몰라도, 일단 그러한 현상을 있는 그대로 잘 기술해 줄 수는 있어야겠지요. 해석문법은 이런 경우에도 막힘없이 잘 분석하여 표시해 줄 수 있습니다. 그럼, 구체적인 예를 볼까요?

파생 용언의 어근 분리

(136) 방 안이 참 깨끗도 하다.

『표준국어대사전』의 검색 창에 '깨끗'을 넣고 눌러 보면 "'깨끗하다'의 어근."이라고 나옵니다. 그것만 나오고 품사 정보는 없죠. 왜일까요? 그건, '깨끗'이 혼자서는 단어로 못 쓰이기 때문입니다. 사람들이 '이 방의 깨끗은 참으로 훌륭하군!'처럼 말하지는 않는다는 것이죠. 품사란, 단어의 종류를 말하니 품사 정보가 있으려면 우선 그것이 단어이어야 합니다. '깨끗'은 어근일 뿐 단어는 아닌 거죠.

아까 살펴본 '나무'는 어근이면서 단어입니다. 그래서 그것은 명사라는 품사를 갖죠. 이렇게 어근 중에서는 단어 자격이 있는 것과 없는 것이 있습니다. 단어 자격이 있는 어근을 '자립 어근'으로, 단어 자격이 없는 어근을 '비자립 어근'으로 구별하여 부를 수 있습니다. 비자립 어근 '깨끗'은 홀로는 못 쓰이고 '깨끗이'나 '깨끗하-'와 같은 파생어 안에서만 나타납니다.

'깨끗이'는 비자립 어근 '깨끗'에 부사 파생 접미사 '-이'가 붙어 이루어진 파생 부사죠. '깨끗하-'도 비자립 어근 '깨끗'에 형용사 파생 접미사 '-하-'가 결합하여 만들어진 파생 형용사입니다. 여기서 '-하-'를 파생 접사가 아닌 경동사로 볼 수는 없지요. 그러려면 그 앞의 '깨끗'이 단어이어야 하는

데 그렇지 못하니까요. 따라서 여기서 '-하-'는 경동사가 아니라 파생 접사, 그 중에서도 형용사 파생 접사로 보는 게 맞습니다. 『표준국어대사전』에서도 그렇습니다.

이제 왜 (136)이 놀랄 만한 언어 현상인지 아시겠어요? 방금 분명히 '깨끗하-'의 '깨끗'은 비자립 어근이라서 홀로 못 쓰인다고 했는데, (136)에서는 '깨끗'과 '-하-' 사이에 보조사 '도'가 끼어들어 둘을 분리하고 있는 것입니다. '깨끗'이라는 비자립 어근이 파생 접사 '-하-'로부터 분리되었으니 학자들이 이를 '어근 분리'라고 간단히 이름 지은 거죠. 어근 분리로 인해 비자립 어근 '깨끗'이 마치 명사처럼 조사를 취한 채 쓰이고 있습니다. 그 바람에 파생 접사인 '-하-'도 마치 용언처럼 되어 버리고 말았고요.

(137) 방 안이 참 깔끔도 하다.

문장 (136)은 (137)과는 다릅니다. '깔끔'은 『표준국어대사전』에 '깔끔²'로 나오고 "「명사」 생김새 따위가 매끈하고 깨끗함."이라는 뜻풀이를 가지고 있어요. "깔끔을 떨다."와 "깔끔이 지나쳐 결벽증이 있는 것 같다."는 예문을 보면, '깔끔'은 당당한 명사라는 걸 알 수 있습니다. 그러나 몇 번이고 반복하여 말하지만, (136)에서 '깨끗'은 비자립 어근이고 '-하-'는 파생 접사입니다. 둘은 그렇게 나뉘어 있을 수 없는 하나의 단어, 하나의 형용사입니다!

문장 (136)과 같은 표현은 뭔가 비꼬려는 의도가 있거나 대단히 감탄하였을 때 쓸 수 있겠죠. 담담한 어조의 문장은 아닙니다. 그랬다면 '방 안이 참 깨끗하구나!' 정도로 말했겠죠. 여하튼 그런 상황에서 발화된 이러한 문장은, 그렇다면 어떻게 분석할 수 있을까요? 있는 그대로의 현상을 해석문법으로 담아 보면 다음과 같습니다.

(138) 문장 (136)의 분석 결과

가. 방 안이 참 깨끗도 하다.

나. A3-1-1DE53196E8-1H6N1P1

주어 '방 안이'와 부사어 '참'은 어려울 게 없습니다. 문제는 '깨끗도'와 '하-'의 분석입니다. 어근 분리 이전의 '깨끗하다'라면 E31-1로 서술어 분석은 끝납니다. 그랬을 것이 E53196E8-1로 되어 버렸네요. '깨끗도'가 E53196으로 표시된 이유는, 그것이 용언도 아니고 체언도 아닌 서술어로서 의미의 중심이고 뒤에 조사가 올 수 없는데 왔기 때문입니다. 용언도 아니고 체언도 아닌 서술어라는 것은 E5로 표시되었고, 의미의 중심이라는 것은 '형용사성, 1자리'라는 '31'로 표시되었으며, 예외적인 보조사 '도'의 첨가는 '96'으로 표시되었습니다. 어근 분리가 이루어진 상황에서 '깨끗도'는 실질서술어의 모습을 하고 있는 셈입니다.

한편, '하-'는 E8-1로 표시되어 있습니다. '깨끗'과 분리된 채 홀로 있는 '하-'는 더 이상 파생 접사 '-하-'가 아닙니다. 독자적인 용언의 모습인데 그 후보로 생각할 수 있는 건, 보조용언과 경동사입니다. 그러나 보조용언은 곧 탈락이죠. 그 앞에 본용언에 해당하는 것이 있어야 하니까요. 그렇다면 남은 답은 경동사입니다. 그래서 E8인 거죠. 뒤에 종결어미가 있으니 최종적인 분석은 E8-1이 됩니다. 어근 분리가 비자립 어근 '깨끗'을 실질서술어로, 파생 접사 '-하-'를 경동사로 둔갑시켜 버렸네요.

합성 용언의 어근 분리

방금 살펴본 (136)이 파생어에서 일어난 어근 분리라면, 다음에 살펴볼 것은 합성어에서 발생한 어근 분리입니다.

(139) 김치가 정말 맛이 있다.

이 문장은 얼핏 보면 전혀 문제가 없어 보입니다. 그러나 조심하셔야 합니다. 늘 세심하게 살필 줄 알아야죠. 이 문장의 뜻은 그저 '김치라고 불리는 음식에 맛이라는 것이 참으로 존재한다.'는 것일까요? 아닙니다. '김치라고 불리는 음식의 맛이 참으로 좋다.'는 뜻입니다. 『표준국어대사전』에서 '맛있다'를 검색해 보면 "「형용사」 음식의 맛이 좋다."라고 뜻풀이가 되어 있고 그 용례로 "맛있는 과자."가 있습니다. 어떻습니까? '맛있-'은 복합어죠? 더 정확히 말해, 명사 '맛'과 형용사 '있-'이 결합한 합성어, 즉 형용사입니다. 그런 형용사가 문장 (139)에서 '맛이 있-'으로 분리되어 나타난 것입니다.

'맛있-'의 의미("음식의 맛이 좋다.")는 '맛'의 의미("음식 따위를 혀에 댈 때에 느끼는 감각.")와 '있-'의 의미("사람, 동물, 물체 따위가 실제로 존재하는 상태이다.")를 합쳐 봐야 얻어질 수 없습니다. 합성어가 만들어지면서 의미도 변해 버린 것입니다. 그래서 사전에 실어 놓은 것이고요. 내부를 분석할 수 없는 하나의 단어로 보아야 합니다. 사람들은 이렇게 내부가 불투명한 복합어를 만들어 놓고 다시 그것을 내부가 투명한 구인 것처럼 사용합니다. 그게 바로 어근 분리라고 불리는 언어 현상인 거죠.

(140) 문장 (139)의 분석 결과

가. 김치가 정말 맛이 있다.

나. A0-1-1DE53191E3-1H6N1P1

원래 '맛있다'였다면 E31-1로 충분합니다. 그러나 '맛이 있다'는 서술어 정보가 E53191E3-1로 되어 버렸습니다. '맛이'가 E53191로 된 이유는, 그것이 용언도 아니고 체언도 아닌 서술어로서 의미의 중심이고 뒤에 조사가 올 수 없는데 왔기 때문입니다. 용언도 아니고 체언도 아닌 서술어라는 것은 E5로 표시되었고, 의미의 중심이라는 것은 '형용사성, 1자리'라는 '31'로 표시되었으며, 예외적인 조사 '이'의 첨가는 '91'로 표시되었습니다. 어근 분리가 이루어진 상황에서 '맛이'는 실질서술어의 모습을 하고 있는 셈입니다.

한편, '있'은 E3-1로 표시되어 있습니다. '맛'과 분리된 채 홀로 있는 '있'은 형용사이지만 자릿수는 없는 E3으로 표시됩니다. 뒤에 종결어미가 오니 최종적인 모습은 E3-1이 되었죠. 복합어를 만들 때 참여했던 형용사로 표시하되 자릿수까지 가지지는 못하는 불완전한 용언으로 표시한 것입니다. 이렇게 하지 않고 그것을 보조용언이나 경동사로 분석하는 건 어렵습니다. 그 앞에 본용언이 없기에 보조용언은 타당하지 않고, 경동사라면 '하-'나 '되-'처럼 생겼어야 하는데 그렇지도 못하죠. 따라서 그 형태를 중시하여 일단 형용사 '있-'에 준하여 표시하되 자릿수를 없애면 E3-1처럼 되는 것입니다.

의미의 중심이 '맛'과 '있' 중에 '맛'에 있다고 본 것은, 한국어 문법의 일반론을 따른 것입니다. 본용언 다음에 보조용언이 오고, 체언 서술어 다음에 경동사가 오는 것이죠. 실질서술어가 앞에 오고 형식서술어가 뒤에 따르는 것이 한국어 문장의 일반적인 모습인 것 같습니다. 이런 이유로 '맛있-'의 파편인 '맛'에 '형용사성, 1자리'를 주고, 뒤에 오는 '있'에는 '형용사성, 0자리'를 배정한 것입니다. 그렇게 해서 복합어에 발생한 어근 분리를 표시했습니다.

파생어의 예 하나와 합성어의 예 하나를 들었는데, 그 밖에도 문장 분석에서 종종 만날 수 있는 예 몇 가지를 더 들어 보겠습니다.

(141) 어근 분리의 추가 예시

가. 영수가 나를 좋아는 한다.

나. 나는 새 집을 알아는 봤다.

다. 영수는 동생에게 화는 좀 냈다.

라. 그렇게 말을 잘 듣다니 참 착도 하지.

문장 (141가)에서 '좋아는 하-'는 '좋아하-'라는 합성어에 보조사 '는'이 끼어든 것이며, (141나)의 '알아는 보-'는 역시 합성어 '알아보-'(의미: "조사하거나 살펴보다.")에서 온 것이고, (141다)의 '화는 좀 내-'는 합성어 '화내-'에서 어근 분리가 일어나고 그 사이에 부사어 '좀'까지 끼어든 예입니다. (141라)는 파생 형용사 '착하-'에 보조사 '도'가 끼어 있습니다. 이를 고려하여 분석하면 다음과 같습니다.

(142) 예시 (141)의 분석 결과

가. 영수가 나를 좋아는 한다.

⇒ $A_{0-2-1}B_{0-4-2}E_{52295}E_{6-1}T_3H_6N_1P_1$

나. 나는 새 집을 알아는 봤다.

⇒ $A_{0-4-5}B_{1-1-2}E_{52295}E_{6-1}T_1H_6N_1P_1$

다. 영수는 동생에게 화는 좀 냈다.

　　⇒ A0-2-5D0-1-4E51195DE2-1T1H6N1P1

라. 그렇게 말을 잘 듣다니 참 착도 하지.

　　⇒ D(D(E31-3)B0-1-2DE22-3)DE53196E8-1H9N1P1

분석 (142가)에서 '좋아는'은 '좋아하-'의 '타동사, 2자리'를 계승하고 '하-'는 그 앞에 본용언 형태 '좋아는'이 있으니 보조용언 E6으로 표시합니다. (142나)에서도 '알아는'은 '알아보-'의 '타동사, 2자리'를 계승하고 '보-'는 그 앞에 본용언 형태 '알아는'이 있으니 보조용언 E6으로 표시합니다. (142다)에서 '화는'은 '화내-'의 '자동사, 1자리'를 계승하고 '내-'는 그 앞에 체언 성분의 형태 '화는'이 있으니 타동사 E2로 표시합니다. 이는 '화를 내다'에서 타동사 '내-'에 준한 것이며 자릿수는 물론 비워 두었죠.

마지막으로 살펴볼 것은, 분리된 어근을 관형어가 수식하는 경우입니다. 어근 뒤에 조사가 끼어드는 것도 모자라 어근 앞에 관형어가 오기까지 하는 매우 복잡한 양상이죠.

(143) 김치가 아무 맛이 없다.

『표준국어대사전』에서 '맛없다'를 검색하면 "「형용사」「1」음식의 맛이 나지 아니하거나 좋지 아니하다."가 나옵니다. 문장 (143)에서 '맛이 없-'은 합성어 '맛없-'('형용사, 1자리')에서 온 것이 분명합니다. 그런데 분리된 어근의 '맛'을 관형사 '아무'가 수식하는 걸 볼 수 있습니다. '맛' 뒤에 조사 '이'가 온 것도 모자라 '맛' 앞에 관형어까지 왔습니다. 이런 경우는 어떻게 분석하면 좋을까요?

(144) 예문 (143)의 분석 결과

가. 김치가 아무 맛이 없다.

나. A0-1-1E531191E3-1H6N1P1

어근 분리에 의해 하나의 서술어가 두 개의 서술어로 나뉘었습니다. 의미의 중심은 앞에 놓여 '아무 맛이'가 실질서술어 노릇을 합니다. '없-'은 자릿수가 없는 형용사로 분석되죠. 문제는 '아무'라는 관형사 정보를 어디에, 어떻게 넣을 것인가입니다. 분석 (144나)에서 실질서술어 표시를 보면 E531191로 되어 있죠. 여기서 앞부분의 '531'은 '용언도 아니고 체언도 아닌 서술어, 형용사성, 1자리'를 표시한 것입니다.

'531' 뒤에 오는 '191'은, 그러한 서술어 앞에 관형사(1)가 오고, 뒤에는 조사 '이'(91)가 왔다는 걸 나타냅니다. 조사 정보 '91'은 이젠 충분히 친숙해졌죠. 문제의 관형사 정보는 '91'의 앞에 놓으면 안성맞춤입니다. 숫자 '9'가 관형어 정보와 조사 정보를 나누어 주니까요. 어차피 실질서술어 정보는 '531'로 끝납니다. 그 뒤에 오는 것은 별도의 정보죠. 별도의 정보란, 보통은 예외적인 조사 첨가 정보입니다. 그것 말고도 관형어 정보까지 표시해야 한다면, 관형어 정보를 '9'의 왼쪽에 표시해 놓음으로써 9의 오른쪽에 있는 조사 정보와 명확히 구분해 줄 수 있습니다. 일단 이렇게 할 수 있다는 걸 알게 되면, 그 다음부터 전혀 헷갈리지 않고 해당 정보를 표시하고 해독할 수 있게 됩니다.

문장을 분석하다 보면 이와 같이 복합어로 된 용언들이 어근 분리를 겪은 걸 종종 보게 된답니다. 문장 분석의 시작은 서술어 정보의 파악으로부터인데 어근 분리를 제대로 파악하지 못하면 이후의 문장 분석 과정이 엉켜 버리게 되죠. 반드시 사전의 도움을 받아 어디서부터 어디까지가 서술어인지 잘 살펴야 합니다.

3.2.8 기타 사항

이제까지 서술어와 관련하여 본용언과 보조용언의 연결, 형식서술어에 의한 자릿수 변동, '이-' 구문, '하-' 구문, '되-' 구문, '시키-' 구문, 그리고 어근 분리에 이르기까지 숨 가쁘게 달려왔습니다. 이제 마지막으로 서술어의 생략과 자주 출현하는 문장 유형들을 어떻게 분석하면 좋을지 알아보도록 하겠습니다.

서술어가 생략된 경우

서술어가 취하는 주어나 목적어, 보어의 생략은 여러 문장들을 분석하는 과정에서 종종 관찰할 수 있었습니다. 논항이 생략되더라도 서술어가 있기에 문장 분석에 큰 어려움은 없었죠. 그런데 정작 서술어가 생략된다면 어떻게 될까요?

(145) 한국 드디어 4강으로!

이 문장에서 서술어는 없지만, 나와 있는 다른 문장성분들을 통해 서술어가 어떤 성질의 것인지를 대략 짐작해 낼 수 있습니다. '한국 드디어 4강으로 나아가다' 정도가 될 것으로 추론하는 건 그리 어렵지 않지요. 여기서 '한국'은 주어로, '드디어'는 부사어로, '4강으로'는 보어로 볼 수 있습니다. 그러나 생략된 서술어를 복원하여 표시해 주지는 않습니다. 일단 표면에 진짜 나와 있는 것들만 표시하는 게 원칙이니까요.

(146) 문장 (145)의 분석 결과

가. 한국 드디어 4강으로!

나. A0-2-0DC7-3-4P3

이렇게 분석해 놓으면, 표면에 등장하지 않은 서술어가 '자동사, 2자리'라는 걸 추론해 낼 수 있습니다. 이렇게 다른 문장성분의 도움을 받기 어려운 경우라면 문맥의 도움을 기대해 볼 수도 있지요. 분석 (146나)에서 약간 까다롭게 여겨질 만한 것은 '4강'의 분석입니다. '4강으로'에서 핵은 '강'(의미: "일정한 범위 안에 드는 강자를 이르는 말.")이고 그것은 의존명사죠. 그 앞의 숫자 '4'는 관형어 정보 중 '기타'에 해당하여 7번이 되죠. 조사 정보는 부사격조사이니 4번으로 하면 됩니다.

방금 살펴본 것이 모문 서술어의 생략이라면, 다음은 내포문 서술어가 생략된 경우입니다.

(147) 내포문 서술어의 생략 예시

가. <u>이번 일을 계기로</u> 경영 혁신을 이루어 내었다.

나. <u>거실을 시작으로</u> 집 전체를 청소하였다.

두 문장의 내포문에서는 공히 '하여'에 해당하는 서술어가 생략된 것으로 보입니다. 흔히 쓰는 구문이니 그렇게 추측하기는 어렵지 않죠. (147)에서 생략된 '하-'의 쓰임은 『표준국어대사전』에서 '하다¹'의 [I] 「동사」 아래 있는 용법 "**3** 【…을 …으로】"의 의미 「1」 "특정한 대상을 어떤 특성이나 자격을 가지는 것으로 만들거나 삼다."에서 확인할 수 있습니다. '타동사, 3자리' 서술어 '하-'가 이끄는 내포문임을 알 수 있죠. 이를 바탕으로 두 문장을 분석하면 다음과 같습니다.

(148) 예시 (147)의 분석 결과

가. <u>이번 일을 계기로</u> 경영 혁신을 이루어 내었다.

⇒ D(B3-1-2C0-1-4)B3-1-2E22-5E6-1T1S1H6N1P1

나. <u>거실을 시작으로</u> 집안 구석구석을 청소하였다.

⇒ D(B0-1-2C0-1-4)B3-1-2E422⟨0-1-0⟩E8-1T1H6N1P1

두 문장의 내포문은 비록 목적어와 보어만으로 이루어진 것이지만 그 역시 엄연한 부사절로서 문장 전체에서 부사어 역할을 톡톡히 해 내고 있습니다.

자주 출현하는 구문

구어나 문어에서 자주 쓰이는 구문 두 가지를 살펴보겠습니다. 하나는 '것 같-' 구문이며, 다른 하나는 '-기 시작하-' 구문입니다.

(149) 주위가 조용해진 것 같다.

이 문장에서 서술어는 '같-'이라는 형용사이며 그것은 『표준국어대사전』에서 용법 **4** "(('-ㄴ/는 것', '-ㄹ/을 것' 뒤에 쓰여)) 추측, 불확실한 단정을 나타내는 말."로 정의되며 그 예문으로 "연락이 없는 걸 보니 무슨 사고가 난 것 같다."와 "비가 올 것 같다."가 나와 있습니다. 격틀이 따로 제시되어 있지 않으니 '1자리' 서술어임을 알 수 있습니다. 따라서 문장 (149)의 '주위가 조용해진 것'은 서술어 '같-'의 주어로 분석해야 하죠.

(150) 문장 (149)의 분석 결과

가. 주위가 조용해진 것 같다.

나. A6-3-0(A0-1-1E31-5E6-2T5)E31-1H6N1P1

이 문장의 분석에서 주의할 점은 두 가지입니다. 첫째는, '같-'을 '형용사, 1 자리'로 분석해야 한다는 것입니다. 이것은 앞서 충분히 설명했습니다. 둘째는, 이 구문에는 양태성분의 태도 중 추측을 표시해서는 안 된다는 것입니다. 비록 '것 같-' 구문이 사전의 뜻풀이에서처럼 추측을 나타내는 표현은 맞지만, 그렇다고 해서 '것 같-'이 문법 형식으로까지 굳어진 것은 아니기 때문입니다. 아직은 어휘적 의미로 보는 것이죠. 이와 비슷한 처지에 있는 것으로 '-ㄹ 수 있-'을 들 수 있습니다.

(151) 영수가 이젠 학교에 갈 수 있어.

이 문장에서 '영수가 이젠 학교에 갈'은 의존명사 '수'를 꾸미는 관형어입니다. 긴 관형사절을 가진 주어 '영수가 이젠 학교에 갈 수'를 취하는 서술어는 '있-'이죠. 그것은 『표준국어대사전』에서 '있다'의 [Ⅱ] 「형용사」 용법 **①**의 의미 「5」 "((-ㄹ 수 있다' 꼴로 쓰여)) 어떤 일을 이루거나 어떤 일이 발생하는 것이 가능함을 나타내는 말."에 해당합니다. '형용사, 1자리' 서술어죠. 이를 고려하여 문장 전체를 분석하면 다음과 같습니다.

(152) 문장 (151)의 분석 결과

가. 영수가 이젠 학교에 갈 수 있어.

나. A6-3-0(A0-2-1D0-1-5C0-1-4E12-2T7)E31-1H9N1P1

한편, '-기 시작하-' 구문은 양태성분의 상에서 기동을 표시하는 것으로 이미 살펴본 적 있습니다. 그러나 그 구체적인 분석에 대해서는 아직 다루지 못했죠. 기동상을 나타낼 때와 그렇지 않은 일반적인 용법일 때를 구분하여 분석해 주어야 합니다.

(153) 비가 오기 시작했다.

이 문장의 복합서술어 '시작하-'는 『표준국어대사전』의 '시작하다"을 참고할 수 있습니다. 그런데 주의가 좀 필요하죠. '시작하다"의 「1」 "【(…을)】【-기】 어떤 일이나 행동의 처음 단계를 이루거나 그렇게 하게 하다."를 바탕으로 '-기 시작하-'의 실질서술어 '시작'을 '자동사성, 1자리'로 볼 수 있습니다. 뒤의 '하-'는 경동사죠. 이를 고려하여 문장 전체를 분석하면 다음과 같습니다.

(154) 문장 (153)의 분석

가. 비가 오기 시작했다.

나. A0-7-0(A0-1-1E11-4)E411(0-1-0)E8-1T1S5H6N1P1

이 문장은 '비'가 스스로 오는 행동을 일으킨다는 걸 의미하진 않죠. 만일 그랬다면 '비가'가 주어가 되고 '오기'가 실질서술어가 되었겠죠. 이 문장의 진정한 주어는 '비가 오기'라는 명사절이며, 실질서술어는 '시작'입니다. 이러한 구성을 통해 '비가 오는 일의 처음 단계'를 이 문장은 기술합니다. 이를 기동상(inchoative aspect)이라고 하죠. '-기 시작하-'는 어떤 일이나 행동의 처음 단계를 기술하는 기동상 표지입니다.

'-기 시작하-' 구성이 기동상이 아닌 일반적인 용법으로 쓰일 때는 다음과 같습니다.

(155) 영수는 화초 기르기를 시작했다.

여기서 주어는 '영수는'이고 서술어는 '시작+하-'라는 복합서술어이며, 그것이 취하는 목적어는 '화초 기르기'입니다. 이 문장은 영수의 그러한 취미가 막 발생하고 있는 처음 단계를 기술하는 것이 아닙니다. 영수가 그러한 취미 활동을 하지 않다가 이젠 하게 되었다는 걸 뜻하죠. 일을 하지 않다가 하게 된다는 것을 나타내는 것과, 일 내부로 들어가 그 처음 단계를 기술하는 것은 다릅니다. 이를 고려하여 (155)를 분석하면 다음과 같습니다.

(156) 문장 (155)의 분석 결과
가. 영수는 화초 기르기를 시작했다.
나. $A_0\text{-}2\text{-}5B_0\text{-}7\text{-}2(B_0\text{-}1\text{-}0E_{22}\text{-}4)E_{422}(0\text{-}1\text{-}0)E_8\text{-}1T_1H_6N_1P_1$

'-기 시작하-' 구성이 기동상으로 쓰일 때는 '-기'와 '시작하-'가 매우 긴밀해져서 둘 사이에 다른 말이 끼어들기 어려워 보입니다. 문장 (153)에 부사어 '어제'를 넣어 보면 다음과 같죠.

(157) 기동상 구문에서의 수식어 분포

가. <u>어제</u> 비가 오기 시작했다.

나. 비가 <u>어제</u> 오기 시작했다.

다. *비가 오기 <u>어제</u> 시작했다.

그러나 이러한 부사어의 분포 제약은 기동상 구문이 아닌 (155)에서는 보이지 않습니다.

(158) 기동상 구문이 아닌 경우

가. <u>어제</u> 영수는 화초 기르기를 시작했다.

나. 영수는 <u>어제</u> 화초 기르기를 시작했다.

다. 영수는 화초 기르기를 <u>어제</u> 시작했다.

이러한 부사어의 분포 제약을 통해 '-기 시작하-' 구성이 기동상 표지로 쓰였는지를 따져 보면 더 분명해질 것입니다. (155)도 기동상 구문으로 바꾸면 이러한 분포 제약이 드러납니다.

(159) 기동상 구문인 경우

가. <u>어제</u> 영수는 화초를 기르기 시작했다.

나. 영수는 <u>어제</u> 화초를 기르기 시작했다.

다. *영수는 화초를 기르기 <u>어제</u> 시작했다.

예시 (158)과 (159)의 대비에서 보이듯이, 비록 거의 같은 구성 요소들로 이루어졌지만 '-기 시작하-' 구성이 기동상 표지로 쓰일 때에는 '-기'와 '시작하-' 사이에 부사어가 끼어들 수도 없지만, '-기' 다음에 조사가 오는 것도 힘들어 보입니다. (153)에서도 조사를 넣으면 '*비가 오기를 시작했다.'처럼 이상해지니 말입니다. '*비가 오기는 시작했다.'처럼 다른 조사로 바꾸어도 상황은 별로 나아지지 않습니다. '비가 오기는 했어.'와는 다른 문장이죠. 이러한 점을 고려하여 기동상 구문인 (159가)를 분석하면 다음과 같습니다.

(160) 문장 (159가)의 분석 결과

가. 어제 영수는 화초를 기르기 시작했다.

나. DA_0-7-0(A_0-2-5B_0-1-2E_{22}-4)E_{411}(0-1-0)E_8-1$T_1S_5H_6N_1P_1$

기동상이 아닐 때 실질서술어 '시작'은 '타동사성, 2자리'이지만, 기동상일 때는 '자동사성, 1자리'라는 점에 주의해야 합니다. 물론, 기동상 표시 S_5의 유무도 헷갈리지 말아야 합니다.

3.3 그 외 문장성분 분석의 심화

이제 서술어라는 큰 산을 넘었습니다. 문장의 바탕을 제공하는 서술어이니만큼 살펴볼 것도 정말 많았지요. 그렇게 익힌 만큼 문장 분석은 더 수월해질 것입니다. 이제 남은 것은 서술어 이외의 문장 분석에 대한 것이죠. 여기서는 특히 보어와 부사어 분석을 자세히 다룹니다. 아직 공개하지 않은 진귀한 언어 현상들이 있습니다. 생각보다 쉽지가 않으니 긴장의 끈을 놓지 말아야 합니다.

3.3.1 주어와 목적어

여기서 이야기할 것은 크게 두 가지입니다. 하나는 앞에서도 다루었던 이중 주어 구문이나 이중 목적어 구문에 대한 것입니다. 몇 가지 부연을 통해 총정리를 하고자 합니다. 다른 하나는 동족목적어 구문에 대한 것입니다. 그러한 구문에서 목적어가 출현하지 않을 때는 어떻게 분석하면 되는지를 다루고자 합니다.

성분 중출의 유형

주어나 목적어에서 크게 문제가 되는 것은 이들처럼 생긴 것이 둘 이상 나오는 경우입니다. 이에 대해서는 이미 3.1절 '문장 분석의 기본 원칙'의 '이중 주어나 이중 목적어 불인정'에서 일부 언급한 적이 있는데요, 좀 더 부연이 필요한 것 같습니다.

(161) 유형1
가. 영수가 눈이 크다.

⇒ $X_{0-2-1}A_{0-1-1}E_{31-1}H_6N_1P_1$

나. 나는 영수를 손을 잡았다.

⇒ $A_{0-4-5}X_{0-2-2}B_{0-1-2}E_{22-1}T_1H_6N_1P_1$

여기서 (161가)는 이중 주어 구문이고 (161나)는 이중 목적어 구문입니다. 둘을 같이 묶은 이유는, 중출된 성분들 중에서 첫 번째 것이 두 번째 것을 신체의 일부로 소유하는 관계이기 때문입니다. 즉, (161가)에서 '영수'는 '눈'을 제 몸의 일부로 가지며, (161나)에서도 '영수'는 '손'에 대해 그러한 관

계를 가집니다. 이 문장들에서 두 번째 것을 진정한 주어나 목적어로 보고, 첫 번째 것을 X로 처리한 것은 의미적으로 보아도 매우 당연합니다. (161)가에서 '큰' 것은 '눈'이지 '영수'라는 사람 전체가 아니며, '내가 잡은' 것은 '손'이지 '영수'라는 사람 전체가 아니기 때문이죠.

조사 생략을 통해 살펴보아도 두 번째 것이 진정한 주어나 목적어라는 점이 드러납니다. 먼저 첫 번째 것에서만 조사를 지우면 '영수 눈이 크다.'나 '나는 영수 손을 잡았다.'처럼 올바른 문장이 얻어집니다. 그러나 두 번째 것에서만 조사를 지우면 '*영수가 눈 크다.'나 '*나는 영수를 손 잡았다.'처럼 이상하거나 어색해집니다. 가짜 성분에서 조사를 삭제할 때는 정문이었지만 진짜 성분에서 조사를 삭제할 때는 비문이 되는 것이죠.

(162) 유형2

가. 학생이 한 명이 왔다.

⇒ $X_{0\text{-}1\text{-}1}A_{1\text{-}3\text{-}1}E_{12\text{-}1}T_1H_6N_1P_1$

나. 영수가 커피를 세 잔을 마셨다.

⇒ $A_{0\text{-}2\text{-}1}X_{0\text{-}1\text{-}2}B_{1\text{-}1\text{-}2}E_{22\text{-}1}T_1H_6N_1P_1$

예시 (162)에서도 (가)는 이중 주어 구문이고 (나)는 이중 목적어 구문입니다. 둘을 같이 묶은 이유는, 중출된 성분들 중에서 두 번째 것이 첫 번째 것의 수량을 나타내기 때문입니다. 즉, (162가)에서 '한 명'은 '학생'의 수이고, (162나)에서도 '세 잔'은 '커피'의 양이기 때문입니다. 위의 (161)에서와 같이 조사 지우기 실험을 해 보면 첫 번째 것을 지우든지 두 번째 것을 지우든지 모두 정문이 얻어지는 것을 알 수 있습니다. 즉, '학생 한 명이 왔다.'나 '학생이 한 명 왔다.'나 모두 맞는 문장이고, '영수가 커피 세 잔을 마셨다.'나 '영수가 커피를 세 잔 마셨다.'나 모두 정문이죠.

예시 (161)과 (162)의 네 가지 예문의 공통점은, 중출된 성분들 중에서 첫 번째 것이 가짜 성분이고 두 번째 것이 진짜 성분인 것으로 표시되었다는 것입니다. 그러나 모든 경우에서 반드시 그런 것은 아니라는 것에 주의해야 합니다.

(163) 유형3

가. 나는 운동장을 한 시간을 돌았다.

    a. *나는 운동장 한 시간을 돌았다.

    b. 나는 운동장을 한 시간 돌았다.

    c. 나는 한 시간 운동장을 돌았다.

나. 나는 잠을 네 시간을 잤다.

    a. *나는 잠 네 시간을 잤다.

    b. 나는 잠을 네 시간 잤다.

    c. 나는 네 시간 잠을 잤다.

예시 (163)은 이제까지 보지 못한 이중 목적어 구문인데, 여기서는 첫 번째 것이 진짜 목적어이고 두 번째 것이 가짜 목적어입니다. 이 경우, 가짜 목적어는 X가 아니라 시간을 나타내는 부사어로 표시해야 합니다. 앞서 (161)과 (162)에서 해 본 조사 지우기 실험을 여기서도 한 결과가 (163)의 (a)와 (b)입니다. 첫 번째 것에서 조사를 지울 때는 비문이 되었지만, 두 번째 것에서 조사를 지울 경우 정문이 되었죠. 따라서 진짜 목적어는 첫 번째 것이 됩니다. 두 번째 것은 조사를 지우고 나서 (c)처럼 진짜 목적어 앞으로 이동해도 문제가 없습니다. 시간 부사어이니 위치가 자유로운 것입니다.

방금 (163)의 (c)에서 했던 실험을 (161)과 (162)에 적용하면 모두 비문이 됩
니다.

(164) 중출된 성분의 자리 바꾸기

가. 유형1

　a. *눈 영수가 크다.

　b. *나는 손 영수를 잡았다.

나. 유형2

　a. *한 명 학생이 왔다.

　b. *영수가 세 잔 커피를 마셨다.

다. 유형3

　a. 나는 한 시간 운동장을 돌았다.

　b. 나는 네 시간 잠을 잤다.

유형1과 유형2에서는 첫 번째 것과 두 번째 것이 자리를 바꾸기 힘들지만,
유형3에서는 그런 제약이 없습니다. 앞의 두 가지 유형에서는 X가 A나 B
앞에서 주제어 역할을 하지만, 유형3에서는 B 뒤에 D가 오는 것이기 때문
이죠.

(165) 나는 운동장을 네 바퀴를 돌았다.

가. 나는 운동장 네 바퀴를 돌았다.

나. 나는 운동장을 네 바퀴 돌았다.

다. *나는 네 바퀴 운동장을 돌았다.

예시 (165)는 수량 관계인 (162)와 같은 모습을 보입니다. 중출된 성분들 중 어느 것에서 조사를 삭제해도 되고, 두 번째 것에서 조사를 삭제한 후에 첫 번째 것 앞으로 옮기면 비문이 만들어지기 때문이죠. 따라서 (165)도 (162)의 한 유형으로 보아, 첫 번째가 가짜 목적어 X, 두 번째가 진짜 목적어 B로 표시됩니다. 추가로 이야기된 (163)과 (165)를 분석하면 다음과 같습니다.

(166) 유형3의 예시 분석 결과

가. 나는 운동장을 한 시간을 돌았다.

⇒ $A_0\text{-}4\text{-}5B_0\text{-}1\text{-}2D_1\text{-}1\text{-}2E_{22}\text{-}1T_1H_6N_1P_1$

나. 나는 잠을 네 시간을 잤다.

⇒ $A_0\text{-}4\text{-}5B_0\text{-}1\text{-}2D_1\text{-}1\text{-}2E_{22}\text{-}1T_1H_6N_1P_1$

두 문장의 분석 결과는 같으며, 공히 부사어가 조사 '을'을 가진 것으로 표시합니다.

(167) 예시 (165)의 분석 결과

가. 나는 운동장을 네 바퀴를 돌았다.

⇒ $A_0\text{-}4\text{-}5X_0\text{-}1\text{-}2B_1\text{-}3\text{-}2E_{22}\text{-}1T_1H_6N_1P_1$

나. 나는 운동장 네 바퀴를 돌았다.

⇒ $A_0\text{-}4\text{-}5B_{31}\text{-}3\text{-}2E_{22}\text{-}1T_1H_6N_1P_1$

다. 나는 운동장을 네 바퀴 돌았다.

⇒ $A_0\text{-}4\text{-}5B_0\text{-}1\text{-}2D_1\text{-}3\text{-}0E_{22}\text{-}1T_1H_6N_1P_1$

여기서 주의할 것이 있습니다. 목적어 형태가 둘이 나온 (167가)에서는 두 번째 것을 진짜 목적어로 분석하지만, (167다)에서처럼 두 번째 것에서 조사를 생략했을 경우에는 유일하게 목적어 형태를 가지게 된 첫 번째 것을 목적어로, 두 번째 것은 부사어로 표시한다는 점입니다. 설명 자체가 복잡하게 느껴질 수는 있으나 이치는 간단합니다. 목적어 형태가 둘이 나오면 두 번째 것이 진짜이고, 하나만 나오면 그것만 목적어라는 것이죠. (167나)는 '운동장'이 '바퀴'를 수식하는 구성입니다. (161)의 유형1에서 '영수 눈이 크다.'의 '영수'가 '눈'을 수식하고, (162)의 유형2에서 '나는 커피 세 잔을 마셨다.'의 '커피'가 '잔'을 수식하는 것과 같은 맥락에 있습니다.

몇 차례에 걸쳐 이중 주어 구문이나 이중 목적어 구문에 대해 이야기를 했습니다. 드디어 여기에 와서야 그에 관해 마무리를 할 수 있는 것 같네요. 이 절에서 내린 결론이 유일한 정답은 아닙니다. 충분히 다른 견해가 가능하겠고, 더욱 타당한 증거를 가진 입장이 나올 수도 있습니다. 우리가 현재 가지고 있는 것은 하나의 가능한 분석 틀일 따름이죠. 그러나 비록 임시적인 분석 틀일지라도 그것을 일관성 있게 적용해 나가는 것이 중요합니다. 나중에 수정을 하더라도 일관성 있게 수정을 할 수 있으니까요. 대규모 문장을 처리하는 말뭉치 언어학에서는 상식과도 같은 이야기입니다. 그렇게 분석해 나가면서 뭔가 이상하다고 여겨지는 것이 쌓이고 그 원인을 찾아 더 나은 분석 틀을 만들어 나가는 것입니다. 그것이 결과로서가 아닌, 과정으로서의 해석문법이 추구하는 바입니다.

동족목적어 구문

이 절을 마치기 전에 한 가지만 더 이야기할 게 있습니다. 동족목적어 구문에 관해서죠.

(168) 동족목적어 구문의 예시

가. 영수가 곤히 잠을 잔다.

나. 영수가 곤히 잔다.

예시 (168)에서 서술어 '자-'는 목적어로 '잠'을 취할 수 있는데, 사실은 '잠'이 동사 '자-'에 명사 파생 접사 '-ㅁ'을 결합하여 만든 것입니다. 목적어가 서술어에서 나온 것이니 둘이 동족(同族)이라고 할 수 있겠지요. 그래서 이러한 문장을 동족목적어 구문이라 부릅니다. 서술어 '자-'가 목적어 '잠'을 취하는 (168가)의 분석은 어려울 게 없습니다. '타동사, 2자리' 구문으로 표시하면 되겠죠.

그런데 목적어가 보이지 않는 (168나)는 어떻게 분석하면 될까요? 목적어는 논항이고 논항은 서술어의 필수성분이니 비록 목적어가 보이지 않는다 해도 서술어는 여전히 '타동사, 2자리'로 봐야 할까요? 그렇게 생각하면 당연히 그래야 할 것 같은데, 문제는 (168나)에서 목적어가 생략되었다는 허전함을 느끼기 힘들다는 것입니다. 목적어와 서술어가 동족이라는 게 오히려 목적어를 잉여적인 것으로 만드는 것이죠. 그래서 학자에 따라서는 '잠'과 같은 동족목적어를 잠재논항이라고도 하고 반논항이라고도 부릅니다. 일반적인 논항에 비해 그 역할이 미미하다는 판단에서죠. 그런 이유로, 해석문법에서는 동족목적어 구문에서 목적어가 나오지 않을 경우 목적어가 없는 문장으로 분석합니다. 그러니까 (168나)에서 '자-'는 '자동사, 1자리' 서술어로 표시하는 것입니다.

(169) 동족목적어 구문 (168)의 분석 결과

가. 영수가 곤히 잠을 잔다.

⇒ A0-2-1DB0-1-2E22-1T3H6N1P1

나. 영수가 곤히 잔다.

⇒ A0-2-1DE11-1T3H6N1P1

『표준국어대사전』에서도 이렇게 이중적으로 처리하는 경우가 꽤 있습니다. '(잠을) 자-'뿐만 아니라, '(그림을) 그리-'나 '(춤을) 추-', '(꿈을) 꾸-', '(삶을) 살-', '(걸음을) 걷-'과 같은 경우들도 목적어 출현 유무에 따라 서술어의 성격을 달리 표시해 주면 됩니다.

3.3.2 보어

서술어가 필수적으로 요구하는 논항에는 주어와 목적어뿐만 아니라 보어도 있습니다. 보어의 재료로는 체언 성분도 있지만 부사나 부사절도 있습니다.

보어가 된 부사

(170) 소녀가 <u>이리</u> 건너오고 있었다.

이 문장에서 서술어는 '건너오-'이며 사전에 '길을 건너오다'와 같은 '타동사, 2자리', 그리고 '이곳에 건너오다'나 '안방으로 건너오다'와 같은 '자동사, 2자리'로 풀이하고 있습니다. 이러한 서술어의 특성에 비추어 보았을 때 문장 (170)에서 '이쪽으로'에 해당하는 것은 부사 '이리'입니다. '소녀가 <u>이쪽으로</u> 건너오고 있었다.'처럼 말할 수도 있겠지만 '이쪽으로' 대신 '이리'라는 부사를 사용할 수도 있는 것이지요. 이렇게 부사가 보어로 쓰였을 때는 그것을 간단히 C라고만 표시하면 됩니다. 체언 성분이 아니기에 앞뒤에 오는 관형어, 조사 정보를 체계적으로 기술해 줄 틀이 필요 없습니다.

(171) 문장 (170)의 분석 결과
가. 소녀가 <u>이리</u> 건너오고 있었다.
나. A0-1-1CE12-5E6-1T1S2H6N1P1

품사 통용을 보이는 단어가 보어로 쓰일 경우 굳이 명사로 분석할 필요는 없습니다.

(172) 명사와 부사로 쓰이는 '저만치'의 분석
가. 저만치 가서 잠시 서 있어.
나. D(CE12-3)DE11-5E6-1S1H9N3P1

이 문장에서 부사어로 쓰인 부사절 '저만치 가서'에서 '저만치'는 서술어 '가-'의 보어로 쓰인 부사입니다. 그것은 명사와 부사로 품사 통용을 보이는데 여기서는 조사의 도움 없이 그 자체로 훌륭히 보어로 쓰이고 있으므로 부사로 분석하는 것이죠.

보어가 된 부사절

부사절이 보어로 쓰일 때에도 표시는 간단합니다.

(173) 보어로 쓰인 부사절의 예문 분석
가. 영수는 <u>매우 어리게</u> 보인다.

나. A0-2-5C(DE$_{31-3}$)E$_{12-1}$T$_3$H$_6$M$_9$N$_1$P$_1$

여기서 보어로 쓰이는 부사절 표시는 C(DE$_{31-3}$)입니다. 단순히 보어 표지 C만 쓰고 그 다음에 괄호 안에 부사절의 내용을 넣어 붙여 주는 거죠. 부사절도 부사처럼 체언 성분의 분석 틀을 따를 필요가 없으니 표시가 간단합니다.

3.3.3 부사어

드디어 부사어를 다룰 차례입니다. 주어나 목적어, 보어에 비해 부사어는 필수성분이 아니라서 그리 복잡할 게 없을 거라 예상하기 쉽지만 실상은 그렇지 않습니다. 지금부터 부사어에 얽힌 복잡다단한 이야기를 풀어 보겠습니다.

수식어와 조사를 가진 부사

부사어의 재료로서는 우선적으로 부사를 꼽아야 합니다. 그런데 부사가 부사어로 쓰일 때 조사를 달고 나오는 경우가 있습니다. 그 정보를 어떻게 담아 주면 좋을까요?

(174) 부사 뒤에 조사가 올 때

가. 빨리는 달렸다.

나. D$_{95}$E$_{12-1}$T$_1$H$_6$N$_1$P$_1$

부사 '빨리'의 뒤에는 이처럼 '는'이나 '도', '만'과 같은 보조사가 옵니다. '빨리는 달렸지만 우승과는 거리가 멀었다.'에서처럼 일상에서 자연스럽게 쓰이죠. 이렇게 부사 뒤에 조사가 올 경우, 예외적인 조사 첨가를 이용하면 됩니다. 부사 표지 D 뒤에 '95'를 달아 주는 거죠.

그럼, 부사가 수식을 받을 때는 어떻게 표시하면 될까요?

(175) 부사 앞에 수식어가 올 때

가. 아주 **빨리** 달렸다.

나. D2E12-1T1H6N1P1

이 문장에서 부사 '빨리'는 다른 부사 '아주'의 수식을 받고 있습니다. 이런 정보도 빠뜨릴 수 없는 것 같은데 이를 위해 별도의 장치를 마련하기보다는 체언 성분의 분석 틀을 응용하는 게 좋을 듯합니다. 부사어 표지 D 뒤에 체언 성분의 관형어 정보를 이용해 표시하는 겁니다. (175나)처럼 말이죠. 체언 성분의 관형어 중에서 부사는 2번에 해당하니 D 뒤에 2를 붙이면 부사로 된 부사어가 다른 부사의 수식을 받는다는 걸 어렵지 않게 파악할 수 있습니다. 헷갈릴 이유가 전혀 없지요. 그렇게 약속하고 표시하여 읽으면 됩니다.

그럼, 수식어와 조사를 모두 달고 나오는 부사는 어떻게 표시할 수 있을까요?

(176) 수식어와 조사를 모두 가진 부사

가. 아주 **빨리는** 달렸다.

나. D295E12-1T1H6N1P1

답은 의외로 간단합니다. 앞서 말한 방식을 모두 합치면 되는 거죠. 표시 D295에서 '295'는 '9'를 중심으로 왼쪽은 수식어 정보이고, 오른쪽은 조사 정보입니다. 체언 성분이 아니므로 〈2-8-5〉와 같이 쓸 필요가 없고 그래서도 안 되죠. D라는 것이 '부사'임을 표시하고 그 좌우에 오는 수식어와 조사 정보를 '9'를 중심으로 양쪽에 붙이는 것만으로 충분합니다.

이런 표기 방식은 사실 이미 3.2.7절 '어근 분리'의 예시 (144)에서 사용한 적 있습니다. 어근 분리에 의해 떨어져 나간 복합어의 앞쪽 부분에 관형어와 조사가 올 때 이런 방식을 사용했었죠. '9'라는 숫자가 있어서 그 앞뒤에 정보를 넣을 틈이 생기는 겁니다.

이제 부사의 앞과 뒤에 다양한 수식어와 조사가 오는 걸 보시죠.

(177) 부사와 결합한 다양한 수식어와 조사

가. 정말 정말 빨리도 달렸다.

⇒ D2296E12-1T1H6N1P1

나. 눈썹이 날리도록 빨리도 달렸다.

⇒ D696(A0-1-1E11-3M9)E12-1T1H6N1P1

다. 정신을 잃을 정도로 빨리도 달렸다.

⇒ D4〈6〉96(B0-1-2E22-2T7)E12-1T1H6N1P1

관형어 정보를 표시하는 방법이나 조사를 표시하는 방법이나, 체언 성분을 표시할 때와 방식은 같습니다. (177가)에서는 부사 두 개가 연이어 오고 있으니 '9'의 왼쪽에 '22'라고 적으면 됩니다. (177나)에서는 부사절 '눈썹이 날리도록'이 부사 '빨리'를 수식하고 있네요. '9' 왼쪽에 '6'을 적고 괄호 안에 부사절 내용을 풀어 준 다음 D₆₉₆ 뒤에 붙이면 됩니다. (177다)는 여기서 제일 복잡한 경우이지만 역시 체언 성분 때와 같이 분석하면 됩니다. '빨리'를 수식하는 것은 '정도로'이므로 '체언+[조사 단독]'에 해당하는 '4'를 써 주고, '정도로'의 '정도'를 '정신을 잃을'이라는 절이 수식하니 '4' 뒤에 '⟨6⟩'을 붙여 '4⟨6⟩'이라 적으며, 절의 정보를 풀어 괄호 안에 넣은 다음 D₄⟨₆⟩₉₆ 뒤에 결합하면 됩니다.

논항을 취하는 부사

이렇듯 부사는 체언처럼 앞에는 수식어를, 뒤에는 조사를 취할 수 있습니다. 체언 정보를 응용하여 간명하게 표시해 줄 수 있었습니다. 물론 체언 성분과는 헷갈리지 않게 말이죠. 그런데 여기서 끝이 아닙니다. 부사는 용언처럼 논항을 요구하기도 합니다.

(178) 나는 **돈도 없이** 여행을 떠났다.

이 문장에서 서술어 '떠나-'는 '타동사, 2자리'이며 '나는'을 주어로, '여행을'을 목적어로 취합니다. 밑줄 친 '돈도 없이'는 부사어로서 서술어를 수식하죠. 문제는 부사어의 내부 분석입니다. 『표준국어대사전』에서 '없이'를 찾으면 부사로서 총 10가지 의미를 지닌 것으로 나옵니다. 그런데 그에 딸린 예문들의 상당수가 '돈도'와 같은 성분과 함께 쓰이죠. 문장 (178)에서도 '돈도'와 '없이'는 사실상 논항과 서술어 관계에 있습니다. 돈이 없는 거죠. 돈이라는 것 자체가 존재하지 않는 게 아니라 '내게 돈이 없다'는 것입니다. 부사 '없이'는 형용사 '없-'처럼 '형용사성, 2자리' 서술어인 것입니다.

(179) 문장 (178)의 분석 결과

가. 나는 <u>돈도 없이</u> 여행을 떠났다.

나. A_0-4-5D(A_0-1-6E$_{532}$M$_7$)B$_0$-1-2E$_{22}$-1T$_1$H$_6$N$_1$P$_1$

분석 (179나)에서 '돈도'는 주어로 분석되고 '없이'는 '형용사성, 2자리'를 가진 '비용언, 비체언' 서술어 E$_{532}$로 표시됩니다. 부사 '없이'는 형용사 '없-'처럼 양태성분의 태도 중 부정의 표지이므로 M$_7$을 빠뜨리지 말아야 하죠. '나는 <u>아무것도</u> 없이 여행을 떠났다.'처럼 부정극어 '아무것'과 호응할 수 있으니까요. '없이'가 별도의 논항을 데리고 있지 않아도 그것은 부사절로 분석해야 합니다.

(180) 부사가 곧장 부사절이 되는 경우

가. <u>없이</u> 사는 설움은 겪어 보지 않으면 모른다.

나. B_6-1-5(D(E$_{532}$M$_7$)E$_{11}$-2T$_6$)D(E$_{22}$-5E$_6$-5E$_6$-3M$_{47}$)E$_{22}$-1T$_3$H$_6$M$_7$N$_1$P$_1$

문장 (180가)는 『표준국어대사전』에서 '없이'의 의미 「3」 "재물이 넉넉하지 못하여 가난하게."에 딸린 예문을 그대로 가져온 것입니다. 꽤 복잡한 문장이지만 분석하는 데 문제는 없습니다. 모문의 서술어 '모르-'가 취하는 목적어 '없이 사는 설움은'의 내부에 있는 관형사절 '없이 사는'의 부사절이 바로 '없이'입니다. 오직 그것 하나만 등장해도 그것은 부사절 D(E$_{532}$M$_7$)로 표시해야 하죠.

부사 '없이'와 비슷한 것이 '같이'입니다. 『표준국어대사전』에서 '같이'를 찾아보면 "[I] 「부사」 ((주로 격 조사 '과'나 여럿임을 뜻하는 말 뒤에 쓰여))"와 같은 환경 정보를 확인할 수 있습니다. 그 예문도 "친구와 같이 사업을 하다."(의미 「1」 "둘 이상의 사람이나 사물이 함께.")나 "세월이 물과 같이 흐른다."(의미 「2」 "어떤 상황이나 행동 따위와 다름이 없이.")로 나와 있죠. 이를 통해 '같이'가 '형용사성, 2자리' 서술어임을 알 수 있습니다.

> **(181)** '같이'가 부사절이 되는 예
>
> 가. 세월이 물과 같이 흐른다.
>
> ⇒ A0-1-1D(C0-1-4E532)E11-1T3H6N1P1
>
> 나. 우리 같이 좀 걷자.
>
> ⇒ A0-4-0D(E532)DE11-1H6N4P1

예문 (181가)는 『표준국어대사전』의 예문을 그대로 가져온 것입니다. (181나)는 논항 없이 쓰인 부사 '같이'의 예입니다. '없이'가 혼자일 때처럼 이 경우도 부사절 표지를 잊지 말아야죠.

부사 '같이'가 부사절이라면 그와 비슷하게 쓰이는 '함께'도 절일 수밖에 없습니다. 『표준국어대사전』에서 '함께'를 찾아보면 "「부사」 ((주로 '⋯과 함께' 구성으로 쓰여)) 한꺼번에 같이. 또는 서로 더불어."로 환경 정보와 의미를 제공합니다. 그 예문도 "어머니는 선생님과 함께 이야기를 나누었다."나 "형과 동생이 함께 놀고 함께 공부한다."입니다.

여기서 어떻게 '함께'가 '같이'처럼 '형용사성, 2자리' 서술어냐고 물으실 수도 있겠지만, 다음 문장을 보면 고개를 끄덕이게 되실 겁니다.

> **(182)** '형용사성, 2자리' 서술어 '함께'의 예문
>
> 가. 나는 늘 너와 함께야.

나. A0-4-5DC0-4-4E532E7-1H9N1P1

여기서 서술어는 '비용언, 비체언'이며 '형용사성, 2자리'인 부사 '함께'입니
다. 그것은 '이-' 구문에서 실질서술어로 쓰이면서 주어 '나는'과 보어 '너와'
를 취합니다. 부사 '함께' 역시 '없이'나 '같이' 못지않은 '형용사성, 2자리'
서술어인 것이죠.

(183) '함께'의 예문 추가 분석

가. 우리는 함께 놀고 함께 공부한다.

나. A0-4-5D(D(E532)E11-3)D(E532)E422⟨0-1-0⟩E8-1T3H6N1P1

이 문장에서는 '함께'가 논항 없이 단독으로 두 번이나 출현했습니다.

부사 '몰래'도 이러한 부사 부류에 속합니다.

(184) 부사절을 이루는 부사 '몰래'

가. 영수는 나 몰래 놀이터로 나갔다.

나. A0-2-5D(A0-4-0E522M7)C0-1-4E12-1T1H6N1P1

분석 (184)에서 부사 '몰래'는 '나'를 주어로 취하여 부사절을 이룹니다. 그
안에 양태성분의 태도 중 부정 M7을 넣었죠. 부정극어가 들어간 '아무도
모르게'처럼 '아무도 몰래'가 가능하니까요. 동사 '모르-'의 논리에 따라 '몰
래'는 '타동사성, 2자리'로 분석합니다.

부사 '없이'가 들어있는 복합어도 비슷한 모습을 띱니다.

(185) 부사 '관계없이'의 예시

가. 너는 이 일과 관계없이 승진이야.

나. A0-4-5D(C1-1-4E532M7)E412⟨0-1-0⟩E7-1H9N1P1

이 예문에서 부사 '관계없이'는 보어 '이 일과'를 취하여 부사절을 이룹니다. 부정극어가 들어간 '아무것과도 관계없이'가 가능하므로 역시 M7을 넣는 걸 잊어서는 안 되겠죠. 아울러 이러한 복합 부사는 어근 분리를 겪어 더 복잡한 구문을 만들기도 합니다.

(186) 부사 '관계없이'가 어근 분리를 겪은 경우

가. 너는 이 일과는 아무 관계도 없이 승진이야.

나. A0-4-5D(C1-1-45E532196E53M7)E412⟨0-1-0⟩E7-1H9N1P1

정말 복잡해 보이네요. 그럴수록 더욱 침착하게 접근해야 합니다. 우선 부사절은 '이 일과는 아무 관계도 없이'입니다. 여기서 보어는 '이 일과는'이고 부사 서술어는 '아무 관계도 없이'입니다. 부사 '관계없이'가 '관계'와 '없이'로 쪼개지고 앞부분인 '관계'에 관형어 '아무'와 조사 '도'가 결합했습니다.

분리된 앞부분 '관계'는 '관계없이'의 '형용사성, 2자리'를 계승하여 일단 E532로 표시되고, 그 뒤에 관형사 '아무'의 정보 '1'과 예외적인 조사 첨가 정보 '96'을 붙여 최종적으로 E532196이 됩니다. 분리된 뒷부분 '없이'는 부사의 형태로 된 서술어이지만 자릿수를 가져서는 안 되므로 E53으로 표시됩니다. 이렇게 복잡한 현상도, 이제 여러분은 해석문법을 통해 정확히 분석하고 표시하고 읽을 수 있습니다.

본용언의 연속

부사어를 다루는 이 절에서 마지막으로 살펴볼 것은, 본용언이 연속되는 구성에서 앞의 용인이 부사질로 분석되는 경우입니다.

(187) 영수는 책을 빌려 읽었다.

이 문장에서 서술어는 '읽-'이고, 그것의 주어는 '영수는'이며, 목적어는 '책을'입니다. 서술어 '읽-' 앞의 '빌려'는 부사절에 해당하죠. 그런데 문제는 '빌리는 것'도 '책'이고 '읽는 것'도 '책'이라는 점입니다. '책을'은 부사절 내포문의 목적어이기도 하고 모문의 목적어이기도 하죠. 이럴 경우, 어떻게 하면 되죠? 그렇습니다. 상위절 성분의 우선 확보 원칙에 따라 모문의 목적어로 분석하면 됩니다.

(188) 문장 (187)의 분석 결과

가. 영수는 책을 빌려 읽었다.

나. $A_{0\text{-}2\text{-}5}B_{0\text{-}1\text{-}2}D(E_{23\text{-}3})E_{22\text{-}1}T_1H_6N_1P_1$

여기서 목적어 $B_{0\text{-}1\text{-}2}$는 '빌리-'가 이끄는 부사절 $D(E_{23\text{-}3})$의 밖에, 즉 앞에 있죠. 모문 서술어 $E_{22\text{-}1}$의 목적어로 분석되었기 때문입니다.

그러나 상황은 다음 문장에서 좀 복잡해집니다.

(189) 영수는 학교 도서관에서 책을 빌려 읽었다.

이 문장에는 (188가)에서는 보지 못한 '학교 도서관에서'라는 체언 성분이 등장합니다. 부사어처럼 생긴 것이니 모문에 부사어 하나만 추가된 거 아닌가 하고 얼른 생각하기 쉽습니다. 그러나 여기서도 문제가 쉽지 않습니다. 부사절 내포문의 서술어 '빌리-'의 자릿수가 예사롭지 않기 때문이죠.

부사절의 서술어 '빌리-'는 『표준국어대사전』에 '타동사, 3자리'로 나와 있습니다. 그 격틀은 "【…에서/에게서 …을】(('…에게서' 대신에 '…에게'가 쓰이기도 한다))"로 되어 있죠. 이에 따라 문장 (189)를 해석하면, '영수는 학교 도서관에서 책을 빌려' 읽은 것이 됩니다. '영수는'이야 별 부담 없이 모문의 주어로 볼 수 있습니다. 상위절 성분의 우선 확보 원칙에 따라서 말이죠. 공히 모문과 내포문의 주어로 볼 수 있으니 모문의 주어로 우선 분석한다는 거죠.

그러나 '학교 도서관에서'와 '책을'에 와서는 문제가 그리 단순하지 않습니다. 문제의 핵심은 '학교 도서관에서'가 '빌리-'에게는 보어이지만 '읽-'에게는 부사어라는 점입니다. 물론, '책을'은 모문에서도 내포문에서도 목적어에 해당하죠. 이런 상황에서 어떤 분은 '학교 도서관에서'는 '빌리-'의 보어로 삼고 '책을'은 '읽-'의 목적어로 삼자고 제안하실는지 모릅니다.

그러나 그렇게 되면 모문의 목적어 '책을'을 사이에 두고 내포문의 보어인 '학교 도서관에서'와 내포문의 서술어인 '빌리-'가 갈라지게 됩니다. 논리적으로 전혀 불가능한 일이지요. 따라서 그렇게 제안은 해 볼 수 있겠지만 절대로 받아들여질 수는 없는 방안입니다. 이런 이유로 '학교 도서관에서'와 '책을'은 같이 움직여야 합니다. 내포문의 성분이려면 같이 내포문의 성분이어야 하고, 모문의 성분이려면 같이 모문의 성분이어야 하죠.

그래서 분석 결과는 다음의 두 가지가 될 수 있습니다.

(190) 문장 (189)의 두 가지 분석 후보

가. 영수는 [학교 도서관에서 책을 빌려]_{내포문} 읽었다.

⇒ A0-2-5D(C3-1-4B0-1-2E23-3)E22-1T1H6N1P1

나. 영수는 학교 도서관에서 책을 [빌려]_{내포문} 읽었다.

⇒ A0-2-5D3-1-4B0-1-2D(E23-3)E22-1T1H6N1P1

분석 (190가)는 내포문을 크게 잡아 '학교 도서관에서'와 '책을'이 각각 내
포문의 보어와 목적어인 것으로 보는 입장입니다. (190나)는 '학교 도서관
에서'와 '책을'이 각각 모문의 부사어와 목적어인 것으로 보는 입장입니다.
여기서 여러분의 선택은 무엇입니까? 여기서도 상위절 성분의 우선 확보
원칙이 작동할까요? 일단 그렇게 보는 게 문장 분석의 과정을 단순화할
수 있을 것 같습니다.

비록 '학교 도서관에서'가 내포문에서 필수성분의 자격을 가지고 모문에서
는 수의성분의 자격을 지니더라도, 모문 성분으로 우선 분석하는 입장을
일관되게 따른다면, 매번 이러한 기로에서 더 이상 갈등할 필요가 없게 되
기 때문입니다. 문장의 중의성은 늘 발생하기 마련이고, 그럴 경우 일관성
있는 입장을 유지할 수 있다면 그런 쪽을 택하는 게 더 바람직해 보입니
다. 문장 (189)의 분석은 (190나)인 것으로 결론을 내립니다.

3.4 기타 사항

이제 3장의 마지막 절로 왔습니다. 문장 분석의 심화를 마무리해야 할 단계네요. 여기서는 조사와 어미, 체언 성분 분석에서 꼭 짚고 넘어가야 할 내용들 몇 가지를 간략히 다루겠습니다.

3.4.1 조사와 어미

체언 성분의 핵을 수식하는 관형어가 또 다른 관형어의 수식을 받는 경우는 이미 2.2.1절 '체언 성분의 정보 표시 사례'에서 살펴본 적 있습니다.

> **(191)** 관형어의 관형어 수식
> 가. 그 사람의 동생이 밖에 서 있다.
>> ⇒ A4⟨1⟩-1-1D0-1-4E11-5E6-1S1H6N1P1
> 나. 그 아이의 손등 위의 상처가 보였다.
>> ⇒ A4⟨3⟨4⟨1⟩⟩⟩-1-1E11-1T1H6M9N1P1

문장 (191가)의 주어 '그 사람의 동생이'에서 핵 '동생'을 수식하는 것은 '사람의'이고, 그 내부에 있는 '사람'을 수식하는 것은 '그'입니다. 그걸 반영하여 표시한 것이 A4⟨1⟩-1-1이죠. (191나)에서는 관형어의 관형어가 더 많이 나옵니다. 주어 '그 아이의 손등 위의 상처가'에서 관형어 무리는 '그 아이의 손등 위의'입니다. '그'는 '아이'를 수식하고 '그 아이의'는 '손등'을 수식하며, '그 아이의 손등'은 '위'를 수식하고, '그 아이의 손등 위의'는 최종적으로 체언 성분의 핵 '상처'를 꾸며 줍니다. 그걸 반영하여 표시한 것이 A4⟨3⟨4⟨1⟩⟩⟩-1-1입니다.

두 가지 사례의 공통점은 관형어 안에 관형어가 있는 것이 반복될 수 있다는 것입니다. 이제 그러한 관형어의 반복을 가능하게 하는 체계적인 기제를 소개하고자 하는데 그것은 바로 접속조사 '와'를 사용하는 것입니다.

접속조사와 관형어 쌓기

(192) 조사에 의한 관형어의 형성

가. 나의 동생은 매우 착하다.

　⇒ A4-1-5DE31-1H6N1P1

나. 나와 동생은 매우 친하다.

　⇒ A4-1-5DE31-1H6N1P1

흥미롭게도 두 문장은 분석 표시가 동일합니다. 단출한 단문이기도 하지만 모든 구성이 꼭 같다는 게 재미있죠. 주어 내부를 보면 관형어가 '나의'와 '나와'인데, 모두 '체언＋[조사 단독]' 구성으로 관형어 정보에서 공히 4번에 해당합니다. 이때 주목할 것은, 관형격조사라 불리는 '의'나 접속조사라 불리는 '와'나 체언 성분의 관형어 형성에서는 모두 동일하게 취급된다는 점입니다.

이런 이유로, '의'를 반복적으로 사용하면 관형어의 관형어가 반복되는 구성이 만들어지듯이, '와'를 반복적으로 사용해도 관형어의 관형어가 반복되는 구성이 만들어지는 것입니다. 다음의 예에서 보이는 것처럼 말이죠.

(193) 영수가 떡볶이와 순대와 김밥을 먹는다.

이 문장에서 목적어는 '떡볶이와 순대와 김밥을'인데 체언 성분의 핵 '김밥'을 수식하는 관형어는 '순대와'이고 그것을 다시 수식하는 것은 '떡볶이와'입니다. 의미적으로는 '떡볶이'와 '순대'와 '김밥'이 대등할지 몰라도 형식적으로는 비대칭적 수식 관계를 이루는 것입니다.

(194) 예문 (193)의 분석 결과

가. 영수가 떡볶이와 순대와 김밥을 먹는다.

나. A0-2-1B4⟨4⟩-1-2E22-1T3H6N1P1

형식적으로 '떡볶이와'가 '순대와'에 관형어로서 얹히고, '순대와'가 '김밥'에 관형어로서 얹힌다는 것에 주목해 주시길 바랍니다. 이런 구성은 접속조사 '와'를 계속 사용함으로써 자연스럽게 더 길어질 수 있습니다. 물론 접속조사 '와'가 없어도 가능하죠.

(195) 관형어 쌓기

가. 아이들이 떡볶이와 순대와 김밥과 어묵을 먹는다.

⇒ A0-1-1B4⟨4⟨4⟩⟩-1-2E22-1T3H6N1P1

나. 아이들이 떡볶이, 순대, 김밥, 어묵을 먹는다.

⇒ A0-1-1B3⟨3⟨3⟩⟩-1-2E22-1T3H6N1P1

다. 아이들이 매운 떡볶이, 구수한 순대, 맛있는 김밥, 따뜻한 어묵을 먹는다.

⇒ A0-1-1B3⟨3⟨3⟨6⟩6⟩6⟩6-1-2(E31-2T5)(E31-2T5)(E31-2T5)(E31-2T5)E22-1T3H6N1P1

예문 (195가)에서는 '체언+[조사 단독]'(4번) 형식의 관형어들이 쌓여 있지만, (195나)에서는 체언(3번) 관형어들이 누적되어 있습니다. 그리고 이런 체언들 각각이 다른 관형어의 수식을 받을 수 있어 관형어 구성은 (195

다)에서처럼 더욱 복잡해질 수 있습니다. 이 문장에서 목적어에 해당하는 체언 성분의 핵은 '어묵'이며 그걸 수식하는 관형어는 '매운 떡볶이, 구수한 순대, 맛있는 김밥, 따뜻한'입니다. 여기서 '어묵'을 1차적으로 수식하는 관형이는 '김밥'(3)과 '따뜻한'(6)이죠. 그래서 여기까지의 관형어 정보는 '36'입니다. 그런데 여기서 '김밥'은 다시 '순대'(3)와 '맛있는'(6)의 수식을 받죠. 그걸 반영하면 여기까지의 관형어 정보는 '3⟨36⟩6'입니다. 그런데 여기서 '순대'는 다시 '떡볶이'와 '구수한'의 수식을 받습니다. 그걸 반영하면 여기까지의 관형어 정보는 '3⟨3⟨36⟩6⟩6'이죠. 그리고 여기서 '떡볶이'는 다시 '매운'(6)의 수식을 받습니다. 그걸 반영한 최종적인 관형어 정보는 '3⟨3⟨3⟨6⟩6⟩6⟩6'입니다.

이런 관형어 수식 구성은 저도 분석하기가 쉽지 않습니다. 그러나 굳이 이렇게까지 복잡한 경우를 보여 드리는 건, 실제 문장 분석에서 우리가 만나게 되는 구성들이 결코 만만치 않기 때문입니다. 서술어를 중심으로 각종 문장성분들이 도열하여 만드는 문장의 전체 모습도 복잡하지만, 체언 성분 안에서 관형어들이 만들어내는 세계 또한 놀라울 정도로 복잡합니다. 그래서 체언 성분 내부는 또 다른 문장의 세계가 펼쳐지는 곳이라 생각됩니다. (195다)와 같은 문장을 우리가 말하고 듣는 데는 별다른 어려움이 없습니다. 그러나 그것을 이렇게 실제로 분석해 보면 정말 이게 얼마나 복잡한 구조인지 깨달을 수 있습니다.

체언 성분의 핵 뒤에 오는 접속조사

관형어 쌓기에 동원되는 접속조사에는 '와/과' 외에도 '하고'나 '랑', '(이)고' 등이 더 있습니다. '하고'나 '랑', '(이)고'는, 연결되는 앞, 뒤 명사 모두에 실현될 수 있다는 특징을 지니죠. 연결되는 두 명사 사이에만 올 수 있는 '와/과'와 대조됩니다.

(196) 접속조사 '하고', '랑', '(이)고'

가. 어머니하고 언니하고 다 직장에 나갔어요.

나. 백화점에 가서 구두랑 모자랑 원피스랑 샀어요.

다. 그 사람은 염치고 체면이고가 없어.

이 문장들은 모두 『표준국어대사전』에서 이들 접속조사의 예문으로 제시한 것들을 그대로 가져온 것입니다. 접속되는 두 개 혹은 세 개의 명사들 모두에 접속조사가 실현되어 있네요. 이들 문장을 분석하면 다음과 같습니다.

(197) 체언 성분의 핵 뒤에 나온 접속조사의 분석

가. 어머니하고 언니하고 다 직장에 나갔어요.

⇒ A4-1-4DC0-1-4E12-1T1H8N1P1

나. 백화점에 가서 구두랑 모자랑 원피스랑 샀어요.

⇒ D(C0-1-4E12-3)B4⟨4⟩-1-4E23-1T1H8N1P1

다. 그 사람은 염치고 체면이고가 없어.

⇒ C1-1-5A4-1-41E32-1H9M7N1P1

예문 (197가)에서 접속조사 '하고'는, 주어 역할을 하는 체언 성분의 핵과 그 관형어 뒤에 모두 실현되어 있습니다. 이때 핵 뒤에 온 접속조사의 정보는, 2.1.2절 '체언 성분 분석 틀'의 표 (2)에 나와 있는 것처럼, 4번으로 표시합니다. 체언 성분의 조사 정보에 접속조사가 등장한 것은 이번이 처음입니다. 같은 4번으로 표시되는 부사격조사는 이미 여러 번 등장했는데 말이죠. 이렇듯 드물게 나온다는 것이, 접속조사에 별도의 번호를 부여하는 걸 주저하게 만들었습니다. 물론, 일부 접속조사가 부사격조사로도 통용된다는 점이 작용하기도 했고요.

예문 (197나)에서는 접속조사 '랑'이 세 개의 명사 뒤에 나오는 게 보입니다. (197다)에서는 연결되는 두 개의 명사 중 뒤의 명사에 접속조사뿐만 아니라 주격조사까지 함께 실현되어 있네요. 여기서 한 가지 더 유의할 것은, '그 사람은'이 주어가 아니라 보어라는 점입니다. 서술어 '없-'은, 『표준국어대사전』에서 용법 "③【…에게】"의 의미 「1」 "어떤 물체를 소유하고 있지 않거나 자격이나 능력 따위를 갖추지 않은 상태이다."에 해당합니다. '형용사, 2자리'로서 '①에게 ②가 없-'이라는 문형을 가지죠. 이에 따르면 '그 사람은'은 '그 사람에게'입니다. 그러나 이렇게 부사격조사 대신 보조사가 쓰이는 경우가 있습니다.

(198) 부사격조사 대신 보조사가 쓰이는 경우

가. 내가 영수에게 책을 주었다.

나. 내가 영수는 책을 주었다.

다. 내가 영수도 책을 주었다.

라. 내가 영수만 책을 주었다.

예시 (198)은, 보어 '영수에게'의 부사격조사 '에게' 대신 다양한 보조사가 쓰일 수 있음을 잘 보여줍니다. 이와 마찬가지로, 위의 (197다)에서도 보어 '그 사람은'이 문형 '①에게 ②가 없-'의 '①에게'에 해당한다는 걸 파악할 수 있어야 합니다. 그래야 그걸 주어가 아닌 보어로 제대로 분석하여 표시

할 수 있을 테니까요.

복합 어미의 분석

양태성분의 유형과 문법 형식의 목록은 2.1.4절 '양태성분 분석 틀'의 표 (4)에서 확인할 수 있었습니다. 거기서 특히 시제 T는 1번부터 7번까지 어미 형태 자체를 제시해 놓았습니다. 아직 이들 형태들이 정확히 어떤 문법 범주를 드러내고 어떤 기능을 수행하는지 학계에서 논란이 지속되고 있기 때문이죠. 그래서 해석문법은 형태 자체를 보고 표시함으로써 해당 문법 형식이 어떻게 쓰이는지를 광범위하게 확인하는 데 중점을 둡니다. 그걸 바탕으로 더 나은 결론에 이르는 것은 미래의 몫입니다.

이러한 분석 취지를 잘 살리기 위해서는 해당 형태들을 적절히 표시할 수 있어야 합니다. 그런데 실제 분석에서 사전을 참고할 때 혼란스러운 경우가 적지 않습니다. 예를 들어, 현재시제 표지라고 생각되는 '-는-'이나 '-ㄴ-'은 『표준국어대사전』에 그 자체로서 '선어말어미'로 올라 있기도 하고 종결어미 '-는다'의 일부로 나와 있기도 합니다. 이렇게 되면, '영수가 밥을 먹는다.'라는 문장에서 '-는-'을 독자적인 어미로 보고 T_1로 표시할지, 아니면 '-는다' 전체를 하나의 어미로 보고 N_1로 표시하는 데 그칠지 결정할 수가 없습니다. 도움을 받기 위해 사전을 찾았는데 더 혼란스러워지게 되는 경우이죠.

문제는 이런 게 한두 가지 경우에 그치지 않는다는 것입니다. 예를 들어, T_2에 해당하는 '-더-'는 『표준국어대사전』에 "어미」 ((('이다'의 어간, 용언의 어간 또는 어미 '-으시-', '-었-', '-겠-' 뒤에 붙어))((-라', '-냐', '-니', '-구나',

'-구려' 등 일부 어미 앞에 붙어)) 과거 어느 때에 직접 경험하여 알게 된 사실을 현재의 말하는 장면에 그대로 옮겨 와서 전달한다는 뜻을 나타내는 어미."라고 되어 있습니다.

일단 '-더-' 형태 자체로 올라 있으니 당연히 분석이 가능한 줄로 알게 되지만, 사전의 환경 정보에 나와 있는 '-라', '-냐', '-니', '-구나', '-구려'와 '-더-'가 결합한 복합 형태들까지 사전에 다시 실려 있어 매우 혼란스럽습니다. 예를 들어, '-더니'의 경우 『표준국어대사전』에 "어미」 (('이다'의 어간, 용언의 어간 또는 어미 '-으시-', '-었-', '-겠-' 뒤에 붙어)) 「1」 과거의 사태나 행동에 뒤이어 일어난 상황을 이어 주는 연결 어미. 주로 앞 절의 내용이 뒤 절의 원인이 된다."로 되어 있죠.

이렇게 '-더-'와 '-더니'가 각각 사전에 어미로 등재되어 있는 상황에서 "오랜만에 운동을 했더니 온몸이 쑤신다."에서 보이는 '-더니'를 그대로 '-더니'로 봐야 하는지, 아니면 '-더-'와 '-니'로 나누어 봐야 하는지 결정하기란 매우 어렵습니다. '-더-'를 분석할 수 있으면 T2로 표시해야 하고, 분석할 수 없으면 T2로 표시하지 말아야 하죠. 매우 혼란스러운 상황입니다.

이러한 상황에서 해석문법은 본래의 취지를 잘 살리기 위해 해당 형태들을 분석하여 표시하는 입장을 택합니다. 즉, 앞서 들었던 '-는다'나 '-더니'가 비록 『표준국어대사전』에 복합 형태로 올라 있을지라도, 그것을 구성하는 '-는-'과 '-다', '-더-'와 '-니'를 각각 독립된 문법 형식으로 간주하여 표시해 준다는 것이죠. 이렇게, 종합이 아닌 분석의 입장을 취한다 해도, 과도한 분석을 하지 않기 위해서는 『표준국어대사전』을 여전히 잘 참고해야 합니다.

3.4.2 체언 성분

용언은 용언처럼 사용하고 체언은 체언처럼 사용하면 별다른 문제가 없겠지요. 그런데 경우에 따라서는 용언을 체언처럼 쓰려 하고 체언을 용언처럼 쓰려고도 합니다. 한국어는 이를 위해 별도의 문법 장치를 마련해 두었죠. 체언을 용언처럼 사용하려고 할 때, 용언 파생 접사나 경동사를 체언 뒤에 오게 함으로써 어미 활용이 가능하게 해 줍니다. 용언을 체언처럼 사용하려고 할 때에도, 명사형 전성어미를 용언 뒤에 둠으로써 그 뒤에 조사가 올 수 있도록 해 주죠.

메타언어적인 용법

이렇게 한국어가 어휘나 문법을 통해 마련한 정상적인 방법을 쓰면 좋은데, 이걸 뛰어넘어 파격적으로 용언을 체언처럼 쓰려는 경우가 있습니다. 머릿속에 떠오르는 것을 자유롭게 표현하고자 하는 욕구는 항상 언어를 앞지르는 것 같습니다. 그 덕분에 언어의 복잡성과 다양성이 늘어나는 것일 수도 있겠지요. 그것은 언어학자에게는 흥미로운 동시에 고달픈 연구 대상이기도 합니다. 사람들의 머릿속에 번개처럼 지나가는 생각을 언어가 허둥지둥 뒤쫓고, 그런 언어를 또 언어학자들이 허둥대며 뒤따라갑니다.

(199) '다르다'의 반대말은 '같다'입니다.

이 문장에서 서술어는 복합서술어 "같다'이-'인데 그 구성이 예사롭지 않습니다. 인용 부호는 사실 말을 적을 때 잘 식별하려고 써 놓은 보조 수단입니다. 우리가 소리를 내어 문장 (199)를 읽을 때, 복합서술어 "같다'이-'는 매끄럽게 한 덩어리로 이어지는 소리입니다. 그런데 이러한 한 덩어리의 말소리를 이루는 구성 요소들은 파격적인 구성을 보입니다. 형용사가 종결어미를 취한 채 실질서술어로 쓰이고 그 뒤에 스스럼없이 형식서술어 '이-'가 또 오는 것이죠.

주어에서도 비슷한 일이 벌어집니다. 체언 성분의 핵 '반대말'을 수식하는 관형어는 겉으로는 '체언+[조사 단독]'의 형식을 띠고 있으나, 자세히 보면 관형격조사 '의' 앞에 형용사가 종결어미를 달고 와 있죠. 형용사와 같은 용언이 체언처럼 쓰이려면 명사형 전성어미라는 걸 뒤에 붙이고 나와야 하는데 말이죠.

언어학에서는 이를 언어의 메타적인 용법이라고 부르기도 합니다. 한국어가 대상언어가 되고 그러한 대상언어를 다시 한국어라는 메타언어가 설명한다는 것이죠. 그런 논리에 따르면, 문장 (199)에서 인용 부호를 가진 '다르다'와 '같다'는 대상언어로서의 한국어이고, 그 밖의 다른 말들은 메타언어로서의 한국어가 됩니다.

문제는, 이렇게 메타언어적 성격을 가진 문장에서 대상언어로 등장한 '다르다'와 '같다'를 어떻게 분석하고 표시해 줄까 하는 것입니다. 해석문법에서는 인용 부호까지 포함한 '다르다'나 '같다' 전체를 명사로 취급하여 표시하고 그 내부를 분석하지 않습니다. 그것은 어디까지나 명사가 올 수 있는 자리에 와 있으니까요. 그래서 학자들은 이런 경우 명사 상당어나 체언 상당어라는 말을 씁니다. 명사는 아니지만 명사에 상당하는 말이라는 뜻입니다.

(200) 문장 (199)의 분석 결과

가. '다르다'의 반대말은 '같다'입니다.

나. A4-1-5E431(0-1-0)E7-1H3N1P1

이 분석에서 '다르다'와 '같다'는 보통명사로 표시되어 있습니다. 명사 중에서 굳이 고유명사나 의존명사로 볼 만한 근거가 없기 때문에 보통명사로 본 것이죠.

명칭과 고유명사

메타적인 용법이 아닌데도 내부를 분석할 수 없는 경우도 있습니다.

(201) 유학생들은 오늘 '김치 담그기'를 체험한다.

문장 (201)에서 목적어로 등장한 것은 "김치 담그기'를"입니다. 늘 해 오던 대로라면, 그것은 관형어는 없고(0), 핵은 '김치 담그기'라는 '절'(7)이며, 조사는 '를'(7)인 체언 성분입니다. 그 다음에 '김치 담그기'라는 절 정보를 풀어 주면 그 표시는 B0-7-2(B0-1-0E22-4)가 되죠. 그런데 과연 그렇게 분석하는 것이 여기서도 옳을까요?

'김치 담그기'는 유학생들이 체험하는 행사 이름입니다. 만약 그걸 분석해 버린다면 '김치 담그기'의 '김치'는 '유학생들은'이라는 주어나 '오늘'이라는 부사어와 같은 층위에 속하게 됩니다. 과연 그럴까요?

(202) 유학생들은 오늘 '<u>김치</u> 담그기'를 체험한다. <u>그것</u>을 맛보고 싶은 학생들의 기

대가 매우 크다.

여기서 두 개의 문장이 이어지고 있는데, 두 번째 문장의 '그것'이 과연 첫 번째 문장의 '김치'를 가리킬 수 있을까요? 제게는 그러한 지시가 불가능하게 느껴집니다. 얼핏 보기에는 가능할 것도 같은데 왜 정작 불가능하게 느껴지는 걸까요? 두 문장 사이에 또 다른 문장 하나를 더해 봅니다.

(203) 유학생들은 오늘 '김치 담그기'를 체험한다. 꽤 맛있는 <u>김치</u>가 예상된다. <u>그것</u>을 맛보고 싶은 학생들의 기대가 매우 크다.

여기서는 세 번째 문장의 '그것'이 두 번째 문장의 '김치'를 가리키는 게 충분히 가능할 뿐만 아니라 매우 자연스럽게 느껴집니다. 그렇다면, (202)에서는 불가능했던 것이 왜 (203)에서는 가능해진 걸까요? 차이라면, (202)의 '김치'는 '김치 담그기'라는 행사 이름 속에 들어가 있는 것이고, (203)의 '김치'는 그러한 행사의 결과물로 주어지는 것이라는 점입니다.

이러한 차이가 말해주는 것은, 행사 이름인 '김치 담그기'는 내부가 불투명하여 외부의 대명사가 그 안에 있는 명사 '김치'를 볼 수 없다는 것입니다. 그러나 (203)의 두 번째 문장에서 '김치'를 품고 있는 주어 '꽤 맛있는 <u>김치</u>가'는 내부가 투명하여 대명사 '그것'의 접근이 가능하다는 것이지요.

'김치 담그기'라는 명사절이 행사 이름이 되었을 때, 그것은 명사절이 아니라 그냥 하나의 명사가 되는 것 같습니다. 내부가 불투명해져서 하나의 융합된 덩어리가 되는 것이죠. 명사라면 어떤 명사일까요? 의존명사는 아닐 테고, 그렇다면 보통명사일까요? 아니면 고유명사?

(204) 작년 이맘때쯤 본 영화는 가을의 전설이었지.

일부러 영화 제목에 인용 부호를 하지 않았습니다. 자연스럽게 읽어 보시라고요. 어떻습니까. '가을의 전설'의 내부를 분석해야 할까요? 그럼, 다음 예는요?

(205) 아니야, 그 영화는 바람과 함께 사라지다였어.

예문 (204)의 '가을의 전설'은 명사구이지만, (205)의 '바람과 함께 사라지다'는 아예 문장입니다. 둘 다 영화 이름인 건 같습니다. 영화 이름은 보통 명사인가요, 아니면 고유명사인가요? 그렇습니다. 고유명사입니다.

고유명사인 영화 제목은 내부를 분석하는 게 옳을까요? 분석하면 안 되겠죠. 하나의 이름이니까요. 그렇다면, (201)의 '김치 담그기'도 분석하지 말까요? 행사 이름도 이름이니까요. 그렇습니다. 이름이니까 그것도 분석할 수 없는 것 같습니다.

(206) 명칭이라서 분석할 수 없는 경우

가. 유학생들은 오늘 '김치 담그기'를 체험한다.

⇒ A0-1-5DB0-1-2E422⟨0-1-0⟩E8-1T3H6N1P1

나. 작년 이맘때쯤 본 영화는 가을의 전설이었지.

⇒ A6-1-5(D3-1-0E22-2T5)E431⟨0-2-0⟩E7-1T1H9N1P1

다. 아니야, 그 영화는 바람과 함께 사라지다였어.

⇒ JA1-1-5E431⟨0-2-0⟩E7-1T1H9N1P1

행사명인 '김치 담그기'와 영화명인 '가을의 전설'이나 '바람과 함께 사라지다'는 분명히 차이가 있습니다. '김치 담그기'는 여러 행사에 이름으로 사용될 수 있지만, '가을의 전설'이나 '바람과 함께 사라지다'는 오직 한 영화에만 사용될 수 있죠. 이렇게 가리키는 대상이 여럿인가, 하나인가에 따라 보통명사와 고유명사가 갈립니다.

비록 행사 이름이라고 해도, 유일하게 한 번만 열리는 행사 이름은 고유명사가 되겠네요. 이제 고유명사란 무엇인가 하는 의문이 떠오릅니다. 체언 성분의 핵 정보 1번이 보통명사이고, 2번이 고유명사인데 이 둘을 구별하여 표시해야 하니까요.

그런데 어떤 이름이 보통명사인지, 고유명사인지 식별하기란 매우 까다롭습니다. 이것은 매우 철학적인 문제로서, 모두 다 만족할 만한 구별 기준은 아직까지도 나오지 않은 것으로 알고 있습니다.

그래도, 현실에서는 어떻게든 반드시 구별해 내야 합니다. 이때, 기본에 충실할 수밖에 없습니다. 가리키는 대상이 하나인가, 둘 이상인가. 가리키는 대상이 하나이면 고유명사, 둘 이상이면 보통명사. 문맥을 통해, 상식을 통해 어떻게든 구별해 내야 합니다.

질문하겠습니다. '교육부'는 보통명사인가요, 고유명사인가요? 한국에도 있고 미국에도 있다고요? 인터넷을 검색해 보니 정말 그러네요. 우리나라도 현재 교육부고, 미국도 교육부라고 나옵니다. 그러니 '교육부'는 보통명사가 맞겠네요. 그럼, '교육인적자원부'는요? 역시 인터넷을 검색해 보죠. 2001년에서 2008년까지 있었던 정부 부서로 나오네요. 어떤가요? 지금의

교육부와 성격은 거의 같겠지만 이름 자체로는 특정한 시기에 한정되어 쓰인 것이니 고유명사로 봐야겠습니다.

국가명은 어떤가요? 예를 들어, '한국'은? 고유명사겠죠. 지구상에 그런 이름을 가진 나라는 유일하니까요. 그럼, 그런 국가에 사는 사람, 즉 '한국인'은? 저와 여러분 모두 한국인이니 보통명사라고 해야 맞습니다. 그럼, 그런 국가에 사는 사람들이 쓰는 언어, 즉 한국어는? 고민이 되시나요? 한국어 하나, 둘, 셋, 이렇게 여러 가지 한국어가 세상에 존재하나요? 아니죠. 한국어를 구사하는 사람들은 많지만 한국어는 오직 하나죠. 언어 이름도 고유명사입니다.

예전에 '초코파이' 상표권 분쟁이 있었을 때도 저는 언어학적으로 그것은 보통명사라고 생각했었습니다. 그전에 제가 먹은 초코파이만 해도 꽤 많았거든요. 그런 이름으로 된 게 둘 이상 있으니 더 고민할 필요 없이 보통명사인 거죠.

그런데 지금 여러분 이름, 한번 인터넷에서 검색해 보세요. 결과 보셨나요? 저는, 검색해 보니, 동명이인으로 당장 13명이 나오네요. 그럼, 제 이름은 보통명사일까요? 아니죠. 사람 이름은 대표적인 고유명사죠. 그런데 실제로는 두 명 이상을 가리키니, 도대체 이 문제는 어떻게 풀어야 할까요?

애초에 그 이름을 지었을 때의 취지를 생각해 봐야 할 것 같습니다. 제 부모님이 제 이름을 지으실 때, 남들과 구별하여 부르려고 지으셨겠죠? 그러나 다른 사람들도 어떻게 하다 보니 그와 같은 이름을 가지게 된 것입니다. 애초에 오직 하나의 대상만을 가리키기 위해 지어진 이름, 그것이 고유명사이겠습니다.

이러한 인명이나 지명, 항로, 해로, 피그미족과 같은 종족명, 조선과 같은 왕조명, 석굴암과 같은 건축물 이름, 항구나 기차역 이름, 책 이름이나 영화 제목, 정당이나 단체의 이름, 대회 이름 등 이루 헤아릴 수 없는 많은 유형의 이름들이 고유명사에 해당합니다. 그게 아닌 게 보통명사죠.

제가 대학원 시절 몸담았던 연구소에서 말뭉치 구축의 일환으로 고유명사를 구분해 내기 위해 일일이 범주를 나누고 구체적인 명칭을 모아 보았습니다. 여러 페이지에 걸쳐 범주와 그에 따른 목록을 작성했지만, 어느 정도 됐다 싶을 때쯤이면 어김없이 생각지 못한 경우들이 발견되곤 했죠. 어떻게든 마무리는 했지만 실제로는 미완의 작업이었습니다.

해석문법에서도 이런 문제에 대해 똑 부러지는 해결책을 내놓을 능력은 없습니다. 다만, 아까 잠정적으로 도출해 내었던 고유명사의 정의, 즉 '애초에 오직 하나의 대상만을 가리키기 위해 지어진 이름'이라는 것이 고유명사를 보통명사로부터 분리해 내는 최소한의 기준이 되지 않을까 합니다. 이 문제도 해석문법을 통한 문장 분석 과정에서 풀어야 할 숙제라 하겠습니다.

이제 명칭과 고유명사 분석의 문제를 끝으로 3장 '문장 분석의 심화' 과정이 끝났습니다. 1장에서 문장 분석이란 무엇인지를 개관하고, 2장에서 해석문법의 분석 틀을 소개하고 가볍게 적용해 보면서 기본기를 닦았습니다. 이제 3장에서, 해석문법을 활용하여 문장을 분석할 때 마주칠 수 있는 여러 가지 문제들을 유형별로 나누어 즐겁게 다루어 보았습니다.

여기까지 함께 오시느라 정말 고생 많으셨어요. 한숨 돌리시기 바랍니다. 다음 단계에서는, 이런 분석 틀로 실제 텍스트에 있는 문장들을 분석하여 어떤 또 다른 일을 해 낼 수 있는지 살펴보겠습니다. 봄에 시작하여 여름까지 열심히 농사를 지었다면, 이제 가을에 접어들어 잘 익은 열매들을 추수해야 합니다. 노동의 수고로움은 여전하겠지만 결실의 보람 또한 크겠죠.

4

문장 분석의 응용

4장
문장 분석의 응용

—

—

이 장에서는 앞에서 익힌 문장 분석 방법론을 실제 문장 분석에 적용하여 그 결과를 어떻게 활용할 수 있는지 알아봅니다. 문장 분석을 통해, 그러한 문장들로 이루어진 한 편의 글이 가진 특징을 흥미롭고 체계적으로 탐구할 수 있는 방법을 배우는 것이죠. 그걸 가지고 여러분도 본인이 좋아하는 글을 직접 분석하고 음미할 수 있기를 바랍니다.

먼저, 실제 텍스트를 선정하고 그것을 구성하는 문장들을 분석하여 문장 분석 말뭉치를 만들어 봅니다. 그 다음, 이러한 문장 분석 말뭉치로부터 문장마다의 복잡성과 다양성을 추출해 냅니다. 마지막으로, 이렇게 해서 얻은 복잡성과 다양성을 활용하여 문장들이 연결되어 이루어지는 텍스트의 조직적 성격을 파악해 봅니다.

4.1 문장 분석 말뭉치 구축

조금 전에 이야기한 것처럼, 이 절에서는 실제 텍스트를 선정하여 그 안에 들어 있는 문장들을 분석해 볼 것입니다. 이젠 실전이지요. 그동안 배운 해석문법의 문장 분석 틀을 적용해 보는 것입니다. 그렇다면, 분석할 텍스트가 있어야 하겠지요? 그것은 다음과 같습니다.

(1) 선정된 텍스트

어머니는 가장 깔끔한 옷을 입혀 주셨다. 시골에서 직행버스를 타고 다시 시내 버스로 갈아탔다. 고모 댁 대문이 열리고 저 멀리서 나와 눈이 마주친 것은 무심한 표정의 눈빛 또렷한 강아지였다.

그 조그만 것이 내 품에 안겨 집으로 왔다. 하루 대부분을 나 혼자 집에서 보내던 시기였다. 어머니는 남의 집 밭일하러, 아버지는 번번이 성사되지 않는 사업을 도모하러 나가셨고, 누나와 동생도 뿔뿔이 흩어져 놀았다.

이름은 메리였다. 우리 강아지는 그 작은 체구가 얼마 되지 않아 놀랍도록 발육하여 커지고 무척 길어졌다. 품종은 발바리였다. 발바리는 영특하다 했는데 우리 개도 그랬다. 신통하게도 말귀를 참 잘 알아들었다.

또한 충직했다. 같이 키우던 다른 개들은 소위 똥개라 불렸는데 밥만 주면 눈빛이 달라졌다. 주인을 물려고 했다. 그러나 메리는 밥통에 손을 넣어도 귀를 내리고 꼬리만 흔들 뿐 주인을 거스르는 법이 없었다.

여름이 되면 둘이 달리기 시합을 자주 벌였는데 빨강, 파랑 줄을 목에 걸고 쏜살같이 달려 내 앞을 가로막고 나와 껴안고 흙 밭에 나뒹굴며 씨름을 했다. 아프지 않으면서도 심각하게 내 손 무는 시늉을 그리 잘했다.

제법 성숙한 티가 나더니 외출이 잦아졌다. 헛구역질을 해 걱정했는데 어머니가 웃으며 새끼를 밴 것 같다고 하셨다. 첫 출산 때 밤늦도록 같이 있어 줬다. 이른 아침 어머니는 뜨거운 국에 밥을 말아 메리에게 주셨다.

그 몸에서 어떻게 저렇게 토실토실한 녀석들이 여섯이나 나왔는지 그저 신기했다. 강아지들은 함부로 내 손가락을 물었는데 그때마다 메리는 미안한 눈으로 물린 내 손을 핥았다. 짓무른 그 눈을 난 소매로 닦아 주었다.

첫 새끼들이 모두 장에 팔려 가는 날 우리는 많이 울었다. 동생과 누나는 어머니의 바지 자락을 붙들었고, 나는 메리의 목을 안고 털에 얼굴을 비볐다. 메리는 내게 붙들려 그렇게 서서 강아지들과 생이별을 했다.

계절은 흐르고 추억은 쌓였다. 일요일 아침 마당에 나가 보면 죽은 두더지가 양지바른 곳에 누워 있었다. 메리가 들에서 잡아 온 것이다. 그렇게 두더지며 쥐를 잡다 놓고 먹지 않았다. 뱀들도 메리가 나서서 물리쳤다.

다시 겨울이 되고 메리는 두 번째 출산을 했다. 이번에도 튼실한 새끼들을 여럿 낳았다. 헛간에 바람 들지 않도록 둥지를 만들었다. 어느 날 밤 어머니는 다시 내일 새끼들을 장에 내다 판다고 하셨다. 다시 울었다.

다음날 아침 소동이 일었다. 밥을 주러 헛간에 갔는데 강아지들이 죄다 없었다. 오소리가 간밤에 물어 갔나? 그럴 리가. "메리야, 어떻게 된 거야? 새끼들 어디 있어?" 얼굴을 두 손으로 감싸고 흔들었다. 메리는 다리를 절었다.

얼마 후 새끼들이 발견됐다. 마루 안쪽 깊은 곳에서 소리가 났다. 등잔 밑이 어두웠다. 기어 들어가 모두 꺼냈다. 어젯밤 새끼 내다 판다는 소리를 듣고 메리가 숨겨 놓은 것이라고 어머니가 말했다. 놀랍고도 슬펐다.

결국 새끼들은 예정대로 그날 장에 갔다. 어미는 보이지 않았다. 새끼와 어미 모두 집을 비웠다. 다리를 절며 나갔던 메리는 다음날 차에 치여 죽은 채로 아저씨들 손에 들려 있었다. 난 가슴에 메리를 묻었다.

문장 분석

갑자기 추워진 이 가을에, 아주 오래전 아궁이 앞에서 고구마 구워 함께 먹던 기억이 났다. "메리야, 우리 같이 오래오래 살자. 사랑해." 메리는 구멍 난 양말 사이로 비집고 나온 내 발가락들을 핥고 있었다.

이 글은 제가 예전에 써 놓은 수필입니다. 초등학교 들어가기 전이었을 시기에 실제로 겪은 일을 바탕으로 한 글이죠. 제 유년 시절 빼 놓을 수 없는 벗에 관한 이야기입니다. 제목은 '메리의 추억'입니다. 다들 애완견 키워 보셨을 텐데, 시골서 자란 제게도 각별했답니다. 지금도 그 미소와 냄새, 털의 감촉이 느껴지는 듯합니다.

글의 원문을 공개해야 하는 상황에서, 기성 작가의 적절한 글을 구하는 게 여러모로 어려웠습니다. 그래서 부득이 이렇게 제 글을 활용하여 문장 분석의 실제를 보여드리게 되었죠. 물론, 이에 대한 적극적인 옹호도 가능은 합니다. 여하튼 누구의 글이 되었든 우리의 목표는 한국어 문장 분석입니다. 그런 취지에 맞게 문장 하나하나를 차근차근 분석하며 문장에서 텍스트로 분석의 시야를 넓혀 가도록 하겠습니다.

4.1.1 원시말뭉치 구축

본격적인 문장 분석에 앞서 필요한 작업이 있습니다. 원시말뭉치를 만드는 것이죠. 원시말뭉치란, 본격적인 문장 분석을 위해 마련하는 기본 말뭉치인데요, 텍스트를 구성하는 문장마다 그것이 속한 단락 및 단락 내 순서를 표시하여 모아 놓은 것입니다. 물론, 분석 텍스트를 다른 텍스트와 구별하는 정보도 필요하죠. 텍스트 (1)의 원시말뭉치는 다음과 같습니다.

(2) 텍스트 (1)의 원시말뭉치

DOG10101어머니는 가장 깔끔한 옷을 입혀 주셨다.

DOG10102시골에서 직행버스를 타고 다시 시내버스로 갈아탔다.

DOG10103고모 댁 대문이 열리고 저 멀리서 나와 눈이 마주친 것은 무심한 표정의
눈빛 또렷한 강아지였다.

DOG10201그 조그만 것이 내 품에 안겨 집으로 왔다.

DOG10202하루 대부분을 나 혼자 집에서 보내던 시기였다.

DOG10203어머니는 남의 집 밭일하러, 아버지는 번번이 성사되지 않는 사업을 도
모하러 나가셨고, 누나와 동생도 뿔뿔이 흩어져 놀았다.

DOG10301이름은 메리였다.

DOG10302우리 강아지는 그 작은 체구가 얼마 되지 않아 놀랍도록 발육하여 커지
고 무척 길어졌다.

DOG10303품종은 발바리였다.

DOG10304발바리는 영특하다 했는데 우리 개도 그랬다.

DOG10305신통하게도 말귀를 참 잘 알아들었다.

DOG10401또한 충직했다.

DOG10402같이 키우던 다른 개들은 소위 똥개라 불렸는데 밥만 주면 눈빛이 달라
졌다.

DOG10403주인을 물려고 했다.

DOG10404그러나 메리는 밥통에 손을 넣어도 귀를 내리고 꼬리만 흔들 뿐 주인을
거스르는 법이 없었다.

DOG10501여름이 되면 둘이 달리기 시합을 자주 벌였는데 빨강, 파랑 줄을 목에 걸
고 쏜살같이 달려 내 앞을 가로막고 나와 껴안고 흙 밭에 나뒹굴며 씨름
을 했다.

DOG10502아프지 않으면서도 심각하게 내 손 무는 시늉을 그리 잘했다.

DOG10601제법 성숙한 티가 나더니 외출이 잦아졌다.

DOG10602헛구역질을 해 걱정했는데 어머니가 웃으며 새끼를 밴 것 같다고 하셨다.

DOG10603첫 출산 때 밤늦도록 같이 있어 줬다.

DOG10604이른 아침 어머니는 뜨거운 국에 밥을 말아 메리에게 주셨다.

DOG10701그 몸에서 어떻게 저렇게 토실토실한 녀석들이 여섯이나 나왔는지 그저 신기했다.

DOG10702강아지들은 함부로 내 손가락을 물었는데 그때마다 메리는 미안한 눈으로 물린 내 손을 핥았다.

DOG10703짓무른 그 눈을 난 소매로 닦아 주었다.

DOG10801첫 새끼들이 모두 장에 팔려 가는 날 우리는 많이 울었다.

DOG10802동생과 누나는 어머니의 바지 자락을 붙들었고, 나는 메리의 목을 안고 털에 얼굴을 비볐다.

DOG10803메리는 내게 붙들려 그렇게 서서 강아지들과 생이별을 했다.

DOG10901계절은 흐르고 추억은 쌓였다.

DOG10902일요일 아침 마당에 나가 보면 죽은 두더지가 양지바른 곳에 누워 있었다.

DOG10903메리가 들에서 잡아 온 것이다.

DOG10904그렇게 두더지며 쥐를 잡아다 놓고 먹지 않았다.

DOG10905뱀들도 메리가 나서서 물리쳤다.

DOG11001다시 겨울이 되고 메리는 두 번째 출산을 했다.

DOG11002이번에도 튼실한 새끼들을 여럿 낳았다.

DOG11003헛간에 바람 들지 않도록 둥지를 만들었다.

DOG11004어느 날 밤 어머니는 다시 내일 새끼들을 장에 내다 판다고 하셨다.

DOG11005다시 울었다.

DOG11101다음날 아침 소동이 일었다.

DOG11102밥을 주러 헛간에 갔는데 강아지들이 죄다 없었다.

DOG11103오소리가 간밤에 물어 갔나?

DOG11104그럴 리가.

DOG11105"메리야. 어떻게 된 거야?

DOG11106세끼들 이디 있어?"

DOG11107얼굴을 두 손으로 감싸고 흔들었다.

DOG11108메리는 다리를 절었다.

DOG11201얼마 후 새끼들이 발견됐다.

DOG11202마루 안쪽 깊은 곳에서 소리가 났다.

DOG11203등잔 밑이 어두웠다.

DOG11204기어 들어가 모두 꺼냈다.

DOG11205어젯밤 새끼 내다 판다는 소리를 듣고 메리가 숨겨 놓은 것이라고 어머니
가 말했다.

DOG11206놀랍고도 슬펐다.

DOG11301결국 새끼들은 예정대로 그날 장에 갔다.

DOG11302어미는 보이지 않았다.

DOG11303새끼와 어미 모두 집을 비웠다.

DOG11304다리를 절며 나갔던 메리는 다음날 차에 치여 죽은 채로 아저씨들 손에
들려 있었다.

DOG11305난 가슴에 메리를 묻었다.

DOG11401갑자기 추워진 이 가을에, 아주 오래전 아궁이 앞에서 고구마 구워 함께
먹던 기억이 났다.

DOG11402"메리야. 우리 같이 오래오래 살자.

DOG11403사랑해."

DOG11404메리는 구멍 난 양말 사이로 비집고 나온 내 발가락들을 핥고 있었다.

텍스트 (1)은 총 14개 단락, 60개 문장으로 이루어져 있습니다. 문장마다 맨 앞에 어떤 표시를 가지고 있죠. 예를 들어, 제일 첫 문장은 'DOG10101'입니다. 이것은 각 문장의 고유 번호입니다. 문장들을 구별해 주는 표시죠. 그 안에는 'DOG'처럼 공통된 부분도 있고, '10101'처럼 문장마다 달라지는 부분도 있습니다.

공통된 부분인 'DOG'는 텍스트의 이름입니다. '개'를 영어로 'DOG'라고 하죠? 그걸 따서 텍스트의 이름으로 지었습니다. 텍스트들이 많고 여러 종류일 때는 더욱 주의를 기울여 서로 잘 구별될 수 있는 이름을 지어야 합니다. 여기서는 오직 하나의 텍스트밖에 등장하지 않아 이렇게 간단히 지을 수 있는 것입니다.

'DOG' 다음에 오는 '10101'에서 맨 앞의 숫자 '1'은 원시말뭉치를 뜻하고, 그 다음의 '01'은 첫 번째 단락을, 마지막의 '01'은 첫 번째 문장을 의미합니다. 따라서 'DOG10101'은, 'DOG'라는 텍스트의 원시말뭉치에서 첫 번째 단락, 첫 번째 문장임을 뜻하죠. 맨 마지막 문장은 'DOG11404'인데요, 이것은 'DOG'라는 텍스트의 원시말뭉치에서 열네 번째 단락의 네 번째 문장이라는 의미입니다.

단락 순서 및 단락 내 문장 순서를 표시하기 위해 숫자 두 자리씩 정해 놓았는데, 이것은 텍스트의 규모에 따라 조정할 수 있습니다. 두 자리 숫자로는 총 99개 단락과 99개 문장을 표시할 수 있죠. 어지간한 글이라면 다 수용할 수 있습니다. 소규모 텍스트일 경우, 한 자리씩만으로도 가능하죠. 그러나 대규모의 말뭉치들이라면 고유 번호가 길어질 수밖에 없습니다.

4.1.2 문장 분석 말뭉치 구축

이제 원시말뭉치가 마련되었습니다. 문장 분석을 시작해야 할 차례죠. 그럼, 첫 단락의 첫 문장부터 차근차근 진행해 보겠습니다. 3장까지 배운 것을 잘 활용하여 실제 문장 분석에 적극 임해 보시기 바랍니다. 그럼, 출발하겠습니다!

(3) DOG10101어머니는 가장 깔끔한 옷을 입혀 주셨다.

먼저 서술어를 찾는 게 중요하죠. 서술어는 '입히-'라는 본용언과 '주-'라는 보조용언으로 되어 있는 복합서술어입니다. '입히-'는 '타동사, 3자리'인데 이 문장에서는 주어 '어머니는'과 목적어 '가장 깔끔한 옷을'만 나오고 보어 '나에게'는 생략되어 있습니다. 보조용언 '주-'는 자릿수 변동과 무관한 E_6 이죠. 사동사 '입히-'로부터 M_8을, '-어 주-'로부터 M_5를 추출해 냅니다. 높임에서도 '-시-'와 '-다'로부터 H_{16}을 얻습니다.

다음 분석 대상은 주어와 목적어입니다. 주어 '어머니는'은 A_{0-1-5}로 간단히 분석됩니다. 목적어는 관형어가 '가장 깔끔한'이라는 절(6)이고, 핵은 '옷'(1)이며, 조사는 '을'(2)입니다. 관형사절 '가장 깔끔한'은 $(DE_{431}⟨0-1-0⟩E_8-2T_5)$가 됩니다. 이상의 정보를 종합하면 다음과 같죠.

(4) 첫 번째 단락, 첫 번째 문장의 분석 결과
가. 원시말뭉치
DOG10101어머니는 가장 깔끔한 옷을 입혀 주셨다.
나. 문장 분석 말뭉치

DOG20101A0-1-5B6-1-2(DE431⟨0-1-0⟩E8-2T5)E23-5E6-1T1H16M85N1P1

문장 분석 말뭉치는 원시말뭉치의 고유 번호를 그대로 쓰되, 구별을 위해 맨 앞의 숫자 '1'을 '2'로 바꿉니다. 첫 번째 문장인 만큼, 정말 하나하나 짚어 보았는데요, 이후에는 중요한 사항만 이야기하고 속도를 내도록 하겠습니다. 물론, 어려운 문장을 만나면 설명이 길어질 수밖에 없겠죠. 이제 두 번째 문장입니다.

> **(5) DOG10102**시골에서 직행버스를 타고 다시 시내버스로 갈아탔다.
>
> 가. 시골에서 직행버스를 타고/ 다시/ 시내버스로/ 갈아탔다.
>
> D( )DC0-1-4E12-1T1H6N1P1
>
> 나. 시골에서/ 직행버스를/ 타고/ 다시 시내버스로/ 갈아탔다.
>
> D(D0-1-4B0-1-2E22-3)DC0-1-4E12-1T1H6N1P1

이 문장은 첫 번째 문장보다는 약간 더 복잡해져서 두 가지 단계로 나누고 일정한 표시들도 사용했습니다. '음영 상자'와 '밑줄(__)', '취소선(══)'이죠. 이러한 장치는 이후에 나올 긴 문장들을 위한 예비 조치입니다. '음영 상자'는 그 단계에서 분석의 대상이 되는 것입니다. 그와 대응하는 분석 결과에는 '밑줄'을 그어 놓았죠. (5가)에서는 '자동사, 2자리' 서술어 '갈아타-'와 그것이 취하는 보어 '시내버스로', 그리고 보어 앞의 부사어 '다시'를 분석했습니다. 맨 앞의 부사어에 대한 D( )는, 비록 이 단계에서 그 존재(부사절)는 파악은 했지만, 복잡해 보여 다음 단계로 넘긴다는 걸 뜻합니다.

다음 단계인 (5나)에서는 음영 상자와 '취소선(══)'이 나옵니다. 음영 상자는 이미 보았던 것으로, 현 단계에서 분석되는 것을 가리키죠. 취소선(=)은 앞 단계에서 이미 분석된 것을 표시합니다. 그래야 현 단계와 앞 단계의 분석 대상이 다름을 한눈에 구별할 수 있죠. 역시 분석 결과에 있는 밑줄은 음영 상자와 호응합니다. 여기서는 부사어로 쓰인 부사절 '시골에서 직행버스를 타고'가 분석되었습니다.

(6) 첫 번째 단락, 두 번째 문장의 분석 결과

가. 원시말뭉치

DOG10102시골에서 직행버스를 타고 다시 시내버스로 갈아탔다.

나. 문장 분석 말뭉치

DOG20102D(D₀-1-4B₀-1-2E22-3)DC₀-1-4E12-1T₁H₆N₁P₁

첫 번째 문장과 두 번째 문장 모두 내포문을 하나씩 지니고 있는 복문이지만, 세 번째 문장은 훨씬 더 복잡합니다.

(7) DOG10103고모 댁 대문이 열리고 저 멀리서 나와 눈이 마주친 것은 무심한 표정의 눈빛 또렷한 강아지였다.

가. 고모 댁 대문이 열리고 저 멀리서 나와 눈이 마주친 것은/ 무심한 표정의/ 눈빛 또렷한/ 강아지였다.

A6-3-5()E431⟨4⟨6⟩6-1-0⟩(E431⟨0-1-0⟩E8-2T5)(A0-1-0E31-2T5)E7-1T₁H₆N₁P₁

나. 고모 댁 대문이 열리고/ 저 멀리서/ 나와/ 눈이/ 마주친 것은/ 무심한 표정의 눈빛 또렷한/ 강아지였다.

A6-3-5(D()D1-1-4C0-4-4A0-1-1E12-2T5)E431⟨4⟨6⟩6-1-0⟩(E431⟨0-1-0⟩E8-2T5)(A0-1-0E31-2T5)E7-1T₁H₆N₁P₁

다. 고모 댁 대문이/ 열리고/ 저 멀리서/ 나와/ 눈이/ 마주친 것은/ 무심한 표정의

~~눈빛 또렷한/ 강아지였다.~~

A6-3-5(D(A3⟨3⟩-1-1E11-3M9)D1-1-4C0-4-4A0-1-1E12-2T5)E431⟨4⟨6⟩6-1-0⟩(E431⟨0-1-0⟩E8-2T5)(A0-1-0E31-2T5)E7-1T1H6N1P1

드디어 우리가 실전에 임하고 있음을 알려 주는 문장을 만난 것 같습니다. (7가)에서는 문장을 양분하여 주어와 서술어로 나누었습니다. 주어를 이루는 체언 성분의 핵은 의존명사 '것'이고, 그것을 수식하는 관형어 '고모 댁 대문이 열리고 저 멀리서 나와 눈이 마주친'은 절입니다. 그건 다음 단계로 일단 돌리고, 서술어 쪽을 공략합니다.

실질서술어 '강아지'를 수식하는 두 개의 관형어 '무심한 표정의'와 '눈빛 또렷한'을 각각 '4⟨6⟩'와 '6'으로 순차적으로 표시했죠. 관형사절 '무심한'이 '표정'을 수식하기 때문에 '4⟨6⟩'이 된 거죠. 두 개의 '6'이 나왔으니 괄호도 두 번 열려야 합니다. 그걸 채우는 건 그리 어렵지 않습니다. 이제 주어 쪽으로 넘어가야 할 차례입니다.

두 번째 단계인 (7나)에서는 '것'을 꾸미는 관형사절 안에서 제일 큰 부사어 '고모 댁 대문이 열리고'만 남기고 모두 분석합니다. '저 멀리서'의 '멀리'가 명사라는 점에 유의해야 합니다. 『표준국어대사전』에서 '멀리'는 명사와 부사로 통용되는 걸로 나오죠. '자동사, 2자리' 서술어인 '마주치-'의 주어는 '눈이'이고 보어는 '나와'죠.

마지막 단계인 (7다)에서는 부사절 '고모 댁 대문이 열리고'를 분석합니다. '자동사, 1자리' 서술어인 '열리-'는 피동사입니다. 따라서 M9를 잊지 말아야죠. 주어 '고모 댁 대문이'는 핵 '대문'을 '댁'이 수식하고 '댁'을 다시 '고모'가 수식합니다. 그래서 '3⟨3⟩'인 거죠. 이제 복잡했던 세 번째 문장의 분석도 완료되었네요.

(8) 첫 번째 단락, 세 번째 문장의 분석 결과

가. 원시말뭉치

DOG10103고모 댁 대문이 열리고 저 멀리서 나와 눈이 마주친 것은 무심한 표정의 눈빛 또렷한 강아지였다.

나. 문장 분석 말뭉치

DOG20103A6-3-5(D(A3⟨3⟩-1-1E11-3M9)D1-1-4C0-4-4A0-1-1E12-2T5)E431⟨4⟨6⟩6-1-0⟩(E431⟨0-1-0⟩E8-2T5)(A0-1-0E31-2T5)E7-1T1H6N1P1

이제 첫 번째 단락의 분석을 마쳤습니다. 저와 메리의 만남이 시작되었네요. 이제 집으로 데리고 가겠죠? 두 번째 단락의 첫 번째 문장으로 들어갑니다.

(9) 두 번째 단락, 첫 번째 문장의 분석 결과

가. 원시말뭉치

DOG10201그 조그만 것이 내 품에 안겨 집으로 왔다.

나. 문장 분석 말뭉치

DOG20201A16-3-1(E31-2T5)D(C4-1-4E12-3M9)C0-1-4E12-1T1H6N1P1

먼저 서술어 '오-'의 '자동사, 2자리'를 파악하고 그것의 주어 '그 조그만 것이'와 보어 '집으로', 그 외의 부사어 '내 품에 안겨'를 식별하여 각각 분석하는 데 큰 어려움은 없습니다. 이제 두 번째 문장으로 갑니다.

(10) DOG10202하루 대부분을 나 혼자 집에서 보내던 시기였다.

가. 하루 대부분을 나 혼자 집에서 보내던 시기였다.

E431⟨6-1-0⟩()E7-1T1H6N1P1

나. 하루 대부분을/ 나 혼자/ 집에서/ 보내던 시기였다.

E431⟨6-1-0⟩(B3-1-2A3-1-0D0-1-4E22-2T25)E7-1T1H6N1P1

이 문장은 서술어로만 이루어져 있습니다. 실질서술어의 핵 '시기'를 그 앞의 긴 관형사절 '하루 대부분을 나 혼자 집에서 보내던'이 수식하고 있죠. 여기서 '보내-'는 '타동사, 2자리'로서 주어 '나 혼자'와 목적어 '하루 대부분을'을 요구합니다. '집에서'는 부사어죠. 주어 '나 혼자'에서 핵은 '혼자'라는 명사이고 '나'는 그것을 꾸미는 관형어입니다. (10가)에서 먼저 서술어와 양태성분, 기타 정보를 분석하고, 남아 있는 관형사절을 (10나)에서 처리합니다.

(11) 두 번째 단락, 두 번째 문장의 분석 결과

가. 원시말뭉치

DOG10202하루 대부분을 나 혼자 집에서 보내던 시기였다.

나. 문장 분석 말뭉치

DOG20202E431⟨6-1-0⟩(B3-1-2A3-1-0D0-1-4E22-2T25)E7-1T1H6N1P1

이제 어느덧 두 번째 단락의 마지막 문장에 다다랐습니다.

(12) DOG10203어머니는 남의 집 밭일하러, 아버지는 번번이 성사되지 않는 사업을 도모하러 나가셨고, 누나와 동생도 뿔뿔이 흩어져 놀았다.

가. 어머니는 남의 집 밭일하러, 아버지는 번번이 성사되지 않는 사업을 도모하러 나

가셨고./ 누나와 동생도/ 뿔뿔이 흩어져/ 놀았다.

D()A4-1-6D(DE11-3)E11-1T1H6N1P1

나. 어머니는 남의 집 밭일하러,/ 아버지는/ 번번이 성사되지 않는 사업을/ 도모하러/ 나가셨고,/ 누나와 동생도/ 뿔뿔이 흩어져/ 놀았다.

D(D()A0-1-5D(B6-1-2()E422⟨0-1-0⟩E8-3S3)E12-3T1H1)A4-1-6D(DE11-3)E11-1T1H6N1P1

다. 어머니는 남의 집 밭일하러,/ 아버지는/ 번번이/ 성사되지 않는/ 사업을 도모하러/ 나가셨고,/ 누나와 동생도/ 뿔뿔이 흩어져/ 놀았다.

D(D()A0-1-5D(B6-1-2(DE411⟨0-1-0⟩E8-5E6-2T6M7)E422⟨0-1-0⟩E8-3S3)E12-3T1H1)A4-1-6D(DE11-3)E11-1T1H6N1P1

라. 어머니는/ 남의 집 밭일하러,/ 아버지는/ 번번이 성사되지 않는 사업을 도모하러/ 나가셨고,/ 누나와 동생도/ 뿔뿔이 흩어져/ 놀았다.

D(D(A0-1-5E411⟨3⟨4⟩-1-0⟩E8-3S3)A0-1-5D(B6-1-2(DE411⟨0-1-0⟩E8-5E6-2T6M7)E422⟨0-1-0⟩E8-3S3)E12-3T1H1)A4-1-6D(DE11-3)E11-1T1H6N1P1

맨 앞의 긴 부사어 '어머니는 남의 집 밭일하러, 아버지는 번번이 성사되지 않는 사업을 도모하러 나가셨고'를 제외하면, 나머지 구성은 크게 복잡하지 않습니다. '자동사, 1자리' 서술어 '놀-'의 주어는 '누나와 동생도'이며 '뿔뿔이 흩어져'는 부사어죠. 다만, 이때 부사절의 '흩어지-'가 사전에 등재된 복합어로서 피동이 아니라는 점에 유의해야 합니다.

두 번째 단계인 (12나)에서, 맨 앞의 긴 부사절의 분석을 시도합니다. 여기서도 부사절 '어머니는 남의 집 밭일하러'가 맨 앞에 있고, 그 다음에 주어 '아버지는'이, 그 다음에 또 다른 부사절 '번번이 성사되지 않는 사업을 도모하러'가, 마지막으로 '자동사, 2자리' 서술어 '나가-'가 옵니다. 맨 앞의 부사절과 두 번째 부사절의 목적어를 꾸미는 관형사절을 제외한 나머지를 모두 분석합니다. 여기서 '-러'가 상의 3번(예정상)을 나타낸다는 걸 놓쳐서는 안 되겠죠.

세 번째 단계 (12다)에서는, 두 번째 부사절의 목적어를 꾸미는 관형사절을 분석합니다. 여기서 유의할 것은 '성사+되-'의 실질서술어 '성사'가 가진 능격성입니다. 그것은 자동사성과 타동사성을 모두 가진 체언 서술어죠. 이때 '성사'는 '자동사성, 1자리'이며 그 뒤의 '되-'는 E8입니다. 이에 대해서는 3장의 3.2.5절에 나온 (118)의 '대중화' 설명을 참고할 수 있어요.

마지막으로 (12라)에서는, 맨 앞의 부사절 '어머니는 남의 집 밭일하러'를 분석합니다. 여기서는 실질서술어 '남의 집 밭일'의 분석이 초점입니다. 체언 서술어의 핵 '밭일'을 우선 '집'이 수식하고, 그러한 '집'을 다시 '남의'가 수식하는 걸 잘 표시해 주어야 하죠.

(13) 두 번째 단락, 세 번째 문장의 분석 결과

가. 원시말뭉치

DOG10203어머니는 남의 집 밭일하러, 아버지는 번번이 성사되지 않는 사업을 도모하러 나가셨고, 누나와 동생도 뿔뿔이 흩어져 놀았다.

나. 문장 분석 말뭉치

DOG20203D(D(A$_{0-1-5}$E411$\langle 3\langle 4\rangle -1-0\rangle$E8-3S3)A$_{0-1-5}$D(B6-1-2(DE411$\langle 0-1-0\rangle$E8-5E6-2T6M7)E422$\langle 0-1-0\rangle$E8-3S3)E12-3T1H1)A4-1-6D(DE11-3)E11-1T1H6N1P1

이제 두 번째 단락의 분석을 마쳤습니다. 이제 메리가 저희 집에 왔습니다. 낮에는 집에 혼자 있기 일쑤인 제게 멋진 친구가 생겼네요. 세 번째 단락의 첫 문장으로 들어갑니다.

(14) 세 번째 단락, 첫 번째 문장의 분석 결과

가. 원시말뭉치

DOG10301이름은 메리였다.

나. 문장 분석 말뭉치

DOG20301$A_{0-1-5}E_{431}(0-2-0)E_{7-1}T_1H_6N_1P_1$

이 문장은 설명이 필요 없을 정도로 단순하네요. 두 번째 문장으로 바로 갑니다.

(15) DOG10302우리 강아지는 그 작은 체구가 얼마 되지 않아 놀랍도록 발육하여 커지고 무척 길어졌다.

가. 우리 강아지는/ 그 작은 체구가/ 얼마 되지 않아/ 놀랍도록 발육하여 커지고/ 무척/ 길어졌다.

$X_{3-1-5}A_{16-1-1}(E_{31-2}T_5)D()D()DE_{11-1}T_1H_6N_1P_1$

나. 우리 강아지는/ 그 작은 체구가/ 얼마/ 되지 않아/ 놀랍도록 발육하여/ 커지고/ 무척/ 길어졌다.

$X_{3-1-5}A_{16-1-1}(E_{31-2}T_5)D(C_{0-1-0}E_{12-5}E_{6-3}M_7)D(D(D(E_{31-3})E_{411}(0-1-0)E_{8-3})E_{11-3})DE_{11-1}T_1H_6N_1P_1$

이 문장에서 서술어는 '자동사, 1자리'의 '길어지-'인데, 주어처럼 생긴 게 둘 나왔습니다. '우리 강아지는'과 '그 작은 체구가'가 그것인데요, 앞의 것이 X이고 뒤의 것이 A이죠. 이에 대해서는 3.1절 '이중 주어나 이중 목적어 불인정'에서 다룬 적 있습니다. 먼저 X와 A, E 등을 분석하고 나중에 두 개의 부사절을 분석합니다. 모문의 '길어지-'와 두 번째 부사절의 '커지-'가 『표준국어대사전』에 '자동사, 1자리'로 등재되어 있어 M9를 써 주지 않습

니다. 두 번째 부사절 안에 부사절이 있고, 그 안에 또 부사절이 등장하는 게 흥미롭네요.

(16) 세 번째 단락, 두 번째 문장의 분석 결과

가. 원시말뭉치

DOG10302우리 강아지는 그 작은 체구가 얼마 되지 않아 놀랍도록 발육하여 커지고 무척 길어졌다.

나. 문장 분석 말뭉치

DOG20302$X_{3-1-5}A_{16-1-1}(E_{31-2}T_5)D(C_{0-1-0}E_{12-5}E_{6-3}M_7)D(D(D(E_{31-3})E_{411}\langle 0-1-0\rangle E_{8-3})E_{11-3})DE_{11-1}T_1H_6N_1P_1$

세 번째 문장도 첫 번째 문장과 같은 유형으로 매우 단순합니다.

(17) 세 번째 단락, 세 번째 문장의 분석 결과

가. 원시말뭉치

DOG10303품종은 발바리였다.

나. 문장 분석 말뭉치

DOG20303$A_{0-1-5}E_{431}\langle 0-1-0\rangle E_{7-1}T_1H_6N_1P_1$

네 번째 문장은 다음과 같습니다.

(18) **DOG10304**발바리는 영특하다 했는데 우리 개도 그랬다.

가. 발바리는 영특하다 했는데/ 우리 개도/ 그랬다.

$D()A_{3-1-6}E_{31-1}T_1H_6N_1P_1$

나. 발바리는 영특하다/ 했는데 우리 개도 그랬다.

$D(\underline{C_0\text{-}7\text{-}0(A_0\text{-}1\text{-}5E_{31}\text{-}1H_6N_1)}E_{12}\text{-}3T_1)A_3\text{-}1\text{-}6E_{31}\text{-}1T_1H_6N_1P_1$

이 문장의 서술어는 '형용사, 1자리'인 '그러하-'이며 그것의 주어는 '우리 개도'입니다. 부사어 '발바리는 영특하다 했는데'는 부사절이며, 그 안에 보어로 쓰인 인용절이 있습니다. 인용절 내부의 서술어 '영특하-'는, '영특'이 비자립 어근이므로, 분석할 수 없습니다.

(19) 세 번째 단락, 네 번째 문장의 분석 결과

가. 원시말뭉치

DOG10304발바리는 영특하다 했는데 우리 개도 그랬다.

나. 문장 분석 말뭉치

DOG20304$D(C_0\text{-}7\text{-}0(A_0\text{-}1\text{-}5E_{31}\text{-}1H_6N_1)E_{12}\text{-}3T_1)A_3\text{-}1\text{-}6E_{31}\text{-}1T_1H_6N_1P_1$

다섯 번째 문장은 다음과 같습니다.

(20) 세 번째 단락, 다섯 번째 문장의 분석 결과

가. 원시말뭉치

DOG10305신통하게도 말귀를 참 잘 알아들었다.

나. 문장 분석 말뭉치

DOG20305$D(E_{31}\text{-}396)B_0\text{-}1\text{-}2D_2E_{22}\text{-}1T_1H_6N_1P_1$

이 문장에서 '알아들-'과 '신통하-'는 둘 다 의미가 불투명하여 분석하지 않습니다. 『표준국어대사전』에도 모두 등재되어 있죠. 부사 '참'이 부사 '잘'을 수식하는 것도 눈에 띕니다.

이렇게 해서 세 번째 단락이 끝났습니다. 처음엔 그리도 작았는데 얼마 안 가 발육이 왕성해졌고 매우 영리한 개가 되었습니다. 아직도 그만큼 똑똑한 개는 보지 못했습니다. 네 번째 단락으로 향합니다.

(21) 네 번째 단락, 첫 번째 문장의 분석 결과

가. 원시말뭉치

DOG10401또한 충직했다.

나. 문장 분석 말뭉치

DOG20401DE$_{431(0-1-0)}$E$_8$-$_1$T$_1$H$_6$N$_1$P$_1$

간단한 문장입니다. 서술어의 의미가 투명하여 '충직'을 실질서술어로 분석할 수 있습니다. 그럼, 두 번째 문장으로 넘어갑니다.

(22) **DOG10402**같이 키우던 다른 개들은 소위 똥개라 불렸는데 밥만 주면 눈빛이
　　　　달라졌다.

가. 같이 키우던/ 다른/ 개들은/ 소위 똥개라 불렸는데/ 밥만 주면/ 눈빛이/ 달라졌다.

X$_{61-1-5}$(D(E$_{532}$)E$_{22}$-$_2$T$_{25}$M$_8$)D()D()A$_0$-$_1$-$_1$E$_{11}$-$_1$T$_1$H$_6$N$_1$P$_1$

나. 같이 키우던 다른 개들은/ 소위/ 똥개라/ 불렸는데/ 밥만/ 주면/ 눈빛이/ 달라졌다.

X$_{61-1-5}$(D(E$_{532}$)E$_{22}$-$_2$T$_{25}$M$_8$)D(DC0-7-0(E$_{431(0-1-0)}$)E$_7$-$_1$H$_6$N$_1$)E$_{12}$-$_3$T$_1$M$_9$)D(B$_0$-$_1$-$_7$E$_{23}$-$_3$)

A$_0$-$_1$-$_1$E$_{11}$-$_1$T$_1$H$_6$N$_1$P$_1$

이 문장의 서술어는 '달라지-'이며 그것은 '자동사, 1자리'로 사전에 실려 있습니다. 한 자릿수 서술어인데 주어처럼 생긴 게 둘 나와 있습니다. (15가)에서처럼, '같이 키우던 다른 개들은'은 X이고 '눈빛이'는 A입니다.

X의 체언 핵 '개들'은 복수 파생 접미사 '-들'을 가지고 있어도 역시 명사라는 점엔 변함이 없습니다. 중요한 건, 그것을 수식하는 관형사절 '같이 키우던'의 '같이'의 처리입니다. 이미 3.3.3절 '부사어'의 '논항을 취하는 부사'에서 살펴본 (181)처럼, 여기서도 '같이'는 $D(E_{532})$로 표시합니다. 부사가 부사절이 된 거죠. 그 옆의 서술어 '키우-'도 '크-'의 사동사란 점에 유의해야 합니다. (22나)에서 첫 번째 부사절의 '불리-'가 피동사란 것도 중요하죠.

(23) 네 번째 단락, 두 번째 문장의 분석 결과

가. 원시말뭉치

DOG10402같이 키우던 다른 개들은 소위 똥개라 불렸는데 밥만 주면 눈빛이 달라졌다.

나. 문장 분석 말뭉치

DOG20402$X_{61\text{-}1\text{-}5}(D(E_{532})E_{22\text{-}2}T_{25}M_8)D(DC_{0\text{-}7\text{-}0}(E_{431}\langle 0\text{-}1\text{-}0\rangle)E_{7\text{-}1}H_6N_1)E_{12\text{-}3}T_1M_9)$
$D(B_{0\text{-}1\text{-}7}E_{23\text{-}3})A_{0\text{-}1\text{-}1}E_{11\text{-}1}T_1H_6N_1P_1$

다음은 세 번째 문장입니다.

(24) 네 번째 단락, 세 번째 문장의 분석 결과

가. 원시말뭉치

DOG10403주인을 물려고 했다.

나. 문장 분석 말뭉치

DOG20403$B_{0\text{-}1\text{-}2}E_{22\text{-}3}E_{6\text{-}1}T_1S_3H_6N_1P_1$

이 문장에서는 어미 '-려고'가 본용언과 보조용언을 매개하면서 양태성분의 예정상(3)을 나타낸다는 게 중요합니다. 네 번째 문장으로 넘어가겠습니다.

(25) DOG10404그러나 메리는 밥통에 손을 넣어도 귀를 내리고 꼬리만 흔들 뿐 주
인을 거스르는 법이 없었다.

가. 그러나/ 메리는/ 밥통에 손을 넣어도 귀를 내리고 꼬리만 흔들 뿐/ 주인을 거스
르는 법이/ 없었다.

DC_0-2-5D_6-3-0()A_6-3-1(B_0-1-2$E22$-2T_6)E_{32}-1$T_1H_6M_7N_1P_1$

나. 그러나/ 메리는/ 밥통에 손을 넣어도/ 귀를 내리고/ 꼬리만 흔들 뿐/ 주인을 거
스르는 법이/ 없었다.

DC_0-2-5D_6-3-0(D(C_0-1-4B_0-1-2$E23$-3)D(B_0-1-2$E22$-3)B_0-1-7$E22$-2T_7)A_6-3-1(B_0-1-2$E22$-2T_6)

E_{32}-1$T_1H_6M_7N_1P_1$

이 문장의 서술어 '없-'은 '형용사, 2자리'로서 주어 '주인을 거스르는 법이'
와 보어 '메리는'을 취합니다. '메리에게 주인을 거스르는 법이 없다'는 것이
죠. 이때 '법'이 의존명사란 점에 유의하세요. '메리에게'는 '메리에게는'으로
도, '메리는'으로도 바뀔 수 있습니다. 이것도 3.4.1절의 (198)에서 이미 살펴
봤죠. (25나)에서는 부사절 안에서 두 개의 부사절 '밥통에 손을 넣어도'와
'귀를 내리고'가 연속으로 이어지면서 서술어 '흔들-'을 수식한다는 게 중요
합니다.

(26) 네 번째 단락, 네 번째 문장의 분석 결과

가. 원시말뭉치

DOG10404그러나 메리는 밥통에 손을 넣어도 귀를 내리고 꼬리만 흔들 뿐 주인을
거스르는 법이 없었다.

나. 문장 분석 말뭉치

DOG20404DC$_0$-2-5D$_6$-3-o(D(C$_0$-1-4B$_0$-1-2E$_{23}$-3)D(B$_0$-1-2E$_{22}$-3)B$_0$-1-7E$_{22}$-2T$_7$)A$_6$-3-1(B$_0$-1-2E$_{22}$-2T$_6$)E$_{32}$-1T$_1$H$_6$M$_7$N$_1$P$_1$

네 번째 단락을 마쳤습니다. 잘 사라고 똑똑한데 거기에다 중직하기까지 하니 뭘 더 바랄 수 있었을까요? 메리는 정말 놀라운 친구였습니다. 이제 다섯 번째 단락입니다.

(27) DOG10501여름이 되면 둘이 달리기 시합을 자주 벌였는데 빨강, 파랑 줄을 목에 걸고 쏜살같이 달려 내 앞을 가로막고 나와 껴안고 흙 밭에 나뒹굴며 씨름을 했다.

가. 여름이 되면 둘이 달리기 시합을 자주 벌였는데/ 빨강, 파랑 줄을 목에 걸고 쏜살같이 달려 내 앞을 가로막고 나와 껴안고 흙 밭에 나뒹굴며/ 씨름을/ 했다.
D()D()E$_{412}$(0-1-2)E$_8$-1T$_1$H$_6$N$_1$P$_1$

나. 여름이 되면/ 둘이/ 달리기 시합을/ 자주/ 벌였는데/ 빨강, 파랑 줄을 목에 걸고 쏜살같이 달려 내 앞을 가로막고 나와 껴안고 흙 밭에 나뒹굴며/ 씨름을/ 했다.
D(D(C$_0$-1-1E$_{12}$-3)A$_0$-6-1B$_3$-1-2DE$_{22}$-3T$_1$)D()E$_{412}$(0-1-2)E$_8$-1T$_1$H$_6$N$_1$P$_1$

다. 여름이 되면/ 둘이/ 달리기 시합을 자주 벌였는데/ 빨강, 파랑 줄을 목에 걸고/ 쏜살같이 달려/ 내 앞을 가로막고/ 나와 껴안고/ 흙 밭에 나뒹굴며/ 씨름을/ 했다.
D(D(C$_0$-1-1E$_{12}$-3)A$_0$-6-1B$_3$-1-2DE$_{22}$-3T$_1$)D(D(D(D(D(B$_3$(3)-1-2C$_0$-1-4E$_{23}$-3)DE$_{12}$-3)B$_4$-1-2E$_{22}$-3)C$_0$-4-4E$_{12}$-3)C$_3$-1-4E$_{12}$-3S$_2$)E$_{412}$(0-1-2)E$_8$-1T$_1$H$_6$N$_1$P$_1$

이 문장의 서술어는 '씨름을 하-'로서 복합서술어입니다. '씨름'과 '씨름하-' 의 의미가 같으니 '씨름'을 실질서술어로 분석할 수 있는 것입니다. 이에 대 해서는 3.2.4절 "하-" 구문의 "W+하-'에서 '하-'의 세 가지 유형'을 참고할 수 있습니다. 그 앞에 온 말은 두 덩어리로 나눌 수 있습니다.

(27나)에서는 우선 첫 번째 덩어리인 '여름이 되면 둘이 달리기 시합을 자주 벌였는데'를 분석합니다. 주어 역할을 하는 체언 성분의 핵에 수사 '둘'이 온 게 눈에 띕니다. (27다)에서는 두 번째 덩어리를 분석하는데 여기서 네 개의 부사절이 수식 관계를 이루며 길게 등장합니다.

즉, 부사절 '빨강, 파랑 줄을 목에 걸고'가 부사절 '쏜살같이 달려'에 부사어로 안기고, 그렇게 해서 만들어진 부사절 '빨강, 파랑 줄을 목에 걸고 쏜살같이 달려'가 부사절 '내 앞을 가로막고'에 다시 부사어로 안기며, 그렇게 해서 만들어진 부사절 '빨강, 파랑 줄을 목에 걸고 쏜살같이 달려 내 앞을 가로막고'가 부사절 '나와 껴안고'에 다시 부사어로 안겨, 마침내 부사절 '빨강, 파랑 줄을 목에 걸고 쏜살같이 달려 내 앞을 가로막고 나와 껴안고'가 서술어 '나뒹굴-'을 수식하는 것이죠.

'나와 껴안고'에서 서술어 '껴안-'을 '자동사, 2자리'로 보고 '나와'를 보어로 분석했습니다. 『표준국어대사전』에서 '껴안-'은 오로지 '타동사, 2자리'로만 나와 있는데 이것은 '만나-'와 비교해 보면 문제가 있습니다. '만나-'는 '누구를 만나다'와 '누구와 만나다'를 모두 인정하거든요. '껴안-'도 '누구를 껴안다'와 '누구와 껴안다'를 모두 인정해야 합니다. '쏜살같이'가 하나의 부사로 등재되어 있어 내부를 분석하지 않는다는 점도 놓쳐서는 안 되겠죠.

(28) 다섯 번째 단락, 첫 번째 문장의 분석 결과

가. 원시말뭉치

DOG10501여름이 되면 둘이 달리기 시합을 자주 벌였는데 빨강, 파랑 줄을 목에 걸고 쏜살같이 달려 내 앞을 가로막고 나와 껴안고 흙 밭에 나뒹굴며 씨름을 했다.

나. 문장 분석 말뭉치

DOG20501D(D(C0-1-1E12-3)A0-6-1B3-1-2DE22-3T1)D(D(D(D(D(B3⟨3⟩-1-2C0-1-4E23-3)

DE12-3)B4-1-2E22-3)C0-4-4E12-3)C3-1-4E12-3S2)E412⟨0-1-2⟩E8-1T1H6N1P1

텍스트를 구성하는 문장 가운데 아마도 가장 길었을 문장을 뒤로 하고,
두 번째 문장으로 향합니다.

(29) DOG10502아프지 않으면서도 심각하게 내 손 무는 시늉을 그리 잘했다.

가. 아프지 않으면서도 심각하게 내 손 무는 시늉을/ 그리 잘했다.

E422⟨6-1-2⟩()DDE8-1T1H6N1P1

나. 아프지 않으면서도 심각하게/ 내 손/ 무는 시늉을/ 그리 잘했다.

E422⟨6-1-2⟩(D(D(E31-5E6-396S2M7)E31-3)B4-1-0E22-2T6)DDE8-1T1H6N1P1

이 문장의 서술어는 '시늉+하-'라는 복합서술어입니다. '시늉'이 실질서술어
이고 '하-'가 경동사이며, 둘 사이에 부사 '그리'와 '잘'이 놓여 있습니다. 이
러한 분석에 대해서는 3.2.4절 "하-" 구문의 (75)에서 이미 자세히 살펴보
았습니다. '시늉'을 수식하는 관형사절 안에서 부사절 '아프지 않으면서도'
가 부사절 '심각하게'를 꾸미고 있습니다. 첫 번째 부사절의 '않으면서도'에
서 조사 '도'의 예외적 첨가를 표시해야 하고, 두 번째 부사절의 '심각하-'에
서 '심각'을 분리해 내지 말아야 합니다. '심각'은 비자립 어근이니까요.

(30) 다섯 번째 단락, 두 번째 문장의 분석 결과

가. 원시말뭉치

DOG10502아프지 않으면서도 심각하게 내 손 무는 시늉을 그리 잘했다.

나. 문장 분석 말뭉치

DOG20502E422(6-1-2)(D(D(E31-5E6-396S2M7)E31-3)B4-1-0E22-2T6)DDE8-1T1H6N1P1

다섯 번째 단락의 분석이 끝났습니다. 이제 메리와 제가 노는 장면이 나오네요. 메리 덕분에 밭과 들을 누비며 많이 달리고 많이 뒹굴었습니다. 지금도 눈에 선합니다. 이제 여섯 번째 단락으로 갑니다.

(31) DOG10601제법 성숙한 티가 나더니 외출이 잦아졌다.

가. 제법 성숙한 티가 나더니 외출이/ 잦아졌다.

D()A0-1-1E11-1T1H6N1P1

나. 제법/ 성숙한 티가/ 나더니/ 외출이/ 잦아졌다.

D(DA6-1-1(E431(0-1-0)E8-2T5)E12-3T2)A0-1-1E11-1T1H6N1P1

이 문장의 서술어 '잦아지-'는 사전에 '자동사, 1자리'로 등재되어 있습니다. 부사절의 '나-'는 '자동사, 2자리'이고, 그것의 주어 '티'를 수식하는 관형사절의 '성숙'은 '형용사성, 1자리' 실질서술어입니다.

(32) 여섯 번째 단락, 첫 번째 문장의 분석 결과

가. 원시말뭉치

DOG10601제법 성숙한 티가 나더니 외출이 잦아졌다.

나. 문장 분석 말뭉치

DOG20601D(DA6-1-1(E431(0-1-0)E8-2T5)E12-3T2)A0-1-1E11-1T1H6N1P1

이제 두 번째 문장으로 갑니다.

(33) DOG10602헛구역질을 해 걱정했는데 어머니가 웃으며 새끼를 밴 것 같다고

하셨다.

가. 헛구역질을 해 걱정했는데/ 어머니가/ 웃으며/ 새끼를 밴 것 같다고/ 하셨다.

D()A0-1-1D(E11-3S2)C0-7-4()E12-1T1H16N1P1

나. 헛구역질을 해 걱정했는데/ 어머니가/ 웃으며/ 새끼를 밴 것/ 같다고/ 하셨다.

D()A0-1-1D(E11-3S2)C0-7-4(A6-3-0(B0-1-2E22-2T5)E31-1H6N1)E12-1T1H16N1P1

다. 헛구역질을 해/ 걱정했는데/ 어머니가/ 웃으며/ 새끼를 밴 것 같다고/ 하셨다.

D(D(E411⟨0-1-2⟩E8-3)E422⟨0-1-0⟩E8-3T1)A0-1-1D(E11-3S2)C0-7-4(A6-3-0(B0-1-2E22-2T5)E31-1H6N1)E12-1T1H16N1P1

이 문장의 서술어 '하-'는 '자동사, 2자리'이며 그 주어는 '어머니가'이고 보어는 '새끼를 밴 것 같다고'입니다. 맨 앞의 '헛구역질을 해 걱정했는데', 그리고 주어와 보어 사이의 '웃으며'는 부사어죠. (33나)에서 분석한 '것 같-' 구문은 3.2.8절 '기타 사항'에서 '자주 출현하는 구문'의 (150)을 참고할 수 있습니다. (33다)에서 분석한 부사절 '헛구역질을 해 걱정했는데'의 서술어 '걱정했는데'와 그것을 수식하는 부사절 '헛구역질을 해'는 모두 체언 서술어와 경동사 '하-'가 만드는 복합서술어 구문입니다.

(34) 여섯 번째 단락, 두 번째 문장의 분석 결과

가. 원시말뭉치

DOG10602헛구역질을 해 걱정했는데 어머니가 웃으며 새끼를 밴 것 같다고 하셨다.

나. 문장 분석 말뭉치

DOG20602D(D(E411⟨0-1-2⟩E8-3)E422⟨0-1-0⟩E8-3T1)A0-1-1D(E11-3S2)C0-7-4(A6-3-0(B0-1-2E22-2T5)E31-1H6N1)E12-1T1H16N1P1

다음은 세 번째 문장입니다.

(35) 여섯 번째 단락, 세 번째 문장의 분석 결과

가. 원시말뭉치

DOG10603첫 출산 때 밤늦도록 같이 있어 줬다.

나. 문장 분석 말뭉치

DOG20603D3⟨1⟩-1-0D(E31-3)D(E532)E12-5E6-1T1H6M5N1P1

이 문장의 서술어 '있-'은 '자동사, 2자리'로서 주어와 보어가 모두 생략되어 있습니다. '내가 메리 옆에 있어 준' 것이죠. 부사절 '밤늦도록'의 '밤늦-'은 사전에 등재된 '형용사, 1자리'입니다. 부사가 부사절이 된 '같이'는 이미 (22가)에서 보았죠. '-어 주-'가 있으니 M_5입니다.

다음은 네 번째 문장입니다.

(36) DOG10604이른 아침 어머니는 뜨거운 국에 밥을 말아 메리에게 주셨다.

가. 이른 아침/ 어머니는/ 뜨거운 국에 밥을 말아/ 메리에게/ 주셨다.

D6-1-0(E32-2T5)A0-1-5D()C0-2-4E23-1T1H16N1P1

나. 이른 아침/ 어머니는/ 뜨거운 국에/ 밥을/ 말아/ 메리에게/ 주셨다.

D6-1-0(E32-2T5)A0-1-5D(C6-1-4(E31-2T5)B0-1-2E23-3)C0-2-4E23-1T1H16N1P1

이 문장의 서술어 '주-'는 '타동사, 3자리'로서 주어로 '어머니는'을, 보어로 '메리에게'를 취합니다. 목적어는 생략되어 있죠. 혹시 부사절 '뜨거운 국에 밥을 말아'의 '밥을'이 목적어가 아니냐고 생각할 수 있으나, 문장을 잘 읽어 보면 '국에 밥을 만 것'을 주신 거죠. 부사어 '이른 아침'에서 관형사절을 이루는 '이르-'가 '형용사, 2자리'란 것도 틀리기 쉽습니다. 모문에서 '-시-'와 '-다'로부터 H_{16}을 추출하는 것도 잊으면 안 되고요.

(37) 여섯 번째 단락, 네 번째 문장의 분석 결과

가. 원시말뭉치

DOG10604이른 아침 어머니는 뜨거운 국에 밥을 말아 메리에게 주셨다.

나. 문장 분석 말뭉치

DOG20604D$_{6-1-0}$(E$_{32-2}$T$_5$)A$_{0-1-5}$D(C$_{6-1-4}$(E$_{31-2}$T$_5$)B$_{0-1-2}$E$_{23-3}$)C$_{0-2-4}$E$_{23-1}$T$_1$H$_{16}$N$_1$P$_1$

여섯 번째 단락도 마쳤습니다. 메리가 새끼를 낳았습니다. 어린 저에겐 정말 놀라운 일이었죠. 얼마나 힘들었을까요. 새끼들보다 어미가 더 걱정되었습니다. 이젠 일곱 번째 단락입니다.

(38) DOG10701그 몸에서 어떻게 저렇게 토실토실한 녀석들이 여섯이나 나왔는지 그저 신기했다.

가. 그 몸에서 어떻게 저렇게 토실토실한 녀석들이 여섯이나 나왔는지/ 그저/ 신기했다.

A$_{0-7-0}$()DE$_{31-1}$T$_1$H$_6$N$_1$P$_1$

나. 그 몸에서/ 어떻게/ 저렇게 토실토실한 녀석들이/ 여섯이나/ 나왔는지/ 그저/ 신기했다.

A$_{0-7-0}$(C$_{1-1-4}$D(E$_{31-3}$)X$_{6-1-1}$()A$_{0-6-8}$E$_{12-3}$T$_1$)DE$_{31-1}$T$_1$H$_6$N$_1$P$_1$

다. 그 몸에서/ 어떻게/ 저렇게 토실토실한 녀석들이/ 여섯이나/ 나왔는지/ 그저/ 신기했다.

A$_{0-7-0}$(C$_{1-1-4}$D(E$_{31-3}$)X$_{6-1-1}$(D(E$_{31-3}$)E$_{531}$E$_{8-2}$T$_5$)A$_{0-6-8}$E$_{12-3}$T$_1$)DE$_{31-1}$T$_1$H$_6$N$_1$P$_1$

이 문장의 서술어 '신기하-'는 '형용사, 1자리'이며 그 주어는 '그 몸에서 어떻게 저렇게 토실토실한 녀석들이 여섯이나 나왔는지'라는 부사절입니다. '신기'는 비자립 어근이죠. (38나)에서 분석되고 있는 부사절의 서술어 '나오-'가 '자동사, 2자리'입니다. 보어는 '그 몸에서'인데, 주어처럼 생긴 게 둘 있네요. '저렇게 토실토실한 녀석들이'는 X이고, '여섯이나'가 A입니다. (15) 와 (22)에서 이미 이런 경우들을 만나 보았죠.

(38다)에서 분석되고 있는 관형사절 내포문의 서술어는 '토실토실+하-'인데 여기서 '토실토실'은 부사로 된 실질서술어입니다. 경동사 '하-' 앞에 오는 실질서술어로는 체언 성분만 가능한 것이 아니라 이렇게 부사 실질서술어도 가능합니다.

(39) 일곱 번째 단락, 첫 번째 문장의 분석 결과

가. 원시말뭉치

DOG10701그 몸에서 어떻게 저렇게 토실토실한 녀석들이 여섯이나 나왔는지 그저 신기했다.

나. 문장 분석 말뭉치

DOG20701A0-7-0(C1-1-4D(E31-3)X6-1-1(D(E31-3)E531E8-2T5)A0-6-8E12-3T1)DE31-1T1H6N1P1

다음은 두 번째 문장입니다.

(40) DOG10702강아지들은 함부로 내 손가락을 물었는데 그때마다 메리는 미안한 눈으로 물린 내 손을 핥았다.

가. 강아지들은 함부로 내 손가락을 물었는데/ 그때마다/ 메리는/ 미안한 눈으로/ 물린 내 손을/ 핥았다.

D()D0-1-8A0-2-5D6-1-4(E431(0-1-0)E8-2T5)B64-1-2(E11-2T5M9)E22-1T1H6N1P1

나. 강아지들은/ 함부로/ 내 손가락을/ 물었는데/ 크때마다/ 메리는/ 미안한 눈으

로/ 물린 내 손을/ 핥았다.

D(A0-1-5DB4-1-2E22-3T1)D0-1-8A0-2-5D6-1-4(E431(0-1-0)E8-2T5)B64-1-2(E23-2T5M9)E22-1T1H6N1P1

이 문장의 서술어 '핥-'은 '타동사, 2자리' 서술어이며 주어는 '메리는'이고 목적어는 '물린 내 손을'입니다. 나머지는 모두 부사어죠. 맨 앞의 부사절을 제외한 나머지 두 개의 부사절은 (40가)에서 모두 분석했습니다. 여기서 목적어에 있는 관형어 '물린'의 동사 '물리-'가 피동사로서 '자동사, 1자리'란 점에 유의해야 합니다. (40나)에서 분석된 부사절의 서술어 '물-'은 '타동사, 2자리'이고요. 능동사 '물-'이 피동사가 되면서 자릿수가 하나 줄어드는 건 당연합니다.

『표준국어대사전』에서는 능동사 '물-'은 '타동사, 2자리'인데 피동사 '물리-'는 '타동사, 3자리'라고 기술합니다. '내가 개에게 손을 물렸다'라는 예문이 근거죠. 그러나 그런 주장이 옳으려면 '개가 나를 손을 물었다'라는 능동문을 근거로 능동사 '물-'이 '타동사, 3자리'라고 해야 합니다. 그런데 『표준국어대사전』에서는 능동사 '물-'은 '타동사, 2자리'라고 했죠. 모순입니다.

'타동사, 2자리'가 피동을 겪으면 '자동사, 1자리'가 됩니다. '물-'과 '물리-'말고도 이와 같은 관계에 놓여 있는 피동사의 기술에서 『표준국어대사전』은 오류를 범하고 있습니다. 따라서 이 문제에 관해서 해석문법은 독자적으로 판단합니다. 능동사에서 한 자리를 줄인 게 피동사의 자릿수라고 보는 것이죠.

(41) 일곱 번째 단락, 두 번째 문장의 분석 결과

가. 원시말뭉치

DOG10702강아지들은 함부로 내 손가락을 물었는데 그때마다 메리는 미안한 눈으로 물린 내 손을 핥았다.

나. 문장 분석 말뭉치

DOG20702D(A0-1-5DB4-1-2E22-3T1)D0-1-8A0-2-5D6-1-4(E431⟨0-1-0⟩E8-2T5)B64-1-2(E23-2T5M9)E22-1T1H6N1P1

세 번째 문장으로 가겠습니다.

(42) 일곱 번째 단락, 세 번째 문장의 분석 결과

가. 원시말뭉치

DOG10703짓무른 그 눈을 난 소매로 닦아 주었다.

나. 문장 분석 말뭉치

DOG20703B61-1-2(E31-2T5)A0-4-5D0-1-4E22-5E6-1T1H6M5N1P1

이 문장의 서술어 '닦-'은 '타동사, 2자리'로 주어 '난'과 목적어 '짓무른 그 눈을'을 논항으로 취하죠. 비교적 단순한 문장입니다.

이제 일곱 번째 단락까지 분석이 끝났습니다. 새끼를 낳고 메리가 무척 지쳐 보였습니다. 예쁜 강아지들도 좋지만 메리 건강이 더 걱정이었죠. 그런 와중에도 저를 챙기는 모습이 참으로 고마웠습니다. 이제 여덟 번째 단락으로 갑니다.

(43) DOG10801첫 새끼들이 모두 장에 팔려 가는 날 우리는 많이 울었다.

가. 첫 새끼들이 모두 장에 팔려 가는 날/ 우리는/ 많이/ 울었다.

D_6-1-o()A_0-4-5DE_{11}-1$T_1H_6N_1P_1$

나. 첫 새끼들이/ 모두/ 장에/ 팔려/ 가는 날/ 우리는/ 많이/ 울었다.

D_6-1-o(A_1-1-1DC_0-1-4$D(E_{12}$-3$M_9)E_{12}$-2$T_6)A_0$-4-5DE_{11}-1$T_1H_6N_1P_1$

이 문장의 서술어 '울-'은 '자동사, 1자리'로서 주어 '우리는'만 요구합니다. 맨 앞의 부사어가 긴데, 거기서 부사절 '팔려'의 서술어 '팔리-'는 피동사로서 '자동사, 2자리'입니다.

(44) 여덟 번째 단락, 첫 번째 문장의 분석 결과

가. 원시말뭉치

DOG10801첫 새끼들이 모두 장에 팔려 가는 날 우리는 많이 울었다.

나. 문장 분석 말뭉치

DOG20801D_6-1-o(A_1-1-1DC_0-1-4$D(E_{12}$-3$M_9)E_{12}$-2$T_6)A_0$-4-5DE_{11}-1$T_1H_6N_1P_1$

다음은 두 번째 문장입니다.

(45) DOG10802동생과 누나는 어머니의 바지 자락을 붙들었고, 나는 메리의 목을 안고 털에 얼굴을 비볐다.

가. 동생과 누나는 어머니의 바지 자락을 붙들었고,/ 나는/ 메리의 목을 안고/ 털에/ 얼굴을/ 비볐다.

$D()A_0$-4-5$D()C_0$-1-4B_0-1-2E_{23}-1$T_1H_6N_1P_1$

나. 동생과 누나는/ 어머니의 바지 자락을/ 붙들었고,/ 나는/ 메리의 목을/ 안고/ 털에/ 얼굴을/ 비볐다.

$D(A_4$-1-5$B_3⟨4⟩$-1-2E_{22}-3$T_1)A_0$-4-5$D(B_4$-1-2E_{22}-3)C_0-1-4B_0-1-2E_{23}-1$T_1H_6N_1P_1$

이 문장에서 서술어 '비비-'는 '타동사, 3자리'로서 주어 '나는'과 보어 '털에', 목적어 '얼굴을'을 논항으로 취합니다. 그 밖의 '동생과 누나는 어머니의 바지 자락을 붙들었고'와 '메리의 목을 안고'는 부사어로서 (45나)에서 분석됩니다.

(46) 여덟 번째 단락, 두 번째 문장의 분석 결과

가. 원시말뭉치

DOG10802동생과 누나는 어머니의 바지 자락을 붙들었고, 나는 메리의 목을 안고 털에 얼굴을 비볐다.

나. 문장 분석 말뭉치

DOG20802$D(A_4\text{-}1\text{-}5B_3\langle4\rangle\text{-}1\text{-}2E_{22}\text{-}3T_1)A_0\text{-}4\text{-}5D(B_4\text{-}1\text{-}2E_{22}\text{-}3)C_0\text{-}1\text{-}4B_0\text{-}1\text{-}2E_{23}\text{-}$
$1T_1H_6N_1P_1$

다음은 세 번째 문장입니다.

(47) DOG10803메리는 내게 붙들려 그렇게 서서 강아지들과 생이별을 했다.

가. 메리는/ 내게 붙들려 그렇게 서서/ 강아지들과/ 생이별을 했다.

$A_0\text{-}2\text{-}5D()C_0\text{-}1\text{-}4E_{422}\langle0\text{-}1\text{-}2\rangle E_8\text{-}1T_1H_6N_1P_1$

나. 메리는/ 내게 붙들려/ 그렇게/ 서서/ 강아지들과/ 생이별을 했다.

$A_0\text{-}2\text{-}5D(D(D_0\text{-}4\text{-}4E_{11}\text{-}3M_9)D(E_{31}\text{-}3)E_{11}\text{-}3)C_0\text{-}1\text{-}4E_{412}\langle0\text{-}1\text{-}2\rangle E_8\text{-}1T_1H_6N_1P_1$

여기서는 두 가지 점에 유의해야 합니다. 첫째, 모문의 서술어가 복합서술어로서 '생이별을'이 실질서술어이고 '하-'가 형식서술어라는 것이죠. 『표준국어대사전』에서 '생이별하다'의 뜻과 '생이별'의 뜻이 일치하는 것으로 나옵니다. 둘째, 부사절 '내게 붙들려 그렇게 서서' 내부에 들어 있는 부사절

'내게 붙들려'의 서술어 '붙들리-'가 '자동사, 1자리'라는 것입니다. 능동사 '붙들-'이 '타동사, 2자리'이니 그것의 피동사 '붙들리-'는 '자동사, 1자리'이어야 합니다. 이는 앞서 (40)에서 이야기한 바 있습니다.

(48) 여덟 번째 단락, 세 번째 문장의 분석 결과

가. 원시말뭉치

DOG10803메리는 내게 붙들려 그렇게 서서 강아지들과 생이별을 했다.

나. 문장 분석 말뭉치

DOG20803A$_{0-2-5}$D(D(D$_{0-4-4}$E$_{11-3}$M$_9$)D(E$_{31-3}$)E$_{11-3}$)C$_{0-1-4}$E$_{412}$(0-1-2)E$_{8-1}$T$_1$H$_6$N$_1$P$_1$

여덟 번째 단락의 분석이 끝났습니다. 끼니마저 걱정해야 했던 그 시절, 후한 값에 팔 수 있었던 강아지들. 시장에 가시던 어머니의 마음과, 새끼들과 생이별하는 어미의 심정이 교차하는 순간입니다. 이제 아홉 번째 단락으로 갑니다.

(49) 아홉 번째 단락, 첫 번째 문장의 분석 결과

가. 원시말뭉치

DOG10901계절은 흐르고 추억은 쌓였다.

나. 문장 분석 말뭉치

DOG20901D(A$_{0-1-5}$E$_{11-3}$)A$_{0-1-5}$E$_{12-1}$T$_1$H$_6$M$_9$N$_1$P$_1$

다음은 두 번째 문장입니다.

(50) DOG10902일요일 아침 마당에 나가 보면 죽은 두더지가 양지바른 곳에 누워 있었다.

가. 일요일 아침 마당에 나가 보면/ 죽은 두더지가/ 양지바른 곳에/ 누워 있었다.

D()A6-1-1(E11-2T5)C6-1-4(E31-2T5)E12-5E6-1T1S1H6N1P1

나. 일요일 아침/ 마당에/ 나가 보면/ 죽은 두더지가/ 양지바른 곳에/ 누워 있었다.

D(D3-1-0C0-1-4E12-5E6-3M4)A6-1-1(E11-2T5)C6-1-4(E31-2T5)E12-5E6-1T1S1H6N1P1

이 문장의 서술어 '눕-'은 '자동사, 2자리'로서 주어 '죽은 두더지가'와 보어 '양지바른 곳에'를 논항으로 가집니다. 부사절의 서술어 '나가-'도 '자동사, 2자리'이죠.

(51) 아홉 번째 단락, 두 번째 문장의 분석 결과

가. 원시말뭉치

DOG10902일요일 아침 마당에 나가 보면 죽은 두더지가 양지바른 곳에 누워 있
었다.

나. 문장 분석 말뭉치

DOG20902D(D3-1-0C0-1-4E12-5E6-3M4)A6-1-1(E11-2T5)C6-1-4(E31-2T5)E12-5E6-
1T1S1H6N1P1

다음은 세 번째 문장입니다.

(52) 아홉 번째 단락, 세 번째 문장의 분석 결과

가. 원시말뭉치

DOG10903메리가 들에서 잡아 온 것이다.

나. 문장 분석 말뭉치

DOG20903E431⟨6-3-0⟩(A0-2-1D(D0-1-4E22-3)E12-2T5)E7-1H6N1P1

이 문장은 의존명사 '것'이 실질서술어가 되고 그 앞의 모든 말이 '것'을 수식하는 구조로 되어 있습니다. 관형사절 내부에 부사절 '들에서 잡아'가 들어 있네요.

다음은 네 번째 문장입니다.

(53) DOG10904그렇게 두더지며 쥐를 잡아다 놓고 먹지 않았다.

가. 그렇게/ 두더지며 쥐를/ 잡아다 놓고/ 먹지 않았다.

D(E31-3)B4-1-2D()E22-5E6-1T1H6M7N1P1

나. 그렇게/ 두더지며 쥐를/ 잡아다 놓고/ 먹지 않았다.

D(E31-3)B4-1-2D(D(E22-3)E23-3)E22-5E6-1T1H6M7N1P1

이 문장의 서술어는 '타동사, 2자리'인 '먹-'이며 '두더지며 쥐를'은 그것의 목적어입니다. 여기서 '두더지며'의 '며'는 접속조사입니다. '두더지며 쥐를'은 '두더지와 쥐를'이라고 바꾸어 쓸 수 있는 구성으로, 핵 '쥐'를 '체언+[조사 단독]'(4번)인 '두더지며'가 수식하는 구성이죠.

(54) 아홉 번째 단락, 네 번째 문장의 분석 결과

가. 원시말뭉치

DOG10904그렇게 두더지며 쥐를 잡아다 놓고 먹지 않았다.

나. 문장 분석 말뭉치

DOG20904D(E31-3)B4-1-2D(D(E22-3)E23-3)E22-5E6-1T1H6M7N1P1

다음은 다섯 번째 문장입니다.

(55) 아홉 번째 단락, 다섯 번째 문장의 분석 결과

가. 원시말뭉치

DOG10905뱀들도 메리가 나서서 물리쳤다.

나. 문장 분석 말뭉치

DOG20905B$_{0-1-6}$A$_{0-2-1}$D(E$_{12-3}$)E$_{22-1}$T$_1$H$_6$N$_1$P$_1$

아홉 번째 단락도 분석을 마쳤습니다. 무슨 일이 있었냐는 듯, 세월은 그렇게 무심하게 흘렀고, 메리는 신통한 일들로 추억을 만들어 갔습니다. 열 번째 단락으로 들어갑니다.

(56) 열 번째 단락, 첫 번째 문장의 분석 결과

가. 원시말뭉치

DOG11001다시 겨울이 되고 메리는 두 번째 출산을 했다.

나. 문장 분석 말뭉치

DOG21001D(DC$_{0-1-1}$E$_{12-3}$)A$_{0-2-5}$E$_{422\langle3\langle1\rangle-1-2\rangle}E_{8-1}T_1H_6N_1P_1$

이 문장에서 서술어는 '출산+하-'라는 복합서술어입니다. 실질서술어가 체언 성분으로서 앞뒤에 관형어와 조사를 달고 있습니다. '두 번째 출산을'은 목적어 같지만 실질서술어죠.

(57) 열 번째 단락, 두 번째 문장의 분석 결과

가. 원시말뭉치

DOG11002이번에도 튼실한 새끼들을 여럿 낳았다.

나. 문장 분석 말뭉치

DOG21002D$_{0-1-46}$X$_{6-1-2}$(E$_{31-2}$T$_5$)B$_{0-1-0}$E$_{22-1}$T$_1$H$_6$N$_1$P$_1$

이 문장도 이중 목적어 구문이라 불리는 유형입니다. 앞에 나온 '튼실한 새끼들을'이 X이고, 뒤에 나온 '여럿'이 진정한 목적어죠. '튼실하-'의 '튼실' 은 비자립 어근입니다.

> **(58)** 열 번째 단락, 세 번째 문장의 분석 결과
>
> 가. 원시말뭉치
>
> **DOG11003**헛간에 바람 들지 않도록 둥지를 만들었다.
>
> 나. 문장 분석 말뭉치
>
> **DOG21003**D_0-1-4D(A_0-1-0E_{12}-5E_6-3M_7)B_0-1-2E_{22}-1$T_1H_6N_1P_1$

맨 앞의 '헛간에'는 내포문 서술어 '들-'(자동사, 2자리)의 보어이자 모문 서 술어 '만들-'(타동사, 2자리)의 부사어인데, 상위절 성분의 우선 확보 원칙 에 따라 모문의 성분으로 분석합니다.

다음은 네 번째 문장입니다.

> **(59) DOG11004**어느 날 밤 어머니는 다시 내일 새끼들을 장에 내다 판다고 하셨다.
>
> 가. 어느 날 밤/ 어머니는/ 다시/ 내일 새끼들을 장에 내다 판다고/ 하셨다.
>
> $D_{3(1)}$-1-0A_0-1-5DC_0-7-4()E_{12}-1$T_1H_{16}N_1P_1$
>
> 나. 어느 날 밤/ 어머니는/ 다시/ 내일 새끼들을 장에 내다 판다고/ 하셨다.
>
> $D_{3(1)}$-1-0A_0-1-5DC_0-7-4(DB_0-1-2C_0-1-4D(E_{23}-3)E_{23}-1$T_3H_6N_1$)E_{12}-1$T_1H_{16}N_1P_1$

이 문장의 서술어는 '자동사, 2자리'인 '하-'로서 '어머니는'을 주어로, 간접 인용절 '내일 새끼들을 장에 내다 판다고'를 보어로 삼습니다. 인용절에서 '장에'는, 상위절 성분의 우선 확보 원칙에 따라, '팔-'의 보어로 분석해야

합니다.

(60) 열 번째 단락, 네 번째 문장의 분석 결과

가. 원시말뭉치

DOG11004어느 날 밤 어머니는 다시 내일 새끼들을 장에 내다 판다고 하셨다.

나. 문장 분석 말뭉치

DOG21004$D_3\langle_1\rangle$-1-0A_0-1-5DC_0-7-4(DB_0-1-2C_0-1-4$D(E_{23}$-3)E_{23}-1$T_3H_6N_1)E_{12}$-
$1T_1H_{16}N_1P_1$

다섯 번째 문장입니다.

(61) 열 번째 단락, 다섯 번째 문장의 분석 결과

가. 원시말뭉치

DOG11005다시 울었다.

나. 문장 분석 말뭉치

DOG21005DE_{11}-1$T_1H_6N_1P_1$

열 번째 단락을 마쳤습니다. 이게 웬 청천벽력과도 같은 일인가요. 한 번도
아니고 두 번씩이나 새끼들과 생이별이라니요. 왜 이렇게 삶은 메리에게
팍팍한 것일까요. 열한 번째 단락으로 들어갑니다.

(62) 열한 번째 단락, 첫 번째 문장의 분석 결과

가. 원시말뭉치

DOG11101다음날 아침 소동이 일었다.

나. 문장 분석 말뭉치

DOG21101D$_3$-1-0A$_0$-1-1E$_{11}$-1T$_1$H$_6$N$_1$P$_1$

다음은 두 번째 문장입니다.

(63) DOG11102밥을 주러 헛간에 갔는데 강아지들이 죄다 없었다.

가. 밥을 주러 헛간에 갔는데/ 강아지들이/ 죄다/ 없었다.

D()A$_0$-1-1DE$_{32}$-1T$_1$H$_6$M$_7$N$_1$P$_1$

나. 밥을 주러 헛간에 갔는데/ 강아지들이/ 죄다/ 없었다.

D(D(B$_0$-1-2E$_{23}$-3S$_3$)C$_0$-1-4E$_{12}$-3T$_1$)A$_0$-1-1DE$_{32}$-1T$_1$H$_6$M$_7$N$_1$P$_1$

긴 부사어 뒤로 '형용사, 2자리' 서술어 '없-'의 주어 '강아지들이'가 나옵니다. 보어는 생략된 채 부사어 '죄다'가 서술어를 꾸미고 있죠. 부사절 내의 부사절에서 '주러'의 '-러'가 양태성분의 예정상을 나타낸다는 걸 놓치지 말아야 합니다.

(64) 열한 번째 단락, 두 번째 문장의 분석 결과

가. 원시말뭉치

DOG11102밥을 주러 헛간에 갔는데 강아지들이 죄다 없었다.

나. 문장 분석 말뭉치

DOG21102D(D(B$_0$-1-2E$_{23}$-3S$_3$)C$_0$-1-4E$_{12}$-3T$_1$)A$_0$-1-1DE$_{32}$-1T$_1$H$_6$M$_7$N$_1$P$_1$

다음은 세 번째 문장입니다.

(65) 열한 번째 단락, 세 번째 문장의 분석 결과

가. 원시말뭉치

DOG11103오소리가 간밤에 물어 갔나?

나. 문장 분석 말뭉치

DOG21103A0-1-1D0-1-4D(E22-3)E12-1T1H9N2P2

여기서 '-나'는 『표준국어대사전』의 '-나[11]'의 「2」에 해당하는 것으로 "혼잣말에 쓰여, 물음이나 추측을 나타내는" 해체 종결어미입니다.

다음은 네 번째 문장입니다.

(66) 열한 번째 단락, 네 번째 문장의 분석 결과

가. 원시말뭉치

DOG11104그럴 리가.

나. 문장 분석 말뭉치

DOG21104A6-3-1(E31-2T7)P1

이 문장은 오로지 주어만 출현한 경우입니다. 비록 그렇더라도 서술어를 충분히 짐작할 수 있습니다. '그럴 리가 없다' 정도로 생각할 수 있지요. 의존명사 '리'는 서술어 '없-'이나 '있-'의 주어로 쓰이며 제 앞에 때때로 긴 관형사절을 취하기도 합니다.

다음은 다섯 번째 문장입니다.

(67) DOG11105"메리야, 어떻게 된 거야?

가. "/메리야./ 어떻게 된 거야?

Q10J0-2-3E431(6-3-0)()E7-1H9N2P2

나. ~~"/메리야,~~ / 어떻게 된 거야?

Q10J0-2-3E431⟨6-3-0⟩(C(E31-3)E12-2T5)E7-1H9N2P2

문장 전체가 직접 인용이 되고 있습니다. 왼쪽에만 직접 인용 부호가 있으니 Q10으로 적죠. 이러한 표시 방법은 이미 2.2.4절의 '인용절' (65)에서 자세히 살펴보았습니다. 이 문장은 복합서술어로 되어 있고 실질서술어는 '어떻게 된 거'입니다. 관형어가 길며, 의존명사 '거' 뒤에는 형식서술어 '이-'가 오는 구성이죠. 이렇게 '이-'가 생략되어 있어도 문장 분석에서는 복원을 해 주어야 합니다. 이러한 '이-'나 '하-'의 복원 문제는 3.2.4절의 '생략된 '하-'의 복원'에서 자세히 다루었습니다.

(68) 열한 번째 단락, 다섯 번째 문장의 분석 결과

가. 원시말뭉치

DOG11105"메리야, 어떻게 된 거야?

나. 문장 분석 말뭉치

DOG21105Q10J0-2-3E431⟨6-3-0⟩(C(E31-3)E12-2T5)E7-1H9N2P2

다음은 여섯 번째 문장입니다.

(69) 열한 번째 단락, 여섯 번째 문장의 분석 결과

가. 원시말뭉치

DOG11106새끼들 어디 있어?"

나. 문장 분석 말뭉치

DOG21106Q01A0-1-0C0-5-0E32-1H9N2P2

여기서도 문장 전체가 직접 인용이 되고 있는데, 직접 인용 부호가 오른쪽에 있으니 Q_{01}로 해 줍니다. 서술어 '있-'은 주어와 보어를 요구하는 '형용사, 2자리'입니다.

(70) 열한 번째 단락, 일곱 번째 문장의 분석 결과

가. 원시말뭉치

DOG11107얼굴을 두 손으로 감싸고 흔들었다.

나. 문장 분석 말뭉치

DOG21107$B_{0-1-2}D(C_{1-1-4}E_{23-3})E_{22-2}T_1H_6N_1P_1$

이 문장의 '얼굴을'은, 상위절 성분의 우선 확보 원칙에 따라, 모문의 서술어 '흔들-'의 목적어로 분석합니다.

(71) 열한 번째 단락, 여덟 번째 문장의 분석 결과

가. 원시말뭉치

DOG11108메리는 다리를 절었다.

나. 문장 분석 말뭉치

DOG21108$A_{0-2-5}B_{0-1-2}E_{22-1}T_1H_6N_1P_1$

열한 번째 단락의 분석이 끝났습니다. 엎친 데 덮친 격으로 이해하기 힘든 일들이 벌어졌습니다. 강아지들이 모두 사라졌고, 메리마저 다리를 저는 것이었죠. 도대체 어떻게 된 영문인지 참으로 알 수가 없었습니다. 열두 번째 단락으로 들어갑니다.

(72) 열두 번째 단락, 첫 번째 문장의 분석 결과

가. 원시말뭉치

DOG11201얼마 후 새끼들이 발견됐다.

나. 문장 분석 말뭉치

DOG21201D3-1-0A0-1-1E422⟨0-1-0⟩E9-1T1H6M9N1P1

이 문장은 복합서술어 '발견+되-'를 지니며, 실질서술어 발견은 '타동사성, 2자리' 서술어이고, 이때의 경동사 '되-'는 자릿수를 하나 줄이는 E9입니다. 『표준국어대사전』에서는 '발견되다'를 '자동사, 2자리'로 기술하고 있지만, (40)에서 논의한 대로, '타동사, 2자리'가 피동을 겪으면 '자동사, 1자리'가 되는 것입니다.

(73) 열두 번째 단락, 두 번째 문장의 분석 결과

가. 원시말뭉치

DOG11202마루 안쪽 깊은 곳에서 소리가 났다.

나. 문장 분석 말뭉치

DOG21202C3⟨3⟩6-1-4(E31-2T5)A0-1-1E12-1T1H6N1P1

이 문장의 서술어 '나-'는 '자동사, 2자리'로서 보어 '마루 안쪽 깊은 곳에서'와 주어 '소리가'를 논항으로 지닙니다. 주어의 핵인 '곳'을 '안쪽'이 꾸미고, '안쪽'을 '마루'가 꾸미고 있죠.

(74) 열두 번째 단락, 세 번째 문장의 분석 결과

가. 원시말뭉치

DOG11203등잔 밑이 어두웠다.

나. 문장 분석 말뭉치

DOG21203A3-1-1E31-1T1H6N1P1

다음은 네 번째 문장입니다.

(75) 열두 번째 단락, 네 번째 문장의 분석 결과

가. 원시말뭉치

DOG11204기어 들어가 모두 꺼냈다.

나. 문장 분석 말뭉치

DOG21204D(D(E12-3)E12-3)DE23-1T1H6N1P1

이 문장의 서술어 '꺼내-'는 '타동사, 3자리'인데 논항이 모두 생략되어 있습니다. '모두'는 비록 명사와 부사로 통용되기는 하지만, 여기서는 부사로 보는 게 맞습니다. 조사를 취하고 있을 때 명사로 보기 때문이죠. 『표준국어대사전』에서 '모두¹'을 찾아보세요.

(76) DOG11205어젯밤 새끼 내다 판다는 소리를 듣고 메리가 숨겨 놓은 것이라고 어머니가 말했다.

가. 어젯밤 새끼 내다 판다는 소리를 듣고 메리가 숨겨 놓은 것이라고/ 어머니가/ 말했다.

C0-7-4()A0-1-1E412(0-1-0)E8-1T1H6N1P1

나. 어젯밤 새끼 내다 판다는 소리를 듣고 메리가 숨겨 놓은 것이라고/ 어머니가/ 말했다.

C0-7-4(E431(6-3-0)()E7-1H6N1)A0-1-1E412(0-1-0)E8-1T1H6N1P1

다. 어젯밤/ 새끼 내다 판다는 소리를 듣고/ 메리가/ 숨겨 놓은 것이라고/ 어머니가/ 말했다.

C_0-7-4(E_{431}⟨6-3-0⟩(D_0-1-0D()A_0-2-1E_{23}-5E_6-2T_5S_1)E_7-1H_6N_1)A_0-1-1E_{412}⟨0-1-0⟩E_8-1$T_1H_6N_1P_1$

라. ~~어젯밤/~~ 새끼 내다 판다는 소리를/ 듣고/ ~~메리가/ 숨겨 놓은 것이라고/ 어머니~~
~~가/ 말했다.~~

C_0-7-4(E_{431}⟨6-3-0⟩(D_0-1-0D(B_6-1-2()E_{22}-3)A_0-2-1E_{23}-5E_6-2T_5S_1)E_7-1H_6N_1)A_0-1-
1E_{412}⟨0-1-0⟩E_8-1$T_1H_6N_1P_1$

마. ~~어젯밤/~~ 새끼 내다 판다는 소리를/ 듣고/ ~~메리가/ 숨겨 놓은 것이라고/ 어머니~~
~~가/ 말했다.~~

C_0-7-4(E_{431}⟨6-3-0⟩(D_0-1-0D(B_6-1-2(C_0-7-4(B_0-1-2D(E_{23}-3)E_{23}-1$T_3H_6N_1$)E_{12}-2T_6)E_{22}-3)A_0-
2-1E_{23}-5E_6-2T_5S_1)E_7-1H_6N_1)A_0-1-1E_{412}⟨0-1-0⟩E_8-1$T_1H_6N_1P_1$

모처럼 복잡한 문장이 등장했습니다. 이 문장에서 서술어는 복합서술어
'말+하-'입니다. 실질서술어 '말'은 '자동사성, 2자리'이며 '어젯밤 새끼 내다
판다는 소리를 듣고 메리가 숨겨 놓은 것이라고'를 보어로, '어머니가'를 주
어로 취합니다.

보어로 쓰인 간접 인용절 내부의 부사절인 '새끼 내다 판다는 소리를 듣고'
는 다시 간접 인용절 '새끼 내다 판다'를 지닙니다. 이때, '판다는'을 '판다고
하는'으로 복원하는 게 중요하죠. 그것은 3.2.4절의 (98)에서 자세히 살펴보
았습니다. 여기서는 (76마)에서 확인할 수 있어요.

(77) 열두 번째 단락, 다섯 번째 문장의 분석 결과
가. 원시말뭉치
DOG11205어젯밤 새끼 내다 판다는 소리를 듣고 메리가 숨겨 놓은 것이라고 어머니
가 말했다.

나. 문장 분석 말뭉치

DOG21205C_0-7-4(E_{431}⟨6-3-0⟩)(D_0-1-0D(B_6-1-2(C_0-7-4(B_0-1-2D(E_{23}-3)E_{23}-1$T_3H_6N_1$)E_{12}-2T_6)E_{22}-3)A_0-2-1E_{23}-5E_6-2T_5S_1)E_7-1H_6N_1)A_0-1-1E_{412}⟨0-1-0⟩E_8-1$T_1H_6N_1P_1$

다음은 여섯 번째 문장입니다. 부사절 내포문에서 어미 '-고' 뒤에 예외적으로 첨가된 조사 '도'의 표시에 유의해야 합니다.

(78) 열두 번째 단락, 여섯 번째 문장의 분석 결과

가. 원시말뭉치

DOG11206놀랍고도 슬펐다.

나. 문장 분석 말뭉치

DOG21206D(E_{31}-396)E_{32}-1$T_1H_6N_1P_1$

열두 번째 단락을 마쳤습니다. 어떻게 이런 일이 일어날 수 있었을까요? 메리가 간밤의 우리들 말을 알아듣고, 부랴부랴 그 어둠 속에서 새끼들을 눈에 띄지 않는 대청마루 밑에 깊이깊이 숨겨둔 것입니다. 그 바람에 다리까지 다쳤어요. 영민한 메리가 한없이 가여웠습니다. 이제 열세 번째 단락으로 들어갑니다.

(79) 열세 번째 단락, 첫 번째 문장의 분석 결과

가. 원시말뭉치

DOG11301결국 새끼들은 예정대로 그날 장에 갔다.

나. 문장 분석 말뭉치

DOG21301DA_0-1-5D_0-1-8D_0-1-0C_0-1-4E_{12}-1$T_1H_6N_1P_1$

다음은 두 번째 문장입니다.

(80) 열세 번째 단락, 두 번째 문장의 분석 결과

가. 원시말뭉치

DOG11302어미는 보이지 않았다.

나. 문장 분석 말뭉치

DOG21302A$_0$-1-5E$_{11}$-5E$_6$-1T$_1$H$_6$M$_{97}$N$_1$P$_1$

다음은 세 번째 문장입니다.

(81) 열세 번째 단락, 세 번째 문장의 분석 결과

가. 원시말뭉치

DOG11303새끼와 어미 모두 집을 비웠다.

나. 문장 분석 말뭉치

DOG21303A$_4$-1-0DB$_0$-1-2E$_{22}$-1T$_1$H$_6$M$_8$N$_1$P$_1$

다음은 네 번째 문장입니다.

(82) DOG11304다리를 절며 나갔던 메리는 다음날 차에 치여 죽은 채로 아저씨들 손에 들려 있었다.

가. 다리를 절며 나갔던 메리는/ 다음날/ 차에 치여 죽은 채로/ 아저씨들 손에/ 들려 있었다.

A$_6$-2-5()D$_0$-1-0D$_6$-3-4()C$_3$-1-4E$_{12}$-5E$_6$-1T$_1$S$_1$H$_6$M$_9$N$_1$P$_1$

나. 다리를 절며 나갔던 메리는/ 다음날/ 차에 치여 죽은 채로/ 아저씨들 손에/ 들려 있었다.

A6-2-5(D(B0-1-2E22-3S2)E12-2T125)D0-1-0D6-3-4(D(D0-1-4E11-3M9)E11-2T5)C3-1-4E12-
5E6-1T1S1H6M9N1P1

이 문장의 서술어 '들리-'는 피동사로서 '자동사, 2자리'이며, 주어 '다리를
절며 나갔던 메리는'을 주어로, '아저씨들 손에'를 보어로 취합니다. 부사어
'차에 치여 죽은 채로'에서 의존명사 '채'를 수식하는 관형사절 '차에 치여'
의 서술어 '치이-'는, 피동사로서 '자동사, 1자리'입니다. 능동사 '치-'가 '타
동사, 2자리'이기 때문이죠. (82나)에서처럼, 주어 핵 '메리'를 수식하는 관
형사절 내부의 '나갔던'에 있는 T_{125}를 놓쳐서는 안 되겠죠.

(83) 열세 번째 단락, 네 번째 문장의 분석 결과

가. 원시말뭉치

DOG11304다리를 절며 나갔던 메리는 다음날 차에 치여 죽은 채로 아저씨들 손에
들려 있었다.

나. 문장 분석 말뭉치

DOG21304A6-2-5(D(B0-1-2E22-3S2)E12-2T125)D0-1-0D6-3-4(D(D0-1-4E11-3M9)E11-2T5)
C3-1-4E12-5E6-1T1S1H6M9N1P1

다음은 다섯 번째 문장입니다.

(84) 열세 번째 단락, 다섯 번째 문장의 분석 결과

가. 원시말뭉치

DOG11305난 가슴에 메리를 묻었다.

나. 문장 분석 말뭉치

DOG21305A0-4-5C0-1-4B0-2-2E23-1T1H6N1P1

열세 번째 단락이 끝났습니다. 그저 비극이라는 말밖에는 떠오르지 않습니다. 메리는 새끼를 잃고, 저는 그런 메리를 잃었습니다. 나의 영원한 벗이라 생각했던 메리가 더는 세상에 존재하지 않게 되었습니다. 이제 마지막 단락에 이르렀습니다.

> **(85) DOG11401**갑자기 추워진 이 가을에, 아주 오래전 아궁이 앞에서 고구마 구워 함께 먹던 기억이 났다.
>
> 가. 갑자기 추워진 이 가을에,/ 아주 오래전 아궁이 앞에서 고구마 구워 함께 먹던 기억이/ 났다.
>
> $D_{61-1-4}(DE_{11-2}T_5)C_{6-1-1}()E_{12-1}T_1H_6N_1P_1$
>
> 나. 갑자기 추워진 이 가을에,/ 아주 오래전/ 아궁이 앞에서/ 고구마/ 구워/ 함께/ 먹던 기억이/ 났다.
>
> $D_{61-1-4}(DE_{11-2}T_5)C_{6-1-1}(D_{2-1-0}D_{3-1-4}B_{0-1-0}D(E_{22-3})D(E_{532})E_{22-2}T_{25})E_{12-1}T_1H_6N_1P_1$

이 문장의 서술어 '나-'는 '자동사, 2자리'로서 '아주 오래전 아궁이 앞에서 고구마 구워 함께 먹던 기억이'는 보어입니다. 기억하는 주체인 주어는 생략되어 있죠. 맨 앞의 부사어에 실린 관형사절의 '추워지-'는, '자동사, 1자리'로 사전에 실려 있어 피동이 아닙니다.

보어의 핵인 '기억'을 수식하는 관형사절에서 부사어 '아주 오래전'은, 부사가 명사를 수식하는 걸 보여줍니다. '고구마를'은 '굽-'과 '먹-'의 목적어에 해당하지만, 상위절 성분의 우선 확보 원칙에 따라 '먹-'의 목적어로 분석합니다. '함께'는, (35)의 '같이'와 마찬가지로, 부사가 부사절로 쓰인 예입니다.

(86) 열네 번째 단락, 첫 번째 문장의 분석 결과

가. 원시말뭉치

DOG11401갑자기 추워진 이 가을에, 아주 오래전 아궁이 앞에서 고구마 구워 함께 먹던 기억이 났다.

나. 문장 분석 말뭉치

DOG21401D$_{61-1-4}$(DE$_{11-2}$T$_5$)C$_{6-1-1}$(D$_{2-1-0}$D$_{3-1-4}$B$_{0-1-0}$D(E$_{22-3}$)D(E$_{532}$)E$_{22-2}$T$_{25}$)E$_{12-1}$T$_1$H$_6$N$_1$P$_1$

다음은 두 번째 문장입니다.

(87) 열네 번째 단락, 두 번째 문장의 분석 결과

가. 원시말뭉치

DOG11402"메리야, 우리 같이 오래오래 살자.

나. 문장 분석 말뭉치

DOG21402Q$_{10}$J$_{0-2-3}$A$_{0-4-0}$D(E$_{532}$)DE$_{11-1}$H$_6$N$_4$P$_1$

다음은 세 번째 문장입니다.

(88) 열네 번째 단락, 세 번째 문장의 분석 결과

가. 원시말뭉치

DOG11403사랑해."

나. 문장 분석 말뭉치

DOG21403Q$_{01}$E$_{422}$(0-1-0)E$_{8-1}$H$_9$N$_1$P$_1$

다음은 마지막 문장입니다.

(89) DOG11404메리는 구멍 난 양말 사이로 비집고 나온 내 발가락들을 핥고 있
었다.

가. 메리는/ 구멍 난 양말 사이로 비집고 나온 내 발가락들을/ 핥고 있었다.

A_0-2-5B_{64}-1-2()ㄴ$_{22}$-5E_6-1$T_1S_2H_6N_1P_1$

나. 메리는/ 구멍 난 양말 사이로 비집고 나온 내 발가락들을/ 핥고 있었다.

A_0-2-5B_{64}-1-2($C_{3\langle6\rangle}$-1-4(A_0-1-0E_{12}-2T_5)D(E_{22}-3)E_{12}-2T_5)E_{22}-5E_6-1$T_1S_2H_6N_1P_1$

이 문장의 서술어 '핥-'은 '타동사, 2자리'로서 '메리는'을 주어로, '구멍 난
양말 사이로 비집고 나온 내 발가락들을'을 목적어로 취합니다. 목적어의
핵 '발가락들'을 수식하는 관형사절에서 서술어 '나오-'는 '자동사, 2자리'로
서 '구멍 난 양말 사이로'를 보어로 취합니다.

(90) 열네 번째 단락, 세 번째 문장의 분석 결과

가. 원시말뭉치

DOG11404메리는 구멍 난 양말 사이로 비집고 나온 내 발가락들을 핥고 있었다.

나. 문장 분석 말뭉치

DOG21404A_0-2-5B_{64}-1-2($C_{3\langle6\rangle}$-1-4(A_0-1-0E_{12}-2T_5)D(E_{22}-3)E_{12}-2T_5)E_{22}-5E_6-
1$T_1S_2H_6N_1P_1$

열네 번째 단락이 끝났습니다. 존재만으로 나의 행복이었던 메리. 기억 속
아궁이 앞에서 우리는 언제나 검댕이 묻힌 입술로 서로를 바라보며 웃고
있을 것입니다.

이렇게 해서 14개 단락, 60개 문장의 분석을 모두 마쳤습니다. 그 결과 얻
어진 문장 분석 말뭉치는 다음과 같습니다.

(91) 텍스트 (1)의 문장 분석 말뭉치

DOG20101A_0-1-5B_6-1-2($DE_{431}\langle 0$-1-0$\rangle E_8$-2T_5)E_{23}-5E_6-1$T_1 H_{16} M_{85} N_1 P_1$

DOG20102$D(D_0$-1-4B_0-1-2E_{22}-3)DC_0-1-4E_{12}-1$T_1 H_6 N_1 P_1$

DOG20103A_6-3-5($D(A_3\langle 3\rangle$-1-1E_{11}-3M_9)D_1-1-4C_0-4-4A_0-1-1E_{12}-2T_5)$E_{431}\langle 4\langle 6\rangle 6$-1-0$\rangle(E_{431}\langle 0$-1-0$\rangle E_8-2T_5)(A_0$-1-0$E_{31}-2T_5)E_7-1T_1 H_6 N_1 P_1$

DOG20201A_{16}-3-1(E_{31}-2$T_5)D(C_4$-1-4E_{12}-3$M_9)C_0$-1-4E_{12}-1$T_1 H_6 N_1 P_1$

DOG20202$E_{431}\langle 6$-1-0$\rangle(B_3$-1-2A_3-1-0D_0-1-4E_{22}-2$T_{25})E_7$-1$T_1 H_6 N_1 P_1$

DOG20203$D(D(A_0$-1-5$E_{411}\langle 3\langle 4\rangle$-1-0$\rangle E_8-3S_3)A_0$-1-5$D(B_6$-1-2($DE_{411}\langle 0$-1-0$\rangle E_8-5E_6-2T_6 M_7$)$E_{422}\langle 0$-1-0$\rangle E_8-3S_3)E_{12}-3T_1 H_1)A_4$-1-6$D(DE_{11}-3)E_{11}-1T_1 H_6 N_1 P_1$

DOG20301A_0-1-5$E_{431}\langle 0$-2-0$\rangle E_7$-1$T_1 H_6 N_1 P_1$

DOG20302X_3–1–5A_{16}–1–1(E_{31}–2$T_5)D(C_0$–1–0E_{12}–5E_6–3$M_7)D(D(D(E_{31}$–3$)E_{411}\langle 0$–1–0$\rangle E_8$–3$)E_{11}$–3$)DE_{11}$–1$T_1 H_6 N_1 P_1$

DOG20303A_0-1-5$E_{431}\langle 0$-1-0$\rangle E_7$-1$T_1 H_6 N_1 P_1$

DOG20304$D(C_0$-7-0$(A_0$-1-5E_{31}-1$H_6 N_1)E_{12}$-3$T_1)A_3$-1-6E_{31}-1$T_1 H_6 N_1 P_1$

DOG20305$D(E_{31}$-396$)B_0$-1-2$D_2 E_{22}$-1$T_1 H_6 N_1 P_1$

DOG20401$DE_{431}\langle 0$-1-0$\rangle E_8$-1$T_1 H_6 N_1 P_1$

DOG20402X_{61}-1-5$(D(E_{532})E_{22}$-2$T_{25} M_8)D(DC_0$-7-0$(E_{431}\langle 0$-1-0$\rangle E_7$-1$H_6 N_1)E_{12}$-3$T_1 M_9)$$D(B_0$-1-7$E_{23}-3)A_0$-1-1$E_{11}-1T_1 H_6 N_1 P_1$

DOG20403B_0-1-2E_{22}-3E_6-1$T_1 S_3 H_6 N_1 P_1$

DOG20404DC_0-2-5D_6-3-0$(D(C_0$-1-4B_0-1-2E_{23}-3$)D(B_0$-1-2E_{22}-3$)B_0$-1-7E_{22}-2$T_7)A_6$-3-1$(B_0$-1-2E_{22}-2$T_6)E_{32}$-1$T_1 H_6 M_7 N_1 P_1$

DOG20501$D(D(C_0$-1-1E_{12}-3$)A_0$-6-1B_3-1-2DE_{22}-3$T_1)D(D(D(D(D(B_3\langle 3\rangle$-1-2$C_0$-1-4$E_{23}-3)DE_{12}-3)B_4$-1-2$E_{22}-3)C_0$-4-4$E_{12}-3)C_3$-1-4$E_{12}-3S_2)E_{412}\langle 0$-1-2$\rangle E_8-1T_1 H_6 N_1 P_1$

DOG20502$E_{422}\langle 6$-1-2$\rangle(D(D(E_{31}$-5E_6-396$S_2 M_7)E_{31}$-3$)B_4$-1-0E_{22}-2$T_6)DDE_8$-1$T_1 H_6 N_1 P_1$

DOG20601$D(DA_6$-1-1$(E_{431}\langle 0$-1-0$\rangle E_8$-2$T_5)E_{12}$-3$T_2)A_0$-1-1E_{11}-1$T_1 H_6 N_1 P_1$

4장. 문장 분석의 응용

DOG20602D(D(E_{411}⟨0-1-2⟩E_8-3)E_{422}⟨0-1-0⟩E_8-3T_1)A_0-1-1D(E_{11}-3S_2)C_0-7-4(A_6-3-0(B_0-1-2E_{22}-2T_5)E_{31}-1H_6N_1)E_{12}-1T_1H_{16}N_1P_1

DOG20603D_{3⟨1⟩}-1-0D(E_{31}-3)D(E_{532})E_{12}-5E_6-1T_1H_6M_5N_1P_1

DOG20604D_6-1-0(E_{32}-2T_5)A_0-1-5D(C_6-1-4(E_{31}-2T_5)B_0-1-2E_{23}-3)C_0-2-4E_{23}-1T_1H_{16}N_1P_1

DOG20701A_0-7-0(C_1-1-4D(E_{31}-3)X_6-1-1(D(E_{31}-3)E_{531}E_8-2T_5)A_0-6-8E_{12}-3T_1)DE_{31}-1T_1H_6N_1P_1

DOG20702D(A_0-1-5DB_4-1-2E_{22}-3T_1)D_0-1-8A_0-2-5D_6-1-4(E_{431}⟨0-1-0⟩E_8-2T_5)B_{64}-1-2(E_{23}-2T_5M_9)E_{22}-1T_1H_6N_1P_1

DOG20703B_{61}-1-2(E_{31}-2T_5)A_0-4-5D_0-1-4E_{22}-5E_6-1T_1H_6M_5N_1P_1

DOG20801D_6-1-0(A_1-1-1DC_0-1-4D(E_{12}-3M_9)E_{12}-2T_6)A_0-4-5DE_{11}-1T_1H_6N_1P_1

DOG20802D(A_4-1-5B_{3⟨4⟩}-1-2E_{22}-3T_1)A_0-4-5D(B_4-1-2E_{22}-3)C_0-1-4B_0-1-2E_{23}-1T_1H_6N_1P_1

DOG20803A_0-2-5D(D(D_0-4-4E_{11}-3M_9)D(E_{31}-3)E_{11}-3)C_0-1-4E_{412}⟨0-1-2⟩E_8-1T_1H_6N_1P_1

DOG20901D(A_0-1-5E_{11}-3)A_0-1-5E_{12}-1T_1H_6M_9N_1P_1

DOG20902D(D_3-1-0C_0-1-4E_{12}-5E_6-3M_4)A_6-1-1(E_{11}-2T_5)C_6-1-4(E_{31}-2T_5)E_{12}-5E_6-1T_1S_1H_6N_1P_1

DOG20903E_{431}⟨6-3-0⟩(A_0-2-1D(D_0-1-4E_{22}-3)E_{12}-2T_5)E_7-1H_6N_1P_1

DOG20904D(E_{31}-3)B_4-1-2D(D(E_{22}-3)E_{23}-3)E_{22}-5E_6-1T_1H_6M_7N_1P_1

DOG20905B_0-1-6A_0-2-1D(E_{12}-3)E_{22}-1T_1H_6N_1P_1

DOG21001D(DC_0-1-1E_{12}-3)A_0-2-5E_{422}⟨3⟨1⟩-1-2⟩E_8-1T_1H_6N_1P_1

DOG21002D_0-1-46X_6-1-2(E_{31}-2T_5)B_0-1-0E_{22}-1T_1H_6N_1P_1

DOG21003D_0-1-4D(A_0-1-0E_{12}-5E_6-3M_7)B_0-1-2E_{22}-1T_1H_6N_1P_1

DOG21004D_{3⟨1⟩}-1-0A_0-1-5DC_0-7-4(DB_0-1-2C_0-1-4D(E_{23}-3)E_{23}-1T_3H_6N_1)E_{12}-1T_1H_{16}N_1P_1

DOG21005DE_{11}-1T_1H_6N_1P_1

DOG21101D$_3$-1-0A$_0$-1-1E$_{11}$-1T$_1$H$_6$N$_1$P$_1$

DOG21102D(D(D(B$_0$-1-2E$_{23}$-3S$_3$)C$_0$-1-4E$_{12}$-3T$_1$)A$_0$-1-1DE$_{32}$-1T$_1$H$_6$M$_7$N$_1$P$_1$

DOG21103A$_0$-1-1D$_0$-1-4D(E$_{22}$-3)E$_{12}$-1T$_1$H$_9$N$_2$P$_2$

DOG21104A$_6$-3-1(E$_{31}$-2T$_7$)P$_1$

DOG21105Q$_{10}$J$_0$-2-3E$_{431}$(6-3-0)(C(E$_{31}$-3)E$_{12}$-2T$_5$)E$_7$-1H$_9$N$_2$P$_2$

DOG21106Q$_{01}$A$_0$-1-0C$_0$-5-0E$_{32}$-1H$_9$N$_2$P$_2$

DOG21107B$_0$-1-2D(C$_1$-1-4E$_{23}$-3)E$_{22}$-2T$_1$H$_6$N$_1$P$_1$

DOG21108A$_0$-2-5B$_0$-1-2E$_{22}$-1T$_1$H$_6$N$_1$P$_1$

DOG21201D$_3$-1-0A$_0$-1-1E$_{422}$(0-1-0)E$_9$-1T$_1$H$_6$M$_9$N$_1$P$_1$

DOG21202C$_3$(3)6-1-4(E$_{31}$-2T$_5$)A$_0$-1-1E$_{12}$-1T$_1$H$_6$N$_1$P$_1$

DOG21203A$_3$-1-1E$_{31}$-1T$_1$H$_6$N$_1$P$_1$

DOG21204D(D(E$_{12}$-3)E$_{12}$-3)DE$_{23}$-1T$_1$H$_6$N$_1$P$_1$

DOG21205C$_0$-7-4(E$_{431}$(6-3-0)(D$_0$-1-0D(B$_6$-1-2(C$_0$-7-4(B$_0$-1-2D(E$_{23}$-3)E$_{23}$-1T$_3$H$_6$N$_1$)E$_{12}$-2T$_6$)E$_{22}$-3)A$_0$-2-1E$_{23}$-5E$_6$-2T$_5$S$_1$)E$_7$-1H$_6$N$_1$)A$_0$-1-1E$_{412}$(0-1-0)E$_8$-1T$_1$H$_6$N$_1$P$_1$

DOG21206D(E$_{31}$-396)E$_{32}$-1T$_1$H$_6$N$_1$P$_1$

DOG21301DA$_0$-1-5D$_0$-1-8D$_0$-1-0C$_0$-1-4E$_{12}$-1T$_1$H$_6$N$_1$P$_1$

DOG21302A$_0$-1-5E$_{11}$-5E$_6$-1T$_1$H$_6$M$_{97}$N$_1$P$_1$

DOG21303A$_4$-1-0DB$_0$-1-2E$_{22}$-1T$_1$H$_6$M$_8$N$_1$P$_1$

DOG21304A$_6$-2-5(D(B$_0$-1-2E$_{22}$-3S$_2$)E$_{12}$-2T$_{125}$)D$_0$-1-0D$_6$-3-4(D(D$_0$-1-4E$_{11}$-3M$_9$)E$_{11}$-2T$_5$)C$_3$-1-4E$_{12}$-5E$_6$-1T$_1$S$_1$H$_6$M$_9$N$_1$P$_1$

DOG21305A$_0$-4-5C$_0$-1-4B$_0$-2-2E$_{23}$-1T$_1$H$_6$N$_1$P$_1$

DOG21401D$_{61}$-1-4(DE$_{11}$-2T$_5$)C$_6$-1-1(D$_2$-1-0D$_3$-1-4B$_0$-1-0D(E$_{22}$-3)D(E$_{532}$)E$_{22}$-2T$_{25}$)E$_{12}$-1T$_1$H$_6$N$_1$P$_1$

DOG21402Q$_{10}$J$_0$-2-3A$_0$-4-0D(E$_{532}$)DE$_{11}$-1H$_6$N$_4$P$_1$

DOG21403Q$_{01}$E$_{422}$(0-1-0)E$_8$-1H$_9$N$_1$P$_1$

여기까지 함께 하신 여러분 모두 고생 많으셨습니다. 쉬운 문장도 있었고 어려운 문장도 있었습니다. 특히 문장 전체의 구조를 파악하는 게 쉽지 않았죠. 얽힌 매듭을 푸는 건 언제나 서술어로부터였습니다. 그래서 특히나 사전을 많이 찾았죠. 서술어의 종류와 자릿수를 알아야 했으니까요. 이제 60개나 되는 문장을 직접 분석해 보았으니, 문장 분석에 대한 어느 정도의 감은 분명히 익힐 수 있었으리라 생각합니다. 그럼, 이제 문장 분석 결과를 활용할 수 있는 길로 떠나 보겠습니다.

4.2 문장의 복잡성과 다양성 측정

4.2.1 문장의 복잡성과 다양성 측정 기제

문장의 유형, 줄여서 '문형'(sentence pattern)은 전통적으로 서술어의 종류와 자릿수를 바탕으로 이야기되어 왔습니다. 다음은 한국어 문형으로 흔히 제시되는 것입니다.

(92) 한국어의 기본 문형

가. 주어 + 서술어

나. 주어 + 보어 + 서술어

다. 주어 + 목적어 + 서술어

라. 주어 + 목적어 + 보어 + 서술어

여기서 (92가)는 1자리 서술어가 이끄는 문장이고, (92나, 다)는 두 자리 서술어가, (92라)는 세 자리 서술어가 이끄는 문장입니다. (92가)로부터 (92라)에 이르기까지 주어와 서술어는 문형의 기본 요소이고, 거기에 보어와 목적어가 추가되면서 문형이 점점 더 복잡해집니다.

그런데 한국어 문형은 (92)로 충분할까요?

(93) 한국어의 실제 문형

가. 주어 + 서술어 ⇒ AE

나. 주어 + 보어 + 서술어 ⇒ ACE

다. 주어 + 목적어 + 서술어 ⇒ ABE

라. 주어 + 보어 + 보어 + 서술어 ⇒ ACCE

마. 주어 + 목적어 + 보어 + 서술어 ⇒ ABCE

바. 주어 + 보어 + 보어 + 보어 + 서술어 ⇒ ACCCE

사. 주어 + 목적어 + 보어 + 보어 + 서술어 ⇒ ABCCE

           …

제일 단순한 문형인 (93가)로부터, 앞서 살펴본 (92라)를 넘어, (93사)까지, 그리고 이론적으로는 그 이상도 가능합니다. (93사)의 예로 '영수가 이것을 나에게 보물이라고 했다.'와 같은 문장을 들 수 있죠. 문형을 해석문법의 문장성분 기호로 바꾸니 시인성이 더 좋네요.

이제 문형들의 단계를 '복잡한 정도'의 관점에서 다시 정렬해 보겠습니다.

(94) 문형의 복잡성에 따른 서열화 (1)

1단계: AE

2단계: ACE / ABE

3단계: ACCE / ABCE

4단계: ACCCE / ABCCE

     ...

편의상 7개의 문형들만 가지고 이야기하겠습니다. 가장 단순한 유형은 AE 입니다. 그 다음 단계에는 ACE와 ABE가 함께 놓입니다. 보어와 목적어의 경중을 가릴 수가 없기 때문이죠. 그 다음 단계에도 ACCCE와 ABCCE가 함께 옵니다.

같은 2단계에 있다 해도 ACE와 ABE는 엄연히 다른 유형입니다. 이는 3단계에 있는 두 개의 문형 ACCCE와 ABCCE에서도 마찬가지이죠. 결국, 하나의 문형은 그것이 놓이는 복잡성의 단계에서 다른 문형과 같아질 수도 있지만, 그와 동시에 자신만의 정체성을 지니게 됩니다. 그 정체성이란, 문형을 구성하는 문장성분들의 종류와 개수이죠.

해석문법에서는 이를 문형의 복잡성과 다양성이라고 부릅니다. 즉, 문형 ACE와 ABE는 성분의 개수가 일치하여 복잡성이 같지만, 성분의 종류가 일부 불일치하여 다양성이 다릅니다. 이때, B와 C는 복잡성과 다양성을 결정하는 요인이므로 '복잡화소'라고 부르죠.

방금 살펴본 것이 B와 C에 의한 문형의 복잡성과 다양성이라면, 다음에 살펴볼 것은 D와 E에 의한 문형의 복잡성과 다양성입니다. B와 C에 의한 것을 '거시 문형에서의 복잡성과 다양성'이라 하고, D와 E에 의한 것을 '미시 문형에서의 복잡성과 다양성'이라고 부릅니다. B와 C는 거시 문형의 복잡화소이고, D와 E는 미시 문형의 복잡화소입니다.

그렇다면 미시 문형이란 무엇이고, 미시 문형에서의 복잡성과 다양성이란 무엇일까요? 제일 단순한 문형 AE를 가지고 미시 문형에서의 복잡성과 다양성을 설명해 보겠습니다.

(95) 문형의 복잡성에 따른 서열화 (2)

1단계: AE

2단계: AEE

3단계: ADE

4단계: ADDE / ADEE

5단계: ADDEE

미시 문형 이전에 우선 거시 문형이란, 예시 (94)에 나와 있는 문형 하나하나를 말합니다. 즉, (94)에는 모두 7개의 거시 문형들이 구체적으로 제시되어 있습니다. 미시 문형이란, 이들 거시 문형 하나하나를 다시 더 자세하게 나눈 문형을 뜻합니다. (95)가 바로 그 좋은 예입니다. 이것은 [AE]라는 거시 문형에 속한 미시 문형들입니다. 같은 방식으로, 나머지 6개 거시 문형들의 미시 문형들도 설정할 수 있습니다.

미시 문형에 대한 본격적인 설명을 시작하겠습니다. (95)는 [AE]의 미시 문형을 모두 나타낸 것으로 총 5단계로 이루어져 있죠. 이러한 단계는 미시 문형의 복잡성을 위계화한 것입니다. 1단계는 A와 E만으로 구성됩니다.

'영수가 논다.'와 같은 경우죠. 2단계는 여기에 서술어 하나가 추가된 경우입니다. '영수가 놀고 있다.'가 그 예입니다.

3단계는 서술어 말고 부사어가 추가된 경우로서 '영수가 잘 논다.'와 같은 경우입니다. AEE보다 ADE가 더 복잡하다고 보는 이유는, 성분의 개수(토큰, token)는 같을지라도 성분의 종류(타입, type)가 하나 더 많기 때문입니다. 즉, AEE는 2개의 타입(A, E), 3개의 토큰이지만, ADE는 3개의 타입(A, D, E), 3개의 토큰으로 이루어져 있습니다.

4단계는 ADE에 부사어나 서술어를 하나 더 추가한 것입니다. ADDE일 경우는 '영수가 오늘 잘 논다.'이고 ADEE일 경우는 '영수가 잘 놀고 있다.'입니다. 이때에도 추가되는 D와 E의 경중을 가릴 수가 없어 두 개의 미시 문형들을 같은 등급에 배치한 것이죠. 이때, 추가되는 E는 실질서술어가 아니라 보조용언과 같은 형식서술어입니다.

마지막 5단계는 부사어와 서술어가 모두 두 개씩 나온 ADDEE입니다. 그 예로 '영수는 오늘 잘 놀고 있다.'를 들 수 있습니다.

미시 문형에 대한 설명이 모두 끝난 것은 아닙니다. 아직 이야기하지 않은 다른 가능성이 남아 있기 때문이죠.

(96) AE의 미시 문형들

AE

AEE

AEEE, AEEEE, AEEEEE, …

ADE

...

즉, 2단계인 AEE에서 3단계인 ADE로 넘어가기 전에 그 사이에 놓인 AEEE나 AEEEE와 같은 미세 등급들을 더 고려해야 하는 것 아니냐는 것이지요. 결론부터 말씀드리자면, 그럴 수 없다는 것입니다. AEEE나 AEEEE 등은 모두 AEE로 대표됩니다.

이는 마치 수학에서 원주율(π)이 '3.1415926535897932384626433…'로 무한히 나아가지만, 실제의 적용에서 '3.14'로 그 값을 제한하여 사용하는 것과 같습니다. 오차가 생길 수 있지만 그 정도의 미미함은 무시하는 것이죠. 그러지 않고서는 계산을 할 수 없기 때문입니다.

AEE는 서술어가 둘 이상인 경우를, ADDE는 부사어가 둘 이상인 경우를, ADDEE는 부사어와 서술어가 각각 둘 이상인 경우를 뜻합니다. 이렇게 미미한 경우들을 무시하며 약간의 오차가 발생하는 걸 감수하고서 만든 것이 (95)입니다. 이와 같은 오차의 무시는 수학이나 자연과학의 이론화 과정에서도 드물지 않게 발생합니다.

이제 미시 문형이 만들어졌으니 이를 거시 문형과 합쳐 전체 문형을 이끌어낼 차례입니다.

(97) 문장의 통사적 복잡성과 다양성 측정 기제

[AE] 유형

01 AE

02 AEE

03 ADE

04 ADEE, ADDE

05 ADDEE

[ACE] 유형

06 ACE

07 ACEE

08 ACDE

09 ACDEE, ACDDE

10 ACDDEE

[ABE] 유형

06 ABE

07 ABEE

08 ABDE

09 ABDEE, ABDDE

10 ABDDEE

[ACCE] 유형

11 ACCE

12 ACCEE

13 ACCDE

14 ACCDEE, ACCDDE

15 ACCDDEE

[ABCE] 유형

11 ABCE

12 ABCEE

13 ABCDE

14 ABCDEE, ABCDDE

15 ABCDDEE

[ACCCE] 유형

16 ACCCE

17 ACCCEE

18 ACCCDE

19 ACCCDEE, ACCCDDE

20 ACCCDDEE

[ABCCE] 유형

16 ABCCE

17 ABCCEE

18 ABCCDE

19 ABCCDEE, ABCCDDE

20 ABCCDDEE

이론적으로는 더 다양한 문형들이 가능하지만 현실적으로는 이 정도의 제시로 충분할 것 같습니다. 앞서 살펴본 (95)는 [AE] 문형의 미시 문형들이었죠. 이를 다른 거시 문형들에도 적용하여 얻은 것이 (97)입니다. B와 C가 거시 문형들을 가르고, D와 E가 미시 문형들을 가르죠. 그래서 B와 C를 거시 문형의 복잡화소로, D와 E를 미시 문형의 복잡화소로 부르는 것입니다. 명제성분으로 파악한 문형이기에 (97)은 명제 차원의 복잡성과 다양성을 나타냅니다.

문형들 왼쪽에 숫자가 보이는데, 그것은 그 문형의 복잡성 점수입니다. 즉, (97)은 문형들을 복잡성에 따라 위계화한 것이고, 위계의 순번을 그 문형의 복잡성 점수로 규정한 것입니다. 여기서 [AE]는 거시 문형을, AE는 미시 문형을 가리키며, 모든 거시 문형은 다섯 단계의 여섯 가지 미시 문형을 거느립니다. [AE] 유형은 AE로부터 시작하여 ADDEE로 끝나며, AE는 복잡성 점수가 1점이고 ADDEE는 5점입니다. [AE] 유형 다음에 오는 [ACE] 유형은 6점인 ACE로부터 시작하여 10점인 ACDDEE로 끝납니다. [ACE] 옆에 있는 [ABE]도 마찬가지죠.

미시 문형들 간에 1점 차이가 나고, 그래서 거시 문형들 간에는 5점 차이가 납니다. [AE]는 1점에서 시작하고, [ACE]는 6점에서 시작하며, [ACCE]는 11점에서 시작하는 것이죠. 미시 문형들 간에 1점씩의 차이를 둔 것은, 마치 중고등학교 시험에서 문항당 점수가 일정한 것과 같습니다. 4점짜리 25문항을 출제하여 100점을 만들 때, 엄밀히 말하면 문항마다 난이도 차이가 있어 미세 조정이 필요할 수 있습니다. 그러나 일반적으로는 그런 미세한 차이를 무시하고 4점씩 할당하여 총점을 계산하죠. 측정 기제 (97)에서도 마찬가지입니다.

그럼, 문장의 통사적 복잡성과 다양성 측정 기제 (97)이 어떻게 작동하는지 살펴볼까요? 샘플로 쓸 문장 하나는 다음과 같습니다.

(98) 텍스트 (1)의 두 번째 단락, 첫 번째 문장 (=9)

가. 원시말뭉치

DOG10201그 조그만 것이 내 품에 안겨 집으로 왔다.

나. 문장 분석 말뭉치

DOG20201A_{16}-3-1(E_{31}-2T_5)D(C_4-1-4E_{12}-3M_9)C_0-1-4E_{12}-1$T_1H_6N_1P_1$

이 문장은 앞서 4.1절에서 분석했던 (9)입니다. 텍스트 (1)의 두 번째 단락, 첫 번째 문장이죠. 모문에 관형사절과 부사절이 각각 하나씩 내포되어 있는 비교적 아담한 문장입니다. 측정 기제 (97)을 적용하기 위해서는 먼저 문형을 추출해야 합니다. 그런 후 추출된 문형을 (97)에서 찾아 복잡성 점수를 확인하면 되죠.

(99) 문장의 통사적 복잡성과 다양성 측정 과정

가. 문장 전체: A_{16}-3-1(E_{31}-2T_5)D(C_4-1-4E_{12}-3M_9)C_0-1-4E_{12}-1$T_1H_6N_1P_1$

나. 모문: A_{16}-3-1DC_0-1-4E_{12}-1$T_1H_6N_1P_1$ $\Rightarrow$ ADCE_{12} $\Rightarrow$ ACDE $\Rightarrow$ [ACE]

  -다양성: ACDE / [ACE]

  -복잡성: 8

다. 내포문1(1차, 관형사절): E_{31}-2T_5 $\Rightarrow$ E_{31} $\Rightarrow$ AE $\Rightarrow$ [AE]

  -다양성: AE / [AE]

  -복잡성: 1

라. 내포문2(1차, 부사절): C_4-1-4E_{12}-3M_9 $\Rightarrow$ CE_{12} $\Rightarrow$ ACE $\Rightarrow$ [ACE]

  -다양성: ACE / [ACE]

-복잡성: 6

마. 모문+내포문

-다양성: {AE}, {ACE, ACDE} / [AE], [ACE]×2

-복잡성: 8+1+6=15점

어떤가요? 재미있지 않습니까? 텍스트 (1)의 두 번째 단락, 첫 번째 문장 '그 조그만 것이 내 품에 안겨 집으로 왔다.'는, 문장 전체(99마)로 볼 때 15점이라는 복잡성 점수를 갖습니다. 모문은 8점이고, 모문에 실려 있는 두 개의 내포문은 관형사절이 1점, 부사절이 6점이죠. 다양성 면에서 2가지 거시 문형([AE], [ACE])과 3가지 미시 문형(AE, ACE, ACDE)을 보입니다. 이게 바로 문장 (9)의 명제 차원에서의 복잡성과 다양성이죠.

추출 과정을 좀 더 자세히 살피면 다음과 같습니다. 모문의 경우인 (99나)에서, 우선 내포문 정보를 제거하고, 양태성분 이하의 정보를 지우면 $ADCE_{12}$가 얻어집니다. 여기서 서술어 정보 E_{12}를 활용하여 생략된 논항이 없는지 확인하고, 없으면 (97)에 따라 문장성분을 정렬하죠. 그 결과로 얻어진 ACDE가 미시 문형이고, 여기서 서술어와 그 논항만 남기면 [ACE]라는 거시 문형이 얻어집니다. (97)에서 미시 문형에 해당하는 걸 찾으면 8점이 나오죠. 모문의 다양성과 복잡성 측정이 끝났습니다.

내포문에서도 방식은 동일합니다. 명제성분만 남기고, 생략된 논항을 복원하여 미시 문형을 얻고, 미시 문형에서 서술어 1개와 논항들만 남겨 거시 문형을 얻는 거죠. 모문과 달리, 내포문들에서는 생략된 논항의 복원이 필요하네요. 관형사절의 경우인 (99다)에서 E_{31}에 따라 A를 복원하여 AE로 만들어야 합니다. 부사절의 경우인 (99라)에서도 E_{12}에 따라 A를 복원하여 ACE로 만들어야 하죠. 그 결과 얻어진 AE와 ACE가 미시 문형이며, 여기서 서술어와 그 논항만 남기는 과정을 거치면, AE와 ACE는 거시 문형 [AE]와 [ACE]가 됩니다. 두 가지 미시 문형을 통해 두 내포문의 복잡성 값을 구하면 각각 1점과 6점입니다.

내포문의 경우, 내포문의 종류뿐만 아니라 그것이 몇 차 내포문인지도 밝힙니다. '몇 차 내포문'인지는, 그것이 모문에 첫 번째로 안기는 절인지, 아니면 내포문 안에 다시 안기는 절인지를 말합니다. 1차 내포문은 모문에 직접 안기는 절이고, 2차 내포문은 1차 내포문에 안기는 절이며, 3차 내포문은 2차 내포문에 안기는 절입니다. (99)에 등장하는 관형사절과 부사절은 공히 1차 내포문이네요. 모문에 직접 안긴 절이죠.

분석 결과를 통해, 이 문장에 등장한 세 개의 절을 비교해 보죠. 복잡성 측면에서 모문과 관형사절, 부사절은 각각 8점, 1점, 6점으로, 모문이 제일 높고 그 다음이 부사절, 그리고 마지막이 관형사절 순입니다. 다양성 측면에서 모문과 관형사절, 부사절은 각각 ACDE, AE, ACE라는 미시 문형을 가집니다. 모문은 네 가지 타입의 성분으로 구성되어 있어 가장 다양성이 높으며, 부사절이 세 가지 타입의 성분으로, 관형사절은 두 가지 타입의 성분으로 이루어져 있습니다. 모문과 부사절에 비해 관형사절의 복잡성 점수가 상대적으로 크게 낮은 이유는, 모문과 부사절이 거시 유형 [ACE]에 속하고 관형사절이 [AE]에 속하기 때문입니다. [AE]는 1점에서 시작하지만, [ACE]는 6점으로부터 시작하죠.

지금까지, 문장의 분석 결과를 바탕으로 그것의 복잡성과 다양성을 측정하는 기제를 살펴보았습니다. 그런데 이러한 측정 기제는 명제 차원에 국한됩니다. 문장이 명제와 양태의 결합이라면 양태 차원에서도 그러한 복잡성과 다양성 논의가 가능할 것입니다. 실제로 해석문법의 연구들에서는 양태 차원에서 문장이 가지는 복잡성과 다양성을 측정할 수 있는 기제를 다룹니다. 그러나 이 책에서는 방금 살펴본 명제 차원의 복잡성과 다양성 논의에 그치려 합니다. 양태 차원까지 함께 살피는 건 지금 상황으로서는 너무 벅찬 일일 것 같기 때문이죠.

4.2.2 문장의 복잡성과 다양성 측정의 실제

다음 절에서는 문장이 가진 명제 차원의 복잡성과 다양성을 가지고 문장이 텍스트를 어떻게 조직하는지 살펴볼 예정입니다. 그러기 위해서는 먼저 문장 분석 말뭉치로부터 문장마다의 다양성과 복잡성을 추출해야 하죠. 이제, 측정 방식 (99)를 통해, (91) '텍스트 (1)의 문장 분석 말뭉치'를 분석하도록 하겠습니다. 분석 결과를 순차적으로 제시하면 다음과 같습니다.

(100) 텍스트 (1)의 첫 번째 단락, 첫 번째 문장

DOG10101어머니는 가장 깔끔한 옷을 입혀 주셨다.

DOG20101$A_{0-1-5}B_{6-1-2}(DE_{431}(0-1-0)E_{8-2}T_5)E_{23-5}E_{6-1}T_1H_{16}M_{85}N_1P_1$

가. 모문

    a. 다양성: ABCEE / [ABCE]

    b. 복잡성: 12

나. 내포문(1차, 관형사절)

    a. 다양성: ADEE / [AE]

    b. 복잡성: 4

다. 모문+내포문

a. 다양성: {ADEE}, {ABCEE} / [AE], [ABCE]

b. 복잡성: 12+4=16점

이 문장에서는 관형사절이 1차 내포문으로 안겨 있습니다. 목적어를 수식하는 것이죠. 모문의 다양성과 복잡성이 내포문을 크게 능가하고 있습니다. 복잡성에서는 3배의 차이가 나죠. 모문이 대지이고 내포문이 건물이라면 넉넉한 대지에 1층짜리 아담한 건물이 세워진 모습입니다.

(101) 텍스트 (1)의 첫 번째 단락, 두 번째 문장

DOG10102시골에서 직행버스를 타고 다시 시내버스로 갈아탔다.

DOG20102D(D_0-1-4B_0-1-2E_{22}-3)DC_0-1-4E_{12}-1$T_1H_6N_1P_1$

가. 모문

a. 다양성: ACDDE / [ACE]

b. 복잡성: 9

나. 내포문(1차, 부사절)

a. 다양성: ABDE / [ABE]

b. 복잡성: 8

다. 모문+내포문

a. 다양성: {ACDDE}, {ABDE} / [ACE], [ABE]

b. 복잡성: 9+8= 17점

이 문장에서도 1차 내포문 하나만 관찰됩니다. 부사절이죠. 대지의 면적과 건물의 면적이 비슷합니다.

(102) 텍스트 (1)의 첫 번째 단락, 세 번째 문장

DOG10103고모 댁 대문이 열리고 저 멀리서 나와 눈이 마주친 것은 무심한 표정의
눈빛 또렷한 강아지였다.

DOG20103A_6-3-5(D(A_3⟨3⟩-1-1E_{11}-3M_9)D_1-1-4C_0-4-4A_0-1-1E_{12}-2T_5)E_{431}⟨4⟨6⟩6-1-
0⟩(E_{431}⟨0-1-0⟩E_8-2T_5)(A_0-1-0E_{31}-2T_5)E_7-1$T_1$$H_6$$N_1$$P_1$

가. 모문

    a. 다양성: AEE / [AE]

    b. 복잡성: 2

나. 내포문(1차, 관형사절)

    a. 다양성: ACDDE / [ACE]

    b. 복잡성: 9

다. 내포문(2차, 부사절)

    a. 다양성: AE / [AE]

    b. 복잡성: 1

라. 내포문(1차, 관형사절)

    a. 다양성: AEE / [AE]

    b. 복잡성: 2

마. 내포문(1차, 관형사절)

    a. 다양성: AE / [AE]

    b. 복잡성: 1

바. 모문+내포문

    a. 다양성: {AE×2, AEE×2}, {ACDDE} / [AE]×4, [ACE]

    b. 복잡성: 2+9+1+2+1=15점

이 문장에서는 4개의 내포문이 발견됩니다. 좁은 대지 위에 2층 건물 하나
와 1층 건물 두 개가 들어서 있네요. 2층 건물에서 1층은 관형사절, 2층은

부사절입니다. 단층 건물들은 모두 관형사절로 되어 있고요.

(103) 텍스트 (1)의 두 번째 단락, 첫 번째 문장

DOG10201그 조그만 것이 내 품에 안겨 집으로 왔다.

DOG20201$A_{16-3-1}(E_{31}-2T_5)D(C_{4-1}-4E_{12}-3M_9)C_{0-1}-4E_{12}-1T_1H_6N_1P_1$

가. 모문

    a. 다양성: ACDE / [ACE]

    b. 복잡성: 8

나. 내포문(1차, 관형사절)

    a. 다양성: AE / [AE]

    b. 복잡성: 1

다. 내포문(1차, 부사절)

    a. 다양성: ACE / [ACE]

    b. 복잡성: 6

라. 모문+내포문

    a. 다양성: {AE}, {ACE, ACDE} / [AE], [ACE]×2

    b. 복잡성: 8+1+6=15점

이 문장에는 1차 내포문 2개가 있습니다. 관형사절과 부사절이죠.

(104) 텍스트 (1)의 두 번째 단락, 두 번째 문장

DOG10202하루 대부분을 나 혼자 집에서 보내던 시기였다.

DOG20202$E_{431}\langle6-1-0\rangle(B_{3-1}-2A_{3-1}-0D_{0-1}-4E_{22}-2T_{25})E_7-1T_1H_6N_1P_1$

가. 모문

    a. 다양성: AEE / [AE]

b. 복잡성: 2

나. 내포문(1차, 관형사절)

  a. 다양성: ABDE / [ABE]

  b. 복잡성: 8

다. 모문+내포문

  a. 다양성: {AEE}, {ABDE} / [AE], [ABE]

  b. 복잡성: 2+8=10점

이 문장은 좁은 대지 위에 1층짜리 큰 건물이 들어서 있는 모습입니다. 복잡성에서 내포문이 모문보다 4배나 더 크죠.

(105) 텍스트 (1)의 두 번째 단락, 세 번째 문장

DOG10203어머니는 남의 집 밭일하러, 아버지는 번번이 성사되지 않는 사업을 도모하러 나가셨고, 누나와 동생도 뿔뿔이 흩어져 놀았다.

DOG20203$D(D(A_0\text{-}1\text{-}5E_{411}\langle3\langle4\rangle\text{-}1\text{-}0\rangle E_8\text{-}3S_3)A_0\text{-}1\text{-}5D(B_6\text{-}1\text{-}2(DE_{411}\langle0\text{-}1\text{-}0\rangle E_8\text{-}5E_6\text{-}2T_6M_7)$ $E_{422}\langle0\text{-}1\text{-}0\rangle E_8\text{-}3S_3)E_{12}\text{-}3T_1H_1)A_4\text{-}1\text{-}6D(DE_{11}\text{-}3)E_{11}\text{-}1T_1H_6N_1P_1$

가. 모문

  a. 다양성: ADDE / [AE]

  b. 복잡성: 4

나. 내포문(1차, 부사절)

  a. 다양성: ACDDE / [ACE]

  b. 복잡성: 9

다. 내포문(2차, 부사절)

  a. 다양성: AEE / [AE]

  b. 복잡성: 2

라. 내포문(2차, 부사절)

    a. 다양성: ABEE / [ABE]

    b. 복잡성: 7

마. 내포문(3차, 관형사절)

    a. 다양성: ADEE / [AE]

    b. 복잡성: 4

바. 내포문(1차, 부사절)

    a. 다양성: ADE / [AE]

    b. 복잡성: 3

사. 모문+내포문

    a. 다양성: {AEE, ADE, ADEE, ADDE}, {ACDDE}, {ABEE} / [AE]×4, [ACE], [ABE]

    b. 복잡성: 4+9+2+7+4+3=29점

이 문장에서는 모두 5개의 내포문이 관찰됩니다. 그리 넉넉하지 않은 대지 위에 2층 건물 하나와 3층 건물 하나, 1층 건물 하나가 자리하고 있습니다. 2층 건물과 3층 건물은 1층을 공유하네요. 공유 층인 1층은 부사절이고, 2층 건물의 2층도 부사절입니다. 3층 건물의 2층은 부사절이고 3층은 관형사절입니다. 단층 건물은 부사절이죠.

(106) 텍스트 (1)의 세 번째 단락, 첫 번째 문장

DOG10301이름은 메리였다.

DOG20301A0-1-5E431⟨0-2-0⟩E7-1T1H6N1P1

모문

    a. 다양성: AEE / [AE]

b. 복잡성: 2점

이 문장은 모문 하나로 구성된 단문입니다.

(107) 텍스트 (1)의 세 번째 단락, 두 번째 문장

DOG10302우리 강아지는 그 작은 체구가 얼마 되지 않아 놀랍도록 발육하여 커지고 무척 길어졌다.

DOG20302$X_{3-1-5}A_{16-1-1}(E_{31}-2T_5)D(C_{0-1-0}E_{12}-5E_6-3M_7)D(D(D(E_{31}-3)E_{411}(0-1-0)E_8-3)E_{11}-3)DE_{11}-1T_1H_6N_1P_1$

가. 모문

　　a. 다양성: ADDE / [AE]

　　b. 복잡성: 4

나. 내포문(1차, 관형사절)

　　a. 다양성: AE / [AE]

　　b. 복잡성: 1

다. 내포문(1차, 부사절)

　　a. 다양성: ACEE / [ACE]

　　b. 복잡성: 7

라. 내포문(1차, 부사절)

　　a. 다양성: ADE / [AE]

　　b. 복잡성: 3

마. 내포문(2차, 부사절)

　　a. 다양성: ADEE / [AE]

　　b. 복잡성: 4

바. 내포문(3차, 부사절)

a. 다양성: AE / [AE]

　　b. 복잡성: 1

사. 모문+내포문

　　a. 다양성: {AE×2, ADE, ADEE, ADDE}, {ACEE} / [AE]×5, [ACE]

　　b. 복잡성: 4+1+7+3+4+1=20점

이 문장에서는 5개의 내포문이 관찰됩니다. 그리 넓지 않은 대지 위에 1층 건물 두 개와 3층 건물 하나가 세워져 있습니다. 3층 건물은 모두 부사절로 되어 있네요. 단층 건물 하나는 관형사절, 다른 하나는 부사절입니다.

(108) 텍스트 (1)의 세 번째 단락, 세 번째 문장

DOG10303품종은 발바리였다.

DOG20303$A_{0-1-5}E_{431(0-1-0)}E_{7-1}T_1H_6N_1P_1$

모문

　　a. 다양성: AEE / [AE]

　　b. 복잡성: 2점

이 문장은 단문입니다.

(109) 텍스트 (1)의 세 번째 단락, 네 번째 문장

DOG10304발바리는 영특하다 했는데 우리 개도 그랬다.

DOG20304$D(C_{0-7-0}(A_{0-1-5}E_{31-1}H_6N_1)E_{12-3}T_1)A_{3-1-6}E_{31-1}T_1H_6N_1P_1$

가. 모문

　　a. 다양성: ADE / [AE]

　　b. 복잡성: 3

나. 내포문(1차, 부사절)

　　a. 다양성: ACE / [ACE]

　　b. 복잡성: 6

다. 내포문(2차, 인용절)

　　a. 다양성: AE / [AE]

　　b. 복잡성: 1

라. 모문+내포문

　　a. 다양성: {AE, ADE}, {ACE} / [AE]×2, [ACE]

　　b. 복잡성: 3+6+1=10점

이 문장에서는 내포문이 2개 있습니다. 아담한 대지에 2층 건물이 세워져 있는데, 1층은 부사절, 2층은 인용절이네요.

(110) 텍스트 (1)의 세 번째 단락, 다섯 번째 문장

DOG10305신통하게도 말귀를 참 잘 알아들었다.

DOG20305D(E_{31-396})$B_{0-1-2}D_2E_{22-1}T_1H_6N_1P_1$

가. 모문

　　a. 다양성: ABDDE / [ABE]

　　b. 복잡성: 9

나. 내포문(1차, 부사절)

　　a. 다양성: AE / [AE]

　　b. 복잡성: 1

다. 모문+내포문

　　a. 다양성: {AE}, {ABDDE} / [AE], [ABE]

　　b. 복잡성: 9+1=10점

이 문장은 1개의 내포문을 지닙니다. 넓은 대지 위에 자그마한 부사절 단
층집이 하나 있네요.

(111) 텍스트 (1)의 네 번째 단락, 첫 번째 문장

DOG10401또한 충직했다.

DOG20401$DE_{431}\langle0\text{-}1\text{-}0\rangle E_8\text{-}1T_1H_6N_1P_1$

모문

    a. 다양성: ADEE / [AE]

    b. 복잡성: 4점

이 문장은 단문입니다.

(112) 텍스트 (1)의 네 번째 단락, 두 번째 문장

DOG10402같이 키우던 다른 개들은 소위 똥개라 불렸는데 밥만 주면 눈빛이 달라
    졌다.

DOG20402$X_{61}\text{-}1\text{-}5(D(E_{532})E_{22}\text{-}2T_{25}M_8)D(DC_0\text{-}7\text{-}0(E_{431}\langle0\text{-}1\text{-}0\rangle E_7\text{-}1H_6N_1)E_{12}\text{-}3T_1M_9)$
    $D(B_0\text{-}1\text{-}7E_{23}\text{-}3)A_0\text{-}1\text{-}1E_{11}\text{-}1T_1H_6N_1P_1$

가. 모문

    a. 다양성: ADDE / [AE]

    b. 복잡성: 4

나. 내포문(1차, 관형사절)

    a. 다양성: ABDE / [ABE]

    b. 복잡성: 8

다. 내포문(2차, 부사절)

    a. 다양성: ACE / [ACE]

b. 복잡성: 6

라. 내포문(1차, 부사절)

　a. 다양성: ACDE / [ACE]

　b. 복잡성: 8

마. 내포문(2차, 인용절)

　a. 다양성: AEE / [AE]

　b. 복잡성: 2

바. 내포문(1차, 부사절)

　a. 다양성: ABCE / [ABCE]

　b. 복잡성: 11

사. 모문+내포문

　a. 다양성: {AEE, ADDE}, {ACE, ACDE}, {ABDE}, {ABCE} / [AE]×2, [ACE]×2, [ABE], [ABCE]

　b. 복잡성: 4+8+6+8+2+11=39점

이 문장은 5개의 내포문을 가집니다. 아담한 대지 위에 2층 건물 두 개, 1층 건물 하나가 있죠. 첫 번째 2층 건물은 '관형사절-부사절' 순으로, 두 번째 2층 건물은 '부사절-인용절' 순으로 올라갑니다. 1층 건물은 부사절인데 그 복잡성이 무려 11점이나 됩니다.

(113) 텍스트 (1)의 네 번째 단락, 세 번째 문장

DOG10403주인을 물려고 했다.

DOG20403B$_{0-1-2}$E$_{22-3}$E$_{6-1}$T$_1$S$_3$H$_6$N$_1$P$_1$

모문

　a. 다양성: ABEE / [ABE]

b. 복잡성: 7

이 문장은 규모가 좀 있는 단문입니다.

(114) 텍스트 (1)의 네 번째 단락, 네 번째 문장

DOG10404그러나 메리는 밥통에 손을 넣어도 귀를 내리고 꼬리만 흔들 뿐 주인을 거스르는 법이 없었다.

DOG20404DC_0-2-5D_6-3-0($D(C_0$-1-4B_0-1-2E_{23}-3)$D(B_0$-1-2E_{22}-3)B_0-1-7E_{22}-2$T_7)A_6$-3-1$(B_0$-1-2E_{22}-2$T_6)E_{32}$-1$T_1H_6M_7N_1P_1$

가. 모문

　　a. 다양성: ACDDE / [ACE]

　　b. 복잡성: 9

나. 내포문(1차, 관형사절)

　　a. 다양성: ABDDE / [ABE]

　　b. 복잡성: 9

다. 내포문(2차, 부사절)

　　a. 다양성: ABCE / [ABCE]

　　b. 복잡성: 11

라. 내포문(2차, 부사절)

　　a. 다양성: ABE / [ABE]

　　b. 복잡성: 6

마. 내포문(1차, 관형사절)

　　a. 다양성: ABE / [ABE]

　　b. 복잡성: 6

바. 모문+내포문

a. 다양성: {ACDDE}, {ABE×2, ABDDE}, {ABCE} / [ACE], [ABE]×3, [ABCE]

b. 복잡성: 9+9+11+6+6=41점

이 문장은 내포문을 4개 지닙니다. 넓은 대지 위에 2층 건물 둘과 1층 건물 하나가 보입니다. 2층 건물 둘은 1층을 공유합니다. 공유된 1층은 관형사절이며, 그 위에 부사절이 각각 하나씩 올라가 있습니다. 1층 건물은 관형사절입니다. 모문이나 내포문 모두 규모가 큰 편입니다.

(115) 텍스트 (1)의 다섯 번째 단락, 첫 번째 문장

DOG10501여름이 되면 둘이 달리기 시합을 자주 벌였는데 빨강, 파랑 줄을 목에 걸고 쏜살같이 달려 내 앞을 가로막고 나와 껴안고 흙 밭에 나뒹굴며 씨름을 했다.

DOG20501D(D(C$_{0-1-1}$E$_{12-3}$)A$_{0-6-1}$B$_{3-1-2}$DE$_{22-3}$T$_1$)D(D(D(D(D(B$_{3(3)-1-2}$C$_{0-1-4}$E$_{23-3}$)DE$_{12-3}$)B$_{4-1-2}$E$_{22-3}$)C$_{0-4-4}$E$_{12-3}$)C$_{3-1-4}$E$_{12-3}$S$_2$)E$_{412(0-1-2)}$E$_{8-1}$T$_1$H$_6$N$_1$P$_1$

가. 모문

    a. 다양성: ACDDEE / [ACE]

    b. 복잡성: 10

나. 내포문(1차, 부사절)

    a. 다양성: ABDDE / [ABE]

    b. 복잡성: 9

다. 내포문(2차, 부사절)

    a. 다양성: ACE / [ACE]

    b. 복잡성: 6

라. 내포문(1차, 부사절)

    a. 다양성: ACDE / [ACE]

b. 복잡성: 8

마. 내포문(2차, 부사절)

    a. 다양성: ACDE / [ACE]

    b. 복잡성: 8

바. 내포문(3차, 부사절)

    a. 다양성: ABDE / [ABE]

    b. 복잡성: 8

사. 내포문(4차, 부사절)

    a. 다양성: ACDDE / [ACE]

    b. 복잡성: 9

아. 내포문(5차, 부사절)

    a. 다양성: ABCE / [ABCE]

    b. 복잡성: 11

자. 모문+내포문

    a. 다양성: {ACE, ACDE×2, ACDDE, ACDDEE}, {ABDE, ABDDE}, {ABCE} /

    [ACE]×5, [ABE]×2, [ABCE]

    b. 복잡성: 10+9+6+8+8+8+9+11=69점

이 문장은 무려 7개에 달하는 내포문을 가집니다. 매우 넓은 대지 위에 2층 건물 하나와 무려 5층인 건물 하나가 놓여 있습니다. 2층 건물과 5층 건물 모두 부사절로만 되어 있습니다. 모문과 내포문 모두 압도적인 규모를 자랑하네요.

(116) 텍스트 (1)의 다섯 번째 단락, 두 번째 문장

DOG10502아프지 않으면서도 심각하게 내 손 무는 시늉을 그리 잘했다.

DOG20502E422⟨6-1-2⟩(D(D(E31-5E6-396S2M7)E31-3)B4-1-0E22-2T6)DDE8-1T1H6N1P1

가. 모문

　　a. 다양성: ABDDEE / [ABE]

　　b. 복잡성: 10

나. 내포문(1차, 관형사절)

　　a. 다양성: ABDE / [ABE]

　　b. 복잡성: 8

다. 내포문(2차, 부사절)

　　a. 다양성: ADE / [AE]

　　b. 복잡성: 3

라. 내포문(3차, 부사절)

　　a. 다양성: AEE / [AE]

　　b. 복잡성: 2

마. 모문+내포문

　　a. 다양성: {AEE, ADE}, {ABDE, ABDDEE} / [AE]×2, [ABE]×2

　　b. 복잡성: 10+8+3+2=23점

이 문장은 3개의 내포문을 가집니다. 넓은 대지 위에 3층 건물이 있습니다. 1층은 관형사절이고, 2층과 3층은 부사절이죠. 위로 올라갈수록 점차 좁아지는 피라미드형이네요.

(117) 텍스트 (1)의 여섯 번째 단락, 첫 번째 문장

DOG10601제법 성숙한 티가 나더니 외출이 잦아졌다.

DOG20601D(DA6-1-1(E431⟨0-1-0⟩E8-2T5)E12-3T2)A0-1-1E11-1T1H6N1P1

가. 모문

a. 다양성: ADE / [AE]

b. 복잡성: 3

나. 내포문(1차, 부사절)

a. 디양성: ACDE / [ACE]

b. 복잡성: 8

다. 내포문(2차, 관형사절)

a. 다양성: AEE / [AE]

b. 복잡성: 2

라. 모문+내포문

a. 다양성: {AEE, ADE}, {ACDE} / [AE]×2, [ACE]

b. 복잡성: 3+8+2=13점

이 문장은 두 개의 내포문을 지닙니다. 아담한 대지에 2층 건물이 놓여 있죠. 1층은 부사절, 2층은 관형사절입니다.

(118) 텍스트 (1)의 여섯 번째 단락, 두 번째 문장

DOG10602헛구역질을 해 걱정했는데 어머니가 웃으며 새끼를 밴 것 같다고 하셨다.

DOG20602D(D(E$_{411}$(0-1-2)E8-3)E$_{422}$(0-1-0)E8-3T1)A0-1-1D(E$_{11}$-3S2)C0-7-4(A6-3-0(B0-1-2E$_{22}$-2T5)E$_{31}$-1H6N1)E$_{12}$-1T1H16N1P1

가. 모문

a. 다양성: ACDDE / [ACE]

b. 복잡성: 9

나. 내포문(1차, 부사절)

a. 다양성: ABDEE / [ABE]

b. 복잡성: 9

다. 내포문(2차, 부사절)

  a. 다양성: AEE / [AE]

  b. 복잡성: 2

라. 내포문(1차, 부사절)

  a. 다양성: AE / [AE]

  b. 복잡성: 1

마. 내포문(1차, 인용절)

  a. 다양성: AE / [AE]

  b. 복잡성: 1

바. 내포문(2차, 관형사절)

  a. 다양성: ABE / [ABE]

  b. 복잡성: 6

사. 모문+내포문

  a. 다양성: {AE×2, AEE}, {ACDDE}, {ABE, ABDEE} / [AE]×3, [ACE], [ABE]×2

  b. 복잡성: 9+9+2+1+1+6=28점

이 문장은 5개 내포문을 가집니다. 넓은 대지 위에 2층 건물 둘과 1층 건물이 들어서 있습니다. 첫 번째 2층 건물은 부사절들로 되어 있고, 두 번째 2층 건물은 1층은 인용절, 2층은 관형사절입니다. 단층 건물은 부사절이죠.

(119) 텍스트 (1)의 여섯 번째 단락, 세 번째 문장

DOG10603첫 출산 때 밤늦도록 같이 있어 줬다.

DOG20603D$_3$⟨1⟩-1-0D(E$_{31}$-3)D(E$_{532}$)E$_{12}$-5E$_6$-1T$_1$H$_6$M$_5$N$_1$P$_1$

가. 모문

a. 다양성: ACDDEE / [ACE]

   b. 복잡성: 10

나. 내포문(1차, 부사절)

   a. 다양성: AE / [AE]

   b. 복잡성: 1

다. 내포문(1차, 부사절)

   a. 다양성: ACE / [ACE]

   b. 복잡성: 6

라. 모문+내포문

   a. 다양성: {AE}, {ACE, ACDDEE} / [AE], [ACE]×2

   b. 복잡성: 10+1+6=17점

이 문장에는 내포문이 둘 있습니다. 넓은 대지 위에 1층 건물 두 개가 나란히 있는 모습이죠. 둘 다 부사절입니다.

(120) 텍스트 (1)의 여섯 번째 단락, 네 번째 문장

DOG10604이른 아침 어머니는 뜨거운 국에 밥을 말아 메리에게 주셨다.

DOG20604$D_{6\text{-}1\text{-}0}(E_{32\text{-}2}T_5)A_{0\text{-}1\text{-}5}D(C_{6\text{-}1\text{-}4}(E_{31\text{-}2}T_5)B_{0\text{-}1\text{-}2}E_{23\text{-}3})C_{0\text{-}2\text{-}4}E_{23\text{-}1}T_1H_{16}N_1P_1$

가. 모문

   a. 다양성: ABCDDE / [ABCE]

   b. 복잡성: 14

나. 내포문(1차, 관형사절)

   a. 다양성: ACE / [ACE]

   b. 복잡성: 6

다. 내포문(1차, 부사절)

        a. 다양성: ABCE / [ABCE]

        b. 복잡성: 11

    라. 내포문(2차, 관형사절)

        a. 다양성: AE / [AE]

        b. 복잡성: 1

    마. 모문+내포문

        a. 다양성: {AE}, {ACE}, {ABCE, ABCDDE} / [AE], [ACE], [ABCE]×2

        b. 복잡성: 14+6+11+1=32점

이 문장은 3개의 내포문을 지닙니다. 매우 넓은 대지 위에 1층 건물 하나와 2층 건물 하나가 있습니다. 2층 건물은 1층은 부사절, 2층은 관형사절이고, 1층 건물도 관형사절이네요.

(121) 텍스트 (1)의 일곱 번째 단락, 첫 번째 문장

DOG10701그 몸에서 어떻게 저렇게 토실토실한 녀석들이 여섯이나 나왔는지 그저 신기했다.

DOG20701A_0-7-0(C_1-1-4D(E_{31}-3)X_6-1-1(D(E_{31}-3)$E_5$31E_8-2T_5)A_0-6-8E_{12}-3T_1)DE_{31}-1$T_1$$H_6$$N_1$$P_1$

    가. 모문

        a. 다양성: ADE / [AE]

        b. 복잡성: 3

    나. 내포문(1차, 부사절)

        a. 다양성: ACDE / [ACE]

        b. 복잡성: 8

    다. 내포문(2차, 부사절)

    a. 다양성: AE / [AE]

    b. 복잡성: 1

라. 내포문(2차, 관형사절)

    a. 다양성: ADEE / [AE]

    b. 복잡성: 4

마. 내포문(3차, 부사절)

    a. 다양성: AE / [AE]

    b. 복잡성: 1

바. 모문+내포문

    a. 다양성: {AE×2, ADE, ADEE}, {ACDE} / [AE]×4, [ACE]

    b. 복잡성: 3+8+1+4+1=17점

이 문장에는 4개의 내포문이 있습니다. 좁은 대지에 2층 건물 하나와 3층 건물 하나가 놓여 있네요. 두 건물은 부사절로 된 1층을 공유합니다. 2층 건물의 2층은 부사절이고, 3층 건물의 2층은 관형사절, 3층은 부사절입니다.

(122) 텍스트 (1)의 일곱 번째 단락, 두 번째 문장

DOG10702강아지들은 함부로 내 손가락을 물었는데 그때마다 메리는 미안한 눈으로 물린 내 손을 핥았다.

DOG20702D(A$_{0-1-5}$DB$_{4-1-2}$E$_{22-3}$T$_1$)D$_{0-1-8}$A$_{0-2-5}$D$_{6-1-4}$(E$_{431}$⟨0-1-0⟩E$_{8-2}$T$_5$)B$_{64-1-2}$(E$_{23-2}$T$_5$M$_9$)E$_{22-1}$T$_1$H$_6$N$_1$P$_1$

가. 모문

    a. 다양성: ABDDE / [ABE]

    b. 복잡성: 9

나. 내포문(1차, 부사절)

    a. 다양성: ABDE / [ABE]

    b. 복잡성: 8

다. 내포문(1차, 관형사절)

    a. 다양성: AEE / [AE]

    b. 복잡성: 2

라. 내포문(1차, 관형사절)

    a. 다양성: ABCE / [ABCE]

    b. 복잡성: 11

마. 모문+내포문

    a. 다양성: {AEE}, {ABDE, ABDDE}, {ABCE} / [AE], [ABE]×2, [ABCE]

    b. 복잡성: 9+8+2+11=30점

이 문장은 3개의 내포문을 지닙니다. 넓은 대지에 1층 건물만 세 개 나란히 있습니다. 하나는 부사절, 두 개는 관형사절입니다.

(123) 텍스트 (1)의 일곱 번째 단락, 세 번째 문장

DOG10703짓무른 그 눈을 난 소매로 닦아 주었다.

DOG20703B$_{61-1-2}$(E$_{31-2}$T$_5$)A$_{0-4-5}$D$_{0-1-4}$E$_{22-5}$E$_{6-1}$T$_1$H$_6$M$_5$N$_1$P$_1$

가. 모문

    a. 다양성: ABDEE / [ABE]

    b. 복잡성: 9

나. 내포문(1차, 관형사절)

    a. 다양성: AE / [AE]

    b. 복잡성: 1

다. 모문+내포문

    a. 다양성: {AE}, {ABDEE} / [AE], [ABE]

    b. 복잡성: 9+1=10점

이 문장은 내포문 하나만 가집니다. 넓은 대지에 1층 건물 하나만 있죠. 관형사절입니다.

(124) 텍스트 (1)의 여덟 번째 단락, 첫 번째 문장

DOG10801첫 새끼들이 모두 장에 팔려 가는 날 우리는 많이 울었다.

DOG20801D$_{6-1-0}$(A$_{1-1-1}$DC$_{0-1-4}$D(E$_{12-3}$M$_9$)E$_{12-2}$T$_6$)A$_{0-4-5}$DE$_{11-1}$T$_1$H$_6$N$_1$P$_1$

가. 모문

    a. 다양성: ADDE / [AE]

    b. 복잡성: 4

나. 내포문(1차, 관형사절)

    a. 다양성: ACDDE / [ACE]

    b. 복잡성: 9

다. 내포문(2차, 부사절)

    a. 다양성: ACE / [ACE]

    b. 복잡성: 6

라. 모문+내포문

    a. 다양성: {ADDE}, {ACE, ACDDE} / [AE], [ACE]×2

    b. 복잡성: 4+9+6=19점

이 문장은 두 개의 내포문을 가집니다. 좁은 대지에 2층 건물이 들어와 있는데, 1층은 관형사절이고 2층은 부사절입니다. 복잡성에서 1층의 관형사

절이 모문보다 두 배 이상 크네요.

(125) 텍스트 (1)의 여덟 번째 단락, 두 번째 문장

DOG10802동생과 누나는 어머니의 바지 자락을 붙들었고, 나는 메리의 목을 안고
　　　털에 얼굴을 비볐다.

DOG20802D(A4-1-5B3⟨4⟩-1-2E22-3T1)A0-4-5D(B4-1-2E22-3)C0-1-4B0-1-2E23-
　　　1T1H6N1P1

가. 모문

　　a. 다양성: ABCDDE / [ABCE]

　　b. 복잡성: 14

나. 내포문(1차, 부사절)

　　a. 다양성: ABE / [ABE]

　　b. 복잡성: 6

다. 내포문(1차, 부사절)

　　a. 다양성: ABE / [ABE]

　　b. 복잡성: 6

라. 모문+내포문

　　a. 다양성: {ABE}×2, {ABCDDE} / [ABE]×2, [ABCE]

　　b. 복잡성: 14+6+6=26점

이 문장에는 2개의 내포문이 있습니다. 매우 넓은 대지에 1층 건물 두 개
가 나란히 놓여 있네요. 둘 다 부사절입니다.

(126) 텍스트 (1)의 여덟 번째 단락, 세 번째 문장

DOG10803메리는 내게 붙들려 그렇게 서서 강아지들과 생이별을 했다.

$DOG20803A_0$-2-5$D(D(D_0$-4-4E_{11}-3$M_9)D(E_{31}$-3$)E_{11}$-3$)C_0$-1-4$E_{412}(0$-1-2$)E_8$-1$T_1H_6N_1P_1$

가. 모문

    a. 다양성: ACDEE / [ACE]

    b. 복잡성: 9

나. 내포문(1차, 부사절)

    a. 다양성: ADDE / [AE]

    b. 복잡성: 4

다. 내포문(2차, 부사절)

    a. 다양성: ADE / [AE]

    b. 복잡성: 3

라. 내포문(2차, 부사절)

    a. 다양성: AE / [AE]

    b. 복잡성: 1

마. 모문+내포문

    a. 다양성: {AE, ADE, ADDE}, {ACDEE} / [AE]×3, [ACE]

    b. 복잡성: 9+4+3+1=17점

이 문장은 3개의 내포문을 가집니다. 넓은 대지에 2층 건물이 둘 있는데, 둘이 1층을 공유하네요. 모두 부사절입니다.

(127) 텍스트 (1)의 아홉 번째 단락, 첫 번째 문장

DOG10901계절은 흐르고 추억은 쌓였다.

$DOG20901D(A_0$-1-5E_{11}-3$)A_0$-1-5E_{12}-1$T_1H_6M_9N_1P_1$

가. 모문

    a. 다양성: ACDE / [ACE]

b. 복잡성: 8

나. 내포문(1차, 부사절)

  a. 다양성: AE / [AE]

  b. 복잡성: 1

다. 모문+내포문

  a. 다양성: {AE}, {ACDE} / [AE], [ACE]

  b. 복잡성: 8+1=9점

이 문장은 내포문 하나를 지닙니다. 넓은 대지 위에 단층집이 하나 있네요. 자그마한 관형사절입니다.

(128) 텍스트 (1)의 아홉 번째 단락, 두 번째 문장

DOG10902일요일 아침 마당에 나가 보면 죽은 두더지가 양지바른 곳에 누워 있었다.

DOG20902D$(D_3$-1-0C_0-1-4E_{12}-5E_6-3$M_4)A_6$-1-1$(E_{11}$-2$T_5)C_6$-1-4$(E_{31}$-2$T_5)E_{12}$-5E_6-1$T_1S_1H_6N_1P_1$

가. 모문

  a. 다양성: ACDEE / [ACE]

  b. 복잡성: 9

나. 내포문(1차, 부사절)

  a. 다양성: ACDEE / [ACE]

  b. 복잡성: 9

다. 내포문(1차, 관형사절)

  a. 다양성: AE / [AE]

  b. 복잡성: 1

라. 내포문(1차, 관형사절)

        a. 다양성: AE / [AE]

        b. 복잡성: 1

    마. 모문+내포문

        a. 다양성: {AE×2}, {ACDEE×2} / [AE]×2, [ACE]×2

        b. 복잡성: 9+9+1+1=20점

이 문장은 3개의 내포문을 가집니다. 넓은 대지에 1층 건물 세 개가 있습니다. 하나는 부사절이고, 다른 두 개는 관형사절이죠.

(129) 텍스트 (1)의 아홉 번째 단락, 세 번째 문장

DOG10903메리가 들에서 잡아 온 것이다.

DOG20903$E_{431}\langle 6\text{-}3\text{-}0\rangle(A_0\text{-}2\text{-}1D(D_0\text{-}1\text{-}4E_{22}\text{-}3)E_{12}\text{-}2T_5)E_7\text{-}1H_6N_1P_1$

    가. 모문

        a. 다양성: AEE / [AE]

        b. 복잡성: 2

    나. 내포문(1차, 관형사절)

        a. 다양성: ACDE / [ACE]

        b. 복잡성: 8

    다. 내포문(2차, 부사절)

        a. 다양성: ABDE / [ABE]

        b. 복잡성: 8

    라. 모문+내포문

        a. 다양성: {AEE}, {ACDE}, {ABDE} / [AE], [ACE], [ABE]

        b. 복잡성: 2+8+8=18점

이 문장은 2개의 내포문을 가집니다. 매우 좁은 대지 위에 2층 건물이 놓여 있습니다. 1층은 관형사절, 2층은 부사절입니다.

(130) 텍스트 (1)의 아홉 번째 단락, 네 번째 문장

DOG10904그렇게 두더지며 쥐를 잡아다 놓고 먹지 않았다.

DOG20904D(E$_{31-3}$)B$_{4-1-2}$D(D(E$_{22-3}$)E$_{23-3}$)E$_{22-5}$E$_{6-1}$T$_1$H$_6$M$_7$N$_1$P$_1$

가. 모문

    a. 다양성: ABDDEE / [ABE]

    b. 복잡성: 10

나. 내포문(1차, 부사절)

    a. 다양성: AE / [AE]

    b. 복잡성: 1

다. 내포문(1차, 부사절)

    a. 다양성: ABCDE / [ABCE]

    b. 복잡성: 13

라. 내포문(2차, 부사절)

    a. 다양성: ABE / [ABE]

    b. 복잡성: 6

마. 모문+내포문

    a. 다양성: {AE}, {ABE, ABDDEE}, {ABCDE} / [AE], [ABE]×2, [ABCE]

    b. 복잡성: 10+1+13+6=30점

이 문장에는 내포문이 3개 있습니다. 넓은 대지에 1층 건물 하나와 2층 건물 하나가 있죠. 모두 부사절로 되어 있네요.

(131) 텍스트 (1)의 아홉 번째 단락, 다섯 번째 문장

DOG10905뱀들도 메리가 나서서 물리쳤다.

DOG20905$B_{0-1-6}A_{0-2-1}D(E_{12-3})E_{22-1}T_1H_6N_1P_1$

가. 모문

    a. 다양성: ABDE / [ABE]

    b. 복잡성: 8

나. 내포문(1차, 부사절)

    a. 다양성: ACE / [ACE]

    b. 복잡성: 6

다. 모문+내포문

    a. 다양성: {ACE}, {ABDE} / [ACE], [ABE]

    b. 복잡성: 8+6=14점

이 문장은 부사절 내포문 하나를 가집니다.

(132) 텍스트 (1)의 열 번째 단락, 첫 번째 문장

DOG11001다시 겨울이 되고 메리는 두 번째 출산을 했다.

DOG21001$D(DC_{0-1-1}E_{12-3})A_{0-2-5}E_{422\langle3\langle1\rangle-1-2\rangle}E_{8-1}T_1H_6N_1P_1$

가. 모문

    a. 다양성: ABDEE / [ABE]

    b. 복잡성: 9

나. 내포문(1차, 부사절)

    a. 다양성: ACDE / [ACE]

    b. 복잡성: 8

다. 모문+내포문

a. 다양성: {ACDE}, {ABDEE} / [ACE], [ABE]

b. 복잡성: 9+8=17점

이 문장도 부사절 내포문 하나만 지닙니다.

(133) 텍스트 (1)의 열 번째 단락, 두 번째 문장

DOG11002이번에도 튼실한 새끼들을 여럿 낳았다.

DOG21002D0-1-46X6-1-2(E31-2T5)B0-1-0E22-1T1H6N1P1

가. 모문

    a. 다양성: ABDE / [ABE]

    b. 복잡성: 8

나. 내포문(1차, 관형사절)

    a. 다양성: AE / [AE]

    b. 복잡성: 1

다. 모문+내포문

    a. 다양성: {AE}, {ABDE} / [AE], [ABE]

    b. 복잡성: 8+1=9점

이 문장도 관형사절 내포문이 하나 있습니다. 넓은 대지에 작은 단층집이 하나 있습니다.

(134) 텍스트 (1)의 열 번째 단락, 세 번째 문장

DOG11003헛간에 바람 들지 않도록 둥지를 만들었다.

DOG21003D0-1-4D(A0-1-0E12-5E6-3M7)B0-1-2E22-1T1H6N1P1

가. 모문

a. 다양성: ABDDE / [ABE]

b. 복잡성: 9

나. 내포문(1차, 부사절)

a. 다양성: ACEE / [ACE]

b. 복잡성: 7

다. 모문+내포문

a. 다양성: {ACEE}, {ABDDE} / [ACE], [ABE]

b. 복잡성: 9+7=16점

이 문장도 내포문이 부사절 하나입니다.

(135) 텍스트 (1)의 열 번째 단락, 네 번째 문장

DOG11004어느 날 밤 어머니는 다시 내일 새끼들을 장에 내다 판다고 하셨다.

DOG21004$D_3\langle 1\rangle$-1-0A_0-1-5DC_0-7-4$(DB_0$-1-2C_0-1-4$D(E_{23}$-3$)E_{23}$-1$T_3H_6N_1)E_{12}$-1$T_1H_{16}N_1P_1$

가. 모문

a. 다양성: ACDDE / [ACE]

b. 복잡성: 9

나. 내포문(1차, 인용절)

a. 다양성: ABCDDE / [ABCE]

b. 복잡성: 14

다. 내포문(2차, 부사절)

a. 다양성: ABCE / [ABCE]

b. 복잡성: 11

라. 모문+내포문

a. 다양성: {ACDDE}, {ABCE, ABCDDE} / [ACE], [ABCE]×2

b. 복잡성: 9+14+11=34점

이 문장은 두 개의 내포문을 가집니다. 넓은 대지에 압도적인 규모의 1층과 그에 못지않은 2층을 가진 이층집입니다. 1층은 인용절, 2층은 부사절이죠.

(136) 텍스트 (1)의 열 번째 단락, 다섯 번째 문장

DOG11005다시 울었다.

DOG21005$DE_{11\text{-}1}T_1H_6N_1P_1$

모문

   a. 다양성: ADE / [AE]

   b. 복잡성: 3점

이 문장은 단문입니다.

(137) 텍스트 (1)의 열한 번째 단락, 첫 번째 문장

DOG11101다음날 아침 소동이 일었다.

DOG21101$D_{3\text{-}1\text{-}0}A_{0\text{-}1\text{-}1}E_{11\text{-}1}T_1H_6N_1P_1$

모문

   a. 다양성: ADE / [AE]

   b. 복잡성: 3점

이 문장도 단문입니다.

(138) 텍스트 (1)의 열한 번째 단락, 두 번째 문장

DOG11102밥을 주러 헛간에 갔는데 강아지들이 죄다 없었다.

DOG21102D(D(B0-1-2E23-3S3)C0-1-4E12-3T1)A0-1-1DE32-1T1H6M7N1P1

가. 모문

    a. 다양성: ACDDE / [ACE]

    b. 복잡성: 9

나. 내포문(1차, 부사절)

    a. 다양성: ACDE / [ACE]

    b. 복잡성: 8

다. 내포문(2차, 부사절)

    a. 다양성: ABCE / [ABCE]

    b. 복잡성: 11

라. 모문+내포문

    a. 다양성: {ACDE, ACDDE}, {ABCE} / [ACE]×2, [ABCE]

    b. 복잡성: 9+8+11=28점

이 문장은 두 개의 내포문을 지닙니다. 넓은 대지에 2층 건물이 있습니다. 2층의 규모가 대지보다 큽니다. 모두 부사절이네요.

(139) 텍스트 (1)의 열한 번째 단락, 세 번째 문장

DOG11103오소리가 간밤에 물어 갔나?

DOG21103A0-1-1D0-1-4D(E22-3)E12-1T1H9N2P2

가. 모문

    a. 다양성: ACDDE / [ACE]

    b. 복잡성: 9

나. 내포문(1차, 부사절)

    a. 다양성: ABE / [ABE]

    b. 복잡성: 6

다. 모문+내포문

    a. 다양성: {ACDDE}, {ABE} / [ACE], [ABE]

    b. 복잡성: 9+6=15점

이 문장은 부사절 내포문을 하나 가집니다.

(140) 텍스트 (1)의 열한 번째 단락, 네 번째 문장

DOG11104그럴 리가.

DOG21104A6-3-1(E31-2T7)P1

가. 모문

    a. 다양성: AE / [AE]

    b. 복잡성: 1

나. 내포문(1차, 관형사절)

    a. 다양성: AE / [AE]

    b. 복잡성: 1

다. 모문+내포문

    a. 다양성: {AE×2} / [AE×2]

    b. 복잡성: 1+1=2점

이 문장은 관형사절 하나를 가집니다. 서술어가 생략되어 있지만 주어성 의존명사 '리' 덕분에 어렵지 않게 모문을 복원해 낼 수 있죠. 모문과 내포문의 규모가 같습니다.

(141) 텍스트 (1)의 열한 번째 단락, 다섯 번째 문장

DOG11105"메리야, 어떻게 된 거야?

DOG21105$Q_{10}J_0$-2-3E_{431}(6-3-0)(C(E_{31}-3)E_{12}-2T_5)E_7-1$H_9N_2P_2$

가. 모문

    a. 다양성: AEE / [AE]

    b. 복잡성: 2

나. 내포문(1차, 관형사절)

    a. 다양성: ACE / [ACE]

    b. 복잡성: 6

다. 내포문(2차, 부사절)

    a. 다양성: AE / [AE]

    b. 복잡성: 1

라. 모문+내포문

    a. 다양성: {AE, AEE}, {ACE} / [AE]×2, [ACE]

    b. 복잡성: 2+6+1=9점

이 문장은 2개의 내포문을 지닙니다. 좁은 대지에 이층집이 들어섰습니다. 1층은 관형사절, 2층은 부사절이죠.

(142) 텍스트 (1)의 열한 번째 단락, 여섯 번째 문장

DOG11106새끼들 어디 있어?"

DOG21106$Q_{01}A_0$-1-0C_0-5-0E_{32}-1$H_9N_2P_2$

모문

    a. 다양성: ACE / [ACE]

    b. 복잡성: 6점

이 문장은 단문입니다.

(143) 텍스트 (1)의 열한 번째 단락, 일곱 번째 문장

DOG11107얼굴을 두 손으로 감싸고 흔들었다.

DOG21107B_0-1-2D(C_1-1-4E_{23}-3)E_{22}-2$T_1H_6N_1P_1$

가. 모문

    a. 다양성: ABDE / [ABE]

    b. 복잡성: 8

나. 내포문(1차, 부사절)

    a. 다양성: ABCE / [ABCE]

    b. 복잡성: 11

다. 모문+내포문

    a. 다양성: {ABDE}, {ABCE} / [ABE], [ABCE]

    b. 복잡성: 8+11=19점

이 문장은 부사절 내포문 하나만 가집니다. 대지보다 단층집이 더 큰 모습
이네요.

(144) 텍스트 (1)의 열한 번째 단락, 여덟 번째 문장

DOG11108메리는 다리를 절었다.

DOG21108A_0-2-5B_0-1-2E_{22}-1$T_1H_6N_1P_1$

모문

    a. 다양성: ABE / [ABE]

    b. 복잡성: 6점

이 문장은 단문입니다.

(145) 텍스트 (1)의 열두 번째 단락, 첫 번째 문장

DOG11201얼마 후 새끼들이 발견됐다.

DOG21201D$_3$-1-0A$_0$-1-1E$_{422}$⟨0-1-0⟩E$_9$-1T$_1$H$_6$M$_9$N$_1$P$_1$

모문

    a. 다양성: ADEE / [AE]

    b. 복잡성: 4점

이 문장도 단문입니다.

(146) 텍스트 (1)의 열두 번째 단락, 두 번째 문장

DOG11202마루 안쪽 깊은 곳에서 소리가 났다.

DOG21202C$_3$⟨3⟩6-1-4(E$_{31}$-2T$_5$)A$_0$-1-1E$_{12}$-1T$_1$H$_6$N$_1$P$_1$

가. 모문

    a. 다양성: ACE / [ACE]

    b. 복잡성: 6

나. 내포문(1차, 관형사절)

    a. 다양성: AE / [AE]

    b. 복잡성: 1

다. 모문+내포문

    a. 다양성: {AE}, {ACE} / [AE], [ACE]

    b. 복잡성: 6+1=7점

이 문장은 관형사절 내포문을 하나 가집니다.

(147) 텍스트 (1)의 열두 번째 단락, 세 번째 문장

DOG11203등잔 밑이 어두웠다.

DOG21203A$_{3-1-1}$E$_{31-1}$T$_1$H$_6$N$_1$P$_1$

모문

    a. 다양성: AE / [AE]

    b. 복잡성: 1점

이 문장은 단문입니다.

(148) 텍스트 (1)의 열두 번째 단락, 네 번째 문장

DOG11204기어 들어가 모두 꺼냈다.

DOG21204D(D(E$_{12-3}$)E$_{12-3}$)DE$_{23-1}$T$_1$H$_6$N$_1$P$_1$

가. 모문

    a. 다양성: ABCDDE / [ABCE]

    b. 복잡성: 14

나. 내포문(1차, 부사절)

    a. 다양성: ACDE / [ACE]

    b. 복잡성: 8

다. 내포문(2차, 부사절)

    a. 다양성: ACE / [ACE]

    b. 복잡성: 6

라. 모문+내포문

    a. 다양성: {ACE, ACDE}, {ABCDDE} / [ACE]×2, [ABCE]

    b. 복잡성: 14+8+6=28점

이 문장은 부사절 내포문을 두 개 지닙니다. 매우 넓은 대지에 이층집이 놓여 있네요.

(149) 텍스트 (1)의 열두 번째 단락, 다섯 번째 문장

DOG11205어젯밤 새끼 내다 판다는 소리를 듣고 메리가 숨겨 놓은 것이라고 어머니가 말했다.

DOG21205$C_{0-7-4}(E_{431}(6-3-0)(D_{0-1-0}D(B_{6-1-2}(C_{0-7-4}(B_{0-1-2}D(E_{23-3})E_{23-1}T_3H_6N_1)E_{12-2}T_6)E_{22-3})A_{0-2-1}E_{23-5}E_{6-2}T_5S_1)E_{7-1}H_6N_1)A_{0-1-1}E_{412}(0-1-0)E_{8-1}T_1H_6N_1P_1$

가. 모문

  a. 다양성: ACEE / [ACE]

  b. 복잡성: 7

나. 내포문(1차, 인용절)

  a. 다양성: AEE / [AE]

  b. 복잡성: 2

다. 내포문(2차, 관형사절)

  a. 다양성: ABCDDEE / [ABCE]

  b. 복잡성: 15

라. 내포문(3차, 부사절)

  a. 다양성: ABE / [ABE]

  b. 복잡성: 6

마. 내포문(4차, 관형사절)

  a. 다양성: ACE / [ACE]

  b. 복잡성: 6

바. 내포문(5차, 인용절)

  a. 다양성: ABCDE / [ABCE]

b. 복잡성: 13

사. 내포문(6차, 부사절)

    a. 다양성: ABCE / [ABCE]

    b. 복잡성: 11

아. 모문+내포문

    a. 다양성: {AEE}, {ACE, ACEE}, {ABE}, {ABCE, ABCDE, ABCDDEE} / [AE], [ACE]×2, [ABE], [ABCE]×3

    b. 복잡성: 7+2+15+6+6+13+11=60점

이 문장은 여섯 개의 내포문을 가집니다. 좁지 않은 대지에 어마어마한 규모의 6층 건물이 들어서 있습니다. 1층부터 6층까지 '인용절-관형사절-부사절-관형사절-인용절-부사절'의 순으로 올라갑니다.

(150) 텍스트 (1)의 열두 번째 단락, 여섯 번째 문장

DOG11206놀랍고도 슬펐다.

DOG21206D(E_{31-396})$E_{32-1}T_1H_6N_1P_1$

가. 모문

    a. 다양성: ACDE / [ACE]

    b. 복잡성: 8

나. 내포문(1차, 부사절)

    a. 다양성: AE / [AE]

    b. 복잡성: 1

다. 모문+내포문

    a. 다양성: {AE}, {ACDE} / [AE], [ACE]

    b. 복잡성: 8+1=9점

이 문장은 부사절 내포문 한 개를 지닙니다.

(151) 텍스트 (1)의 열세 번째 단락, 첫 번째 문장

DOG11301결국 새끼들은 예정대로 그날 장에 갔다.

DOG21301DA$_0$-1-5D$_0$-1-8D$_0$-1-0C$_0$-1-4E$_{12}$-1T$_1$H$_6$N$_1$P$_1$

모문

    a. 다양성: ACDDE / [ACE]

    b. 복잡성: 9점

이 문장은 규모가 좀 있는 단문입니다.

(152) 텍스트 (1)의 열세 번째 단락, 두 번째 문장

DOG11302어미는 보이지 않았다.

DOG21302A$_0$-1-5E$_{11}$-5E$_6$-1T$_1$H$_6$M$_{97}$N$_1$P$_1$

모문

    a. 다양성: AEE / [AE]

    b. 복잡성: 2점

이 문장도 단문입니다.

(153) 텍스트 (1)의 열세 번째 단락, 세 번째 문장

DOG11303새끼와 어미 모두 집을 비웠다.

DOG21303A$_4$-1-0DB$_0$-1-2E$_{22}$-1T$_1$H$_6$M$_8$N$_1$P$_1$

모문

    a. 다양성: ABDE / [ABE]

b. 복잡성: 8점

이 문장도 규모가 좀 있는 단문이네요.

(154) 텍스트 (1)의 열세 번째 단락, 네 번째 문장

DOG11304다리를 절며 나갔던 메리는 다음날 차에 치여 죽은 채로 아저씨들 손에 들려 있었다.

DOG21304A_6-2-5(D(B$_0$-1-2E$_{22}$-3S$_2$)E$_{12}$-2T$_{125}$)D$_0$-1-0D$_6$-3-4(D(D$_0$-1-4E$_{11}$-3M$_9$)E$_{11}$-2T$_5$)C$_3$-1-4E$_{12}$-5E$_6$-1T$_1$S$_1$H$_6$M$_9$N$_1$P$_1$

가. 모문

　　a. 다양성: ACDDEE / [ACE]

　　b. 복잡성: 10

나. 내포문(1차, 관형사절)

　　a. 다양성: ACDE / [ACE]

　　b. 복잡성: 8

다. 내포문(2차, 부사절)

　　a. 다양성: ABE / [ABE]

　　b. 복잡성: 6

라. 내포문(1차, 관형사절)

　　a. 다양성: ADE / [AE]

　　b. 복잡성: 3

마. 내포문(2차, 부사절)

　　a. 다양성: ADE / [AE]

　　b. 복잡성: 3

바. 모문+내포문

a. 다양성: {ADE×2}, {ACDE, ACDDEE}, {ABE} / [AE]×2, [ACE]×2, [ABE]

b. 복잡성: 10+8+6+3+3=30점

이 문장은 4개의 내포문을 가집니다. 넓은 대지에 이층집 두 개가 있네요. 둘 다 1층은 관형사절이고 2층은 부사절입니다.

(155) 텍스트 (1)의 열세 번째 단락, 다섯 번째 문장

DOG11305난 가슴에 메리를 묻었다.

DOG21305A_0-4-5C_0-1-4B_0-2-2E_{23}-1$T_1H_6N_1P_1$

모문

a. 다양성: ABCE / [ABCE]

b. 복잡성: 11점

이 문장은 규모가 큰 단문입니다.

(156) 텍스트 (1)의 열네 번째 단락, 첫 번째 문장

DOG11401갑자기 추워진 이 가을에, 아주 오래전 아궁이 앞에서 고구마 구워 함께 먹던 기억이 났다.

DOG21401D_{61}-1-4$(DE_{11}$-2$T_5)C_6$-1-1$(D_2$-1-0D_3-1-4B_0-1-0$D(E_{22}$-3)$D(E_{532})E_{22}$-2$T_{25})E_{12}$-1$T_1H_6N_1P_1$

가. 모문

a. 다양성: ACDE / [ACE]

b. 복잡성: 8

나. 내포문(1차, 관형사절)

a. 다양성: ADE / [AE]

b. 복잡성: 3

다. 내포문(1차, 관형사절)

   a. 다양성: ABDDE / [ABE]

   b. 복잡성: 9

라. 내포문(2차, 부사절)

   a. 다양성: ABE / [ABE]

   b. 복잡성: 6

마. 내포문(2차, 부사절)

   a. 다양성: ACE / [ACE]

   b. 복잡성: 6

바. 모문+내포문

   a. 다양성: {ADE}, {ACE, ACDE}, {ABE, ABDDE} / [AE], [ACE]×2, [ABE]×2

   b. 복잡성: 8+3+9+6+6=32점

이 문장에는 내포문이 네 개 있습니다. 작지 않은 대지에 1층 건물 하나와 2층 건물 두 개가 있습니다. 2층 건물 둘은 1층을 공유합니다. 공유되는 층은 관형사절이고, 그 위에 두 개의 부사절이 나란히 놓입니다. 단층 건물은 관형사절로 되어 있어요.

(157) 텍스트 (1)의 열네 번째 단락, 두 번째 문장

DOG11402 "메리야, 우리 같이 오래오래 살자.

DOG21402 $Q_{10}J_0$-2-3A_0-4-0D(E_{532})DE_{11}-1$H_6N_4P_1$

가. 모문

   a. 다양성: ADDE / [AE]

   b. 복잡성: 4

나. 내포문(1차, 부사절)

    a. 다양성: ACE / [ACE]

    b. 복잡성: 6

다. 모문+내포문

    a. 다양성: {ADDE}, {ACE} / [AE], [ACE]

    b. 복잡성: 4+6=10점

이 문장은 부사절 내포문을 하나 지닙니다.

(158) 텍스트 (1)의 열네 번째 단락, 세 번째 문장

DOG11403사랑해."

DOG21403$Q_{01}E_{422}\langle 0\text{-}1\text{-}0\rangle E_{8}\text{-}1H_{9}N_{1}P_{1}$

모문

    a. 다양성: ABEE / [ABE]

    b. 복잡성: 7점

이 문장은 단문입니다.

(159) 텍스트 (1)의 열네 번째 단락, 네 번째 문장

DOG11404메리는 구멍 난 양말 사이로 비집고 나온 내 발가락들을 핥고 있었다.

DOG21404$A_{0}\text{-}2\text{-}5B_{64}\text{-}1\text{-}2(C_{3}\langle 6\rangle\text{-}1\text{-}4(A_{0}\text{-}1\text{-}0E_{12}\text{-}2T_{5})D(E_{22}\text{-}3)E_{12}\text{-}2T_{5})E_{22}\text{-}5E_{6}\text{-}$
    $1T_{1}S_{2}H_{6}N_{1}P_{1}$

가. 모문

    a. 다양성: ABEE / [ABE]

    b. 복잡성: 7

나. 내포문(1차, 관형사절)

    a. 다양성: ACDE / [ACE]

    b. 복잡성: 8

다. 내포문(2차, 관형사절)

    a. 다양성: ACE / [ACE]

    b. 복잡성: 6

라. 내포문(2차, 부사절)

    a. 다양성: ABE / [ABE]

    b. 복잡성: 6

마. 모문+내포문

    a. 다양성: {ACE, ACDE}, {ABE, ABEE} / [ACE]×2, [ABE]×2

    b. 복잡성: 7+8+6+6=27점

마지막 문장은 세 개의 내포문을 가집니다. 작지 않은 대지에 2층 건물 두 개가 놓여 있습니다. 두 건물은 1층을 공유하는데 그것은 관형사절입니다. 두 건물의 2층은 각각 관형사절과 부사절입니다.

이렇게 해서 텍스트 (1)을 이루는 60개 문장의 다양성과 복잡성을 모두 파악해 보았습니다. 고생 많이 하셨어요. 모문으로만 이루어진 단문으로부터, 무려 6개의 내포문이 여섯 차례에 걸친 내포화 과정을 연출해 내는 장관도 지켜볼 수 있었죠. 이제, 분석된 결과를 바탕으로 텍스트가 문장들로 어떻게 조직되어 있는지 다음 절에서 살펴보겠습니다.

4.3 텍스트를 조직하는 문장의 연결 탐구

이 장의 맨 처음 4.1절에서는, 문장의 통사적 정보를 잘 분석하고 효과적으로 표시하는 게 주요 관심사였습니다. 그 다음으로 4.2절에서는, 문장이 가진 통사적 정보를 바탕으로 그 문장이 지닌 복잡성과 다양성을 측정하는 방법을 익혔습니다. 이제 여기서는, 문장이 가진 다양성과 복잡성을 바탕으로, 문장이 텍스트를 어떻게 조직하고 있는지를 탐구할 것입니다. 문장 분석으로 시작하여 텍스트 분석으로 나아온 것이죠. 4.1절은 문장 분석을, 4.2절은 문장의 다양성과 복잡성 분석을, 4.3절은 텍스트를 조직하는 문장들의 연결 분석을 탐구합니다.

4.3.1 텍스트를 구성하는 문장의 다양성 분포

분석의 대상이 되고 있는 텍스트 (1) '메리의 추억'은 총 14개 단락, 60개 문장입니다. 4.1절과 4.2절을 거치는 동안 60개 문장을 구성하는 모든 절이 낱낱이 분석되어, 60개 문장이 모문 60개와 내포문 112개로 이루어져 있음을 알게 되었죠. 정리하면, 우리가 분석하고 있는 텍스트는 14개 단락, 60개 문장, 172개 절(모문 60개, 내포문 112개)로 이루어져 있습니다. 하나의 문장이 모문 하나와 평균적으로 1.8개의 내포문으로 구성되어 있는 셈이죠. 이제 텍스트 (1)을 분석한다는 것은, 막연히 60개 문장을 분석한다는 게 아니라, 모문 60개와 내포문 112개를 합하여 총 172개의 절을 분석한다는 것이 됩니다.

텍스트를 조직하는 문장의 연결을 탐구하는 첫걸음은, 텍스트를 이루고 있는 절들의 유형을 확인하는 것입니다. 모문 60개와 내포문 112개, 그 둘을 합한 172개의 절에서 어떤 문장 유형이 어떠한 비율로 등장하는지를 살펴보도록 하겠습니다. 먼저 모문입니다.

모문으로 등장하는 절의 거시 문형의 순위를 매기면 다음과 같습니다. 이러한 자료는 4.2절에서 이루어진 문장의 다양성, 복잡성 분석 결과인 (100)~(159)에서 일일이 추출한 것입니다.

(160) 텍스트 (1)의 모문(60개)에 나타난 거시 문형 비율

가. [AE] 21개 (35%)

　AEE(×7), ADE(×5), ADDE(×5), AE(×2), ADEE(×2)

나. [ACE] 19개 (31.7%)

　ACDDE(×7), ACDE(×4), ACDDEE(×3), ACE(×2), ACDEE(×2), ACEE(×1)

다. [ABE] 15개 (25%)

　ABDE(×4), ABEE(×3), ABDDE(×3), ABDEE(×2), ABDDEE(×2), ABE(×1)

라. [ABCE] 5개 (8.3%)

　ABCDDE(×3), ABCE(×1), ABCEE(×1)

총 4개의 거시 문형이 20개의 미시 문형을 거느리며 모문으로 등장했군요. 가장 높은 비율로 등장한 게 [AE] 유형입니다. 그것을 이루는 미시 문형은 총 5개 타입, 21개 토큰이죠. 두 번째로 많이 등장한 것은 [ACE] 유형이며, 하위의 미시 유형은 총 6개 타입, 19개 토큰입니다. [AE] 유형과 [ACE] 유형을 합하면 66.7%의 비율에 달합니다. 60개의 모문 중에서 40개의 절이 여기에 해당한다는 얘기입니다. 세 번째 거시 문형은 [ABE] 유형으로서 6개 타입, 15개 토큰입니다. 상위 세 가지 거시 문형을 합하면 90%가 넘는 55개입니다. 마지막 거시 문형은 [ABCE] 유형으로서 3개 타입, 5

개 토큰입니다.

방금 살펴본 것이 거시 문형의 순위였다면, 이제 확인할 것은 미시 문형의 순위입니다.

(161) 텍스트 (1)의 모문(60개)에 나타난 미시 문형 비율

1. AEE(×7)	11.7%		
2. ACDDE(×7)	11.7%		
3. ADE(×5)	8.3%		
4. ADDE(×5)	8.3%		
5. ACDE(×4)	6.7%		
6. ABDE(×4)	6.7%	53.4%	
7. ACDDEE(×3)	5%		
8. ABEE(×3)	5%		
9. ABDDE(×3)	5%		
10. ABCDDE(×3)	5%		
11. AE(×2)	3.3%		
12. ADEE(×2)	3.3%		
13. ACE(×2)	3.3%		
14. ACDEE(×2)	3.3%		
15. ABDEE(×2)	3.3%		
16. ABDDEE(×2)	3.3%	93.2%	
17. ACEE(×1)	1.7%		
18. ABE(×1)	1.7%		
19. ABCE(×1)	1.7%		
20. ABCEE(×1)	1.7%		

모두 20개의 미시 문형이 모문으로서 선을 보였고, 그중 가장 빈도가 높았던 것은 [AE] 유형에 속하는 AEE와 [ACE]유형에 해당하는 ACDDE입니다.

모문으로 등장한 거시 문형과 미시 문형의 비율을 살펴보는 것은, 텍스트 (1)을 조직하는 문장들의 횡적 연결에서 어떤 문형이 가장 많은 기여를 하였는지 알아보는 것과 같습니다. 14개 단락은 60개 문장으로 이루어져 있고, 60개 문장의 바탕은 60개 모문이 이루고 있다고 할 수 있죠. 60개 모문이 서로 손을 잡고 60개 문장을 횡적으로 조직하는데, 그중 가장 비율이 높다는 건 모문의 횡적 연결에서 가장 일을 열심히 했다는 뜻이 됩니다. 거시 문형에서는 [AE] 유형이, 미시 문형에서는 AEE와 ACDDE가 그렇죠. 이것이 텍스트 (1)의 특징입니다. 정리하면, 텍스트 (1)은, 거시 문형 [AE]와 미시 문형 AEE 및 ACDDE가 텍스트의 횡적 조직화에서 가장 높은 비중을 차지한다고 규정할 수 있습니다.

이제 내포문 차례입니다.

(162) 텍스트 (1)의 내포문(112개)에 나타난 거시 문형 비율

가. [AE] 44개 (39.3%)

AE(×24), AEE(×8), ADE(×7), ADEE(×4), ADDE(×1)

나. [ACE] 32개 (28.6%)

ACE(×14), ACDE(×11), ACDDE(×4), ACEE(×2), ACDEE(×1)

다. [ABE] 23개 (20.5%)

ABE(×11), ABDE(×7), ABDDE(×3), ABEE(×1), ABDEE(×1)

라. [ABCE] 13개 (11.6%)

ABCE(×9), ABCDE(×2), ABCDDE(×1), ABCDDEE(×1)

총 4개의 거시 문형이 등장했는데 유형 및 순위가 일단 모문과 같습니다. 물론, 비율은 차이가 있죠. 거시 문형 [AE]의 비율은 모문에서는 35%였는데 내포문에서는 39.3%로 더 높습니다. 그것을 이루는 미시 문형 중에서 AE는 무려 24번 등장하는 기염을 토하네요. 조금 후에 살펴보겠지만, 내포문의 미시 문형 순위에서 1위에 오릅니다. 모문에 비해서, 두 번째의 [ACE] 유형과 세 번째의 [ABE] 유형은 비중이 줄고, 네 번째의 [ABCE] 유형은 비중이 크게 늘었습니다. 토큰의 수에 있어서 5개에서 13개로 늘어났어요.

거시 문형을 구성하는 미시 문형의 종류에도 차이가 있습니다. 모문에는 있는데 내포문에는 없는 것으로 [ACE] 유형의 ACDDEE와 [ABE] 유형의 ABDDEE, [ABCE] 유형의 ABCEE를 들 수 있습니다. 그와 반대로, 모문에는 없는데 내포문에는 있는 것으로 [ABCE] 유형의 ABCDE와 ABCDDEE를 꼽을 수 있지요. 상대적으로 더 복잡한 문형이 내포문에서 발견되는 게 흥미롭습니다. 그렇다면, 미시 문형들 간의 순위는 어떨까요?

(163) 텍스트 (1)의 내포문(112개)에 나타난 미시 문형 비율

1. AE(×24)	21.4%		
2. ACE(×14)	12.5%		
3. ACDE(×11)	9.8%		
4. ABE(×11)	9.8%	53.5%	
5. ABCE(×9)	8%		
6. AEE(×8)	7.1%		
7. ADE(×7)	6.2%		
8. ABDE(×7)	6.2%		

9. ADEE(×4)	3.6%	
10. ACDDE(×4)	3.6%	
11. ABDDE(×3)	2.7%	91%
12. ACEE(×2)	1.8%	
13. ABCDE(×2)	1.8%	
14. ADDE(×1)	0.9%	
15. ACDEE(×1)	0.9%	
16. ABEE(×1)	0.9%	
17. ABDEE(×1)	0.9%	
18. ABCDDE(×1)	0.9%	
19. ABCDDEE(×1)	0.9%	

앞서 잠깐 이야기한 것처럼, AE가 압도적인 비율로 최고의 순위에 올랐습니다. 모문에서 가장 비율이 높았던 AEE(×7)와 ACDDE(×7)는 내포문에서 AEE(×8)과 ACDDE(×4)로 선전하고 있지만 그 순위는 각각 6위와 10위로 많이 낮습니다. 모문이 60개이고 내포문이 그에 비해 거의 두 배에 달하는 112개이니 같은 빈도여도 순위가 낮아질 수밖에 없겠죠. 그러나 비율 면에서도 내포문의 1순위인 AE는 21.4%에 달하고 2순위인 ACE도 12.5%에 달하여, 모문의 1순위가 보이는 11.7%를 앞서기는 합니다.

텍스트의 조직화에서 모문이 횡적인 문장 연결을 담당한다면, 내포문은 종적인 문장 연결을 맡습니다. 한 문장 안에서 모문이라는 절을 기반으로 하여 그 위에 쌓아 올린 절이 내포문이기 때문입니다. 하나의 모문이 다른 모문과 손을 잡고 텍스트의 폭을 수평으로 넓힌다면, 하나의 내포문은 다른 내포문을 어깨 위에 태우며 텍스트의 높이를 수직으로 키웁니다. 내포문으로 등장한 문형 가운데 가장 비율이 높다는 건 내포문의 종적 연결에서 가장 일을 열심히 했다는 뜻이 됩니다. 거시 문형에서는 [AE] 유형이, 미시 문형에서는 AE가 그렇죠. 이것이 텍스트 (1)이 가진 또 하나의 특징입니다. 정리하면, 텍스트 (1)은, 거시 문형 [AE]와 미시 문형 AE가 텍스트의 종적 조직화에서 가장 높은 비중을 차지한다고 규정할 수 있습니다.

모문 60개에서 관찰되는 문형의 비율과 내포문 112개에서 관찰되는 문형의 비율을 살펴보았다면, 이 둘을 합친 172개의 절 전체에서 관찰되는 문형의 비율을 확인해 보는 것도 의미가 있을 것입니다.

(164) 텍스트 (1)의 전체 절(172개)에 나타난 거시 문형 비율

가. [AE] 65개(21+44) (37.8%)

AE(×26[2+24]), AEE(×15[7+8]), ADE(×12[5+7]),

ADEE(×6[2+4]), ADDE(×6[5+1])

나. [ACE] 51개(19+32) (29.6%)

ACE(×16[2+14]), ACDE(×15[4+11]), ACDDE(×11[7+4]),

ACEE(×3[1+2]), ACDEE(×3[2+1]), ACDDEE(×3[3+0])

다. [ABE] 38개(15+23) (22.1%)

ABE(×12[1+11]), ABDE(×11[4+7]), ABDDE(×6[3+3]),

ABEE(×4[3+1]), ABDEE(×3[2+1]), ABDDEE(×2[2+0])

라. [ABCE] 18개(5+13) (10.5%)

ABCE(×10[1+9]), ABCDDE(×4[3+1]), ABCDE(×2[0+2]),

ABCEE(×1[1+0]), ABCDDEE(×1[0+1])

여기서 미시 문형의 오른쪽에 딸린 숫자 정보, 예를 들어 'AE(×26[2+24])'

에서 '[2+24]'의 왼쪽 '2'는 모문의 수치를, 오른쪽의 '24'는 내포문의 수치를 가리킵니다.

(165) 텍스트 (1)의 전체 절(172개)에 나타난 미시 문형 비율

1. AE(×26)	15.1%	
2. ACE(×16)	9.3%	
3. AEE(×15)	8.7%	
4. ACDE(×15)	8.7%	
5. ADE(×12)	7%	
6. ABE(×12)	7%	55.8%
7. ACDDE(×11)	6.4%	
8. ABDE(×11)	6.4%	
9. ABCE(×10)	5.8%	
10. ADEE(×6)	3.5%	
11. ADDE(×6)	3.5%	
12. ABDDE(×6)	3.5%	
13. ABEE(×4)	2.3%	
14. ABCDDE(×4)	2.3%	89.5%
15. ACEE(×3)	1.7%	
16. ACDEE(×3)	1.7%	
17. ACDDEE(×3)	1.7%	
18. ABDEE(×3)	1.7%	
19. ABDDEE(×2)	1.2%	
20. ABCDE(×2)	1.2%	
21. ABCEE(×1)	0.6%	
22. ABCDDEE(×1)	0.6%	

역시 거시 문형에서는 [AE] 유형이, 미시 문형에서는 AE가 가장 높은 비율을 보이네요. 이는 모문과 내포문을 통틀어 가장 높은 비중을 차지하는 문형을 꼽은 것이죠. 따라서 문장의 모든 연결에서 가장 높은 기여를 하는 것은 거시 문형 [AE]와 미시 문형 AE라고 할 수 있습니다.

이제 4.3.1절을 정리하겠습니다. 텍스트 (1)은, 텍스트의 횡적 조직화에서는 거시 문형 [AE]와 미시 문형 AEE 및 ACDDE가 가장 높은 비중을 차지하고, 텍스트의 종적 조직화에서는 거시 문형 [AE]와 미시 문형 AE가 가장 높은 비중을 차지하며, 텍스트의 조직화 전반에서는 거시 문형 [AE]와 미시 문형 AE가 가장 높은 비중을 차지한다고 그 특징을 규정할 수 있습니다.

4.3.2 텍스트를 구성하는 문장의 복잡성 흐름

여기서는 텍스트 (1)을 구성하는 문장들의 복잡성 흐름을 살펴봅니다. 각 문장은 기본적으로 모문의 복잡성을 가지며, 내포문을 가질 경우 여기에 내포문의 복잡성 값이 추가되어 한 문장 전체의 복잡성 값이 얻어집니다. 그렇게 해서 60개 문장의 복잡성 값이 보이는 흐름을 확인할 것입니다. 이와 함께, 문장을 단락으로 묶어서 단락별 문장 평균의 복잡성 값의 흐름도 살펴볼 예정입니다. 60개에 달하는 문장 하나하나의 복잡성 흐름은 그 자체로 기본적인 정보에 해당하므로 의미가 있고, 그것을 단락별로 평균을 내어 살펴보는 것은, 단락 간 비교라는 점에서 또 다른 의미를 지닐 수 있을 것입니다.

(166) 문장 60개 및 단락 14개의 복잡성 흐름

	(60)	(112)	(172)	(평균)	(평균)	(합계)
	모문	내포문	모+내	모문	내포문	모+내
1. DOG20101	12	4	16			
2. DOG20102	9	8	17			
3. DOG20103	2	13	15	7.7	8.3	16
4. DOG20201	8	7	15			
5. DOG20202	2	8	10			
6. DOG20203	4	25	29	4.7	13.3	18
7. DOG20301	2	0	2			
8. DOG20302	4	16	20			
9. DOG20303	2	0	2			
10. DOG20304	3	7	10			
11. DOG20305	9	1	10	4	4.8	8.8
12. DOG20401	4	0	4			
13. DOG20402	4	35	39			
14. DOG20403	7	0	7			
15. DOG20404	9	32	41	6	16.8	22.8
16. DOG20501	10	59	69			
17. DOG20502	10	13	23	10	36	46
18. DOG20601	3	10	13			
19. DOG20602	9	19	28			
20. DOG20603	10	7	17			
21. DOG20604	14	18	32	9	13.5	22.5
22. DOG20701	3	14	17			

4장. 문장 분석의 응용

23. DOG20702	9	21	30			
24. DOG20703	9	1	10	7	12	19
25. DOG20801	4	15	19			
26. DOG20802	14	12	26			
27. DOG20803	9	8	17	9	11.7	20.7
28. DOG20901	8	1	9			
29. DOG20902	9	11	20			
30. DOG20903	2	16	18			
31. DOG20904	10	20	30			
32. DOG20905	8	6	14	7.4	10.8	18.2
33. DOG21001	9	8	17			
34. DOG21002	8	1	9			
35. DOG21003	9	7	16			
36. DOG21004	9	25	34			
37. DOG21005	3	0	3	7.6	8.2	15.8
38. DOG21101	3	0	3			
39. DOG21102	9	19	28			
40. DOG21103	9	6	15			
41. DOG21104	1	1	2			
42. DOG21105	2	7	9			
43. DOG21106	6	0	6			
44. DOG21107	8	11	19			
45. DOG21108	6	0	6	5.5	5.5	11
46. DOG21201	4	0	4			
47. DOG21202	6	1	7			

문장 분석

48. DOG21203	1	0	1			
49. DOG21204	14	14	28			
50. DOG21205	7	53	60			
51. DOG21206	8	1	9	6.7	11.5	18.2
52. DOG21301	9	0	9			
53. DOG21302	2	0	2			
54. DOG21303	8	0	8			
55. DOG21304	10	20	30			
56. DOG21305	11	0	11	8	4	12
57. DOG21401	8	24	32			
58. DOG21402	4	6	10			
59. DOG21403	7	0	7			
60. DOG21404	7	20	27	6.5	12.5	19

위의 (166)은 총 60개 문장에 순번을 매기고, 문장 하나하나마다 문장 분석 말뭉치 번호를 적어 주었습니다. 그 옆에는 모문의 복잡성 점수와 내포문의 복잡성 점수, 이 둘을 합한 점수를 기재하였죠. 내포문이 없는 경우는 0으로 적었습니다. 단락이 끝날 때마다 단락을 구성하는 모문과 내포문의 평균 및 그 합계를 적었습니다. 이를 바탕으로 하여 60개 문장의 복잡성 흐름과 14개 단락의 복잡성 흐름을 이제 확인하겠습니다.

먼저 60개 문장의 복잡성 흐름입니다.

4장. 문장 분석의 응용

(167) 텍스트 (1)을 구성하는 60개 문장의 복잡성 흐름

가. 꺾은선 그래프

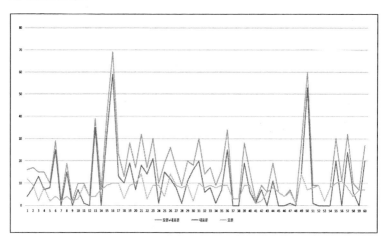

나. 막대그래프

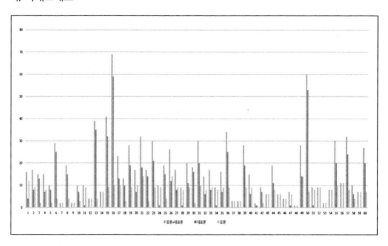

먼저 (167가)의 꺾은선 그래프를 보면, 가장 위에 있는 선이 문장 전체의
복잡성 흐름이며, 그 아래 있는 선이 내포문의 복잡성 흐름이고, 맨 아래

바닥에 가깝게 진행되는 선이 모문의 복잡성 값 흐름입니다. 문장 전체의 흐름을 내포문이 주도하고 있음을 볼 수 있어 흥미롭습니다. 모문도 전체의 흐름에 동조하는 모습을 보이기는 하나 그 역할은 미미한 편이며, 경우에 따라서는 정반대의 모습을 보이기도 합니다. 예를 들어, 50번에서 문장 전체는 수직 상승을 하지만 모문은 오히려 수직 하강을 보입니다. 내포문 역시 일부 구간에서는 문장 전체의 흐름에 비추어 그 동조가 일부 둔감해 보이는 경우도 발견되지만, 전체적으로 보아 문장 전체의 흐름을 강하게 견인하는 것을 확실히 볼 수 있습니다. 막대그래프는 세 개의 막대를 통해 문상 전체와 내포문, 모문 순으로 한 문장이 가진 세 가지 모습을 잘 대조하며 전체적인 흐름을 볼 수 있게 해 줍니다.

다음은 단락별 문장의 복잡성 흐름입니다.

(168) 텍스트 (1)을 구성하는 14개 단락의 복잡성 흐름 (단락 내 문장 평균)

가. 꺾은선 그래프

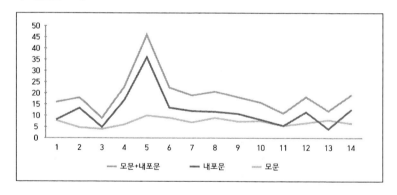

나. 막대그래프

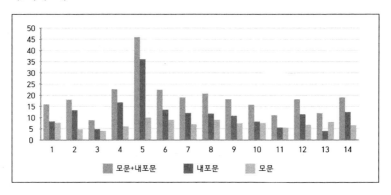

여기서도 꺾은선 그래프의 맨 위의 선이 문장 전체의 복잡성 흐름이고, 그 아래 바짝 붙어 비슷한 모습을 보이는 선이 내포문의 복잡성 흐름이며, 맨 아래 바닥 가까이에 붙어 흐르는 것이 모문의 복잡성 선입니다. 복잡성이 높다는 것은 문장이 그만큼 복잡하다는 것이니, 문장의 호흡도 그만큼 길어진다고 할 수 있죠. 문장의 호흡은 5번째 단락을 정점으로 하여 최고로 길어집니다. 이것은 텍스트의 내용으로 본다면, 전개에 해당하죠. '나'와 '메리'가 정답게 뛰노는 모습을 생동감 있게 그리고 있는 대목입니다. 이후로 점차 하락세이다가 12번째 단락에서 호흡은 반등하며 길어집니다. 글의 구성상 위기의 마지막 부분인데 메리가 제 새끼들을 마루 밑에 숨겨 놓은 사건을 이야기를 하는 대목이죠. 이후 절정에서는 호흡이 다시 짧아지고 결말의 끝부분에서 다시 높아지는 모습입니다. 메리의 죽음에 대한 '나'의 북받치는 슬픔을 지그시 누르듯 간결하게 표현했고, 맨 마지막은 '나'를 아끼던 메리의 애틋한 모습을 잔잔히 서술하는 것으로 끝을 맺습니다. 꺾은선 그래프와 막대그래프를 번갈아 보며 텍스트 전체의 흐름을 살펴볼 수 있습니다.

4.3.3 텍스트 안에서의 모문의 횡적인 전개 양상

텍스트의 내용과 형식이 호응하는 모습은, 텍스트를 횡적으로 조직하는 모문들 간의 연결에서도 확인할 수 있습니다.

(169) 단락 내, 단락과 단락 간 모문의 복잡성 대조

DOG20101	ABCEE	[ABCE]	12	
DOG20102	ACDDE	[ACE]	9	
DOG20103	AEE	[AE]	2	12〉2
DOG20201	ACDE	[ACE]	8	2〈8
DOG20202	AEE	[AE]	2	
DOG20203	ADDE	[AE]	4	8〉4
DOG20301	AEE	[AE]	2	4〉2
DOG20302	ADDE	[AE]	4	
DOG20303	AEE	[AE]	2	
DOG20304	ADE	[AE]	3	
DOG20305	ABDDE	[ABE]	9	2〈9
DOG20401	ADEE	[AE]	4	9〉4
DOG20402	ADDE	[AE]	4	
DOG20403	ABEE	[ABE]	7	
DOG20404	ACDDE	[ACE]	9	4〈9
DOG20501	ACDDEE	[ACE]	10	9〈10
DOG20502	ABDDEE	[ABE]	10	10=10
DOG20601	ADE	[AE]	3	10〉3
DOG20602	ACDDE	[ACE]	9	

4장. 문장 분석의 응용

DOG20603	ACDDEE	[ACE]	10	
DOG20604	ABCDDE	[ABCE]	14	3⟨14
DOG20701	ADE	[AE]	3	14⟩3
DOG20702	ABDDE	[ABE]	9	
DOG20703	ABDEE	[ABE]	9	3⟨9
DOG20801	ADDE	[AE]	4	9⟩4
DOG20802	ABCDDE	[ABCE]	14	
DOG20803	ACDEE	[ACE]	9	4⟨9
DOG20901	ACDE	[ACE]	8	9⟩8
DOG20902	ACDEE	[ACE]	9	
DOG20903	AEE	[AE]	2	
DOG20904	ABDDEE	[ABE]	10	
DOG20905	ABDE	[ABE]	8	8=8
DOG21001	ABDEE	[ABE]	9	8⟨9
DOG21002	ABDE	[ABE]	8	
DOG21003	ABDDE	[ABE]	9	
DOG21004	ACDDE	[ACE]	9	
DOG21005	ADE	[AE]	3	9⟩3
DOG21101	ADE	[AE]	3	3=3
DOG21102	ACDDE	[ACE]	9	
DOG21103	ACDDE	[ACE]	9	
DOG21104	AE	[AE]	1	
DOG21105	AEE	[AE]	2	
DOG21106	ACE	[ACE]	6	
DOG21107	ABDE	[ABE]	8	

문장 분석

DOG21108	ABE	[ABE]	6	3⟨6
DOG21201	ADEE	[AE]	4	6⟩4
DOG21202	ACE	[ACE]	6	
DOG21203	AE	[AE]	1	
DOG21204	ABCDDE	[ABCE]	14	
DOG21205	ACEE	[ACE]	7	
DOG21206	ACDE	[ACE]	8	4⟨8
DOG21301	ACDDE	[ACE]	9	8⟨9
DOG21302	AEE	[AE]	2	
DOG21303	ABDE	[ABE]	8	
DOG21304	ACDDEE	[ACE]	10	
DOG21305	ABCE	[ABCE]	11	9⟨11
DOG21401	ACDE	[ACE]	8	11⟩8
DOG21402	ADDE	[AE]	4	
DOG21403	ABEE	[ABE]	7	
DOG21404	ABEE	[ABE]	7	8⟩7

위의 자료는, 문장마다 들어 있는 모문의 복잡성 값을 죽 이어놓은 것입니다. 여기서 확인하고자 하는 것은, 단락 내에서 첫 문장과 끝 문장이 보이는 복잡성 값의 대조입니다. 전체 14개 단락 내에서 복잡성 값의 크기가 '첫 문장 〈 끝 문장'으로 나오는 경우는 8개 단락으로 57%에 해당합니다. 반면, 복잡성 값의 크기가 '첫 문장 〉 끝 문장'으로 나오는 경우는 4개 단락으로 29%에 해당하죠. 둘의 값이 같은 경우는 2개 단락에서입니다.

또 하나 살펴볼 것은, 단락과 단락이 이어질 때 앞 단락의 끝 문장과 뒤 단락의 첫 문장의 복잡성 값의 대조입니다. 14개 단락이 이어지니 총 13개의 경우가 분석 대상이 됩니다. 복잡성 값의 크기가 '앞 단락의 끝 문장 〉 뒤 단락의 첫 문장'으로 나오는 경우는 13개 경우 중 8개 경우로 61%에 해당하며, 그 반대로 복잡성 값의 크기가 '앞 단락의 끝 문장 〈 뒤 단락의 첫 문장'으로 나오는 경우는 13개 경우 중 4개 경우로 31%에 해당합니다. 둘 다 같은 값으로 나오는 경우는 1번입니다.

이러한 결과가 말해 주는 것은 무엇일까요? 단락 안에서 처음에는 짧은 호흡의 문장으로 시작했다가 나중에는 상대적으로 긴 호흡으로 끝낸다는 것, 그리고 앞 단락이 긴 호흡의 문장으로 끝나고 뒤 단락이 다시 짧은 호흡의 문장으로 시작한다는 것, 이것은 문장의 형식을 통해서도 은연중에 단락을 구별하고 있음을 뜻하는 게 아닐까요? 그런 경우가 그렇지 않은 경우보다 두 배 가까이 되니, 유의미한 현상으로 볼 수 있을 듯합니다.

물론 이러한 결과는 텍스트 (1)에 국한된 것일 수도 있으나 텍스트 전반에 걸친 특징일 수도 있습니다. 만일 그렇다면, 우리는 내용의 흐름으로 단락을 나눈다고 의식적으로 생각하지만, 그와 동시에, 형식의 흐름을 통해서도 무의식적으로 단락을 구분하고 있는 셈입니다. 매우 흥미로운 양상이죠. 내용과 형식은, 분명히 구별되는 차원이지만, 단락의 형성에서 공조하며 텍스트를 조직해 나가고 있는지도 모릅니다. 매우 흥미로운 연구 주제가 아닐 수 없죠.

4.3.4 복문 안에서의 내포문의 종적인 전개 양상

텍스트를 횡적으로 조직하는 모문들 간의 연결에서 흥미로운 모습이 보이듯이, 문장 안에서 내포문이 여럿 나올 경우에도 머리를 끄덕일 만한 매우 의미 있는 양상이 연출됩니다.

앞의 4.2.2절의 분석 결과, 내포화가 1차례 일어난 경우는 총 39회이고, 2차례 일어난 경우는 총 28회이며, 3차례 일어난 경우는 총 4회, 5차례는 1회, 6차례도 1회로 집계됩니다. 그걸 구체적으로 보이면 다음과 같죠.

(170) 내포화가 일어난 경우 (총 73회)

가. 내포화가 1차례 발생한 경우 (39회)

DOG20101	12-4	〉
DOG20102	9-8	〉
DOG20103	2-2	=
DOG20103	2-1	〉
DOG20201	8-1	〉
DOG20201	8-6	〉
DOG20202	2-8	〈
DOG20203	4-3	〉
DOG20302	4-1	〉
DOG20302	4-7	〈
DOG20305	9-1	〉
DOG20402	4-11	〈
DOG20404	9-6	〉
DOG20602	9-1	〉
DOG20603	10-1	〉
DOG20603	10-6	〉

DOG20604 14-6 ⟩

DOG20702 9-8 ⟩

DOG20702 9-2 ⟩

DOG20702 9-11 ⟨

DOG20703 9-1 ⟩

DOG20802 14-6 ⟩

DOG20802 14-6 ⟩

DOG20901 8-1 ⟩

DOG20902 9-9 =

DOG20902 9-1 ⟩

DOG20902 9-1 ⟩

DOG20904 10-1 ⟩

DOG20905 8-6 ⟩

DOG21001 9-8 ⟩

DOG21002 8-1 ⟩

DOG21003 9-7 ⟩

DOG21103 9-6 ⟩

DOG21104 1-1 =

DOG21107 8-11 ⟨

DOG21202 6-1 ⟩

DOG21206 8-1 ⟩

DOG21401 8-3 ⟩

DOG21402 4-6 ⟨

나. 내포화가 2차례 발생한 경우 (28회)

DOG20103 2-9-1 ⟩

문장 분석

DOG20203	4-9-2	〉
DOG20304	3-6-1	〉
DOG20402	4-8-6	〈
DOG20402	4-8-2	〉
DOG20404	9-9-11	〈
DOG20404	9-9-6	〉
DOG20501	10-9-6	〉
DOG20601	3-8-2	〉
DOG20602	9-9-2	〉
DOG20602	9-1-6	〉
DOG20604	14-11-1	〉
DOG20701	3-8-1	〉
DOG20801	4-9-6	〈
DOG20803	9-4-3	〉
DOG20803	9-4-1	〉
DOG20903	2-8-8	〈
DOG20904	10-13-6	〉
DOG21004	9-14-11	〈
DOG21102	9-8-11	〈
DOG21105	2-6-1	〉
DOG21204	14-8-6	〉
DOG21304	10-8-6	〉
DOG21304	10-3-3	〉
DOG21401	8-9-6	〉
DOG21401	8-9-6	〉

DOG21404   7-8-6   ⟩

DOG21404   7-8-6   ⟩

다. 내포화가 3차례 발생한 경우 (4회)

DOG20203   4-9-7-4   =

DOG20302   4-3-4-1   ⟩

DOG20502   10-8-3-2   ⟩

DOG20701   3-8-4-1   ⟩

라. 내포화가 5차례 발생한 경우 (1회)

DOG20501   10-8-8-8-9-11   ⟨

마. 내포화가 6차례 발생한 경우 (1회)

DOG21205   7-2-15-6-6-13-11   ⟨

위의 자료를 보는 방법은 다음과 같습니다. 마지막 문장을 가지고 설명하죠. 일단, 맨 처음에 주어지는 것은 문장 분석 말뭉치 번호 DOG21205입니다. 그 뒤에 나열된 숫자들은 모문과 내포문들의 복잡성 점수들이죠. '7-2-15-6-6-13-11'에서 맨 왼쪽의 '7'이 모문의 값이고, 그 다음 '2'는 1차 내포문의 값, 그리고 맨 오른쪽의 '11'은 이러한 종적 문장 연결의 맨 꼭대기에 해당하는 6차 내포문의 값입니다. 부등호나 등호는 모문의 값과 제일 높은 차수의 내포문 값을 비교한 결과로서, 이 경우엔 모문의 '7'보다 내포문의 '11'이 크니 '⟨'이 됩니다.

모문의 값과 맨 꼭대기의 내포문 값을 비교해 보려는 이유는 무엇일까요? 모문은 내포문이 놓이는 기반입니다. 그러한 모문 위에 내포문이 하나 이상 순차적으로 쌓여 올라가죠. 그럴 때, 기반에 해당하는 모문의 복잡성 값에 비해, 그 위로 올린 내포문 중 가장 꼭대기에 있는 것의 값이 작아야 안정감 있지 않을까요? 그런 호기심이 들어서 한번 살펴봤습니다. 그 결과, 무려 75%(73회 중 55회)에 달하는 경우에서 '모문 〉 내포문'이 발견되었습니다. 그 반대인 '모문 〈 내포문'은 19%(73회 중 14회)에 불과했고요. 나머지 6%(4회)의 경우에서 '모문 = 내포문'이 관찰되었습니다.

이러한 결과가 다만 우연에 의한 것일까요? 저는 그렇게 생각하지 않습니다. 텍스트를 수직으로 안정감 있게 올리기 위해 무게 중심을 낮추려는 원리가 텍스트에 내재되어 있을 가능성이 있습니다. 물론, 이러한 생각이 입증되려면 정말 많은 글들을 분석해 보아야 할 것입니다. 이번 연구도 그중 하나가 될 거고요.

이상으로 4.3절의 논의를 모두 마쳤습니다. 4.2절에서 이루어진 문장 분석 말뭉치 분석의 결과를 가지고, 4.3.1절에서는 텍스트의 조직화에 기여하는 거시 문형과 미시 문형을 확인하였고, 4.3.2절에서는 텍스트를 구성하는 문장과 단락의 복잡성 흐름을 내용의 전개와 연결 지어 살펴보았습니다. 4.3.3절에서는 모문의 횡적인 전개 양상을 관찰하면서, 단락의 구분이 내용뿐만 아니라 형식에 의해서도 이루어질 가능성이 있음을 이야기했습니다. 마지막으로 4.3.4절에서는 모문 위에 내포문이 쌓이면서 이루어지는 문장의 종적인 전개 양상을 관찰하면서, 텍스트의 고도를 안정적으로 높일 수 있는 원리를 모색해 보기도 했습니다.

5

문장 분석 후기

5장
문장 분석 후기

—

—

이제 여러분과 함께 해 온 문장 분석의 대장정을 마칠 때가 가까워졌습니다. 끝으로 하고 싶은 것이 몇 가지 있습니다. 우선, 1장에서 4장까지 다룬 내용에 대한 보충입니다. 내용의 흐름을 깨지 않기 위해 더 깊은 얘기는 삼키고 넘어갈 수밖에 없는 경우들도 있었죠. 해석문법 안에서 달라진 부분도 짚어 주고 싶습니다. 어떤 부분이 어떻게, 그리고 왜 달라졌는지 간단하게라도 해명을 한다면, 이미 해석문법을 공부해 오던 이들에게 도움이 되겠죠. 아울러 해석문법이 앞으로 풀어야 할 문제도 적어 두고 싶습니다. 이러한 것을 5.1절에서 다룰 예정입니다. 5.2절에서는 해석문법에 대한 간단한 소개를 하려고 합니다. 이 책 전체의 바탕이 되는 해석문법이 어떤 성격을 가진 문법 이론인지, 그것은 어떠한 길을 걸어왔고, 앞으로는 또 어떠한 길을 걸어갈 것인지 살펴보는 것이죠. 5.3절에서는 책 전체를 마치며 드는 생각을 이야기하며 끝을 맺고자 합니다.

5.1 못다 한 이야기

여기서는 본문에 대한 부연을 장별로 진행할까 합니다. 각 장에서 필요한 내용을 일정한 소제목으로 달아 가며 이야기하면 보기에 편할 것 같아요. 본문에서 다룬 사항에 보충 설명을 가하거나, 종전의 해석문법과 달라진 부분을 밝히거나, 앞으로 더 고민해 봐야 할 문제를 언급하는 게 주된 내용이 될 것입니다.

5.1.1 '문장 분석 개관'(1장)에 대한 후기

학교문법의 관형어 처리에 대한 비판

본문 1장에서는 단 두 개의 문장을 분석하고 있죠. 그러면서 문장 분석이란 무엇이고 어떻게 하는 것인지, 그리고 이 책에서 보여주고 싶은 문장 분석은 또 어떤 것인지를 소개합니다. 그런데 이야기 초반에 학교문법을 비판하는 내용이 나오죠. 관형어를 다루는 대목에서요.

(1) 관형어 처리의 문제
가. 영수야, 너의 누나가 아까부터 너를 찾았다 (1장의 예문 (1))
나. 영수야독립어 / 너의관형어 / 누나가주어 / 아까부터부사어 / 너를목적어 / 찾았다서술어
다. 영수야독립어 / [너의관형어 누나가]주어 / 아까부터부사어 / 너를목적어 / 찾았다서술어

분석 대상은 문장 (1가)인데, 그걸 (1나)처럼 분석해서는 안 되며 (1다)처럼 해야 한다고 했습니다. (1나)에서는 관형어 '너의'가 주어나 부사어, 목적어 등과 대등한 문장성분으로 취급되죠. 그러나 (1다)에서 관형어 '너의'는 주

어의 내부 성분으로 강등되어 결코 주어나 부사어, 목적어 등과는 대등한 자격을 가지지 못합니다. 이 책은, (1나)처럼 분석하는 학교문법의 입장을 따르지 않고, 해석문법에 따라 (1다)처럼 분석한다고 그 입장을 밝힙니다.

여기서 부연이 필요하다고 판단한 이유는, 학교문법이 비록 명시적이지는 않지만 분명히 (1다)의 입장을 취하는 것처럼 보이는 대목이 있기 때문입니다. 다음은 제7차 국어과 교육과정에 따른 『고등학교 문법』(서울대 국어교육연구소 편, 2002년, 두산동아(주) 발행)의 예문들을 가져온 것입니다.

(2) 『고등학교 문법』의 예시(151쪽)

가. <u>철수가</u> 집에 간다.

나. <u>그 소년이</u> 무지개를 바라보았다.

고등학교 문법 교과서에서는 예시 (2)의 두 예문에서 밑줄 친 부분이 주어라고 설명합니다. 특히 (2나)의 '그 소년이'를 보면, 관형어 '그'를 포함한 '그 소년이' 전체를 주어라고 하여, 관형어를 주어 내부의 성분으로 보는 듯합니다.

그러나 같은 책의 다른 페이지를 보면, 격조사를 설명하면서 다음과 같이 예시합니다.

(3) 『고등학교 문법』의 예시(96쪽)

동생이 방에서 언니의 책을 읽고 있다.					
동생+이	방+에서	**언니+의**	책+을	읽고	있다
주어	부사어	**관형어**	목적어		
이: 주격조사	에서 : 부사격조사	**의: 관형격조사**	을: 목적격조사		

여기서는 목적어가 '언니의 책을'이 아니라 '책을'이며, 그것을 수식하는 관형어 '언니의'는 그것의 앞뒤에 있는 주어나 부사어, 목적어와 대등한 성분으로 취급되고 있습니다. 아까 살펴본 '주어' 기술에서는 예문만 덩그러니 제시하고 아무런 설명도 없었지만, 격조사를 설명하는 이 대목에서는 예시 (3)과 같이 명시적으로 입장을 밝히고 있는 것이죠. (2)와 (3)이 같은 책 안에 들어 있다는 것은, 학교문법이 이 문제에 관해 명확한 입장을 가지고 있지 못함을 의미할 수도 있습니다.

제7차 국어과 교육과정에 따른 『고등학교 문법』은 국정 교과서로서, 이후 몇 차례의 교육과정 개편에 따라 나온 『독서와 문법』이나 『언어와 매체』라는 검인정 교과서들의 토대가 되어 왔습니다. 그래서 그 책은 여전히 학교문법을 대변한다고 볼 수 있죠. 이후에 나온 교과서들은 『고등학교 문법』만큼 자세한 설명을 내놓지도 않습니다. 이러한 상황에서 저는 1장의 앞부분에서 학교문법의 관형어 처리에 비판적인 시각을 가지지 않을 수 없었습니다. 이제 보충 설명이 되었을 것으로 생각합니다.

5.1.2 '문장 분석의 기본'(2장)에 대한 후기

양태성분에서 제외된 '부호'(P)

해석문법에 대해서 어느 정도 알고 있는 사람이 이 책을 읽는다면 다소 놀랄 수 있습니다. 그것은 기존의 해석문법과는 달라진 모습을 종종 발견하게 될 것이기 때문입니다. 당장 문장성분의 유형에서부터 그렇죠. 2.1절은 해석문법의 '문장 분석 틀'을 소개하는 곳이어서 문장성분의 유형부터 밝히게 되는데, 여기서 '부호'(P)가 양태성분에서 빠지고 '기타' 항목으로 들어가 있습니다.

해석문법을 처음 만들 때는 문어 중심의 생각이 짙었습니다. 그래서 구어가 지닌 생동감 넘치는 억양과 같은 운율적인 요소에 대응하는 것으로 문어의 부호를 중요시했었죠. 물론 부호가 요긴하기는 합니다. 그러나 그렇다고 해서 그것이 양태성분의 다른 하위 유형들과 묶일 만큼의 자격을 지닌다고 보기는 힘들죠. 문장 부호가 '종결'(N)의 특정 유형과 직결되는 것도 아닙니다. 그건 이미 2.1.5절 '기타 정보 분석 틀'에서 '부호'를 설명하며 이야기했어요. 부호는 어디까지나 문장에 딸린 보조 장치에 불과합니다.

기존의 해석문법에서는 부호를 양태성분의 일부로 설정하고 시제나 상, 높임, 태도, 종결과 대등하게 다루는 것처럼 보였습니다. 그러나 실상은 그렇지 못했죠. 예를 들어, 명제성분을 가지고 문장의 복잡성과 다양성을 측정하는 것처럼, 양태성분을 가지고 문장의 복잡성과 다양성을 측정할 수 있는데, 여기서 부호는 늘 빠져 있었습니다. 이질적이어서 고려하지 않은 거죠. 중요한 대목에서는 늘 양태성분으로서 제대로 취급받지 못했던 부호를, 이번 기회에 '인용'(Q) 및 '단독'(X)과 더불어 '기타' 항목에 넣은 것입니다.

부호의 바뀐 위상을 2장에서 보여 주기 전에 1장에서 부호를 가진 예문을 처리하는 것도 부담스러웠습니다. 해석문법을 맛보기로 보여주는 대목에서 갑자기 부호가 기타 사항으로 처리되어야 하니까요. 해석문법에 어느 정도 친숙한 사람이라면 어리둥절해질 수밖에 없는 상황입니다. 그래서 1장에서 마침표를 모두 뺀 예문을 들었던 것입니다. 1장을 읽다가 혹시 그런 부분이 좀 의아했다면 이젠 의문이 좀 풀렸으리라 생각합니다.

체언 성분 분석 틀에서의 '접속조사'

2장의 표 (2)에서는 체언 성분의 핵을 중심으로 좌우에 '관형어 정보'와 '조사 정보'를 둡니다. 이때 조사 정보의 4번에서 '부사격조사/접속조사'를 확인할 수 있죠. 이 책을 쓰면서 그냥 '부사격조사'라고만 해 둘까 생각했었습니다. 그러나 3.4.1절 '조사와 어미'를 집필하면서 '체언 성분의 핵 뒤에 오는 접속조사'를 다시금 발견할 수 있었습니다. 그때 무릎을 치면서 왜 접속조사를 굳이 조사 정보에 넣어 두었나를 새삼 깨닫게 되었죠. '어머니<u>하고</u> 언니<u>하고</u> 다 직장에 나갔어요.'와 같은 문장에서 동일한 접속조사가 두 체언의 사이 및 뒤 체언의 다음에 등장합니다. 두 번째 '하고'를 표시하기 위해 체언 성분의 조사 정보에 접속조사의 순번을 설정하는 게 필요하죠.

그렇다면 왜 부사격조사와 접속조사를 함께 놓아두었을까요? 부사격조사와 접속조사가 형태가 같은 경우가 종종 있습니다. '과'나 '하고', '랑'과 같은 조사들이 그러한데, 『표준국어대사전』에서는 이런 부류를 동일 표제어 밑에서 다의어로 처리합니다. 하나의 조사인데 세부적으로는 부사격조사와 접속조사로 나뉜다는 거죠. 접속조사 중에서도 위의 세 개는 가장 흔히 쓰입니다. 이런 점이 접속조사를 부사격조사와 묶을 수 있게 해 주었죠.

서술어의 정보에서 변경된 사항

2.1.3절의 표 (3)은 서술어의 정보 표시 내용을 담고 있습니다. 여기서 핵심은 서술어의 종류인데, 그 전과 약간 달라진 게 있어요. 전에는 8번에서 '하-'와 '되-'뿐만 아니라 '시키-'도 경동사로서 제시되었죠. 하지만 이번엔 '시키-'는 뺐습니다. '하-'의 잘못된 용법인 '시키-'를 그 자리에 굳이 넣을 필

요가 있을까 싶어서죠. 잘못된 용법의 '시키-'는 경동사 '하-'에서 밝혀 주면 그만입니다. 9번의 경우, 그 전에는 '되-'와 '지-', '싶-'을 보조용언이라는 이름으로 묶어 제시했었는데 이것은 단순히 실수입니다. 이때의 '되-'는 경동사죠. 그래서 경동사 '되-'와 보조용언 '지-', '싶-'의 두 부류로 나누어 제시했습니다.

8번의 '되-'와 9번의 '되-'를 구분하기 위해 전에는 숫자 '1'과 '2'를 아래 첨자로 붙여주었으나 지금은 모두 삭제했습니다. 굳이 그럴 필요가 없으니까요. 보조용언 '지-', '싶-'이 자릿수를 줄일 때만 9번이고, 자릿수를 줄이지못할 때는 6번이 되듯이, 경동사 '되-'도 그렇게 처리하면 됩니다. 안 그러면, 오히려 '지-'와 '싶-'에도 구별 표시를 추가해 주어야 할 텐데, 그러면 문법 기술이 매우 복잡해집니다. 간결함을 추구하는 해석문법에서 그런 일은 삼가야죠.

용언의 형태를 써 줄 때에도 전에는 '이다', '하다', '지다'와 같이 하였는데, 이 책에서는 '이-', '하-', '지-'처럼 모두 바꾸어 주었습니다. '-다'는 양태성분의 표지이지 서술어의 일부는 아니니까요. 기본형을 표시하는 관례라하여도 굳이 오해를 사거나 혼동을 줄 필요는 없지요. 용언 뒤에 오는 어말어미의 정보가 서술어의 주변 정보라는 점을 이번에 분명히 해 둔 것도 같은 맥락에서입니다. 서술어 자체에 대한 정보로는 서술어의 종류와 자릿수가 전부죠. 그 뒤에 어떤 어말어미가 오느냐 하는 것은 서술어가 놓이는 환경 정보이지 서술어 자체의 정보는 아닙니다.

양태성분의 문법 형식 보완

양태성분을 나타내는 문법 형식의 목록에 일부 추가된 것이 있습니다. 8번 사동의 '시키-'와 9번 피동의 '되-'죠. 추가로 인정된 사동의 '시키-'는 중동 사이지만, 그런 용어를 2.1.4절에서 대뜸 사용할 수는 없었죠. 다만, 이때 의 '시키-'는 (서술성 명사 뒤에 오는) '하게 하-' 대신 쓰이는 것이라는 짤막한 설명만으로 충분하다 여겼습니다. 나중에 3.2.6절 "시키-' 구문'에서 깊이 있게 다룰 테니까요. 피동의 '되-'는, 새로 넣은 게 아니라, 넣어야 되는데 그동안 안 넣고 있었던 것입니다. 이미 그 전부터 피동 표지로 분석하고 있었지만, 해당 문법 형식으로 정리만 안 해 놓은 거죠. 그간 정돈되지 못했던 것들을 이번 기회에 어느 정도 정리할 수 있어서 참 좋았습니다.

청자높임의 해요체 어미를 이번에 정식으로 인정한 것도 중요한 변화입니다. 종전의 해석문법에서는 해요체 어미를 해체 종결어미에 보조사 '요'가 결합한 것으로 분석했죠. '방금 저녁 먹었어요.'와 같은 문장에서 '-어요'를 하나의 종결어미로 인정하지 않고 '-어'와 '요'로 분석한 것입니다. 그러나 해요체를 청자높임의 중요 등급으로 인정하면서도 해요체 어미만큼은 정식으로 인정하지 않으려는 태도는 그리 합리적으로 보이지 않습니다. 제대로 된 문법 형식도 갖추지 못한 문법 범주를 설정하는 셈이 되니까요. 이 책에서는 '-어요'를 하나의 해요체 종결어미로 보고 내부를 분석하지 않습니다.

2장과 3장의 토대

이 책의 2장은 아래 책의 8장을 바탕으로 합니다.

(4) 김의수(2017), 『해석문법의 이론과 실제』, 한국문화사.

논문이나 책의 참고문헌 작성에 익숙하지 않은 분들에겐 위의 (4)와 같은 것이 꽤 낯설게 느껴질 수도 있습니다. 전문적인 학술 논저에서는 이와 같이 문헌 정보를 적습니다. 이것은, 제가 2017년에 한국문화사라는 출판사에서 '해석문법의 이론과 실제'라는 제목으로 낸 책을 가리키죠. (4)를 간단히 '김의수(2017)'로 부를 수 있습니다. 즉, 김의수(2017)의 8장을 토대로 우리가 지금 살펴보고 있는 이 책 『문장 분석』의 2장이 작성된 것입니다. 이 책의 서지 사항도 다음과 같이 적을 수 있습니다.

(5) 김의수(2023), 『문장 분석』, 도서출판 하우.

어떻습니까? 한눈에 보기 쉽죠? 제가 계속 '이 책'이라 부르는 것은 (5)와 같은 서지 정보를 가집니다. 김의수(2023)의 2장이 김의수(2017)의 8장을 토대로 하고 있다고는 하지만, 상당 부분을 다시 쓰거나 보충하였기 때문에 사실상 원래의 모습을 찾기가 매우 힘들 정도입니다. 원고를 기준으로, 6쪽에 불과하던 것을 60쪽 정도로 다시 썼으니 10배 정도 늘어난 것이죠. 김의수(2017)의 8장을 가지고 수업을 해 왔는데, 이제 그것보다 10배 더 자세해진 김의수(2023)의 2장을 가지고 가르칠 수 있으니 저도 매우 좋습니다.

말이 나온 김에 이 책의 3장에 대해서도 이야기합니다. 김의수(2023)의 3장은 김의수(2017)의 9장을 토대로 하죠. 역시 원고를 기준으로 할 때, 20쪽이 못 되던 것이 80쪽 가까이로 늘어났습니다. 이것도 4배가 넘는 분량으로 탈바꿈하였네요. 김의수(2017)이 해석문법이 가진 전체 모습을 다 보여주는 데 목적을 두었다면, 김의수(2023)은 그중에서도 해석문법의 통사 분석 이론에 초점을 둔 것입니다. 그동안 해석문법의 문장 분석 기제에 대한 상세한 해설에 목말라하던 분들이 적지 않았는데, 이제는 그분들께 응답을 한 것 같아 마음이 좀 가벼워졌습니다.

이제까지 이 책에서 '종전의 해석문법'이라 불러 왔던 것은 사실상 김의수 (2017)의 8장과 9장을 뜻한다고 보시면 됩니다. 지금부터는 명시적으로 '종전의 해석문법'을 김의수(2017)로 부르고, '지금 저와 함께 보시는 이 책'도 필요한 경우 김의수(2023)이라고 칭하겠습니다.

앞서 이야기했던 '양태성분에서 제외된 부호'(P)에 대한 기존의 입장은 김의수(2017: 206)에서 확인할 수 있고, '서술어의 정보에서 변경된 사항'에 관한 변경 이전의 모습은 김의수(2017: 208)에 나와 있으며, '양태성분의 문법 형식 보완'과 관련된 변경 이전의 내용은 김의수(2017: 209)에서 찾아볼 수 있습니다. 여기서 새로운 표시가 추가되었네요. '김의수(2017: 206)'에서 '콜론' 혹은 '쌍점'이라 부르는 ':' 뒤에 오는 숫자 '206'은 페이지 번호를 뜻합니다. 그러니까 '김의수(2017: 206)'은 '김의수(2017)의 206쪽'이라고 읽으면 됩니다.

명사절 예문 분석에서 달라진 것

(6) 명사절의 목적어가 보조사 '은'을 취한 경우
가. 물리학은 공부하기가 어렵다. (2.2.4절의 예문 (56))
나. 참고: 물리학이 공부하기가 어렵다. (2.2.4절의 예문 (55))

문장 (6가)의 밑줄 친 '물리학은'에 대해 김의수(2017: 215)은 모문의 X로 분석하였습니다. 참고로 제시한 (6나)의 '물리학이'와 마찬가지로 처리한 거죠.

그러나 김의수(2023)은 2.2.4절의 '명사절과 X의 출현'에서 (6나)의 '물리학이'와 달리 (6가)의 '물리학은'을 내포문의 목적어로 봅니다. 내포문의 목적어도 얼마든지 보조사 '은'을 가질 수 있기 때문이죠. '나는 영수가 밥은 이미 먹었다고 생각했다.'에서 내포문의 목적어 '밥은' 역시 보조사 '은'을 가지고 있습니다. 내포문의 목적어이던 것이 완전히 격조사를 바꾸어 달고 (6나)처럼 모문으로 올라갈 경우 그것은 X로 처리할 수밖에 없을 것입니다. 그러나 보조사만 달고 있다고 해서 모문 성분으로 섣불리 처리하는 건 문제가 있죠. (6가)의 '물리학은'은, 특별한 이유가 없다면, '물리학을 공부하기가 어렵다.'의 '물리학을'과 같이 내포문 성분으로 분석하는 게 바람직할 것 같습니다.

단독 X의 범위

'기타'에 해당하는 X에 대해서 김의수(2017: 206)은 '철수가 키가 크다.'와 같은 이중 주어 구문에서의 주제어나 '내가 말이야 어제 누굴 만났는지 알아?'와 같은 군말을 그 표시 대상으로 설명하고 있습니다. 김의수(2023) 역시 X의 이러한 적용 범위를 그대로 수용합니다. 뿐만 아니라, '저자 일동'처럼 문장 형식을 갖추지 못한 채 홀로 등장한 발화도 X의 표시 대상임을 명시하고 있죠.

그런데 김의수(2023)을 집필하면서 들게 된 고민 하나는, X의 적용 범위에 사실상 독립어까지 포함되어야 하는 건 아닐까 하는 생각이었습니다. X는 서술어로부터 문법기능을 부여받지 못하는 성분에 주어지는 것인데, 독립어 역시 그러한 문법기능이 없기는 마찬가지니까요. 그러나 문제는 그리 간단하지 않았습니다. 문법기능을 어떻게 정의하느냐에 따라 부사어 역시 포함될 여지가 있기 때문입니다.

만일 문법기능을 서술어와 논항 사이의 관계로 엄격히 한정한다면, 부사어는 독립어와 같은 처지에 놓입니다. 그렇게 되면, 서술어와 논항을 제외한 나머지 성분들은 모두 X의 영역으로 들어올 수 있습니다. 그 결과, 명제성분은 서술어 E와 논항 A, B, C, 그리고 문법기능이 없는 X(부가어)로 단순화됩니다. 종전과는 너무나도 달라진 모습이죠. 여기서 그치는 것이 아닙니다. 4장의 4.2.1절에 있는 (97) '문장의 통사적 복잡성과 다양성 측정 기제'도 수정이 불가피하죠. 거기서 D를 빼고 X를 넣어야 합니다. 기존에는 문형 결정에 부사어만 참여하고 독립어는 제외되었지만 이젠 둘 다 참여하게 되는 셈입니다.

독립어와 X가 겹치는 것처럼 보이는 경우가 있고, 접속부사를 부사어가 아닌 독립어로 보아야 한다는 주장도 있는 현실에서, 이러한 제안은 문장 분석에서 하나의 혁신적인 대안이 될 수도 있을 것입니다. 그러나 그것이 기본 틀로 인정받기 위해서는 충분한 검토가 필요합니다. 서술어가 논항에 부여하는 문법기능과, 기존에 문장성분으로 인정해 온 부사어와 독립어의 통사적 기능, 이들 외에 X로만 포착할 수 있는 독자적인 영역에 대한 탐구가 먼저 철저히 이루어져야 하죠. 기존의 독립어 J와 부사어 D, 그리고 단독 X를 모두 X로 통합하는 게 더 합리적이라는 판단이 들 때, 종전의 말뭉치에서 J와 D를 모두 X로 바꾸면 말뭉치 전환에서도 별다른 문제는 없어 보입니다.

5.1.3 '문장 분석의 심화'(3장)에 대한 후기

이중 주어나 이중 목적어 불인정에 예외 없음

3장에 들어와 제일 처음 이야기한 것은, 문장 분석에서 해석문법이 취하는 기본 원칙입니다. 기본적으로 『표준국어대사전』을 따른다는 것, 상위절 성분을 우선 확보한다는 것, 이중 주어나 이중 목적어는 인정하지 않는다는 것, 이 세 가지였죠. 김의수(2017)도 이러한 입장에 서 있기는 마찬가지였습니다. 그러나 김의수(2017: 220)에서는 세 번째 원칙에 대한 예외를 허용했습니다.

(7) 김의수(2017: 220)에서 예외로 제시한 사례

가. 철수가, 그러니까 내 동생이 어제 대학에 합격했다.

나. 나는 철수를, 그러니까 내 동생을 사랑한다.

예시 (7가)는 이중 주어 금지에 대한 예외로, (7나)는 이중 목적어 금지에 대한 예외로 인정하자는 것이었죠. 그러나 김의수(2023)에서는 이런 경우에서도 예외 없이 앞의 성분을 X로 처리합니다. 이렇게 예외를 한번 허용할 경우 추가적인 예외가 계속 등장할 수 있기 때문입니다. '타동사, 3자리' 서술어인 사동사 '입히-'나 수여동사로 불리는 '주-'가 이끄는 문장들이 모두 예외로 볼 수 있을 법한 사례죠. 3.1절의 (13)과 (14)에서 해당 예문을 볼 수 있습니다.

이렇게 여러 가지 사례를 모두 예외로 인정하게 되면, 세 번째 원칙인 '이중 주어나 이중 목적어 불인정'은 유명무실해질 수밖에 없습니다. 문제는

거기서 그치는 게 아니죠. 4장의 4.2.1절에 있는 (97) '문장의 통사적 복잡성과 다양성 측정 기제'의 근간이 흔들려 작동을 멈추게 되는 게 훨씬 더 큰 문제입니다. 따라서 세 번째 원칙에 예외를 두는 것에 대해서는 매우 신중을 기해야 합니다. '타동사, 3자리' 서술어 구문도 이중 목적어 설정 없이 논항의 조사 교체로 충분히 설명할 수 있습니다. 3.1절의 (13)과 (14)의 분석 결과에서처럼 말이죠.

자릿수를 줄이지 않는 '지-'의 피동 표시 제한

김의수(2017: 221)에서는 '-어지-' 구성을 이야기하며 비록 자릿수 변동은 없으나 다음과 같이 형용사 뒤에 '-어지-'가 올 경우에도 "피동의 뜻을 더하므로 양태성분 M_9를 반드시 표시한다."고 하였습니다.

(8) 날이 많이 <u>어두워졌다</u>. (3.3.2절의 예문 (39가))

그러나 김의수(2023)의 3장 3.2.2절에서는 이러한 경우와 함께 다음과 같이 자동사 뒤에 '-어지-'가 오는 경우에서도 양태성분 M_9를 표시하지 않습니다.

(9) 방학 때는 학교에 잘 <u>가지지</u> 않는다. (3.3.2절의 예문 (39나))

피동이라는 문법 범주가, 의미가 아닌 '자릿수 줄이기'라는 형식적 차원에서 정의되어야 한다는 생각 때문이죠. 이러한 판단은 피동을 겪은 동사들의 격틀 설정에서도 중요하게 작용합니다. 김의수(2017)에서 오락가락하던 피동의 문제가 김의수(2023)에서는 일관되게 처리됩니다.

'하-' 구문에서의 변화

집필 과정에서 가장 고민이 많았던 것이 바로 동사 '하-'에 관한 기술입니다. 그만큼 '하-'가 한국어 문장 분석에서 차지하는 비중이 크다는 얘기죠. 김의수(2017)에서도 '하-'를 분석할 수 없는 것, 분석할 수 있다면 중동사인 것, 경동사인 것, 보조용언인 것으로 구분했습니다. 다만, 구체적인 분석의 현장에서 기준이 다소 흔들렸던 것이 사실입니다. 분석 기준을 끝까지 밀고 나가지 못했다는 것도 문제였죠.

김의수(2023)의 3.2.4절에서는 구체적인 장면에서 문제가 되는 그 의미에서만 'W+하-'의 의미와 'W'의 의미를 비교합니다. 즉, 'W+하-'나 'W'의 의미가 여럿이더라도 문제가 되는 그 의미에서 둘이 일치하느냐를 기준으로 삼은 거죠. 그리고 이러한 입장을 일관성 있게 밀고 나가기 위해 끝까지 의미를 추적합니다. 그 결과, 김의수(2017: 225)에서는 분석할 수 없다고 보았던, '영수는 운동을 잘해.'의 '잘해'를 부사 '잘'과 경동사 '하-'로 분석하고 '운동'을 실질서술로 처리합니다.

실질서술어로 쓰이는 체언 성분이 관형어를 취할 경우에도 여전히 실질서술어로 분석하는 것도 전과 달라진 중요한 지점입니다. 김의수(2017: 225)에서는 '긍정적인 작용을 하다'와 같은 예에서 '작용'은 더 이상 실질서술어가 아니라 목적어이고, '하-'는 '타동사, 2자리'로 보았습니다. 그러나 김의수(2023)의 3.2.4절에서는 실질서술어 '작용'이 관형어 '긍정적인'을 취한 것으로 분석합니다. 체언 서술어가 관형어를 취하는 것이, 형식서술어 '이-'와 만날 때에는 자연스러운 것으로 여겨지다가, 경동사 '하-'와 만날 때에는 부자연스러운 것으로 취급되는 불균형을 해소한 것이죠. 물론, 이 문제

역시 지속적으로 관찰해 볼 필요는 있습니다.

생략된 '하-'를 복원하는 경우에서도 약간의 변화가 있었습니다. '영수는 착하다는 말을 자주 들었다.'에서 '-다는'을 김의수(2017: 228)에서는 '-다 하는'으로 복원하였지만 김의수(2023)에서는 『표준국어대사전』의 풀이에 입각하여 '-다고 하는'으로 복원합니다. 그 결과, 인용의 부사격조사 '고'가 살아나게 되었죠. '-려는'도 '-려고 하는'으로 복원합니다.

'되-' 구문에서의 변화

자동사성과 타동사성을 모두 가지는 '대중화'를 능격성을 지닌 체언 서술어라고 부릅니다. 이것이 문장을 이룰 때, '사람들이 컴퓨터를 대중화하였다.'나 '컴퓨터가 대중화하였다.'가 모두 가능하기 때문이죠. '하-'가 '되-'로 바뀐 '컴퓨터가 대중화되었다.'를 김의수(2017: 232)에서는 타동사성 '대중화'에 피동의 경동사 '되-'(E9)가 결합한 것으로 보았습니다.

그러나 김의수(2023)의 3.2.5절의 (121다)에서는 자동사성 '대중화'에 일반적인 경동사 '되-'(E8)가 결합한 것으로 분석합니다. 자릿수 변동이라는 문법적 절차를 겪는 것으로 처리하는 것보다, 그러한 절차 없이 처리하는 게 더 간편하기 때문입니다. 이렇게 이론적 복잡성을 낮추는 선택은 학계에서 널리 선호됩니다.

'시키-' 구문에서의 변화

사동의 표지로서 김의수(2017)이 인정한 것은 '-게 하-'와 사동 접사뿐이었습니다. 그러나 앞서 5.1.2절의 '양태성분의 문법 형식 보완'에서 언급한 것과 같이, 김의수(2023)의 3.2.6절에서는 '시키-' 구문을 정밀하게 기술하면서 체언 서술어 뒤에서 '하게 하-'를 대신하는 '시키-'를 사동 표지로 간주합니다. 이때의 '시키-'는 중동사로서 '자동사, 3자리'로도, '타동사, 3자리'로도 쓰이죠.

김의수(2023)은 3.2.6절의 후반부에서 '-게 하-'가 이끄는 통사적 사동, 사동 접사가 이끄는 파생적 사동, '시키-'가 이끄는 어휘적 사동의 공통점과 차이점을 체계적으로 보여줍니다. 아울러, 사동의 '시키-'와 피동의 '되-'를 접사로 보기 힘든 이유도 설명하죠.

서술어의 기타 사항(3.2.8절)에서의 변화

자주 출현하는 '것 같-' 구문에서 서술어 '같-'을 김의수(2017: 235)에서는 '형용사, 2자리'로 보았습니다. 그러나 김의수(2023)의 3.2.8절에서는 『표준국어대사전』의 해당 격틀 정보에 입각하여 '같-'을 '형용사, 1자리' 서술어로 보고, 그 앞의 '것'을 주어로 분석합니다. 그러한 구문에서 2자리가 모두 실현되는 경우는 없기 때문이죠.

김의수(2023)은, '-기 시작하-' 구문에 대해서 그것이 양태성분의 기동상을 나타낼 때와 그러지 않을 때를 구분하는 내용을 비교적 자세히 다룹니다. '일의 처음 단계'를 기술하느냐, '일을 하지 않다가 하게 된다는 것'을 나타내느냐로 두 용법을 구분하는 것이죠. 부사어의 분포 제약과 같이, 두 용법을 형식적으로 구별할 수 있는 방법도 제시합니다.

동족목적어 구문에서의 변화

동족목적어 구문에서 목적어가 나타나지 않는 경우에도 김의수(2017: 236)에서는 마치 목적어가 있는 것처럼 분석하였습니다. 예를 들어, '영수가 곤히 잔다.'에서 '자-'를 '타동사, 2자리' 서술어로 본 거죠.

그러나 김의수(2023)의 3.3.1절에서는 (169)와 같이, 목적어가 나타나지 않는 경우는 '자동사, 1자리'로, 목적어가 나타나는 경우('영수가 곤히 잠을 잔다.')는 '타동사, 2자리'로 구분합니다. 동족목적어 구문의 목적어가 다른 동사 구문의 목적어와는 다르다는 학계의 목소리를 반영한 것이죠.

5.1.4 '문장 분석의 응용'(4장)에 대한 후기

이 책의 1장에서는 문장 분석이란 무엇인가를 소개하고, 2장에서는 문장 분석의 기본을 다루었다면, 3장에서는 문장 분석의 세부적인 사항들을 두루 살펴보았습니다. 4장에서는 실제 텍스트를 이루고 있는 문장을 직접 분석하며 앞에서 익힌 문장 분석 방법론을 적용했습니다. 이때 사용한 것이 제가 쓴 수필 '메리의 추억'입니다.

이 글은 제가 2021년 10월에 써서 인터넷에 올린 것입니다. 지면으로는 발표한 적이 없습니다. 아직도 인터넷에는 이 글이 올라가 있어요. 이 책의 4장에 쓰일 텍스트를 고르다가 결국에는 제가 쓴 글로 왔고, 후보로 추린 여러 글들 속에서 뽑힌 게 바로 이 글입니다. 어릴 적 키웠던 개에 대한 기억을 되살린 것인데 글을 쓸 당시에도 눈물이 참 많이 났습니다. 제가 메리를 키웠다기보다는 메리가 저를 키웠다는 게 맞을 것 같아요. 메리는 제 마음속에 늘 살아있습니다.

이 글은 총 14개 단락, 60개 문장, 172개 절로 구성된 텍스트입니다. 이제 껏 여러 텍스트를 분석해 보았으나 제가 제 자신의 글을 분석해 본 건 이 번이 처음입니다. 과연 어떤 분석 결과가 나올지 궁금했습니다. 4.1절은 문장 분석의 과정을, 4.2절은 문장 분석 결과로부터 다양성과 복잡성을 추 출하는 과정을, 4.3절은 다양성과 복잡성의 분석 결과로부터 텍스트를 조 직하는 문장의 연결을 탐구하는 과정을 다루었습니다.

4.1절은 이 책의 2장과 3장에서 다룬 문장 분석 방법론에 의해 이루어졌 습니다. 4.2절과 4.3절은 김의수(2017)의 5장과 6장에서 제시한 방법론을 원용하였죠. 좀 더 구체적으로 말하자면, 김의수(2017)의 6장은 4.2.1절의 '문장의 복잡성과 다양성 측정 기제'를 서술하는 바탕이 되었고, 김의수 (2017)의 5장은 4.3절의 '텍스트를 조직하는 문장의 연결 탐구 방법'을 제 공하였습니다.

김의수(2017)의 5장은 황순원 선생님의 정말 짧은 소설, 그래서 장편소설 (掌篇小說) 혹은 콩트라 불리는 '모델'이라는 글을 분석했습니다. 이 텍스 트는 1960년에 발표된 것으로, 총 11개 단락, 29개 문장, 100개의 절(모문 29개, 내포문 71개)로 이루어져 있죠. 그것은 이 책에서 분석한 '메리의 추 억'이라는 글보다 규모가 작습니다. 문장의 수는 반이고, 절의 수는 60% 정도이며, 단락의 수는 80% 정도인 텍스트죠. 분석 결과를 비교해 보면, 매우 흥미로운 점들을 발견할 수 있습니다.

먼저, 텍스트를 구성하는 문장의 다양성 분포를 보면, '모델'은 '메리의 추

문장 분석

억'에 비해 문장의 수는 반밖에 안 되는데도 더 많은 문형을 보유합니다. '메리의 추억'이 거시 문형에서 4개, 미시 문형에서 22개를 지닌다면, '모델'은 거시 문형 6개, 미시 문형 25개를 가지니까요. 더 짧은 글에서 더 많은 종류의 문형을 사용하고 있으니 그만큼 문장이 더 다채롭다고 할 수 있죠.

공통점도 있습니다. 모문, 내포문, 절 전체를 통틀어 거시 문형에서 '[AE] 〉 [ACE] 〉 [ABE] 〉 [ABCE]' 순의 빈도를 보인다는 것입니다. 이 두 글을 포함하여 더 많은 텍스트를 분석하여 이런 결과를 얻게 된다면, 이것은 한국어 텍스트의 일반적 특성이 될 것입니다. 미시 문형의 순위에서는 '모델'의 경우 'ACE(13%) 〉 AE(12%)'가 1, 2위를 차지한다면, '메리의 추억'에서는 비슷하지만 약간은 다르게 'AE(15%) 〉 ACE(9%)'가 1, 2위를 다툽니다.

다음으로, 텍스트를 구성하는 문장의 복잡성 흐름을 보면, 두 가지 텍스트 모두에서 문장 전체의 복잡성 흐름을 이끌고 가는 것은 모문이 아니라 내포문임을 확인할 수 있습니다. 모문이 문장의 근간을 이루고 내포문이 모문에 실려 있는 것이기는 하지만, 모문은 때때로 문장 전체의 흐름과는 정반대의 양상을 보이기도 합니다. 그러나 내포문은, 일부 둔감한 경우도 있지만, 두 글 모두에서 문장 전체의 복잡성 수준을 확실히 견인하고 있는 모습을 보여줍니다.

텍스트 안에서의 모문의 횡적인 전개 양상에서 두 가지를 살펴보았죠? 첫 번째는, 단락 내에서 첫 문장과 끝 문장이 지닌 복잡성 값의 대조이고, 두 번째는, 두 단락이 이어질 때 앞 단락의 끝 문장과 뒤 단락의 첫 문장의 복잡성 값을 대조하는 것입니다. '메리의 추억'에서는 첫 번째 관찰에서 57%의 경우가 '첫 문장 〈 끝 문장'이었으며, 두 번째 관찰에서 61%가 '앞 단락의 끝 문장 〉 뒤 단락의 첫 문장'이었습니다. 이것은 문장의 형식을 통해 단락을 구별하고 있는 것으로 해석해 볼 수 있다고 했습니다. '모델'에서도 비슷한 양상이 관찰됩니다. 첫 번째 관찰에서는 55%(반대인 경우는 18%)가, 두 번째 관찰에서는 70%가 나오니까요.

복문 안에서의 내포문의 종적인 전개 양상에서도 두 가지 텍스트는 비슷한 결과를 내놓습니다. 내포화가 1차례 이상 일어난 경우를 대상으로 모문의 값과 맨 꼭대기의 내포문 값을 비교한 결과, '메리의 추억'에서는 75%가, '모델'에서는 77%가 '모문 〉 내포문'으로 집계되었죠. 이것은, 텍스트의 높이를 안정적으로 유지하기 위해 무게 중심을 낮추려는 경향이 텍스트 구성 원리로 존재하는 건 아닐까 생각하게 만듭니다.

5.2 해석문법 소개

이렇게 해서 1장부터 4장에 있는 내용에 대한 보충 설명이 모두 끝났습니다. 이제 해석문법에 대해 잠시 소개하는 시간을 가질까 합니다. 단순히 문장 분석이 무엇인가에 대해 알아보고 싶은 분도 계시겠지만, 해석문법에 대해 체계적으로 살펴볼 필요성을 느끼는 분도 계실 것 같아 마련한 자리입니다.

해석문법이 세상에 처음 모습을 드러낸 것은 2008년 12월입니다. 한국언어문학회에서 발행하는 정기 학술지 『한국언어문학』 67집에 수록된 논문 "문장의 구조와 해석문법"을 통해서죠. 그것을 시작으로 지금까지 14년 동안 18편에 이르는 학술지 논문, 29편에 달하는 석사논문과 1편의 박사논문, 2권의 단행본이 빛을 보았습니다.

여기서는 두 권의 책을 소개하며 해석문법의 과거와 현재, 그리고 미래를 이야기해 보겠습니다. 그러는 가운데 해석문법이 가지는 특징과 역량이 드러날 것입니다.

(10) 해석문법 관련 도서

김의수(2017), 『해석문법의 이론과 실제』, 한국문화사.

정은주(2021), 『한국어 해석문법의 체계와 적용』, 도서출판 하우.

여기서 김의수(2017)은 이미 친숙하시죠? 5.1절의 논의에서 '종전의 해석문법'을 뜻하는 것으로 사용했었습니다. 김의수(2017)은 문장 및 문장 연결 분석 방법에 대한 내용 말고도 2017년까지 이루어진 해석문법의 이론과 적용 사례를 거의 모두 담고 있답니다. 그래서 해석문법의 과거에 대해서 잘 알려주는 책이라 할 수 있지요. 정은주(2021)은 가장 최근에 나온 해석문법 관련 글입니다. 이 책은 김의수(2017)을 발전적으로 계승하여 해석문법의 종합적인 체계를 수립하고 그것을 실제 텍스트 분석에 어떻게 활용할 수 있는지를 광범위하게 다룹니다. 그리고 이러한 연구 방법론을 통해 앞으로 어떤 연구가 가능할지 알려주는 책이죠. 그래서 해석문법의 미래를 잘 보여줄 수 있는 책이라 할 수 있습니다.

5.2.1 해석문법의 과거와 현재

이제 김의수(2017)을 따라 해석문법이 지금까지 걸어온 길을 살펴보도록 하겠습니다. 김의수(2017)의 1장은 책 전체를 요약하고 있어 해석문법의 이론 추이와 그것을 적용한 연구 사례들을 한눈에 볼 수 있도록 해 줍니다. 해석문법은 생성문법을 비판하며 나온 토종 이론입니다. 문법 연구의 흐름을 크게 전통문법, 기술문법, 생성문법의 세 가지로 나눈다면, 생성문법은 가장 최근에 등장한 문법 이론으로서, 전 세계 언어의 공통분모를 찾아 인류의 언어가 무엇인지를 밝히려고 합니다. 따라서 한국어 연구는 그 자체가 목적이 아니라 언어 일반의 특성을 밝힌다는 궁극적인 목적을 위한 과정적, 수단적 가치를 지닙니다. 그러다 보니, 한국어가 가진 총체적인 모습이나 고유한 특성을 밝히기보다는 다른 언어들과 비교 가능한 보편성이나 일반성에 초점을 두고 한국어를 연구하려는 경향이 강했습니다.

생성문법이 토대로 하였던 영어는, 이미 전통문법과 기술문법을 거치며 깊고 넓게 연구되었습니다. 그래서 그 위에서 생성문법이라는 꽃을 피울 수 있었던 거죠. 그러나 한국어는 그렇게 철저하게 연구된 적이 없습니다. 서양의 수많은 이론이 국내에 들어올 때마다 한국어는 거기에 적응하기 바빴고, 한국어를 위해 이론을 적용하는 것인지, 이론을 위해 한국어를 연구하는 것인지조차 헷갈릴 정도로 이론에 경도된 한국어 연구가 주를 이루었죠. 저 역시 그러한 흐름 속에서 석사학위와 박사학위를 받았습니다. 그러다 생성문법이 가진 이론 내적인 문제를 알게 되었고, 인류 언어라는 거대한 목표를 추구하기 전에 먼저 한국어부터 제대로 알 수 있는 방법을 찾아야겠다는 생각을 품게 되었습니다. 그래서 나온 것이 해석문법입니다.

김의수(2017)의 2장은 생성문법 이론에 대한 비판을 다룹니다. 생성문법의 문장 구조 이론을 좀 더 나은 방향으로 이끌기 위한 비판과 제안을 담고 있죠. 그러나 그것은 3장과 더불어 아예 새로운 이론을 창출하게 됩니다. 그것이 바로 4장입니다. 생성문법이 문장의 산출과 분석을 모두 책임지려는 데 비해, 해석문법은 오로지 문장의 분석에만 초점을 둡니다. 생성문법이 언어에 대한 인간의 의식적 직관을 설명하고자 한다면, 해석문법은 언어에 대한 무의식적 직관을 드러내고자 합니다. 그래서 생성문법이 생물학적, 심리학적 성격을 가지는데 비해, 해석문법은 통계학적, 전산학적 성격을 지닙니다. 5장은, 4장에서 처음 제안된 해석문법을 현재와 비슷한 모습으로 업그레이드한 것이죠. 이렇게 해서 해석문법이 어떠한 배경 아래 태동되었는지를 알 수 있습니다.

김의수(2017)의 6장과 7장은 해석문법이 문장의 통사적 분석에 머물지 않고 어휘적 분석과 화용적 분석으로까지 영역을 넓혀 가는 과정을 그립니다. 이제 하나의 문장에 대해 통사적 차원과 어휘적 차원, 화용적 차원에서 총 10가지 정보를 얻을 수 있습니다. 10가지 정보란 다음과 같습니다. 어휘 종류 차원의 어휘적 복잡성, 어휘 등급 차원의 어휘적 복잡성, 어휘 종류 차원의 어휘적 다양성, 어휘 등급 차원의 어휘적 다양성, 명제 차원의 통사적 복잡성, 양태 차원의 통사적 복잡성, 명제 차원의 통사적 다양성, 양태 차원의 통사적 다양성, 화용적 복잡성, 화용적 다양성. 2017년에 저와 정은주 선생이 공동 연구로 제안한 음운적 차원의 복잡성과 다양성까지 여기에 더하면 모두 12가지 정보를 하나의 문장에서 추출할 수 있습니다.

김의수(2017)의 8장과 9장은 해석문법이 다루는 여러 가지 차원 중에서 통사적 차원에 국한하여 문장 분석 방법론을 밝힙니다. 이러한 방법론을 활용하여 이루어진 연구들이 10장부터 이어집니다. 해석문법을 통해 이루어진 연구는 국어국문학적 연구와 국어교육적 연구, 한국어교육적 연구와 통번역학적 연구로 나뉩니다. 김의수(2017)에 통번역학적 연구는 수록되지 않았습니다. 해석문법의 국어국문학적 연구는 이미 살펴본 5장에서 다룹니다. 해석문법의 국어교육적 연구는 우선 10장의 국어 교과서 분석이 있습니다. 교육과정이 바뀌면서 편찬된 국어 교과서를 구성하는 문장의 통사적 복잡성 추이를 추적한 것이죠. 11장에서는 국어 교재와 한국어 교재를 비교하고 있습니다. 한국의 미취학 아동이 보는 교재의 통사적 복잡성이, 대학의 어학당에서 유학생을 대상으로 가르치는 교재의 중급 수준임을 밝히고 있습니다.

김의수(2017)의 12장에서는 체류 기간과 모국어의 종류에 따라 이주노동자들의 한국어 숙달도가 꽤 다르게 나타난다는 점을 도출하였고, 이들의 한국어와 한국인 노동자들의 구어, 유학생들의 구어까지 함께 비교하고 있습니다. 13장에서는 일반 가정 아동과 다문화 가정 아동 간의 구어 문장을 비교하였습니다. 그 결과, 1학년 입학 때는 비슷하던 문장 수준이 학년을 거듭할수록 큰 격차로 벌어지는 것을 통사적 복잡성과 다양성에서 확인할 수 있었습니다.

김의수(2017)의 14장에서는 국내 대학에 재학 중인 유학생과, 같은 학과의 한국인 대학생 간의 구어 문장을 비교합니다. 15장에서는 SVO 어순을 가진 세 가지 다른 언어권에서 온 유학생들의 작문에 나타난 문장들을 대조합니다. 16장과 17장에서는 국내 대학의 어학당에서 사용하는 교재들을 언어숙달도와 영역에 따라 분석합니다. 같은 등급의 교재 안에서 다른 영역의 문장들이 과연 균질성을 보이는지, 등급이 오를수록 교재의 문장 난이도도 함께 상승하는지 관찰하는 거죠. 18장에서는 한국어능력시험에서 등급별, 회차별 지문의 문장 난이도가 어떠한지 점검합니다. 19장에서는 이주노동자용 교재 수준을 일반 목적 학습자용 교재 및 이주노동자의 구어 문장과 비교합니다. 이들 연구는 흥미로운 결과와 중요한 시사점을 담고 있습니다.

이렇듯 해석문법은 학문의 여러 영역에서 다채로운 연구를 해 왔습니다. 국어국문학 분야에서 문체론적 연구를 하였고, 국어교육과 한국어교육 분야에서는 교재 텍스트와 시험 지문, 학습자 언어 등을 분석했죠. 한국어 통번역과 관련해서도 아래와 같은 연구를 수행했습니다.

> (11) 박헌일·김태성·김의수(2014), "해석문법을 활용한 영한순차 통역물의 통사적 복잡성과 다양성 비교 연구", 「통번역학연구」 18-4, 한국외국어대학교 통역번역연구소, 65-96.

이제까지 이야기한 해석문법의 성격 및 연구 흐름을 정리한 것이 바로 다음 논문입니다.

> (12) 김의수(2018), "해석문법의 국어교육적 적용", 「한국어문교육」 24, 고려대학교 한국어문교육연구소, 129-159.

이 논문에서는, 해석문법에 바탕을 두고 이루어진 거의 모든 연구의 목록과 그 구체적인 내용을 간명하게 소개하고 있습니다. 여기에 미처 담지 못한 연구는 아래 소개할 정은주(2021)을 참고하면 되겠습니다.

이제 해석문법의 과거와 현재를 넘어, 해석문법의 미래로 가 보겠습니다.

5.2.2 해석문법의 미래

앞서 소개한 정은주(2021)은, 해석문법 연구를 통해 나온 첫 번째 박사논문이 책으로 간행된 것입니다. 이 책에서는 그동안 이루어졌던 해석문법의 연구 방법론들을 모두 모아 체계화함으로써, 하나의 문장에 관해 적용할 수 있는 무려 31가지 방법론을 수립합니다. 이들은 음운 차원, 어휘 차원, 통사 차원, 화용 차원에 두루 걸칩니다. 단순히 방법론의 체계화에 그치지 않고, 실제로 31가지 분석 틀을 하나의 텍스트에 어떻게 적용하고 그 결과를 얻어 어떻게 해석할 수 있는지를 실증적으로 다양하게 보여주죠.

적용되는 텍스트는 문학 분야 텍스트와 한국어교육 분야 텍스트로 나뉘며, 문학 분야 텍스트는 다시 운문 텍스트와 산문 텍스트로 구분됩니다. 운문 텍스트에서는 김소월의 '엄마야 누나야'와 '진달래꽃'을 음운 층위와 어휘 층위에서 비교합니다. 산문 텍스트에서는 황순원의 '모델'과 '동정'을 어휘 층위와 통사 층위, 화용 층위에서 비교하죠. 한국어교육 분야 텍스트는 다시 교재 텍스트와 평가 텍스트, 작문 텍스트로 나뉘어 한국어 교재들과 한국어능력시험 지문들, 학습자 작문들을 어휘 층위와 통사 층위, 화용 층위에서 대조합니다. 해석문법을 통해 무언가 탐구하고 싶은 분들은 이 연구가 보여주는 길을 따라 본인이 하고 싶은 주제를 구체적으로 추구할 수 있을 것입니다.

해석문법의 종합적 체계를 수립하고 그것을 다양한 텍스트에 적용하는 방법론을 마련했을 뿐만 아니라, 해석문법을 통해 수행할 수 있는 향후 연구 분야를 구체적으로 가늠하고 있다는 점에서도 정은주(2021: 393-396)은 주목을 끕니다. 첫째, 해석문법은 한국인의 평균적인 구어와 문어의 특징을 밝히는 연구에 적합합니다. 이러한 연구를 통해 모국어 화자의 일반적인 언어 수준과 문체적 특징을 찾아내는 것이죠. 둘째, 해석문법은 언어병리학적 연구에도 기여할 수 있습니다. 특히, 아동의 언어 발달을 체계적으로 탐구하여 언어 발달 과정에서 발생하는 어려움을 해소하는 데 기여할 수 있습니다. 셋째, 법언어학적 연구로의 확장 가능성도 있습니다. 텍스트에 담긴 언어적 지문을 채취하여 이것이 누구의 것인지 밝히는 데 31가지 정보는 매우 유용할 것입니다.

이 밖에도 흥미로운 많은 연구 주제가 김의수(2017: 552-556)에도 소개되어 있습니다. 이러한 탐구를 위해서는 통계학적, 전산학적 연구가 반드시 함께 이루어져야 합니다. 최근 들어 학문의 융합을 많이 말하고 있는데, 해석문법은 이미 융합 학문의 길을 걷고 있습니다.

5.3 책을 마치며

이제 정말 이 책의 끄트머리에 와 있습니다. 오 년 전에 이 책의 집필을 기획하면서 설레던 기억이 납니다. 쉬운 글로 어려운 내용을 잘 전달하기 위해 무엇보다 일상적인 말투를 사용하기로 마음을 먹었을 때 걱정이 앞섰습니다. 문장 분석을 이야기하는 점잖은 자리에서 일상 어투의 사용은 일종의 모험이었죠. 그러나 지금 와서 드는 생각은 이러길 잘했다는 것입니다.

종전에 논문이나 책을 쓸 때 주로 사용하던 어투는 해라체에 가까운 것으로서 그것은 청자높임의 등급에서 아주낮춤에 해당하죠. 그런데 이 책에서는 두루높임의 해요체나 아주높임의 하십시오체를 사용합니다. 상대방을 대접하는 말투라서 그런지 마치 독자들이 제 앞에 있는 것처럼 생각되어 오히려 편안함을 느끼며 설명에 집중할 수 있었습니다. 이것은 집필의 더 나은 스타일이 되어 줄 뿐만 아니라 학술적 연구 주제로서의 가치도 지니는 것으로 생각됩니다.

한국어 문법을 다루는 많은 책들이 과연 얼마만큼 현실의 언어에 뿌리를 내리고 있는지 의문스러울 때가 많았습니다. 제가 대학원에서 주로 배웠던 생성문법은 한국어 문장 하나를 가지고도 끙끙대기 일쑤였습니다. 마치 온실의 화초처럼 잘 가꾸어진 문장들만 주로 논문이나 책에서 분석 대상으로 올렸죠. 나와 친구가 현실에서 주고받는 살아 있는 언어는 언어학이 다루기에는 너무나 천방지축이고 무질서한 것처럼 취급되었습니다.

해석문법은 이론을 위한 이론이 아니라 현실에서 살아 숨 쉬는 한국어 문장을 곧장 분석의 대상으로 삼기 위해 만들어졌습니다. 결과로서의 문법이 아니라 과정으로서의 문법이라는 기치를 내걸고, 최소한의 이론으로 최대한의 자료를 분석하려고 노력해 왔죠. 물론, 해석문법으로도 한국어 문장을 분석하는 데 어려움이 적지 않습니다. 그러나 이러한 어려움 중에는 한국어 문장 자체의 복잡함에서 오는 경우도 많다는 걸 강조하지 않을 수 없습니다.

이 책이 한국어 문장을 분석하고 싶은 이들에게 좋은 안내서가 될 수 있기를 바랍니다. 그저 문장 분석 자체를 즐기려는 이들에게도, 문장 분석을 넘어 그 이상의 무언가를 추구하려는 이들에게도 이 책이 유용하게 쓰이길 바랍니다. 학교문법을 배우는 중학생에서부터, 대학이나 대학원에서 문법을 연구하는 학생이나, 한국어 문장을 사랑하는 일반인에 이르기까지

이 책을 통해 많은 이들이 한국어 문장을 분석하는 기쁨과 보람을 느낄 수 있으면 좋겠습니다.

해석문법은 이제 한국어를 벗어나 세계의 언어들로 나아갑니다. 해석문법이 등장한 이후 지금까지 십사 년 동안 한국어 해석문법 연구는 크게 성장해 왔습니다. 그 과정에서 한국어와는 다른 언어를 모국어로 하는 적잖은 이들이 해석문법을 배웠죠. 그들 중 일부는 본인의 모국어를 분석할 수 있는 해석문법을 꿈꾸었습니다. 머지않아 그 첫 결실로 중국어 해석문법이 나올 예정입니다. 그 다음으로는 영어 해석문법이 준비하고 있습니다.

한국어 해석문법과 외국어 해석문법이 만나면 해석문법을 통한 대조언어학이 가능해집니다. 그러한 연구는 두 언어 간의 통역과 번역 문제를 전문적으로 다룰 수 있게 해 줍니다. 뿐만 아니라 한국어교육이나 외국어교육 차원에서도 얼마든지 활용될 수 있습니다. 동일한 틀을 통해 더 많은 사람들이 더 많은 언어들로 문장 분석의 즐거움에 참여할 수 있기를 바랍니다.

이 책을 마무리하는 가운데 연구년도 끝나 갑니다. 오 년 동안 끌어오던 이 책의 집필을 과연 이번 기회에 매듭지을 수 있을까 궁금했었죠. 이제 이렇게 결실을 맺게 되니 감개가 무량하네요. 문장만 보면 분석하고 싶어지던 시절이 있었습니다. 중학생이던 그때부터 오랫동안 갈망해 오던 문장 분석 틀. 그것이 해석문법으로 자라나 이렇게 여러분과 만나게 되었습니다.

찾아보기

문장 분석